谨以此书纪念

潍坊市图书馆建馆六十周年

（一九四八——二〇〇八）

潍坊市图书馆志

《潍坊市图书馆志》编委会

文物出版社

北京·2008年

封面设计：张希广
责任印制：王少华
责任编辑：张晓曦

图书在版编目（CIP）数据

潍坊市图书馆志/《潍坊市图书馆志》编委会编.—北京：文物出版社，2008.12
ISBN 978-7-5010-2646-3

Ⅰ.潍…　Ⅱ.潍…　Ⅲ.图书馆事业－概况－潍坊市
Ⅳ.G295.275.23

中国版本图书馆 CIP 数据核字（2008）第175220号

潍坊市图书馆志

《潍坊市图书馆志》编委会

*

文 物 出 版 社 出 版 发 行

（北京市东直门内北小街2号楼）

邮 政 编 码：1 0 0 0 0 7

http://www.wenwu.com

E-mail:web@wenwu.com

北京文博利奥印刷有限公司制版

北京美通印刷有限公司印刷

新 华 书 店 经 销

787×1092　　1/16　　印张:24

2008年12月第1版　2008年12月第1次印刷

ISBN 978-7-5010-2646-3　　定价:208元

《潍坊市图书馆志》编委会

顾　问　盛兆辉　韩明光　张宝才　贾金兰
主　任　栗祥忠
副主任　单继瑜　王希兆　刘满奎　宫昌利
委　员　（按姓氏笔画排列）
　　　　王希兆　王英勋　王春玲　王彭兰　尹　霞　刘典好　刘满奎
　　　　张光德　张玲玲　陈天文　郑晓光　单继瑜　郎益华　林　娟
　　　　苗庆安　宫昌利　高利波　栗祥忠　顾永杰　梁　昱　傅永聚
　　　　鲁　松　董红薇　谭振利
主　编　栗祥忠
副主编　刘满奎　张光德　宫昌利　王彭兰　王春玲

1990年9月，山东省政协副主席原潍坊市委副书记齐乃贵、山东省图书馆副馆长任宝祯等参加综合图书楼落成典礼，并观看公共图书馆服务成果展览

1995年4月，潍坊市委副书记、市长王大海视察本馆

2002年1月，山东省人大副主任原中共潍坊市委书记曹学成、市委秘书长鞠法昌视察本馆

2006年4月，中共潍坊市委书记张新起莅临观看书画展并视察本馆

市委常委、宣传部长刘明珂，副部长孙俐君莅临本馆检查指导工作

省文化厅党组成员、文化处处长张玉柱，省图书馆馆长王运堂等莅临本馆检查指导工作

省图书馆馆长赵炳武莅临
本馆检查指导工作

文化部人事司司长杨玉池
莅临本馆检查指导工作

潍坊市文化局局长盛兆辉、
助理调研员张宝才在本馆
检查指导工作

馆舍

位于胡家牌坊街8号的馆址

位于胡家牌坊街33号的馆址

位于东风大街352号的馆址

1990年落成的综合图书楼外景

1990年落成的综合图书楼内景

将于2009年建成的新馆规划设计图

1963年全体职工合影

1990年综合图书楼
落成全体职工合影

2008年建馆六十周年
全体职工合影

成果

1994年被文化部授予"文明图书馆"称号

1998年、2005年被文化部评为"一级图书馆"

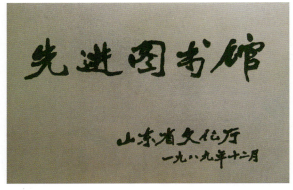

1989年被山东省文化厅授予
"先进图书馆"称号

1993年至2007年连续被中共潍坊市委、
潍坊市人民政府评为"文明单位"

获得的部分荣誉

编辑出版的部分学术专著

外借书库及石景宜先生赠书专架

文献查阅资料库

馆藏《四库全书存目丛书》

馆藏过报

馆藏书画艺术作品

馆藏视听文献

文化活动

"读书乐"全国摄影展开幕式

举办书画艺术作品展，书画作者向本馆捐赠作品

潍坊国际风筝会期间邀请艺术团体来潍坊举办文艺演出活动

组织学生参观动物世界科普展

建馆五十周年庆典

建馆五十周年地方文献展

庆祝建馆五十五周年展览开幕式

中国·潍坊首届图书文化节展销现场

元宵灯谜会即摸即奖猜谜现场

评优树先

组织职工到大连图书馆参观学习

组织职工参观莱芜战役纪念馆

读者服务

期刊阅览服务

报纸阅览服务

少儿阵地阅览服务

电子阅览服务

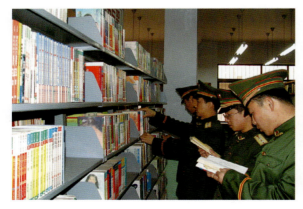

分馆官兵来本馆借阅图书

组织分馆官兵来本馆集体阅览

组织全市各类图书馆一年一度
开展图书馆服务宣传周活动

本馆图书馆服务宣传周活动现场

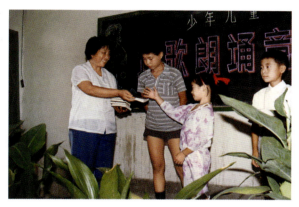

少年儿童诗歌朗诵竞赛活动

少年儿童读书知识竞赛活动

"英才杯"跨世纪读书活动

"万邦杯"图书馆优秀读者表彰

竞赛

本馆陈天文参加全国图书馆业务竞赛

参加山东省第四届公共图书馆业务竞赛
获得团体二等奖和优秀组织工作奖

教育培训

举办85级电大图书馆学专业班

举办88级电大图书馆学专业班

举办济南职工中专图书档案专业函授班

与河北大学合办图书馆学专业研究生班

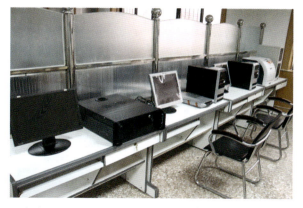

共享工程潍坊市支中心数据资源加工制作室

潍坊市支中心多媒体教室

在武警潍坊支队建立拥军分馆

在社区建立集体借阅服务点

聋哑学校学生在集体服务点阅览图书和报刊

服刑人员在育新分馆阅览报刊

交流

举办潍坊市图书馆学会会员代表大会暨学术研讨会

馆长栗祥忠参加第62届国际图联大会

德国客人来本馆参观访问

旅美华侨刘实先生来本馆参观考察

香港石景宜夫妇应邀来潍坊参加
国际风筝会并向本馆捐赠图书

序　言

公共图书馆建设是中国特色社会主义文化事业的重要组成部分。作为人类文明发展进程的记录者，图书馆通过收集、整理和保存文献信息，实现思想、知识、信息的交流，从而提高社会成员的文化教育水平，增强社会的科技实力和创新能力，促进经济的发展与社会的全面进步。

时光荏苒，潍坊市图书馆迎来了六十华诞。在其六十年的发展进程中，图书馆一代又一代馆员秉承办馆宗旨，创一流服务，树良好形象，办馆理念由封闭被动转变到全方位开放，文献资源建设由结构单一发展到门类齐全、载体多样，读者服务由简单借阅延伸到信息开发定题服务，服务手段由手工操作提升到计算机管理，工作方式由单家服务扩展到馆际协作，形成了一支思想道德高尚、读者服务热情、业务技术熟练、综合素质过硬的专业技术队伍。辛勤的耕耘换来丰硕的成果，潍坊市图书馆先后被文化部评为国家"一级图书馆"和全国"文明图书馆"，被全国知识工程领导小组评为"读者喜爱的图书馆"，市图书馆学会两次被全国社科联联席会议评为"全国先进图书馆学会"。

盛世修志，继往开来。在庆祝建馆六十周年之际，潍坊市图书馆编辑出版《潍坊市图书馆志》是一件非常有意义的事情。在编辑出版过程中，全体馆员齐心协力，广泛征集历史资料，许多老馆员提供了大量有价值的珍贵资料。《馆志》共分十三章，遵循实事求是、客观公正的原则，以记叙文体，用翔实可靠的资料，采取史志结合、横剖纵述的编写方法，从历史沿革、馆舍变迁、队伍建设到文献收藏、读者服务、教育培训等方面，全面真实地记录了潍坊市图书馆自1948年8月7日建馆至今的发展历程，具有较高的史料价值和研究利用价值，是继《潍坊市公共图书馆史略》之后又一部集中展示潍坊市图书馆建设成就的专科性志书。

党的十七大向全社会发出了兴起社会主义文化建设新高潮，推动文化大发展大繁荣的伟大号召。市委、市政府对公共图书馆事业高度重视，将其作为公共文化服务体系建设的重要内容，科学谋划，加快发展。目前，投资1.2亿元，建筑面积3万平方米，功能完善、设施齐备的潍坊市图书馆新馆正在加紧建设之中，将于明年建成并投入使用。

发展机遇，千载难逢，希望潍坊市图书馆全体馆员以庆祝建馆六十周年为新的起点，以编辑出版《潍坊市图书馆志》为契机，总结过去，展望未来，进一步增强责任感和使命感，以更加饱满的热情、更加昂扬的斗志，抓住机遇，乘势而上，实现科学发展，和谐发展，率先发展，努力创造出无愧于时代、无愧于人民的辉煌业绩！

　　是为序。

盛兆辉

戊子初秋于潍坊

凡　例

一、本志专用以记述潍坊市图书馆的历史与现状。

二、本志编排内容分章，每章分若干节，节下依据内容需要设目。

三、本志记载时限，起自 1948 年，迄于 2007 年底。

四、本志体裁采用记、述、志、传、表、录等。

五、本志纪年采用公元纪年。

六、本志所用数字，除辑录的文献照原样及习惯使用汉字表述的外，一律用阿拉伯数字。

七、本志字体一律采用 1956 年国务院公布的《汉字简化方案》和 1986 年国务院批准发表的《简化汉字总表》中的简化汉字。

目　　录

第一章　历史沿革

第一节　图书馆成立

潍坊市，解放前称潍县。1948 年 4 月 27 日，潍县解放。4 月 29 日，建立潍坊特别市，隶属山东省政府。1949 年 6 月 3 日，潍坊特别市改称潍坊市，驻地、隶属不变。1950 年，撤销潍坊市，原潍坊市政府工作由昌潍专署兼代。1951 年 1 月，重建潍坊市，隶属昌潍专区，潍坊市为县级市，下辖今潍城、奎文、坊子三个区的区域。

1983 年 8 月，潍坊地区（曾称为昌潍地区）改称潍坊市，此时潍坊市为地专级省辖市，下辖原潍坊地区的区域。此后，潍坊市下辖的区域虽有所变化，但名称一直沿用至今。

一　公共图书馆萌芽与发展

1910 年（清宣统二年），清学部颁布《京师及各省图书馆通行章程》，明令："各府、厅、州、县治应各依年限以次设立图书馆，曰某府、厅、州、县图书馆"。清末民初，山东的冠县、荣成、临朐等县率先建起图书馆，高密县亦设阅报所。辛亥革命之后，历届民国政府重视对民众的教育，对于图书馆事业也给予一定重视，尤其是蔡元培、鲁迅等人主持并参与教育工作时，曾经大力推进图书馆事业的发展。1915 年，民国政府教育部颁布《图书馆规程》和《通俗图书馆规程》，督饬各省县建立图书馆。据1916 年统计，山东省已有 22 个县建立图书馆，本市高密、诸城两县建立图书馆。1918 年，潍县在城里东门大街旧庠门内设通俗讲演所，后于庠门外设通俗讲演社，备有各种杂志、报章供人阅览。

北伐胜利之后到抗日战争爆发前的 10 余年期间，战事稍停，山东各地即大力兴办图书馆。此时是潍坊市公共图书馆快速发展的一个阶段。1929 年，国民党山东省政府教育厅发布《山东市、县图书馆暂行规程》。到 1930 年，山东 108 县中有 82 个县设图书馆，13 个县设民众教育馆图书部或阅览部。此时，本市安丘、寿光、益都、潍县建立图书馆；昌乐、昌邑在民众教育馆设图书部或阅览部。此后，各县又依照教育厅之令，将图书馆及其他教育设施合并于民众教育馆。诸城、高密等县图书馆已向乡村发展，在一些乡镇建阅报所。各县的图书馆有比较固定的经费，多者如益都、安丘全年经费在 1200 元左右，少者也在 300 元左右，除支付工作人员的薪水外，可以购买少量图书。藏书方面，各县图书馆之间有一定的差距，藏书较多的如益都县图书馆达 1700 余种、5360 册，报刊达 12 种，并有《万有文库》、《大藏经》等珍贵的藏本；藏书较少的图书馆只有几百册。此时各县图书馆规模很小，管理人员一般有 1 至 2 人，图书馆主管人员多由受中等以上教育的人担当，安丘县图书馆馆长更由教育局长亲自兼任。读者到馆人数日平均为 30 至 50 人次，其中，工农读者比例较小，学、军、商等阶层的读者比例较大。1929 年，潍县设立第一区图书馆，后改称潍县县立民众图书馆，主管人为王祖修（齐鲁中学毕业），藏书达 2500 册，日均接待读者 70 人次。1931 年，潍县成立县立民众教育馆，潍县县立民众图书馆并入潍县县立民众教育馆，称潍县县立民众教育馆阅览部。据民国版《潍县志稿》载，潍县县立民众教育馆阅览部"除订阅各种报章杂志外，现有《万有文库》全部，普通书籍 1641 册，儿童书籍 780 册。每年仍继续添购。其阅览办法，馆内分普通阅览、儿童阅览、报章阅览三处，外有各区书报阅览所、巡回文库、馆外借书处等之组织，所以期普遍也。"

1938 年抗日战争全面爆发至 1944 年日占时期，日寇先后侵占潍坊各县区，责令各县成立新民众教育馆代之抗战前的民众教育馆，馆内大都设有图书部或阅览部，藏书量少质次。此一时期潍县亦设立潍县县立民众教育馆阅览部。

1948 年 4 月潍县解放，建立潍坊特别市，设立潍坊特别市民众教育馆，隶属潍坊特别市教育局社教科。民众教育馆设有图书部和大众阅览室，藏书达 2000 余册，另有 10 余种报纸、期刊，全部向社会开放借阅。1948 年 5 月 13 日，民众教育馆在《新潍坊报》刊登启事称："本馆为适应各界人士之文化需要，除积极恢复与建设原有之民教馆外，并于城内中山路德昌服装店对门设书报阅览室一处，备有各解放区及海外出版之书籍、杂志、报纸，现已整理就绪，订于十四日开始阅览，时间每日上午八时至下午五时，各界诸君可按时前往阅览。"1948 年 7 月 16 日，民众教育馆曾在《新潍坊报》上刊载征购图书的启事。民众教育馆在馆外设两处大众阅览室，一处设于城内中山路德昌服装店对门，一处设于东关叶挺街，全部向社会公众开放。1948 年 10 月 5 日，《新潍坊报》以《东关大众阅览室》为题发表通讯称："民众教育馆为推广文化事业，满足群众求知要求特于东关叶挺街大众阅览室内增添各种杂志、社会通俗读物及解放区各地的报纸。自即日起每日下午一时半至四时半开放。"潍坊特别市民众教育馆附设的图书部和大众阅览室又称为潍坊特别市民众教育馆附设之大众图书馆。1948 年 11 月 14 日，民众教育馆附设之大众图书馆因房屋狭窄，迁移到丁家花园（城区胡家牌坊街 8 号即十笏园），与 1948 年 8 月 7 日成立的潍坊特别市市立图书馆合并，并于 11 月 16 日向社会开放。

二　图书馆成立

1948 年 6 月，山东省人民政府李季华、陈秉忱来潍，会同潍坊特别市政府发动本市民间知名收藏家捐献文物和古籍。潍坊特别市决定成立潍坊特别市古代文物管理委员会，特制定《潍坊市古代文物管理委员会"暂行条例"》。该条例称："为执行《中国土地法大纲》第九条丙项之规定，遵照山东省政府保护古代文物的指示，潍坊市成立文物管理的组织，进行调查、征集、管理、研究之各项工作。本委员会定名为潍坊市古代文物管理委员会，由市政府、市委、文教机关及地方热心研究古代文物的人士九人或十一人组成之，并设驻会委员二至三人负责文物接收管理之日常工作。在委员会领导下设潍坊市市立图书馆，设馆长一人，以下分设金石文物、图书两组分别管理。"

1948 年 8 月 7 日下午，在市府大厅举行正式仪式，成立"潍坊特别市古代文物管理委员会"。潍坊特别市市长姚仲明、教育局长臧君宇等出席并讲话。会上推定委员 13 人：姚仲明、臧君宇、刘丹、李波人、李季华、陈秉忱、王云波、王讦夫、杜晓亭、郭士纯、陈蓉泉、丁志萱、陈君藻等组成潍坊特别市古代文物管理委员会；推选姚仲明市长为主任委员，臧君宇局长为副主任委员。在这次会议上，同时审定《古代文物管理委员会条例》暨《图书馆条例》，宣布成立"潍坊特别市市立图书馆"，由潍坊特别市古代文物管理委员会驻会委员、秘书陈君藻兼任潍坊特别市市立图书馆馆长。至此，潍坊市图书馆正式诞生。

1948 年 11 月 6 日，潍坊特别市市立图书馆馆址正式设在十笏园。1948 年 11 月 16 日，潍坊特别市市立图书馆向社会开放。1949 年 4 月 5 日，潍坊特别市市政府有关部门为潍坊特别市市立图书馆举行了正式的开馆仪式。

潍坊市图书馆初建时期既开展图书馆工作，同时也开展调查、征集、管理、研究古代文物等工作，兼具图书馆与博物馆的双重功能。

第二节　馆名变更

1948 年 8 月 7 日，本馆正式宣布成立，时称潍坊特别市市立图书馆。

1949 年 6 月 3 日，潍坊特别市改称潍坊市，驻地、隶属不变。本馆随之改称潍坊市市立图书馆。

1952 年 4 月，本馆改称潍坊图书馆。

1953 年 8 月 1 日，本馆改称潍坊市图书馆。

1983 年 8 月，潍坊地区（原昌潍地区）改为潍坊市（地专级市）。1984 年 1 月，本馆由县（市）级公共图书馆升格为地（市）级公共图书馆。

1988 年 8 月，本馆由正科级事业单位升格为副县级事业单位。

第三节　馆址变迁

自 1948 年建馆至今，本馆曾四易馆址。

1948 年 11 月 6 日，本馆馆址设在城里胡家牌坊街 8 号十笏园内。

1950 年，本馆迁至胡家牌坊街 33 号。

1976 年 10 月，本馆迁至东风大街 187 号。

1981 年 9 月，本馆迁至东风大街 352 号。

1984 年 7 月，本馆迁至潍城区米市街 48 号。

2004 年 6 月 29 日，潍坊市图书馆新馆建设方案由潍坊市发展计划委员会以潍计投资（2004）326 号文件批复。新馆选址在潍坊市人民广场西南部北海路路东张面河以南。

附录 1：迅息

本市民教馆启事

本馆为适应各界人士之文化需要，除积极恢复与建设原有之民教馆外，并于城内中山路德昌服装店对门设书报阅览室一处，备有各解放区及海外出版之书籍、杂志、报纸，现已整理就绪，订于十四日开始阅览，时间每日上午八时至下午五时，各界诸君可按时前往阅览。

摘自《新潍坊报》1948.5.13

大众图书馆图书开始出借

[又讯] 本市民众教育馆附设之大众图书馆前自各地购来大批新书、杂志、报纸。日来已整理就绪，自八月一日起开始出借。借书分定期借书与临时借书两种。定期借书须先至该馆领取借书介绍信，由所在机关、团体、学校、工厂、商店或于政府盖章证明换取借书证，以后即可凭证借书。临时借阅不需借书证，但不得携出馆外。现已至该馆办理定期借书手续者有一百十余人包括工人、店员、教员、学生、市民及工作人员等。

临时借书者每日约七八十人。北门里徐老先生说："现在借书很方便，不用花钱手续又简便。可见民主政府对群众教育是非常关心的。"（鲁民）

摘自《新潍坊报》1948.8.9

保管研究古代文物
市古物管委会成立
姚市长臧局长分任正副主任

[本报讯] 本市古代文物管理委员会，已于本月七日下午三时假市府大厅正式成立，由姚市长、教育局臧局长、市委刘部长、李秘书长、教育局社教科王科长、李季华、陈秉忱两同志及本市对古代文物素有研究的王讦夫、陈君藻、郭士纯、陈蓉泉诸先生，老教育者杜晓亭先生，捐献大批图书之丁志萱女士十三人组成；推选姚市长为主任委员，臧局长为副主任委员，陈君藻先生为秘书兼该会所属之图书馆馆长。会上首由姚市长说明该会成立之目的，主要是对古代文物加以保护管理，不使散失，以便整理研究，吸取先民文化之精华，加以发扬，使其成为人民大众的东西，这与蒋匪帮的"复古救国"的谬论，根本不能混为一谈的。继有李季华同志谈保存古物之重要性，中共中央在土地法大纲第九条已有规定，禁止古物出口省政府早有明文，这主要是为了保护先民文化遗产。陈君藻对该会之成立甚表赞同，他说："把古物成为大众的东西过去即有此意，现所遗憾的是由于过去重视不够，古物遗失的太多，今后只有努力多方搜集，把零星的搜集在一起，对古代文物的研究上方能有所帮助"。最后由陈秉忱同志宣读组织规则草案，决定在该会领导下设一图书馆当经大会通过。（忱、田刚）

摘自《新潍坊报》1948.8.12

东关大众阅览室

[本报讯] 民众教育馆为推广文化事业，满足群众求知要求特于东关叶挺街大众阅览室内增添各种杂志、社会通俗读物及解放区各地的报纸。自即日起每日下午一时半至四时半开放。

摘自《新潍坊报》1948.10.5

大众图书馆迁址丁家花园

[本市讯] 本市民众教育馆附设之大众图书馆因房屋狭窄,已呈准市府迁移丁家花园(城区胡家牌坊街八号)并于古代文物图书馆合并,更名为潍坊市图书馆。现已于十四日迁移合并就绪,十六日正式开放。除星期一休假外每日上午九时到下午五时半为开放时间并分藏书、阅览两部。(言夫)

摘自《新潍坊报》1948.11.21

附录2:潍坊市古代文物管委会文件

潍坊市古代文物管理委员会"暂行条例"

一、为执行《中国土地法大纲》第九条丙项之规定,遵照山东省政府保护古代文物的指示,潍坊市成立文物管理的组织,进行调查、征集、管理、研究之各项工作。

二、本委员会定名为潍坊市古代文物管理委员会,由市政府、市委、文教机关及地方热心研究古代文物的人士九人或十一人组成之,并设驻会委员二至三人负责文物接收管理之日常工作。

三、在委员会领导下设潍坊市市立图书馆,设馆长一人,以下分设金石文物、图书两组分别管理。设置或聘用有特别管理能力的人员若干人组成之。凡市区内之名胜古迹的保护与私家收藏古代文物之调查征购以及散在市面之有价值的图书表册的收集、整理、研究。经常作学术上的报导均属于图书馆之日常工作。

四、文物收集的范围,凡属古代石器、陶器、甲骨文字、铜器、玉器、古印、古钱、古砖、瓦当、六朝唐宋历代造像石刻碑碣墓志。各种名贵瓷器、古今字画、碑帖、金石拓本、刺绣雕刻等类美术品。古今图书以及报章杂志可为近代史之参考资料者均在收集之内。

五、本会接收之文物,接收后应分别古物图书之性质与其本身具有之价值,分别送交省府或在本地陈列。以期发挥其在历史学术上之价值。

六、委员会的工作制度:委员会每月例会两次,讨论研究日常工作,了解图书馆之文物登记管理情形。审查预算决算向市政府报告,并及时将接收情形在报纸上报导。此外为遇有必要事项须会议解决者可由驻会委员随时召集之。

七、市立图书馆负责人应常驻馆内,以健全管理,并建立工作制度,按时办公。

　　八、经常费用：凡有关保护古物及修理图书以及搬运包装、陈列等项必要费用，均须由委员会造成详细预算送市政府批准方可报销，其在预算以外未经批准者不得先行开支。文物购置费用得呈请批准，每月有定额之款项，斟酌购置。

　　九、凡属本委员会之委员，以及图书馆之工作人员，必须忠于职务，绝不允许假借本会名义作个人活动，甚或将征集接收之文物为己有，以及以假换真等行为。

　　十、以上条例经委员会通过呈请市政府批准施行。如有未尽事宜得讨论修改之。

第二章　机构与人员

第一节　历任馆领导

1948 年 8 月，潍坊特别市市立图书馆成立，陈君藻任馆长，兼管文物工作。

1952 年 1 月至 1956 年 12 月，王振纶任本馆馆长，兼管文物工作。

1952 年 1 月至 1952 年 11 月，陈君藻任本馆副馆长。

1954 年 1 月至 1956 年 12 月，邓尚清任本馆副馆长。

1956 年 12 月至 1958 年 3 月，邓尚清任本馆馆长，兼管文物工作。

1956 年 11 月至 1958 年 4 月，郭子宣任本馆副馆长。

1958 年 2 月至 1963 年 1 月，王仲源任本馆馆长兼市直文化单位联合党支部书记。

1963 年 2 月 10 日，潍坊市人委以（63）潍人字第 25 号文件公布王仲源任本馆馆长。

1963 年 4 月至 1980 年 12 月，高启炎任本馆副馆长。

1978 年 8 月至 1983 年 12 月，李青云任本馆馆长。

1981 年 10 月至 1984 年 4 月，张序任本馆党支部书记。

1984 年 7 月至 1992 年 2 月，李珂田任本馆党支部书记。

1984 年 7 月至 1989 年 5 月，张序任本馆副馆长。

1985 年 12 月至 1987 年 10 月，贾金兰任本馆副馆长。

1985 年 12 月至 1989 年 5 月，王明俊任本馆党支部副书记。

1987 年 10 月 29 日，潍坊市文化局以潍文字第 48 号文件公布贾金兰任本馆馆长。

1989 年 5 月，中共潍坊市委以潍干发（89）25 号文件公布贾金兰任本馆馆长，职级为副县级。

1989 年 5 月，张序任本馆工会主席。

1989 年 6 月，中共潍坊市委以潍干发（89）35 号文件公布李珂田任本馆党支部书记，职级为副县级。

1989 年 6 月，潍坊市文化局以（89）潍文字 55 号文件公布丁洪俊、栗祥忠任本馆副馆长。

1992 年 9 月，中共潍坊市委以潍组任字（92）29 号文件公布傅永聚任本馆党支部书记。

1992 年 12 月，潍坊市文化局以潍文字第（92）127 号文件公布李维忠任本馆副馆长。

1995 年 7 月，潍坊市文化局以潍文字（1995）57 号文件公布张序、张淑英为调研员。

1996 年 3 月，潍坊市人民政府以潍政任〔1996〕7 号文件公布栗祥忠任本馆馆长，贾金兰不再担任本馆馆长职务。

1996 年 7 月，潍坊市文化局以潍文字（96）第 42 号文件公布高利波任本馆副馆长（副科级）。

1996 年 7 月，潍坊市文化局以潍文字（96）42 号文件公布丁洪俊任本馆工会主席。

1996 年 7 月，潍坊市文化局以潍文字（96）52 号文件公布王洁任本馆副馆长。

1997 年 5 月，中共潍坊市文化局党委以潍文党字（97）10 号文件公布李世孝任本馆工会主席；丁洪俊不再担任本馆工会主席职务，仍享受正科级待遇。

1997 年 6 月，潍坊市文化局以潍文字（97）55 号文件公布王英勋任本馆副馆长（副科级），李维忠不再担任本馆副馆长职务。

1998 年 12 月，中共潍坊市文化局党委以潍文党字（98）第 13 号文件公布梁昱任本馆党支部副书记。

1998 年 12 月，潍坊市文化局以潍文字（98）第 101 号文件公布王洁不再担任本馆副馆长职务。

1999 年 10 月，中共潍坊市文化局党委以潍文党字（99）第 9 号文件公布徐义任本馆工会主席；李世孝不再担任本馆工会主席职务。

2001 年 12 月，中共潍坊市委组织部以潍组任（2001）82 号文件公布贾金兰不再担任助理调研员职务，保留副县级。

2003 年 1 月，中共潍坊市文化局党委以潍文党字（2003）30 号文件公布齐建新任本馆工会主席；徐义不再担任本馆工会主席职务。

2003 年 1 月，潍坊市文化局以潍文字（2003）142 号文件公布王英勋任本馆副馆长；高利波任本馆副馆长；王希兆任本馆副馆长兼借书室主任，不再担任本馆辅导部主任职务。

2003 年 10 月，中共潍坊市委组织部以潍组任字（2003）57 号文件公布傅永聚同志不再担任本馆党支部书记职务，保留副县级。

2004 年 6 月，中共潍坊市文化局党委以潍文党字（2004）6 号文件公布齐建新同志不再担任本馆工会主席职务。

2005 年 5 月，中共潍坊市委组织部以潍组任字（2005）37 号文件公布郑晓光同志任本馆党支部书记。

2007 年 11 月，中共潍坊市委组织部以潍组任字（2007）93 号文件公布单继瑜同志任本馆党支部书记，郑晓光同志不再担任本馆党支部书记。

表 2.1　历任馆领导情况表

姓名	性别	出生年月	籍贯	文化程度	参加工作时间	入党时间	任职时间及职务
陈君藻	男	1900.4	山东潍坊	私塾9年	1948.7	1951.1	1948.8 至 1952.1 馆长 1952.1 至 1952.11 副馆长
王振纶	男	1913.7	山东潍坊	大学	1948.5	1957.1	1952.1 至 1956.12 馆长
邓尚清	男	1898.7	山东莱州	中学	1941.3	1941.2	1954.1 至 1956.12 副馆长 1956.12 至 1958.3 馆长
郭子宣	男	1923.10	山东潍坊	大专	1948.8	1981.12	1956.11 至 1958.3 副馆长
王仲源	男	1903	山东青州		1939.3	1940	1958.2 至 1963.1 馆长兼市直文化单位联合党支部书记
高启炎	男	1927.11	浙江太顺	高中	1949.7	1956.8	1963.4 至 1980.12 副馆长
李青云	女	1926.12	吉林长春	高中	1944.11	1949.10	1978.8 至 1983.12 馆长
张　序	男	1937.2	山东潍坊	初中	1955.12	1966.5	1981.10 至 1984.4 党支部书记 1984.7 至 1989.5 副馆长 1989.5 至 1995.7 工会主席
李珂田	男	1931.12	山东潍坊	高中	1951.1	1956.12	1984.7 至 1992.2 党支部书记
贾金兰	女	1942.6	山东寿光	大学	1966.7 毕业 1967.10 分配	1982.8	1985.12 至 1987.10 副馆长 1987.10 至 1996.3 馆长 1996.3 至 2001.12 助理调研员
王明俊	男	1939.10	山东潍坊	大学	1967.7 毕业 1968.10 分配	1983.3	1985.12 至 1989.5 党支部副书记
丁洪俊	男	1942.12	山东潍坊	大专	1961.7	1965.6	1989.6 至 1996.5 副馆长 1996.5 至 1997.5 工会主席
栗祥忠	男	1954.6	山东高密	大专	1969.12	1986.4	1989.6 至 1996.3 副馆长 1996.3 馆长
傅永聚	男	1948.10	山东临朐	大专	1973.8	1972.6	1992.9 至 2003.10 党支部书记
李维忠	男	1948.11	山东潍坊	大学	1969.10	1971.11	1992.12 至 1997.6 副馆长
高利波	男	1963.6	辽宁丹东	大学	1980.10	1994.12	1996.7 副馆长
王　洁	男	1952.6	山东文登	大专	1966.10	1976.9	1996.7 至 1998.12 副馆长
李世孝	男	1948.4	山东潍坊	中专	1964.12	1966.12	1997.5 至 1999.10 工会主席
王英勋	男	1966.6	山东昌乐	大学	1986.7	1989.7	1997.6 副馆长
梁　昱	男	1962.3	山东荣成	大专	1981.7	1989.7	1998.12 党支部副书记

续表

姓名	性别	出生年月	籍贯	文化程度	参加工作时间	入党时间	任职时间及职务
徐　义	男	1949.12	山东藤县	中专	1968.12	1992.8	1999.10 至 2003.1 工会主席
王希兆	男	1970.4	山东莒南	大学	1990.7	1996.12	2003.1 副馆长
齐建新	女	1954.12	山东临沂	初中	1970.12	1976.12	2003.1 至 2004.6 工会主席
郑晓光	女	1968.12	山东乳山	大学	1989.7	1989.4	2005.5 至 2007.11 党支部书记
单继瑜	男	1959.2	山东高密	大学	1978.1	1984.12	2007.11 党支部书记

第二节　部门设置

1948 年,《潍坊市古代文物管理委员会"暂行条例"》第三条称:"在委员会领导下设潍坊市市立图书馆,设馆长一人,以下分设金石文物、图书两组分别管理。设置或聘用有特别管理能力的人员若干人组成之。凡市区内之名胜古迹的保护与私家收藏古代文物之调查征购以及散在市面之有价值的图书表册的收集、整理、研究,经常作学术上的报导均属于图书馆之日常工作。"实际上,这时本馆人员少,并未划分业务机构,只设馆长 1 人,工作人员 1 人。

1949 年至 1951 年,本馆共有人员 4 人,虽然未划分业务机构,但在业务上做了分工:馆长 1 人,负责全馆总的工作;管理员 2 人,其中 1 人管理文物和古籍,1 人管理新书和报刊;通讯员 1 人,看管报刊阅览室及其他杂务工作。

1952 年,由于人员增加,本馆划分为三个业务组:采编阅览组、典藏研究组、总务保管组。采编阅览组负责图书的采购、分类、编目、推广介绍以及报刊阅览和图书外借等项工作。典藏研究组负责征集古代文物以及革命文物并组织文物管理委员会加以研究。总务保管组负责会计、出纳以及馆内一切杂务的管理和物资、家具以及文物的看管。

1953 年至 1957 年,本馆划分为三个业务组:采编组、阅览组、辅导组。采编组负责图书的采购、分类、编目工作。阅览组下设个人借书室、集体借书室和报刊阅览室各一处,分别负责图书个人外借、图书集体外借和报刊阅览工作。1953 年 12 月,本馆曾设立少年儿童阅览室,但因馆舍拥挤,于两年之后撤销。辅导组负责对全市各基层单位的图书馆工作进行业务辅导。另外,增设办公室,负责文书以及会计事务,而且分别由专人负责。

1958 年至 1978 年 9 月,本馆未划分业务机构,全馆人员在业务上按采编、个人外借、集体外借、报刊阅览等各项工作做了分工,指定专人各负其责。

1978 年 10 月至 1981 年 9 月，本馆恢复建立业务组织机构，分为采编组、借阅组、辅导组。采编组负责图书的采购、分类和编目工作。借阅组下设借书室和报刊阅览室各一处，分别负责图书外借和报刊阅览工作。辅导组负责全市基层单位图书馆（室）的建立和业务辅导工作。另外，在办公室设专职会计 1 人。

1981 年 10 月至 1982 年 9 月，本馆将原来的三个业务组合并为两个组：采编组和借阅组。采编组工作职责范围包括采编和辅导两项工作。借阅组工作职责范围仍同前。另外，设行政组。

1982 年 10 月至 1984 年 8 月，本馆设四个组：采编组、借阅组、辅导组和行政组。各组职责同前。

1984 年 8 月，本馆由县（市）级公共图书馆升为地（市）级公共图书馆后，馆内机构设为八个组：采编组、外借组、阅览组（包括报刊阅览室、少年儿童阅览室后又称少年儿童借阅室、老干部阅览室）、参考咨询组、辅导组、行政组、基建组、服务部。另外，在办公室配备专职会计与出纳，本馆财务管理逐步走向规范化。

1985 年 3 月，馆内机构重新做了调整，将组均改为部或室。此时本馆的业务及行政机构设有：采编部、借书室、报刊阅览室、少年儿童阅览室、参考咨询部、辅导部、读者服务部、后勤办公室、基建办公室。采编部负责组织本馆藏书建设，包括图书的采购、分类、编目等。借书室负责社会科学、自然科学等各类图书的外借。报刊阅览室负责期刊、报纸的阵地阅览，附设过刊、过报资料库供读者查阅。少年儿童阅览室负责少儿图书、期刊、报纸的采购、分类、编目以及借阅工作。参考咨询部负责对读者所需知识和所遇文献疑难问题，通过查找资料提供解答。辅导部负责本馆及基层图书馆（室）的人员培训和业务辅导工作。读者服务部通过信息服务、期刊租赁、资料复印、旧书委托等项业务为读者服务。后勤办公室负责馆内的后勤保障工作。基建办公室负责图书馆新馆的建设工作。

1989 年 8 月，本馆采用双向选择的办法进行了部室优化组合。优化组合后设置的部室为：辅导部、采编部、借书室、少儿借阅室、报刊借阅室、参考咨询部、办公室、保卫科。新设的保卫科负责图书馆内部安全保卫和消防工作；原后勤办公室改称办公室。

1989 年 10 月 16 日，本馆成立潍坊市图书馆学会，学会秘书处设在辅导部。

1991 年 2 月，本馆搬进新馆舍后，部室进行了相应调整，设有：采编部、借书室、参考咨询部、辅导部、教学部、报纸阅览室、期刊阅览室、少年儿童借阅室（1991 年 6 月成立少年儿童图书馆，对内仍为一部室）、办公室、保卫科、经营部。其中经营部是新设的部门；教学部是从原辅导部分出的部门；原报刊阅览室分为报纸阅览室和期刊阅览室。

1993 年 2 月，本馆根据读者需求和以文补文的精神，成立群益图书室，采取图书借阅、租赁、出售等方式，满足读者需求。

1993 年 8 月，本馆进行人事制度改革，实行目标责任制管理办法。改革后设置的部室为：采编部、借书室、教学辅导部、参考咨询部、报纸阅览室、期刊阅览室、少儿部（馆）、决策信息部、办公室、财务科、保卫科、技术部、服务公司。本馆新设决策信息部、技术部和服务公司；原辅导部、教学部合并为教学辅导部；财务科从原办公室分出。

1994 年 3 月，本馆设外文部。

1995 年 8 月，本馆设音像资料室。

1996 年，本馆外文部并入参考咨询部。5 月，音像资料室与群益图书室合并，称为群益图书资料室。8 月，报纸阅览室和期刊阅览室合并为报刊阅览室；服务公司改称图书用品经营部。11 月，成立过报、过刊库。

1997 年 3 月，本馆图书用品经营部改称图书馆咨询部；成立装订部。8 月，群益图书资料室并入借书室。

1998 年 1 月，本馆增设技术部，负责自动化管理系统软件和硬件的安装、运行、管理和维护工作；设文档室；图书用品经营部改称图书设备服务中心。5 月，成立地方文献查阅室。11 月，成立古籍文献查阅室。

1999 年，本馆图书设备服务中心改称咨询服务部。

2002 年 4 月 17 日，潍坊市机构编制委员会办公室以潍编办（2002）40 号文件公布市文化局所属副县级事业单位内部机构领导职数，潍坊市图书馆设办公室、财务科、采编科、借书科、报刊阅览科、文献查阅科、辅导教学科、少年儿童图书科八个科室，均为正科级规格，各部门仍沿用原名称。

2003 年 7 月，本馆保卫科从办公室中独立出来；电子阅览室从采编部独立出来。

2004 年 6 月，本馆成立读者俱乐部。

2005 年 1 月，本馆撤销咨询服务部。

2006 年底，本馆撤销读者俱乐部。

2007 年 10 月，本馆成立全国文化信息资源共享工程潍坊支中心。

附录 1：潍坊市图书馆各部室岗位目标责任制

采编部岗位目标责任制

通过《新华书目报》和各文献出版、发行机构订单，及时了解文献出版、发行信息。

根据购书经费按照针对性、目标性、连贯性原则，按 3∶4∶4（社会科学、文学、自然科学）购书比例编制图书、电子文献采购计划。做好每一批图书的预订、验收、清单核对工作。保证每一批图书质量。

按照国家有关标准及我馆选用有关标引工具，对验收进馆的图书实行分编加工。图书分编误差率不超过1%。

图书加工（馆藏章、书标、条码、索书号、磁条等）要求规范、统一、整齐、美观。

加强公务目录组织管理，目录组织误差率不超过1%，目录维护保养及时。做好机读书目数据的审校工作，保证书目数据的质量。

加强对馆藏图书文献的书目宣传，并做好图书宣传记录。

加强与驻潍大中专院校图书馆、各县、市、区图书馆在文献采购方面的联系与沟通，落实与有关图书馆签订的文献采购协调协议，切实做好文献采购协调工作。

根据《潍坊市图书馆地方文献捐赠（征集）、加工、拨交工作程序》，分别按征集、捐赠文献类型及方式，严格登记，并及时分编加工、数据审校交送。

采用邮购、征集、交换、上门等各方式、方法，加强山东各地地方史志的收集工作，做到完整齐全。

负责对每年入藏图书进行统计，并撰写统计分析报告，年底报办公室存档。

每人每年至少撰写一篇学术论文，论文要交分管领导登记。部室每年至少有一篇论文在市级以上刊物发表或获市级以上奖励。

辅导教学部岗位目标责任制

切实落实好省（市）文化厅（局）的有关文件精神，加强与各级各类图书馆（室）的交流与合作，及时了解图书馆工作发展动态，借鉴和交流工作经验，收集整理各类工作信息，为馆领导提供切实可行的辅导教学工作的调研报告。

掌握各级各类图书馆的概况，规范完善各项统计，根据各图书馆的实际情况，制定出切实可行的年度辅导计划并建立健全业务辅导档案。

对馆里组织的重大活动及时报道，在各级各类新闻媒体上宣传图书馆，对每次活动的新闻材料及时送交电子阅览室上网。

做好学会日常工作及重大活动的筹备工作，及时收集各会员馆工作材料，每两个月编发一期《情况交流》，并送上互联网。

发挥图书馆的社会教育职能，做好市场调查，针对社会需求，开办各类少儿兴趣班、成人培训班。

加强工作调研，每年撰写四篇以上针对性强、具有参考价值的调研报告。每人每年至少撰写一篇学术论文，论文要交分管领导登记。部室每年至少有一篇论文在市级以上刊物发表或获市级以上奖励。

借书室岗位目标责任制

坚持"读者第一，服务至上"的原则，搞好文明优质服务，热情接待读者，做到借书、还书迅速及时，树立借书室良好服务形象。

积极发展读者，做好阵地服务工作，做到借书证随到随办，保持读者稳定增长，做好验证工作。

加强服务点建设，面向社会，积极发展新的服务点。制定服务点换书计划，并按计划进行定时服务，同时做好服务记录。对服务点实行专人管理，主要做好业务辅导、业务联系等工作。

加强内部管理，将书库划分为两大部分四小部分，做到责任明确，任务具体。每人负责各自书架图书的上架、整架、巡架工作，负责书架的卫生与破旧图书的剔除。做到书架整齐有序，乱架率不超过2%。

加强目录的管理、维护、查重等事宜，做到目录组织误差率不超过1%。

破损图书及时修复，并做好记录。

做好解答咨询工作，做到有问必答，有答必记，有记必全。

积极搞好读者活动，召开读者座谈会，建立好读者活动档案。

严格执行内部借阅制度，本馆职工借书一律凭证借阅，杜绝"白条"现象。

整理好部室的各种业务档案，为今后的工作打好基础。

做好防火、防盗、防尘、防光等工作，发现问题及时上报，保证借书室的财产安全。

每人每年至少撰写一篇学术论文，论文要交分管领导登记。部室每年至少有一篇论文在市级以上刊物发表或获市级以上奖励。

报刊阅览室岗位目标责任制

坚持"读者第一，服务至上"的原则，热情接待读者，以优质、一流的服务，树立良好的形象。

搞好阵地服务，加强现场管理，做到值班台不断人，读者进门做好验证、办证及宣传工作，不断巡视，杜绝剪、涂、画报刊现象发生。

新到馆报纸一小时内上架，期刊当天登记、盖章、上架，过报每日整理、清点，半年合并、打捆交装订部，过刊在第二年三月底以前整理、打捆交装订部（外借期刊除外）。

杜绝缺报、缺刊，保持报刊的完整性，每缺一种刊物扣罚全年期刊的费用，装订时核对准确。

　　每月编制一期《外载本市信息》，一期《图书馆专业信息》，摘录完整，在第二月10日前完成并推上互联网。编制《保健信息》，每个季度打印成册。

　　做好报刊宣传，积极发展读者，保持读者稳定增长。接待读者10万人次，解答读者咨询不少于800条。

　　做好报刊征订工作，按时制订计划，做好地方文献报刊的征集工作，城区报刊要全（以出版局登记为准）。

　　每年开展读者活动六次以上，提供两份知识竞赛试题，有三项以上服务成果。

　　对照评估标准，整理好部室档案，包括《读者活动记录》、《读者服务成果记录》及成果复印件、《知识竞赛试题》、《解答咨询记录》、阅览统计及分析等。

　　严格执行内部借阅制度。对涉外关系，经领导批准的另行处理。

　　每人每年至少撰写一篇学术论文，论文要交分管领导登记。部室每年至少有一篇论文在市级以上刊物发表或获市级以上奖励。

少儿部岗位目标责任制

　　坚持"读者第一，服务至上"的原则，端正服务态度，提高服务质量，热情接待读者。

　　加强目录组织管理，误差率不超过1%。图书排架整齐，乱架率不超过2%，随时巡架、随时整理，确保书架整齐美观。

　　积极发展读者，搞好阵地服务，主动向读者宣传图书、推荐图书、并指导阅读，加强读者阅读管理、做好巡架工作。杜绝书刊丢失现象。

　　做好报刊装订工作。图书当日上架。过报在第二年1月底整理好送交装订部，过刊在第二年3月底前整理好送交装订部。对漏缺报刊做好登记，及时补充，确保齐全。

　　破损图书及时修复，并做好记录。

　　积极主动与学校联系，利用学生的阅读课，组织到馆集体阅读。每年至少要组织六次集体阅读活动。阅读人次达到千人以上。

　　每年"六一"儿童节前后，积极主动与周边学校联系，办理集体借阅证，保持读者稳定增长。

　　严格执行内部借阅制度，借书证一律专人专用。对涉外关系，经领导批准的借书另行处理。

　　做好防火、防盗、防尘、防湿、防光等保护工作，要经常不断地仔细排查，发现问题写成书面材料，及时上报，确保安全。

按照少儿馆评估标准，做好各种档案记录工作。每年要写出书面统计分析，严格档案制度管理工作。

加强业务学习，提高业务素质。每年每人至少撰写一篇学术论文，论文要交分管馆长登记。部室每年至少有一篇论文在市级以上刊物发表或获市级以上奖励。

文献查阅室岗位目标责任制

坚持"读者第一，服务至上"的宗旨，搞好文明优质服务，认真解答咨询，做好咨询记录，建立健全咨询档案。

熟悉馆藏，严格书库管理，保持书库卫生，做到无乱架，无积尘，对拨交的图书、目录、卡片及时上架、整理。

加强与市科技局等科研单位的联系，每年参与完成课题服务五十项以上，档案齐全。

积极发展自修读者，严格读者队伍管理，做好自修读者自修效昊反馈工作。

组织多种读者活动，加强与读者的联系，并建立完整的读者活动档案。

每人每年至少撰写一篇学术论文，论文要交分管领导登记。部室每年至少有一篇论文在市级以上刊物发表或获市级以上奖励。

古籍文献查阅室岗位目标责任制

坚持"读者第一，服务至上"的宗旨，搞好文明优质服务，认真解答咨询，做好咨询记录，建立健全咨询档案。

严格古籍文献管理，定期清点古籍，保证入藏古籍无丢失，无破损。

做好古籍文献的日常维护管理，采取有效的除尘、防虫蛀等措施。

加强目录管理，目录组织误差率在1%以下。

熟悉馆藏古籍文献，做到流利讲解，加强古籍文献的宣传利用。

每人每年至少撰写一篇学术论文，论文要交分管领导登记。部室每年至少有一篇论文在市级以上刊物发表或获市级以上奖励。

过报过刊室岗位目标责任制

坚持"读者第一，服务至上"的宗旨，搞好文明优质服务，认真解答咨询，做好咨询记录，建立健全咨询档案。

熟悉馆藏过报、过刊，保持过报、过刊的整洁有序，做到无丢失，无破损，无乱架，无积尘。

对拨交的过报、过刊合订本及时登记整理、上架。

加强目录管理，目录组织误差率在1％以下。

制订计划，开展专题信息摘编工作。

每人每年至少撰写一篇学术论文，论文要交分管领导登记。部室每年至少有一篇论文在市级以上刊物发表或获市级以上奖励。

地方文献查阅室岗位目标责任制

坚持"读者第一，服务至上"的宗旨，搞好文明优质服务，认真解答咨询，做好咨询记录，建立健全咨询档案。

熟悉馆藏，严格书库管理，保证地方文献的完整，做到无丢失，无乱架、无积尘。

加强与各县、市、区图书馆之间的联系，及时掌握各地征集信息。

做好地方文献的征集交接工作，并不断做好《馆藏地方文献书目》的编撰工作。

开发利用地方文献资源，不断编辑二、三次文献。

每人每年至少撰写一篇学术论文，论文要交分管领导登记。部室每年至少有一篇论文在市级以上刊物发表或获市级以上奖励。

电子阅览室岗位目标责任制

加强图书馆业务自动化系统建设与发展，每周做好数据备份。

负责电子阅览室和网上信息服务的管理。严格执行阵地管理规定，工作台不能离人；任何人上机，必须登记；登记时验收有效证件，保证登记清晰完整，并签署接待人员姓名。值班工作人员必须不断巡视检查，严防破坏设备和系统事件的发生。根据网络病毒的预报以及常见的计算机病毒的备案情况，及时查杀病毒，严防病毒对设备和系统软件的破坏。要严格按照国家有关法律对读者开放。工作人员值班期间严禁上机玩游戏、聊天、浏览与业务无关的信息。

对图书馆业务自动化系统及电子阅览室计算机设备，应及时维护保养，并做记录。自动化系统及机房设备大的维修，必须提前计划，及时采用书面报告形式报馆领导批准。

搞好"中国数字图书馆潍坊分馆"的建设及日常工作，并在此基础上开展网上文献信息的开发和利用。

负责少儿NIT和成人计算机培训工作。进一步加大计算机培训宣传力度，扩大培训规模，保证培训质量。

负责图书馆网页的建设工作。对各部室转来的业务信息当天上网。进一步做好图书馆网页改版、维护工作，将网页建成潍坊市图书馆对外宣传、交流的重要窗口。

负责对各县、市、区图书馆自动化管理的指导，每年到实行计算机管理的图书馆指导一次，及时帮助解决问题、并做好记录。

年底做出计算机管理各项业务的统计分析报告报办公室。

每人每年至少撰写一篇学术论文，论文要交分管领导登记。部室每年至少有一篇论文在市级以上刊物发表或获市级以上奖励。

财务科岗位目标责任制

认真贯彻执行党和国家的财经方针、政策，遵纪守法，坚持原则，履行会计职责，廉洁奉公。

熟悉本单位的经济活动，制定各项内部财务管理制度。参与和审核本单位拟定的各种经济合同、协议和其他经济文件。

根据财政要求和本单位的实际情况，及时编制年度收支预算，重大支出应编写文字说明。

组织财会人员做好会计核算，严格复核原始凭证和记账凭证，正确运用会计科目，及时处理会计财务和编制各种会计报表，做到内容真实、数字准确、手续完备、字迹清楚、账账相符。

定期分析、检查预算执行情况和资金使用效果。于每月10日前向馆领导汇报上月财务收支情况，及时向领导提供决策性数字资料和会计信息，当好领导的参谋。

按会计档案管理规定，妥善保管会计凭证、账簿和报表，定期整理、立卷、归档，做到存放有序，查找方便。严格掌握会计档案调阅制度，未经馆领导批准严禁私自向他人提供档案资料。

加强对职工住房公积金、养老保险金和医疗保险金的管理，按规定时间及时调整，正确核算，及时为调入调出人员和退休人员办理转移和支取手续。

加强现金管理，按规定范围使用现金，库存现金不超过银行核定限额，收入的现金及时送存银行，不得坐收坐支。

超出现金使用范围的一律使用转账支票结算，不得签发空头支票。

严格审核原始凭证，对内容记载不完整、数字不准确、手续不完备的一律拒绝报销。

及时编制记账凭证，并逐笔登记现金和银行存款日记账，并做到日清月结、账实相符。

单位银行存款账面余额要定期同银行核对，如有未达账项，应及时编制银行存款调节表进行调节。

每月按时交纳水电费、电话费、职工住房公积金、养老保险金、医疗保险金。

办公室岗位目标责任制

建立健全全馆物资管理制度。对馆内物资统一管理，逐一登记入账，账物相符，保证各部室物资使用到位。

负责馆内外环境管理，建立健全卫生管理机构和制度。搞好庭院绿化，加强花木管理。

根据领导批示，前期提出工程方案、预算、规划、设计，报领导批准后实施。厉行节约，把每一分钱用到实处，预定工期，不拖延时间。杜绝徇私舞弊。严把工程质量关。严格按照规定要求，做好监督工作，达到规范要求标准。对施工中出现的项目变更，及时汇报领导，待批准后实施。保存所有工程资料和合同，工程完成后交文档室。抓好施工安全，根据不同工程项目，签订安全责任书，杜绝伤亡事故的发生。

负责全馆电器设备的选型、安装、运行、检查、维护等工作，严格执行安全用电制度，加强对全馆人员的安全用电教育和用电指导。坚持安全用电检查制度，发现问题及时解决。

负责全馆电器设备的使用、巡视、检查与维护，特别注意消防用水设备的维护，每年4月、10月两次开阀通水试验，以保证设备正常使用。

负责本馆供暖设备的维护与管理，每年锅炉使用前、后进行一次全面检查，发现问题及时上报解决。开炉后每日巡视锅炉安全运行情况，并督促锅炉人员严格遵守锅炉安全使用制度。

加强车辆管理，严格执行《车辆管理制度》，厉行节约，按时检修车辆，保证行驶安全，严禁违规开车，杜绝事故发生。

每人每年至少撰写一篇学术论文，论文要交分管领导登记。部室每年至少有一篇论文在市级以上刊物发表或获市级以上奖励。

文书档案岗位目标责任制

负责文书档案工作，遵守制度，坚持原则，保守机密。

起草馆和党支部的报告、决议、规章制度、工作计划和总结，贯彻落实馆内和党支部有关决议。

热情接待每位到馆的人员，工作态度和蔼，工作中要注意工作方法和方式，注重工作形象。

负责本馆文件的收发、登记、传阅、催办及保管装订工作。

做好馆内文印工作；保证机器安全，做到打印标准，无差错，及时。

负责档案管理工作。做好文书档案、人事档案、业务档案的管理。

负责印鉴管理工作。使用印鉴必须经馆长批准，严格履行手续。

负责本馆人员的工资调整；办理专业技术职务评聘的具体事宜；办理干部、职工的离退休手续；办理聘任制干部的续聘手续。

负责收缴党费、党团员组织关系接转。

严格执行本馆考勤管理规定，做好检查记录及考勤统计工作。

负责接待室、会议室、馆长办公室的卫生及物品管理。

每人每年至少撰写一篇学术论文，论文要交分管领导登记。部室每年至少有一篇论文在市级以上刊物发表或获市级以上奖励。

保卫科岗位目标责任制

认真做好"三防"工作，加强以防为主，查找不安全因素，防患于未然，协助馆领导与各部室主任签订本年度的综合治理责任书。

积极配合市公安局、市消防局、市文化局和街办对我馆的安全治安大检查，及时完成上级的上报材料，按时参加各种安全会议，整理好保卫档案材料。

严格交接班制度，保卫科24小时必须有人值班，不得脱岗，值班期间，值班人轮流在咨询台值班，主动对馆区各处巡逻检查，发现隐患问题及时排除，并向领导汇报。

定期检查防盗设施和消防器材，熟悉消防器材数量、存放位置、使用方法，保证消防器材完好无损并处良好的备用状态，防盗、消防设施人为破坏要及时发现及时追查并处理。

加强租房户的人员车辆管理工作，坚持外来人员登记制度，建立暂住人口登记档案。

做好公用电话的管理工作，认真接收每次来电，防止人为损坏，发现损坏及时追查责任。

做好每天的报纸收发工作，把每天新到的报纸及时送到领导和各部室，缺少的报纸及时找投递员。

认真做好咨询服务工作，热情接待每位到馆的读者，在注意进出馆内人员的同时，把图书馆介绍给大家，认真回答他们提出的问题，填写好咨询服务效果记录单。

每人每年至少撰写一篇学术论文，论文要交分管领导登记。部室每年至少有一篇论文在市级以上刊物发表或获市级以上奖励。

第三节 人员

一 人员数量及职掌分布

1948 年，本馆建馆时只有工作人员 2 人，其中馆长 1 人。

1948 年至 1951 年，本馆工作人员增加到 4 人，其中馆长 1 人。

1952 年，本馆共有工作人员 7 人，其中馆长 1 人，副馆长 1 人。

1953 年至 1954 年，本馆共有工作人员 9 人，其中馆长 1 人，副馆长 1 人。

1955 年至 1956 年，本馆共有工作人员 12 人，其中馆长 1 人，副馆长 1 人。

1957 年，本馆共有工作人员 9 人，其中馆长 1 人，副馆长 1 人。

1958 年至 1974 年，本馆共有工作人员 8 人。

1975 年，本馆共有工作人员 10 人。

1976 年至 1977 年，本馆共有工作人员 12 人。

1978 年至 1982 年，本馆共有工作人员 14 人。

1983 年，本馆共有工作人员 11 人，其中馆长 1 人，书记 1 人。本年调入本馆 1 人，离休 4 人。

1984 年，本馆共有工作人员 24 人，其中书记 1 人，副馆长 1 人。本年调入本馆 15 人，调出本馆 1 人，病故 1 人。

1985 年，本馆共有工作人员 30 人，其中书记 1 人，副书记 1 人，副馆长 2 人。本年调入本馆 7 人，调出本馆 1 人。

1986 年，本馆共有工作人员 30 人，其中书记 1 人，副书记 1 人，副馆长 2 人。本年调入本馆 1 人，被判刑 1 人。

1987 年，本馆共有工作人员 34 人，其中书记 1 人，馆长 1 人，副书记 1 人，副馆长 1 人。本年调入本馆 5 人，调出本馆 1 人。

1988 年，本馆共有工作人员 35 人，其中书记 1 人，馆长 1 人，副书记 1 人，副馆长 1 人。本年调入本馆 2 人，调出本馆 1 人。

1989 年，本馆共有工作人员 40 人，其中馆长 1 人，党支部书记 1 人，副馆长 2 人，副书记 1 人，工会主席 1 人，部室主任/科长 5 人，主持工作的副主任 3 人，副主任 4 人。本年调入本馆 6 人，调出本馆 1 人。

1990 年，本馆共有工作人员 43 人，其中馆长 1 人，党支部书记 1 人，副馆长 2 人，工会主席 1 人，部室主任/科长 5 人，主持工作的副主任 3 人，副主任 4 人。本年调入本馆 3 人。

1991 年，本馆共有工作人员 49 人，其中馆长 1 人，党支部书记 1 人，副馆长 2 人，工会主席 1 人，部室主任/科长 5 人，主持工作的副主任 3 人，副主任 4 人。本年调入本馆 9 人，调出本馆 3 人。

1992 年，本馆共有工作人员 52 人，其中馆长 1 人，党支部书记 1 人，副馆长 3 人，工会主席 1 人，部室主任/科长 5 人，主持工作的副主任 3 人，副主任 4 人。本年调入本馆 5 人，调出本馆 1 人，退休 1 人。

1993 年，本馆共有工作人员 55 人，其中馆长 1 人，党支部书记 1 人，副馆长 3 人，工会主席 1 人，部室主任/科长/经理 12 人，主持工作的副主任 3 人，副主任 5 人。本年调入本馆 3 人。

1994 年，本馆共有工作人员 56 人，其中馆长 1 人，党支部书记 1 人，副馆长 3 人，工会主席 1 人，部室主任/科长/经理 12 人，主持工作的副主任 3 人，副主任 5 人。本年调入本馆 2 人，调出本馆 1 人。

1995 年，本馆共有工作人员 58 人，其中馆长 1 人，党支部书记 1 人，副馆长 3 人，工会主席 1 人，部室主任/科长/经理 12 人，主持工作的副主任 3 人，副主任 5 人。本年调入本馆 3 人，调出本馆 1 人。

1996 年，本馆共有工作人员 56 人，其中馆长 1 人，党支部书记 1 人，副馆长 3 人，工会主席 1 人，部室主任/科长 12 人，副主任 5 人。本年调入本馆 1 人，调出本馆 2 人，退休 1 人。

1997 年，本馆共有工作人员 58 人，其中馆长 1 人，党支部书记 1 人，副馆长 3 人，工会主席 1 人，部室主任/科长 12 人，副主任 5 人。本年调入本馆 8 人，调出本馆 3 人，离休 1 人，退休 2 人。

1998 年，本馆共有工作人员 61 人，其中馆长 1 人，党支部书记 1 人，副书记 1 人，副馆长 2 人，工会主席 1 人，馆长助理 2 人，部室主任/科长 13 人，副主任 8 人。本年调入本馆 4 人，调出本馆 1 人。

1999 年，本馆共有工作人员 59 人，其中馆长 1 人，党支部书记 1 人，副书记 1 人，副馆长 3 人，工会主席 1 人，主任 11 人，副主任 8 人。本年调入本馆 2 人，调出本馆 1 人，退休 2 人，离职 1 人。

2000 年，本馆共有工作人员 61 人，其中馆长 1 人，党支部书记 1 人，副书记 1 人，副馆长 3 人，工会主席 1 人，主任 12 人，副主任 9 人。本年调入本馆 4 人，调出本馆 1 人，退休 1 人。

2001 年，本馆共有工作人员 62 人，其中馆长 1 人，党支部书记 1 人，副书记 1 人，副馆长 3 人，工会主席 1 人，主任 11 人，副主任 11 人。本年调入本馆 1 人，分配 1 人，退休 1 人。

2002 年，本馆共有工作人员 58 人，其中馆长 1 人，党支部书记 1 人，副书记 1 人，副馆长 3 人，工会主席 1 人，主任 7 人，副主任 7 人。本年本馆退休 3 人，病故 1 人。

2003 年，本馆共有工作人员 65 人，其中馆长 1 人，党支部书记 1 人，副书记 1 人，副馆长 3 人，工会主席 1 人，馆长助理 1 人，主任 10 人，副主任 7 人。本年调入本馆 7 人。

2004 年，本馆共有工作人员 67 人，其中馆长 1 人，党支部书记 1 人，副书记 1 人，副馆长 3 人，馆长助理 2 人，主任 10 人，副主任 7 人。本年调入本馆 2 人。

2005 年，本馆共有工作人员 70 人，其中馆长 1 人，党支部书记 1 人，副书记 1 人，副馆长 3 人，馆长助理 2 人，主任 8 人，副主任 7 人。本年调入本馆 3 人。

2006 年，本馆共有工作人员 70 人，其中馆长 1 人，党支部书记 1 人，副书记 1 人，副馆长 3 人，馆长助理 2 人，主任 8 人，副主任 7 人。本年调入本馆 1 人，退休 1 人。

2007 年，本馆共有工作人员 69 人，其中馆长 1 人，党支部书记 1 人，副书记 1 人，副馆长 3 人，馆长助理 2 人，主任 8 人，副主任 7 人。本年调入本馆 1 人，调出本馆 1 人，退休 1 人。

自建馆至 2007 年底，先后在本馆工作过的人员见表2.2。

表 2.2　曾在本馆工作过的人员名录

序号	姓名	性别	调入时间	调出时间
1	陈君藻	男	1948.8	1952.11
2	陈筱岩	男	1949.1	1955 亡故
3	郭子宣	男	1949.1	1958.4
4	杨松声	男	1949.2	1952.1
5	谭天民	男	1952.1	1952.11
6	王振纶	男	1952.3	1956.12
7	谭资清	女	1952.3	不详
8	卫承珠	男	1952.10	1955
9	尹宗义	男	1952.11	1953.11
10	赵延勤	男	1953.5	不详
11	刘学温	男	1953	不详
12	武耀章	男	1953.6	不详
13	潘来正	男	1953.7	1961.12
14	卓孔来	男	1953.7	不详

序号	姓名	性别	调入时间	调出时间
15	潘玉芝	男	1953.7	不详
16	殷万荣	男	1953.7	不详
17	徐金惠	女	1953.8	1958.2 退休
18	郎会栋	男	1953.11	1984.8 病故
19	邓尚清	男	1954.1	1958.2 退休
20	沈景洲	女	1954.10	1983.3 退休
21	孙同三	男	1954.11	不详
22	郭清媛	女	1954.12	1958 退休
23	李瑾如	女	1955.10	不详
24	刘素荣	女	1956	1958
25	刘文琼	女	1956.3	1958.5
26	陈文琴	女	1956.6	1957.6
27	李绍武	男	1956.10	1958.9
28	赵胜三	男	1957.1	1962.4 退职
29	潘若霞	女	1957	1983.4 离休
30	王仲源	男	1958.2	1963.10 离休
31	陈琍	女	1958	1972.8
32	张肃	女	1958	1965.6
33	曹会	女	1959.7	1964
34	杜秀华	女	1960	1961.12
35	李光荣	男	1962.4	1963.6
36	高启炎	男	1963.4	1980.12 离休
37	刘永芳	女	1963.9	1963.12
38	王秀兰	女	1963.11	1978.9
39	郭述曾	男	1964.5	1975 退休
40	刘恩美	女	1965.8	1983.3 离休
41	宋玉芹	女	1973.11	1977.12
42	谭绪德	男	1975.4	1980.5
43	宋伟健	男	1975.12	1978.9

序号	姓名	性别	调入时间	调出时间
44	武江南	男	1976.5	1978.9
45	韩金城	女	1976.7	1978.9
46	陈丽芬	女	1976.11	1981.9
47	黄鸣凤	女	1976.12	1993.11 退休
48	杨漪	女	1978.6	2001.1 退休
49	李青云	女	1978.8	1983.12 离休
50	周嘉琴	女	1978.9	2002.2 退休
51	李宝林	男	1978.9	1984.6
52	王昭龙	男	1978.10	2000.10 退休
53	刘群	女	1978.10	
54	张玲玲	女	1980.2	
55	高正	男	1980.12	
56	张序	男	1981.10	1997.2 退休
57	朱江	男	1983.1	1992.2
58	陈艳亭	女	1984.7	1991.11
59	栗祥忠	男	1984.7	
60	顾永杰	女	1984.8	
61	李珂田	男	1984.7	1992.2 退休
62	王洁	女	1984.8	1999.8
63	刘典好	男	1984.8	
64	王济众	男	1984.8	1989.3
65	许思平	男	1984.8	1985.3
66	郎益华	女	1984.9	
67	赵林	男	1984.9	1986.5
68	高利波	男	1984.10	1994.9
69	王瑞璞	女	1984.10	1997.12 退休
70	赵友坤	男	1984.10	1997.1 离休
71	刘清林	男	1984.11	1995.6
72	邓丽珠	女	1984.11	1988.10

续表

序号	姓名	性别	调入时间	调出时间
73	靳树国	男	1985.1	
74	谭振利	男	1985.1	
75	贾金兰	女	1985.3	2002.9 退休
76	王明俊	男	1985.4	1999.10 退休
77	王　军	男	1985.4	1997.2
78	刘满奎	女	1985.4	
79	张光德	男	1985.7	
80	王瑞甫	女	1986.4	1987.2
81	付春凤	女	1987.4	
82	王宇红	女	1987.6	1999.5 退休
83	王庆增	男	1987.7	1991
84	张翠玲	女	1987.10	
85	陈世戈	男	1987.12	1996.12
86	王春玲	女	1988.2	
87	董红薇	女	1988.7	
88	丁洪俊	男	1989.7	2002.12 退休
89	马洪杰	女	1989.7	
90	王彭兰	女	1989.9	
91	李　靖	女	1989.9	
92	黄凤江	男	1989.11	
93	赵　林	男	1989.12	2002.12 病故
94	王希兆	男	1990.7	
95	林　娟	女	1990.7	
96	邱兆峰	男	1990.7	1998.4
97	仲维香	女	1991.3	1991.12
98	王丽丽	女	1991.7	
99	文俊友	男	1991.9	
100	尹　霞	女	1991.10	
101	杨月辉	女	1991.11	

序号	姓名	性别	调入时间	调出时间
102	宗淑慧	女	1991.11	
103	张晓霞	女	1991.11	
104	宫昌利	男	1991.12	
105	魏 韬	男	1991.12	
106	钟 兴	女	1992.1	
107	郎绪增	男	1992.5	
108	傅永聚	男	1992.7	
109	李维忠	男	1992.12	1997.8
110	邓丽珠	女	1992.12	
111	郭瑞莲	女	1993.4	
112	王国强	男	1993.7	
113	解江净	女	1993.9	1999.12 离职
114	李雪梅	女	1994.2	
115	吴宏伟	男	1994.7	
116	张淑英	女	1995.3	1996.11 退休
117	齐建新	女	1995.3	
118	陈庆军	男	1995.8	1996.2
119	韩星云	女	1996.12	
120	高利波	男	1997.2	
121	郭春建	男	1997.4	2000.1
122	李世孝	男	1997.5	
123	王小青	女	1997.6	
124	丁丽萍	女	1997.6	
125	王英勋	男	1997.6	
126	聂金梅	女	1997.8	
127	陈天文	男	1997.8	
128	丁美娟	女	1998.6	2007.11 退休
129	鲁 松	女	1998.8	
130	王国防	男	1998.12	

续表

序号	姓名	性别	调入时间	调出时间
131	梁昱	男	1998.12	
132	冯彩	女	1999.8	
133	徐义	男	1999.12	
134	王菁	女	2000.2	
135	冯传志	男	2000.4	
136	李梅	女	2000.4	
137	于爱玲	女	2000.8	
138	高洪臻	女	2001.9	
139	王秀花	女	2001.10	
140	张欣炜	女	2003.1	
141	綦书忠	男	2003.4	
142	王萍	女	2003.4	2006.4 退休
143	杜跃华	女	2003.4	
144	唐财庆	男	2003.4.	
145	李茂山	男	2003.4	
146	曹新亚	男	2003.4	
147	王健	女	2004.8	
148	王希荣	女	2004.12	
149	张志凤	女	2005.1	
150	张晓红	女	2005.4	
151	郑晓光	女	2005.5	2007.11
152	王梅	女	2006.1	
153	单继瑜	男	2007.11	

2007 年底，本馆在职工作人员 69 人，详见表 2.3。

表 2.3　本馆在职工作人员名录

部门	姓名	性别	籍贯	出生年月	学历	入馆时间	职称	职务
	栗祥忠	男	山东高密	1954.6	大专	1984.7	研究馆员	馆长

部门	姓名	性别	籍贯	出生年月	学历	入馆时间	职称	职务
馆长室	高立波	男	辽宁丹东	1963.6	大学	1997.2	馆员	副馆长
	王英勋	男	山东昌乐	1966.6	大学	1997.8	馆员	副馆长
	王希兆	男	山东莒南	1970.4	大学	1990.7	馆员	副馆长
	刘满奎	女	山东青州	1964.6	大学	1985.4	副研究馆员	馆长助理
	宫昌利	男	山东即墨	1968.7	大学	1991.12	副研究馆员	馆长助理
书记室	单继瑜	男	山东高密	1959.2	大学	2007.11	副研究馆员	书记
	傅永聚	男	山东临朐	1948.10	大普	1992.7	研究馆员	
	梁昱	男	山东荣成	1962.3	大专	1998.12	副研究馆员	副书记
工会	李世孝	男	山东安丘	1948.4	小学	1997.5	高级工	
	徐义	男	山东滕县	1949.12	中专	1999.12	馆员	
	齐建新	女	山东临沂	1954.12	初中	1995.3	馆员	
办公室	宫昌利	男	山东即墨	1968.7	大学	1991.12	副研究馆员	主任（兼）
	谭振利	男	山东潍坊	1960.12	大学	1985.1	馆员	副主任
	王春玲	女	山东淄博	1965.5	大学	1988.2	馆员	
	王健	女	山东潍坊	1975.8	大学	2004.8	馆员	
	文俊友	男	山东潍坊	1970.12	大专	1991.9	馆员	
	冯传志	男	山东潍坊	1977.12	大专	2000.4	助理馆员	
	王梅	女	山东肥城	1958.8	大学	2006.1	馆员	
	张志凤	女	山东寿光	1973.8	大学	2004.12	助理馆员	
	靳树国	男	山东沂水	1962.6	中专	1985.1	助理馆员	
	王国强	男	山东平度	1972.9	大学	1993.7	馆员	
	于爱玲	女	山东长岛	1974.5	中专	2000.8	助理馆员	
	魏韬	男	山东昌邑	1967.3	高中	1991.12	助理馆员	
	李雪梅	女	山东寿光	1958.6	高中	1994.2	助理馆员	
财务	顾永杰	女	山东博兴	1959.7	大专	1984.8	助理会计师	科长
	张翠玲	女	山东平度	1963.12	大专	1987.10	助理会计师	
保卫科	刘典好	男	山东平度	1955.8	高小	1984.8	馆员	科长
	綦书忠	男	山东平度	1956.11	中专	2003.4	助理馆员	副科长
	曹新亚	男	山东文登	1954.2	初中	2003.4		

部门	姓名	性别	籍贯	出生年月	学历	入馆时间	职称	职务
保卫科	邓丽珠	女	江西南昌	1958.11	高中	1992.12	馆员	
	冯彩	女	山东坊子	1954.3	初中	1999.8	助理会计师	
	郎绪增	男	山东潍坊	1951.7	大专	1992.5	馆员	
	唐财庆	男	山东平度	1954.3	初中	2003.4		
	刘群	女	山东潍坊	1954.6	初中	1978.10	馆员	
	李茂山	男	山东潍坊	1950.11	初中	2003.4		
文献查阅室	刘满奎	女	山东青州	1964.6	大学	1985.4	副研究馆员	主任（兼）
	张玲玲	女	山东莒县	1961.11	大学	1980.2	副研究馆员	副主任
	郎益华	女	山东潍坊	1963.2	大学	1984.9	副研究馆员	副主任
	王丽丽	女	山东潍坊	1971.6	大学	1991.7	馆员	
	王彭兰	女	山东诸城	1970.7	大学	1989.9	馆员	
	李靖	女	山东潍坊	1970.1	大学	1989.9	馆员	
	丁丽萍	女	山东潍坊	1974.1	大学	1997.6	馆员	
	王希荣	女	山东诸城	1958.11	中专	2004.12	助理馆员	
辅导部	林娟	女	山东五莲	1970.10	大学	1990.7	馆员	主任
	高洪臻	女	山东诸城	1977.6	大学	2001.9	助理馆员	
	吴宏伟	男	山东安丘	1975.2	大学	1994.7	馆员	
采编部	张光德	男	山东诸城	1965.5	大学	1985.7	研究馆员	主任
	马洪杰	女	山东昌邑	1966.10	大学	1989.7	副研究馆员	副主任
	聂金梅	女	山东青州	1977.12	大学	1997.8	助理馆员	
	张欣炜	女	山东潍坊	1981.6	大学	2003.1	助理馆员	
少儿馆	鲁松	女	山东昌邑	1965.10	大学	1998.8	馆员	主任
	李梅	女	山东寿光	1963.1	大专	2000.4	馆员	
	王小青	女	山东潍坊	1981.6	大专	1997.6	助理馆员	
	付春凤	女	黑龙江密山	1955.3	中专	1987.4	馆员	
报刊阅览室	董红薇	女	四川阆中	1966.4	大学	1988.7	馆员	主任
	王菁	女	山东潍坊	1972.1	大学	2000.2	助理馆员	副主任
	张晓霞	女	山东莱芜	1969.11	大学	1991.11	馆员	
	杨月辉	女	山东宁津	1970.1	大学	1991.11	馆员	

部门	姓名	性别	籍贯	出生年月	学历	入馆时间	职称	职务
报刊阅览室	王国防	男	山东高密	1980.10	中专	1998.12	助理馆员	
	韩星云	女	山东安丘	1966.3	大专	1996.12	助理馆员	
	王秀花	女	山东安丘	1961.5	初中	2001.10	助理馆员	
电子阅览室	陈天文	男	山东潍坊	1980.1	大专	1997.8	馆员	主任
	黄凤江	男	山东潍坊	1968.8	大学	1989.11	馆员	副主任
	钟兴	女	广东广州	1968.7	大学	1992.1	馆员	
	高正	男	浙江温州	1962.10	大专	1980.12	馆员	
借书室	尹霞	女	山东临朐	1963.10	大学	1991.10	副研究馆员	主任
	郭瑞莲	女	山东昌邑	1970.9	大学	1993.4	馆员	
	张晓红	女	山东安丘	1972.9	大专	2005.4	助理馆员	
	宗淑慧	女	山东潍坊	1970.10	大学	1991.11	馆员	
	杜跃华	女	山东潍坊	1960.7	高中	2003.4	助理馆员	

2007 年底，本馆干部职工统计情况详见表 2.4。

表 2.4 本馆干部职工统计表

性别	数量	文化程度				专业技术职务							
		大本	大专	中专	高中以下	研究馆员	副研究馆员	馆员	助理馆员	管理员	助理会计师	高级工	无职称者
男	28	10	8	4	6	3	2	13	5			1	3
女	41	25	6	3	7		6	20	13		3		
合计	69	35	14	7	13	3	8	33	18		3	1	3
离退休人员 11 人，其中男 4 人，女 7 人													

二 行政级别及职掌的对应划分

1984 年 1 月，本馆由县（市）级公共图书馆升格为地（市）级公共图书馆，行政级别及职掌的对应划分依次为：馆长（正科级）、党支部书记（正科级）、副馆长（副科级）。

1988 年 8 月，本馆由正科级单位升格为副县级单位，行政级别及职掌的对应划分依次为：馆长（副县级）、党支部书记（副县级）、副馆长（正科级）、党支部副书记（正科级）、工会主席（正科级）。

1997 年，本馆行政级别及职掌的对应划分依次为：馆长（副县级）、党支部书记（副县级）、副馆长（正科级）、党支部副书记（正科级）、工会主席（正科级）、部室主任（副科级）。

2002 年，本馆行政级别及职掌的对应划分依次为：馆长（副县级）、党支部书记（副县级）、副馆长（正科级）、党支部副书记（正科级）、工会主席（正科级）、部室主任（正科级）、部室副主任（副科级）。

三 中层干部聘任情况

1989 年 8 月，本馆聘任的各部室主任、副主任分别为：

王昭龙任辅导部主任；张光德、高正任副主任。

杨漪任采编部主任；刘满奎任副主任。

黄鸣凤任借书室主任；周嘉琴任副主任。

王洁任少儿借阅室主任。

陈艳亭任报刊阅览室副主任（主持工作）。

王宇红任参考咨询部副主任（主持工作）。

王军任办公室副主任（主持工作）。

赵友坤任保卫科科长。

1993 年 8 月，本馆聘任的部室主任、副主任分别为：

张光德任采编部主任；郎绪增任副主任。

付春凤任借书室副主任（主持工作）；郎益华任副主任。

王希兆任教学辅导部副主任（主持工作）；刘清林任副主任。

杨漪任参考咨询部主任（主持工作）；王宇红任主任。

王瑞璞任报纸阅览室主任。

刘满奎任期刊阅览室主任。

王洁任少儿部（馆）主任。

王明俊任决策信息部主编（主任）；高正任副主编（副主任）。

高利波任办公室主任（在文化局帮助工作）；王军任主任（主持工作）；谭振利任副主任。

顾永杰任财务科副科长。

赵友坤任保卫科科长。

王昭龙任技术部主任。

赵林任服务公司经理。

1996 年 8 月，本馆以潍图字（96）1 号文件公布：

邱兆峰、谭振利任办公室主任；宫昌利任副主任。

刘满奎任报刊阅览室主任；郎益华任副主任。

付春凤任借书室主任；王春玲任副主任。

王希兆任教学辅导部主任；董红薇任副主任。

王宇红任参考咨询部主任；张玲玲任副主任。

张光德任采编部主任。

齐建新任少儿部主任。

顾永杰任财务科科长。

王军任保卫科科长。

李雪梅任音像室主任。

刘典好任图书用品经营部主任。

1997 年 3 月，潍坊市文化局以潍文字（97）第 43 号文件公布本馆 8 个副科级主任。

王希兆任市图书馆辅导教学部主任。

邱兆峰任市图书馆办公室主任。

刘满奎任市图书馆报刊室主任。

付春凤任市图书馆借书室主任。

王宇红任市图书馆文献查阅室主任。

张光德任市图书馆采编部主任。

齐建新任市图书馆少儿部主任。

顾永杰任市图书馆财务科科长。

1998 年 1 月，本馆以潍图字（1998）第 1 号文件公布：

张光德任馆长助理。

刘满奎任采编部主任；王国强任副主任。

林娟任报刊阅览室主任。

宫昌利任文档室主任。

张玲玲任教学辅导部副主任。

高正任技术部副主任。

靳树国任图书设备服务中心副主任。

黄凤江任办公室副主任。

1998 年 7 月，潍坊市文化局以潍文字（98）第 51 号文件公布：

谭振利任市图书馆办公室主任。

邱兆峰不再担任市图书馆办公室主任。

1998 年 10 月，本馆以潍图字（98）7 号文件公布：

宫昌利任文献查阅室主任；马洪杰任副主任。

王春玲任教学辅导部副主任。

尹霞任借书室副主任。

张玲玲任文档室主任。

张光德兼任技术部主任。

王宇红不再担任文献查阅室主任。

1998 年 11 月，本馆以潍图字（98）9 号文件公布：

王希兆任馆长助理。

1999 年 6 月，本馆聘任王希兆为业务副馆长。

1999 年 7 月，本馆以潍图字（99）第 8 号文件公布：

谭振利任办公室主任；郎绪增任副主任兼保卫科科长。

张玲玲任文档室主任。

付春凤任借书室主任；尹霞任副主任。

林娟任报刊阅览室主任；郎益华任副主任。

宫昌利任文献查阅室主任；马洪杰任副主任。

王希兆兼辅导教学部主任；董红薇任主任（主持工作）。

张光德任采编部主任；王春玲任副主任。

王国强任技术部主任；鲁松任副主任。

刘满奎任咨询服务部主任；靳树国、李雪梅任副主任。

齐建新任少儿部主任。

顾永杰任财务科科长。

2002 年 4 月，潍坊市机构编制委员会办公室以潍编办（2002）40 号文件公布本馆内部机构领导职数：设正科级科长（主任）8 名、副科长（副主任）4 名。

2003 年 1 月，潍坊市文化局以潍文字（2003）141 号文件公布：

付春凤任市图书馆少儿部主任，不再聘任其市图书馆借书室主任职务；

刘满奎任市图书馆文献查阅室主任，不再聘任其市图书馆报刊室主任职务。

张光德任市图书馆采编部主任。

顾永杰任市图书馆财务科科长。

靳树国任市图书馆少儿部副主任。

尹霞任市图书馆借书室副主任。

董红薇任市图书馆报刊室副主任。

林娟任市图书馆辅导部副主任。

王国强任市图书馆采编部副主任。

宫昌利任市图书馆办公室副主任。

谭振利任市图书馆办公室副主任。

2003 年 7 月，本馆以潍图字（2003）第 12 号文件公布：

刘满奎任馆长助理兼文献查阅室主任。

谭振利任保卫科科长。

王国强任电子阅览室主任。

陈天文任采编部副主任。

鲁松任文献查阅室副主任。

魏韬、王菁任咨询服务部副主任。

2004 年 8 月，本馆以潍图字（2004）第 13 号文件公布：

宫昌利任馆长助理。

2005 年 2 月，本馆以潍图字（2005）第 3 号文件公布：

鲁松任少儿部副主任（主持工作）。

王春玲任采编部副主任。

于爱玲任报刊阅览室副主任。

郎益华任文献查阅室副主任。

綦书忠任保卫科副科长。

2005 年 6 月，本馆以潍图字（2005）第 13 号文件公布：

刘典好任办公室副主任兼保卫科科长。

谭振利任办公室副主任。

2005 年 12 月，潍坊市文化局以潍文字（2005）137 号文件公布：

董红薇任市图书馆报刊室主任，不再聘任报刊室副主任职务。

宫昌利任市图书馆办公室主任，不再聘任办公室副主任职务。

林娟任市图书馆辅导部主任，不再聘任辅导部副主任职务。

鲁松任本馆少儿部副主任。

2007 年 6 月，本馆以潍图字（2007）第 6 号文件公布：

刘满奎任文献查阅室副主任（兼）；郎益华、张玲玲任文献查阅室副主任。

宫昌利任办公室主任（兼）；谭振利任办公室副主任。

顾永杰任财务科科长。

林娟任辅导部主任。

张光德任采编部主任；马洪杰任采编部副主任。

董红薇任报刊阅览室主任，王菁任报刊阅览室副主任。

尹霞任借书室主任。

鲁松任少儿部主任。

刘典好任保卫科科长；綦书忠任保卫科副科长。

陈天文任电子阅览室主任；黄凤江任电子阅览室副主任。

第四节　职称评聘

从 1948 年建馆到 20 世纪 80 年代初，本馆并未明确设定专业技术职务，也未在专业技术人员中开展专业技术职称的评定或评聘工作。

1981 年 1 月 30 日，文化部、国家档案局、人事部制定的《图书、档案、资料专业干部业务职称暂行规定》颁发。1982 年，潍坊地区文化局、潍坊地区人事局根据国务院和山东省关于评定图书馆专业干部职称的有关指示精神，在本馆 14 名专业技术人员及昌潍师专图书馆 17 名专业技术人员、昌潍医学院图书馆 14 名专业技术人员中进行职称评定试点。经过组织发动、业务复习、考核测验、评定审批等工作程序，1983 年 3 月，本馆郎会栋被评为馆员，王昭龙、沈景洲、刘恩美被评为管理员。

1986 年，文化部制定的《图书、资料专业职务试行条例》颁发。1987 年，本馆按照中共中央、国务院转发《关于改革职称评定、实行专业技术职务聘任制的报告》的通知，以及省、市有关指示精神，在潍坊市文化局职称改革领导小组的领导下，分批开展专业技术人员技术职务的评定工作。职称评定工作程序是：在认真传达学习上级有关文件、条例、规定的基础上，经本人申请，进行群众评议或民意测验（一般用无记名投票的方式），然后经本馆专业评议小组和本馆职改领导小组同意，推荐上报潍坊市文化局职改领导小组，在文化局下达评审限额后，再进行逐级评审。申报初级职称者，经文化局职改领导小组组织的"初评委"评审后，合格者由文化局职改领导小组同意批复；申报中级职称者，由文化局职改领导小组组织的"中评委"评审后，由文化局职改领导小组同意批复；申报高级职称者，由文化局组织的"中评委"审议推荐，经山东省文化厅组织的"高评委"评审，合格者由山东省文化厅职改领导小组和山东省人事厅职改领导小组组织的"高评委"评审后，由潍坊市文化局职改领导小组同意批复。对于上级职改领导小组批复的具备专业任职资格的专业技术人员，本馆再根据实际情况进行聘任。

1988 年至 1989 年，本馆先后有 31 名专业技术人员获得专业技术职务任职资格并同时被聘任，其中评聘副研究馆员 1 人，馆员 11 人，助理馆员 14 人，管理员 2 人，助理会计师 2 人，会计员 1 人。

1990 年以后，本馆专业技术职务评聘工作基本转入正常，每年都进行专业技术职称的评聘工作。除大、中专毕业生按国家政策规定自然晋升以外，其余专业技术人员凡符合条件的基本按照以前的程序进行专业技术职称评聘。

1990 年，本馆评聘助理馆员 2 人，管理员 4 人。

1991 年，本馆评聘助理馆员 1 人，管理员 1 人。

1992 年，本馆评聘助理馆员 2 人，助理会计师 2 人，管理员 1 人。

1993 年，根据山东省人事厅鲁人职改字〔1993〕35 号文件精神，晋升中、高级专业技术职称开始进行外语（古汉语）考试。

1993 年，本馆评聘研究馆员 1 人，副研究馆员 2 人，馆员 8 人，助理馆员 1 人，管理员 6 人。

1994 年，本馆评聘副研究馆员 2 人，二级导演 1 人，馆员 4 人，助理馆员 4 人，管理员 2 人。

1995 年，本馆评聘副研究馆员 1 人，馆员 1 人，助理馆员 4 人，管理员 1 人。

1996 年，本馆评聘副研究馆员 2 人，馆员 1 人，助理馆员 1 人。

1997 年，本馆评聘副研究馆员 1 人（1998 年 1 月本馆聘任），馆员 3 人，助理馆员 4 人。至 1997 年底，本馆共评聘专业技术人员 50 人，其中研究馆员 1 人，副研究馆员 6 人，馆员 12 人，助理馆员 26 人，管理员 2 人，助理会计师 3 人。

1998 年，本馆评聘研究馆员 1 人（1999 年 1 月聘任），副研究馆员 2 人（1999 年 1 月聘任），馆员 4 人，助理馆员 6 人，管理员 5 人。至 1998 年底，本馆共评聘专业技术人员 52 人，其中研究馆员 2 人，副研究馆员 6 人，馆员 14 人，助理馆员 21 人，管理员 5 人，助理会计师 3 人，高级工 1 人。

1999 年，本馆专业技术职务实行评聘分开。本馆获得馆员资格 4 人（3 人 1999 年 12 月由本馆聘任，1 人 2002 年 10 月由本馆聘任），助理馆员 1 人。至 1999 年底，本馆共聘任专业技术人员 58 人，其中研究馆员 2 人，副研究馆员 6 人，馆员 21 人。

2000 年，本馆获得副研究馆员资格 2 人（2002 年 10 月由本馆聘任），获得馆员资格 2 人（2002 年 10 月由本馆聘任）。至 2000 年底，本馆共聘任专业技术人员 58 人，其中研究馆员 2 人，副研究馆员 5 人，馆员 21 人。

2001 年，本馆获得副研究馆员资格 2 人（1 人于 2003 年 9 月由本馆聘任，1 人于 2004 年 10 月由本馆聘任），获得馆员资格 3 人（2002 年 10 月由本馆聘任）。至 2001 年底，本馆共聘任专业技术人员 57 人，其中研究馆员 2 人，副研究馆员 4 人，馆员

21 人。

2002 年 9 月，本馆根据潍坊市人事局文件〔潍人字（2002）41 号〕《潍坊市事业单位专业技术职务聘任实行竞争上岗的试行意见》的规定和要求，结合实际情况，制定潍图字（2002）第 8 号《高、中级专业技术职务聘任竞争方案》，对专业技术职务实行竞争上岗。竞争上岗的范围是已经取得高、中级专业技术职务任职资格但尚未被聘任的在编在岗的专业技术人员。工作程序：建立工作组织、报名、资格审查、面试述职、民主评议、拟定人选、备案和公示、签订聘约等。此后，本馆专业技术职务的聘任工作基本遵循此文件精神和程序规定进行。

2002 年，本馆获得研究馆员资格 1 人（2003 年 9 月由本馆聘任），获得馆员资格 5 人（3 人于 2003 年 9 月由本馆聘任，2 人于 2004 年 10 月由本馆聘任），获得助理馆员资格 3 人（2002 年 10 月由本馆聘任），获得管理员资格 1 人（2002 年 10 月由本馆聘任）。至 2002 年底，本馆共聘任专业技术人员 56 人，其中研究馆员 1 人，副研究馆员 4 人，馆员 23 人。

2003 年，本馆获得馆员资格 2 人（2004 年 10 月由本馆聘任），获得助理馆员资格 4 人（2003 年 11 月由本馆聘任）。至 2003 年底，本馆共聘任专业技术人员 57 人，其中研究馆员 2 人，副研究馆员 4 人，馆员 25 人。

2004 年，本馆获得副研究馆员资格 2 人（2005 年 11 月由本馆聘任），获得馆员资格 3 人（2005 年 11 月由本馆聘任），获得助理馆员资格 5 人（2005 年 1 月由本馆聘任），获得管理员资格 1 人（2005 年 1 月由本馆聘任）。至 2004 年底，本馆共聘任专业技术人员 60 人，其中研究馆员 2 人，副研究馆员 5 人，馆员 28 人。

2005 年，本馆获得副研究馆员资格 5 人（其中 1 人于 2006 年 12 月由本馆聘任；1 人于 2007 年 12 月由本馆聘任），获得馆员资格 3 人（其中 2 人于 2006 年 12 月由本馆聘任；1 人于 2007 年 12 月由本馆聘任），获得助理馆员资格 5 人（2006 年 1 月由本馆聘任）。至 2005 年底，本馆共聘任专业技术人员 64 人，其中研究馆员 2 人，副研究馆员 7 人，馆员 29 人。

2006 年，本馆获得研究馆员资格 1 人（2007 年 12 月由本馆聘任），获得副研究馆员资格 1 人，获得馆员资格 4 人（其中 3 人于 2007 年 12 月由本馆聘任）。至 2006 年底，本馆共聘任专业技术人员 65 人，其中研究馆员 2 人，副研究馆员 8 人，馆员 31 人。

2007 年，本馆获得副研究馆员资格 2 人，获得馆员资格 1 人，获得助理馆员资格 1 人。至 2007 年底，本馆共聘任专业技术人员 66 人，其中研究馆员 3 人，副研究馆员 8 人，馆员 33 人。

截至 2007 年底，本馆专业技术职务评聘情况详见表 2.5。

表 2.5　本馆专业技术职务评聘情况表

姓名	性别	任职资格	公布文号	公布时间	聘任时间	备注
贾金兰	女	副研究馆员	潍文职改字（88）27 号	1988.5	1988.6	本馆聘任
王昭龙	男	馆员	潍文职改字（88）27 号	1988.5	1988.6	本馆聘任
王明俊	男	馆员	潍文职改字（88）27 号	1988.5	1988.6	本馆聘任
王宇红	女	馆员	潍文职改字（88）27 号	1988.5	1988.6	本馆聘任
杨漪	女	馆员	潍文职改字（88）27 号	1988.5	1988.6	本馆聘任
栗祥忠	男	馆员	潍文职改字（88）27 号	1988.5	1988.6	本馆聘任
李珂田	男	馆员	潍文职改字（88）68 号	1988.7	1988.8	本馆聘任
张序	男	馆员	潍文职改字（89）28 号	1989.1	1989.2	本馆聘任
王瑞璞	女	馆员	潍文职改字（89）28 号	1989.1	1989.2	本馆聘任
黄鸣凤	女	馆员	潍文职改字（89）28 号	1989.1	1989.2	本馆聘任
周嘉琴	女	馆员	潍文职改字（89）28 号	1989.1	1989.2	本馆聘任
王济众	男	馆员	潍文职改字（89）28 号	1989.1	1989.2	本馆聘任
张光德	男	助理馆员	潍文职改字（88）27 号	1988.5	1988.6	本馆聘任
朱江	男	助理馆员	潍文职改字（88）27 号	1988.5	1988.6	本馆聘任
张玲玲	女	助理馆员	潍文职改字（88）27 号	1988.5	1988.6	本馆聘任
刘群	女	助理馆员	潍文职改字（89）28 号	1989.1	1989.2	本馆聘任
王洁	女	助理馆员	潍文职改字（89）28 号	1989.1	1989.2	本馆聘任
高正	男	助理馆员	潍文职改字（89）28 号	1989.1	1989.2	本馆聘任
陈艳亭	女	助理馆员	潍文职改字（89）28 号	1989.1	1989.2	本馆聘任
郎益华	女	助理馆员	潍文职改字（89）28 号	1989.1	1989.2	本馆聘任
刘典好	男	助理馆员	潍文职改字（89）28 号	1989.1	1989.2	本馆聘任
谭振利	男	助理馆员	潍文职改字（89）28 号	1989.1	1989.2	本馆聘任
刘满奎	女	助理馆员	潍文职改字（89）28 号	1989.1	1989.2	本馆聘任
赵友坤	男	助理馆员	潍文职改字（89）28 号	1989.1	1989.2	本馆聘任
刘清林	男	助理馆员	潍文职改字（89）28 号	1989.1	1989.2	本馆聘任
王军	男	助理馆员	潍文职改字（89）28 号	1989.1	1989.2	本馆聘任
王庆增	男	管理员	潍文职改字（89）28 号	1989.1	1989.2	本馆聘任
高利波	男	管理员	潍文职改字（89）28 号	1989.1	1989.2	本馆聘任
邓丽珠	女	助理会计师	潍文职改字（89）55 号	1989.3	1989.4	本馆聘任

姓名	性别	任职资格	公布文号	公布时间	聘任时间	备注
张翠玲	女	助理会计师	潍文职改字（89）55号	1989.3	1989.4	本馆聘任
顾永杰	女	会计员	潍文职改字（89）55号	1989.3	1989.4	本馆聘任
王庆增	男	助理馆员	潍文职改字（90）12号	1990.11	1990.12	本馆聘任
马洪杰	女	助理馆员	潍文职改字（90）12号	1990.11	1990.12	本馆聘任
董红薇	女	管理员	潍文职改字（90）12号	1990.11	1990.12	本馆聘任
黄凤江	男	管理员	潍文职改字（90）12号	1990.11	1990.12	本馆聘任
李 靖	女	管理员	潍文职改字（90）12号	1990.11	1990.12	本馆聘任
王彭兰	女	管理员	潍文职改字（90）12号	1990.11	1990.12	本馆聘任
董红薇	女	助理馆员	潍文职改字（91）4号	1991.10	1991.11	本馆聘任
邱兆峰	男	管理员	潍文职改字（91）4号	1991.10	1991.11	本馆聘任
王彭兰	女	助理馆员	潍文职改字（92）1号	1992.9	1992.10	本馆聘任
郎绪增	男	助理馆员	潍文职改字（92）2号	1992.9	1992.10	本馆聘任
顾永杰	女	助理会计师	潍文职改字（92）10号	1992.7	1992.8	本馆聘任
王英勋	男	助理会计师	潍文职改字（92）10号	1992.7	1992.8	文化局聘
王丽丽	女	管理员	潍文职改字（92）4号	1992.9	1992.10	本馆聘任
贾金兰	女	研究馆员	潍文职改字（93）31号	1993.8	1993.9	文化局聘
栗祥忠	男	副研究馆员	潍文职改字（93）31号	1993.8	1993.9	本馆聘任
王明俊	男	副研究馆员	潍文职改字（93）31号	1993.8	1993.9	本馆聘任
丁洪俊	男	馆员	潍文职改字（93）43号	1993.9	1993.10	本馆聘任
郎绪增	男	馆员	潍文职改字（93）43号	1993.9	1993.10	本馆聘任
李维忠	男	馆员	潍文职改字（93）43号	1993.9	1993.10	本馆聘任
张光德	男	馆员	潍文职改字（93）43号	1993.9	1993.10	本馆聘任
高 正	男	馆员	潍文职改字（93）43号	1993.9	1993.10	本馆聘任
傅永聚	男	馆员	潍文职改字（93）43号	1993.9	1993.10	本馆聘任
王 洁	女	馆员	潍文职改字（93）43号	1993.9	1993.10	本馆聘任
张玲玲	女	馆员	潍文职改字（93）43号	1993.9	1993.10	本馆聘任
宫昌利	男	助理馆员	潍文职改字（93）19号	1993.8	1993.9	本馆聘任
赵 林	男	助理馆员	潍文职改字（93）19号	1993.8	1993.9	本馆聘任
陈世戈	男	助理馆员	潍文职改字（93）19号	1993.8	1993.9	本馆聘任

姓名	性别	任职资格	公布文号	公布时间	聘任时间	备注
靳树国	男	助理馆员	潍文职改字（93）19 号	1993.8	1993.9	本馆聘任
高利波	男	助理馆员	潍文职改字（93）19 号	1993.8	1993.9	本馆聘任
付春凤	女	助理馆员	潍文职改字（93）19 号	1993.8	1993.9	本馆聘任
王春玲	女	助理馆员	潍文职改字（93）19 号	1993.8	1993.9	本馆聘任
王希兆	男	助理馆员	潍文职改字（93）28 号	1993.8	1993.9	本馆聘任
林 娟	女	助理馆员	潍文职改字（93）28 号	1993.8	1993.9	本馆聘任
解江净	女	助理馆员	潍文职改字（93）39 号	1993.8	1993.9	本馆聘任
尹 霞	女	助理馆员	潍文职改字（93）39 号	1993.8	1993.9	本馆聘任
宗淑慧	女	管理员	潍文职改字（93）19 号	1993.8	1993.9	本馆聘任
张晓霞	女	管理员	潍文职改字（93）19 号	1993.8	1993.9	本馆聘任
杨月辉	女	管理员	潍文职改字（93）19 号	1993.8	1993.9	本馆聘任
钟 兴	女	管理员	潍文职改字（93）19 号	1993.8	1993.9	本馆聘任
魏 涛	男	管理员	潍文职改字（93）19 号	1993.8	1993.9	本馆聘任
文俊友	男	管理员	潍文职改字（93）19 号	1993.8	1993.9	本馆聘任
王昭龙	男	副研究馆员	潍文职改字（94）3 号	1994.2	1994.3	本馆聘任
王瑞璞	女	副研究馆员	潍文职改字（94）3 号	1994.2	1994.3	本馆聘任
张淑英	女	二级导演	潍文职改字（94）3 号	1994.2	1994.3	歌舞团聘
谭振利	男	馆员	潍文职改字（94）40 号	1994.12	1995.1	本馆聘任
郎益华	女	馆员	潍文职改字（94）40 号	1994.12	1995.1	本馆聘任
刘满奎	女	馆员	潍文职改字（94）42 号	1994.12	1995.1	本馆聘任
刘清林	男	馆员	潍文职改字（94）42 号	1994.12	1995.1	本馆聘任
李 靖	女	助理馆员	潍文职改字（94）14 号	1994.12	1995.1	本馆聘任
李雪梅	女	助理馆员	潍文职改字（94）14 号	1994.12	1995.1	本馆聘任
邱兆峰	男	助理馆员	潍文职改字（94）14 号	1994.12	1995.1	本馆聘任
黄凤江	男	助理馆员	潍文职改字（94）14 号	1994.12	1995.1	本馆聘任
郭瑞莲	女	管理员	潍文职改字（94）14 号	1994.12	1995.1	本馆聘任
王国强	男	管理员	潍文职改字（94）15 号	1994.8	1994.9	本馆聘任
周嘉琴	女	副研究馆员	潍文职改字（95）8 号	1995.11	1995.12	本馆聘任
吴宏伟	男	管理员	潍文职改字（95）9 号	1995.8	1995.9	本馆聘任

续表

姓名	性别	任职资格	公布文号	公布时间	聘任时间	备注
马洪杰	女	馆员	潍文职改字（95）11号	1995.12	1996.1	本馆聘任
宗淑慧	女	助理馆员	潍文职改字（95）12号	1995.12	1996.1	本馆聘任
张晓霞	女	助理馆员	潍文职改字（95）12号	1995.12	1996.1	本馆聘任
杨月辉	女	助理馆员	潍文职改字（95）12号	1995.12	1996.1	本馆聘任
齐建新	女	助理馆员	潍文职改字（95）12号	1995.12	1996.1	本馆聘任
杨漪	女	副研究馆员	潍文职改字（96）12号	1996.12	1997.1	本馆聘任
王宇红	女	副研究馆员	潍文职改字（96）12号	1996.12	1997.1	本馆聘任
董红薇	女	馆员	潍文职改字（96）11号	1996.12	1997.1	本馆聘任
王丽丽	女	助理馆员	潍文职改字（96）9号	1996.12	1997.1	本馆聘任
傅永聚	男	副研究馆员	潍文职改字（97）11号	1997.12	1998.1	本馆聘任
刘典好	男	馆员	潍文职改字（97）18号	1997.11	1997.12	本馆聘任
付春凤	女	馆员	潍文职改字（97）18号	1997.11	1997.12	本馆聘任
尹霞	女	馆员	潍文职改字（97）18号	1997.11	1997.12	本馆聘任
王英勋	男	助理馆员	潍文职改字（97）6号	1997.12	1998.1	本馆聘任
魏韬	男	助理馆员	潍文职改字（97）6号	1997.12	1998.1	本馆聘任
文俊友	男	助理馆员	潍文职改字（97）6号	1997.12	1998.1	本馆聘任
钟兴	女	助理馆员	潍文职改字（97）6号	1997.12	1998.1	本馆聘任
栗祥忠	男	研究馆员	潍文职改字（98）12号	1998.12	1999.1	本馆聘任
张光德	男	副研究馆员	潍文职改字（98）19号	1998.12	1999.1	本馆聘任
丁洪俊	男	副研究馆员	潍文职改字（98）12号	1998.12	1999.1	本馆聘任
刘群	女	馆员	潍文职改字（98）13号	1998.11	1998.12	本馆聘任
王春玲	女	馆员	潍文职改字（98）16号	1998.11	1998.12	本馆聘任
王希兆	男	馆员	潍文职改字（98）13号	1998.11	1998.12	本馆聘任
高立波	男	馆员	潍文职改字（98）18号	1998.11	1998.12	本馆聘任
丁丽萍	女	助理馆员	潍文职改字（98）6号	1998.11	1998.12	本馆聘任
鲁松	女	助理馆员	潍文职改字（98）6号	1998.11	1998.12	本馆聘任
王国强	男	助理馆员	潍文职改字（98）6号	1998.11	1998.12	本馆聘任
郭瑞莲	女	助理馆员	潍文职改字（98）6号	1998.11	1998.12	本馆聘任
丁美娟	女	助理馆员	潍文职改字（98）6号	1998.11	1998.12	本馆聘任

姓名	性别	任职资格	公布文号	公布时间	聘任时间	备注
邓丽珠	女	助理馆员	潍文职改字（98）6 号	1998.11	1998.12	本馆聘任
聂金梅	女	管理员	潍文职改字（98）17 号	1998.10	1998.11	本馆聘任
王国防	男	管理员	潍文职改字（98）17 号	1998.10	1998.11	本馆聘任
陈天文	男	管理员	潍文职改字（98）17 号	1998.10	1998.11	本馆聘任
王小青	女	管理员	潍文职改字（98）17 号	1998.10	1998.11	本馆聘任
韩星云	女	管理员	潍文职改字（98）6 号	1998.11	1998.12	本馆聘任
宫昌利	男	馆员	潍文职改字（99）8 号	1999.11	1999.12	本馆聘任
齐建新	女	馆员	潍文职改字（99）8 号	1999.11	1999.12	本馆聘任
林 娟	女	馆员	潍文职改字（99）8 号	1999.11	1999.12	本馆聘任
王彭兰	女	馆员	潍文职改字（99）8 号	1999.11	2002.10	本馆聘任
吴宏伟	男	助理馆员	潍文职改字（99）5 号	1999.11	1999.12	本馆聘任
张玲玲	女	副研究馆员	潍文职改字（2000）13 号	2000.11	2002.10	本馆聘任
梁 昱	男	副研究馆员	潍文职改字（2000）13 号	2000.11	2002.10	本馆聘任
徐 义	男	馆员	潍文职改字（2000）11 号	2000.12	2002.10	本馆聘任
王英勋	男	馆员	潍文职改字（2000）11 号	2000.12	2002.10	本馆聘任
马洪杰	女	副研究馆员	潍文职改字（2001）12 号	2001.10	2004.10	本馆聘任
刘满奎	女	副研究馆员	潍文职改字（2001）12 号	2001.10	2003.9	本馆聘任
李 梅	女	馆员	潍文职改字（2001）11 号	2001.12	2002.10	本馆聘任
宗淑慧	女	馆员	潍文职改字（2001）11 号	2001.12	2002.10	本馆聘任
李 靖	女	馆员	潍文职改字（2001）11 号	2001.12	2002.10	本馆聘任
傅永聚	男	研究馆员	潍文职改字（2002）16 号	2002.8	2003.9	本馆聘任
丁美娟	女	馆员	潍文职改字（2002）15 号	2002.9	2003.9	本馆聘任
杨月辉	女	馆员	潍文职改字（2002）15 号	2002.9	2004.10	本馆聘任
张晓霞	女	馆员	潍文职改字（2002）15 号	2002.9	2004.10	本馆聘任
鲁 松	女	馆员	潍文职改字（2002）15 号	2002.9	2003.9	本馆聘任
邓丽珠	女	馆员	潍文职改字（2002）15 号	2002.9	2003.9	本馆聘任
陈天文	男	助理馆员	潍文职改字（2002）13 号	2002.9	2002.10	本馆聘任
王 菁	女	助理馆员	潍文职改字（2002）13 号	2002.9	2002.10	本馆聘任
于爱玲	女	助理馆员	潍文职改字（2002）13 号	2002.9	2002.10	本馆聘任

续表

姓名	性别	任职资格	公布文号	公布时间	聘任时间	备注
王秀花	女	管理员	潍文职改字（2002）13 号	2002.9	2002.10	本馆聘任
王国强	男	馆员	潍文职改字（2003）15 号	2003.10	2004.10	本馆聘任
钟兴	女	馆员	潍文职改字（2003）15 号	2003.10	2004.10	本馆聘任
王小青	女	助理馆员	潍文职改字（2003）8 号	2003.10	2003.11	本馆聘任
王国防	男	助理馆员	潍文职改字（2003）8 号	2003.10	2003.11	本馆聘任
聂金梅	女	助理馆员	潍文职改字（2003）8 号	2003.10	2003.11	本馆聘任
韩星云	女	助理馆员	潍文职改字（2003）8 号	2003.10	2003.11	本馆聘任
宫昌利	男	副研究馆员	潍文职改字（2005）2 号	2004.11	2005.11	本馆聘任
郎益华	女	副研究馆员	潍文职改字（2005）2 号	2004.11	2005.11	本馆聘任
黄凤江	男	馆员	潍文职改字（2004）14 号	2004.12	2005.11	本馆聘任
王丽丽	女	馆员	潍文职改字（2004）14 号	2004.12	2005.11	本馆聘任
吴宏伟	男	馆员	潍文职改字（2004）14 号	2004.12	2005.11	本馆聘任
王健	女	助理馆员	潍文职改字（2004）10 号	2004.12	2005.1	本馆聘任
綦书忠	男	助理馆员	潍文职改字（2004）10 号	2004.12	2005.1	本馆聘任
王萍	女	助理馆员	潍文职改字（2004）10 号	2004.12	2005.1	本馆聘任
冯传志	男	助理馆员	潍文职改字（2004）10 号	2004.12	2005.1	本馆聘任
高洪臻	女	助理馆员	潍文职改字（2004）12 号	2004.12	2005.1	本馆聘任
张欣炜	女	管理员	潍文职改字（2004）10 号	2004.12	2005.1	本馆聘任
郑晓光	女	副研究馆员	潍文职改字（2006）8 号	2005.10	2006.12	本馆聘任
尹霞	女	副研究馆员	潍文职改字（2005）16 号	2005.10	2007.12	本馆聘任
王春玲	女	副研究馆员	潍文职改字（2005）16 号	2005.10		
董红薇	女	副研究馆员	潍文职改字（2005）16 号	2005.10		
林娟	女	副研究馆员	潍文职改字（2005）16 号	2005.10		
丁丽萍	女	馆员	潍文职改字（2005）17 号	2005.12	2007.12	本馆聘任
郭瑞莲	女	馆员	潍文职改字（2005）17 号	2005.12	2006.12	本馆聘任
文俊友	男	馆员	潍文职改字（2005）17 号	2005.12	2006.12	本馆聘任
王秀花	女	助理馆员	潍文职改字（2005）11 号	2005.12	2006.1	本馆聘任
张欣炜	女	助理馆员	潍文职改字（2005）11 号	2005.12	2006.1	本馆聘任
王希荣	女	助理馆员	潍文职改字（2005）11 号	2005.12	2006.1	本馆聘任

姓名	性别	任职资格	公布文号	公布时间	聘任时间	备注
杜跃华	女	助理馆员	潍文职改字（2005）11 号	2005.12	2006.1	本馆聘任
张志凤	女	助理馆员	潍文职改字（2005）11 号	2005.12	2006.1	本馆聘任
张光德	男	研究馆员	潍文职改字（2007）2 号	2006.11	2007.12	本馆聘任
王希兆	男	副研究馆员	潍文职改字（2007）2 号	2006.11		
陈天文	男	馆员	潍文职改字（2006）13 号	2006.11	2007.12	本馆聘任
王　健	女	馆员	潍文职改字（2006）13 号	2006.11	2007.12	本馆聘任
王　梅	女	馆员	潍文职改字（2006）13 号	2006.11	2007.12	本馆聘任
王　菁	女	馆员	潍文职改字（2006）13 号	2006.11		
张晓红	女	助理馆员	潍文职改字（2007）8 号	2007.12		

第五节　党群团体

一　中国共产党

建馆初期，本馆党员参加潍坊市直机关党委所属支部，本馆馆长邓尚清还曾在一段时间内兼任该党支部的副书记。1958 年 2 月至 1963 年，本馆馆长王仲源兼任潍坊市直文化单位联合党支部书记。"文化大革命"期间，本馆党员参加市直文化七单位联合党支部。1976 年 2 月至 1981 年 10 月，本馆党员参加市博物馆、文物商店、图书馆联合党支部。

1981 年之前，本馆党员较少，未在本馆单设党支部。1981 年 10 月，本馆单设党支部，张序任专职书记。1984 年 7 月，李珂田任本馆党支部专职书记。1985 年 12 月，本馆选举成立党支部委员会，李珂田任专职书记，王明俊任专职副书记，贾金兰（业务副馆长）、张序（行政副馆长）任党支部委员。本届党支部共有党员 21 名，其中新发展党员 3 名。

1989 年 5 月，本馆党支部进行了换届改选，李珂田任专职书记，贾金兰（馆长）、丁洪俊（行政副馆长）、栗祥忠（业务副馆长）、王昭龙（教学辅导部主任）任党支部委员。1992 年 2 月，李珂田退休。1992 年 6 月，上级任命傅永聚为本馆党支部专职书记。1993 年 7 月，增补李维忠（副馆长）为本馆党支部委员。本届党支部共有党员 34 名，其中新发展党员 9 名。

1996 年 8 月，本馆党支部进行了换届选举，傅永聚任本馆党支部专职书记，栗祥忠（馆长）、李维忠（副馆长）、王洁（业务副馆长）、高利波（行政副馆长）、丁洪俊（工会主席）任本馆党支部委员。1997 年 6 月，李维忠调出本馆。11 月，丁洪俊退居二线不再担任本馆党支部委员，增补王英勋（副馆长）任本馆党支部委员。此时期本馆共有党员 38 名，其中新发展党员 5 名。

1998 年 12 月，中共潍坊市文化局党委以潍文党字（98）第 13 号文件公布梁昱任潍坊市图书馆党支部副书记。此时期本馆共有党员 39 名，其中新发展党员 1 名。

1999 年 11 月，中共潍坊市文化局党委以潍文党字（99）第 9 号文件增补王希兆为潍坊市图书馆党支部委员，新发展党员 1 名。

2003 年 10 月，中共潍坊市委组织部以潍组任字（2003）57 号文件公布傅永聚不再担任潍坊市图书馆党支部书记职务，保留副县级。此时期本馆共有党员 37 名，其中新发展党员 1 名。

2004 年 6 月，中共潍坊市文化局党委以潍文党字（2004）7 号文件公布同意刘满奎为潍坊市图书馆党支部委员，齐建新不再担任市图书馆党支部委员。

2005 年 5 月，中共潍坊市委组织部以潍组任字（2005）37 号文件公布郑晓光任潍坊市图书馆党支部书记。6 月，中共潍坊市文化局党委以潍文党字（2005）18 号文件公布同意宫昌利为潍坊市图书馆党支部委员。此时期本馆共有党员 41 名，其中新发展党员 2 名。

2006 年，本馆共有党员 42 名，其中新发展党员 2 名。

2007 年 11 月，中共潍坊市委组织部以潍组任字（2007）93 号文件公布单继瑜任潍坊市图书馆党支部书记，郑晓光不再担任潍坊市图书馆党支部书记职务。此时期本馆共有党员 44 人，新发展党员 2 名。

二　中国共产主义青年团

1984 年 8 月，本馆建立团支部，王洁任本馆团支部书记，高正任副书记。

1986 年 5 月，本馆选举成立团支部委员会，王洁任本馆团支部委员会书记，高正、谭振利任委员。

1989 年 9 月，本馆团支部委员会进行换届选举，王军任书记，王春玲任副书记，高正、董红薇、马洪杰任委员。此时本馆共有共青团员 17 名。

1989 年 10 月至 1993 年 7 月，市文物商店 2 名团员参加本馆团支部组织生活，其中韩旭红被增补为本馆团支部委员。

1994 年 3 月，本馆团支部进行改选，邱兆峰任书记，王希兆任副书记，宫昌利、林娟、李靖任委员。此时本馆共有共青团员 11 名。

2002 年 3 月，本馆团支部进行改选，宫昌利任书记。此时本馆共有共青团员 4 人。

三　民主党派

2004 年 12 月，宗淑慧加入中国致公党。

四　工会

1984 年至 1988 年，本馆工会活动处于停顿状态。

1989 年 5 月，张序任本馆专职工会主席。10 月，本馆通过选举成立工会委员会，张序任主席，王瑞璞任副主席，王洁任委员。

1995 年 7 月，张序退居二线。

1996 年 7 月，丁洪俊任本馆专职工会主席。1996 年 7 月，本馆选举成立新的工会委员会，丁洪俊任主席，王明俊任副主席，王军、付春凤、顾永杰任委员。

1997 年 6 月，丁洪俊退居二线，李世孝任本馆专职工会主席。

1999 年 10 月，徐义任潍坊市图书馆工会主席，李世孝不再担任本馆工会主席职务。

2002 年 8 月，本馆以潍图工字（2002）第 2 号文件公布本馆工会委员会：齐建新任工会主席，刘典好、鲁松任委员。

2003 年 1 月，齐建新任本馆工会主席，徐义不再担任本馆工会主席职务。

2004 年 6 月，齐建新不再担任本馆工会主席职务。

五　妇女工作委员会

1995 年 12 月，本馆妇女工作委员会成立，付春凤任主任，顾永杰、钟兴任委员。

2005 年 3 月，本馆妇女工作委员会经过改选，顾永杰任主任，鲁松、钟兴任委员。

第三章 馆舍、设备与经费

第一节 馆舍

1948 年，本馆馆址设在城里胡家牌坊街 8 号十笏园。根据有关材料记载，十笏园占地面积仅 2000 平方米，但共有大小建筑物 34 处，房屋 67 间。当时潍坊市市立图书馆在此处使用房屋多少间以及使用面积多少已无从查考。

1950 年，本馆馆址设在城里胡家牌坊街 33 号。使用平房 23 间，馆舍面积 309 平方米。另外，本馆还在邓发街设报刊阅览室一处，面积 50 平方米。

1976 年 10 月，本馆馆址设在东风大街 187 号。使用房屋 22 间，馆舍面积 267 平方米。

1981 年 9 月，本馆馆址设在东风大街 352 号。使用房屋 19 间，馆舍面积 326 平方米。

1984 年 7 月，本馆馆址设在白浪河东岸东风桥以南 200 米，即潍城区米市街 48 号。使用原潍坊市房管局旧平房 39 间，馆舍面积 550 平方米。

1984 年 7 月，潍坊市文化局按照市委市政府指示精神，经过实际考察，依据常规标准，以（84）潍文字第 45 号文向市政府提报新建潍坊市图书馆馆舍的意见，总体规划 14000 平方米，分两期实施：第一期工程建综合图书大楼 6000 平方米；第二期工程建科研阅览楼、少儿图书馆 8000 平方米。8 月 1 日，潍坊市政府办公室以（84）15 号通知单作出批复："经研究，原则同意你们新建图书馆的意见，列入 1985 年基建计划，并报省审批。请与有关研究部门联系，抓紧编制总体规划和工程实施方案。"1984 年 10 月，潍坊市计委在《关于下达 1985 年全民单位自筹资金基本建设预算安排计划的通知》（潍计基字（84）第 194 号文）中称潍坊市图书馆新建书库 3000 平方米，阅览室 1000 平方米，拆迁及施工投资 180 万元，建设年限期 1985 年至 1986 年。1985 年 5 月，潍坊市计委印发（1985）4 号文下达《潍坊市 1985 年固定投资计划》，正式列入本馆新建馆舍 4000 平方米。1985 年，潍坊市财政局拨款 75 万元。

1985 年 1 月，本馆根据潍坊市政建设管理局文件［85］潍政建第 1 号和潍政建［85］36 号文件的两次批复：将新馆地址定位在白浪河东岸，北起原潍坊市潍城区文化馆南楼，南至保安桥东端，东至南下河街西侧，西至白浪河河堤。该地段拆除了原潍坊市房管局仓库，约占地 2410 平方米；拆除了东关运输队，约占地 850 平方米；拆除了南下河 35 户居民房用地 1800 平方米；加上本馆搬迁来时所用的原潍坊市房管局房屋的占地约计 3000 平方米；新馆规划共占用土地约 8300 平方米。后来，潍坊市政建设管理局将建设奎文门，因此将奎文门向北 200 米的土地拨给潍坊市园林处使用，这样本馆新馆建设实际占用土地面积为 6354 平方米。3 月起，本馆采取就地安置的办法，搬迁居民 35 户，使用资金 59 万元，就地新建居民宿舍楼 1719 平方米，购买北关兴华房屋经营公司商品宿舍楼 679 平方米，将搬迁户全部安置完毕。

1986 年 2 月，中共潍坊市委常委会决定，潍坊市政府派出调查组，对本馆基建情况进行调查、研究、总结，提出今后改进意见，认为：馆址选在白浪河东岸是可行的，适合建一座中型图书馆；一年多来已经做了一些工程前期准备工作，应抓紧做出总体规划和施工方案，搞好拆迁安置、地质勘探、图纸设计和"三通一平"等开工前的有关工作。6 月，潍坊市计委、潍坊市文化局联合召开本馆新馆工程建设论证会，并印发了《潍坊市图书馆建设初步论证会议纪要》，认为本馆总体建设规模在 10000 平方米左右为宜，同时确定先建设一期工程（综合图书楼）6000 平方米，二期工程（科研阅览楼、少儿图书馆）待条件具备时再开工建设。

1987 年 4 月，潍坊市计委在《关于下达 1987 年市机动财力安排的全民单位基本建设项目计划的通知》（潍计基字 33 号文）中，给本馆的新馆建设列出新开工 6000 平方米，总投资 360 万元的批示。12 月中旬，潍坊市建筑设计院设计师崔荣平完成本馆新馆工程的初步设计。

1988 年，潍坊市财政局拨款 100 万元。1 月，潍坊市建委召开会议，组织市直有关部门和专家对本馆新馆工程的初步设计方案进行审议，对该工程做了充分的论证，以（88）潍建基字第 3 号文件批准本馆新馆工程的初步设计。确定图书馆新馆舍为现代古建，馆舍外部以中国传统建筑样式为主，内部以中庭回廊作为交通方式，力求布局合理、利用率高，并使整个图书馆建筑能与白浪河公园融为一体，成为我市市中心的一大景观。

1988 年 5 月 22 日，经潍坊市建委、市建工处批准，本馆办理了图书馆新馆建设工程的《建设项目开工报告表》：建设项目名为潍坊市图书馆综合图书楼，建设规模 5960 平方米，层数四层（局部五层），建筑高度为 16 米。工程结构为框架结构，资金来源由市财政拨款，新馆工程由潍坊市一建一处施工，工地施工负责人、技术员为杨少伦。同时办理了潍坊市人民政府建筑施工许可证［88 年建字第 110 号］，开工日期 1988 年 7 月。7 月上旬，潍坊市建筑设计院完成新馆工程的设计任务。

1988 年 7 月 15 日，本馆举行新馆一期工程——综合图书楼奠基典礼。副市长刘景云代表市委、市政府讲话，要求第一期工程——综合图书楼 6000 平方米两年内完成，第二期工程争取"八五"期间立项完成。出席典礼的领导还有市委常委、宣传部长任柏榴，市人大常委会副主任腾司宪，市政协副主席刘玉兰以及驻军首长和市直、潍城区有关方面的负责人共计 75 人，山东省文化厅文化处孙秋晔科长和省图书馆王佑臣馆长专程来参加典礼。

1988 年底，省水利勘测设计院基础工程大队采用水注碎石灌柱桩完成新馆地质加固工程；市一建公司一处完成新馆浇灌基础工程。

1989 年春，潍坊市财政局按计划拨款 100 万元。7 月 6 日下午，市政府副秘书长马鸣棠受分管副市长的委托，主持召开图书馆工程现场办公会，主要议题是解决资金问题。此次会议有市计委、市建委、市财政局、市文化局、市建设银行、市交通银行、市图书馆、市一建公司一处、潍坊长城钢窗公司等单位的负责人参加。会后，市财政给予拨款 200 万元。

经过两年零两个月的紧张施工，潍坊市图书馆新馆一期工程——综合图书楼面积 5775 平方米，配套设施锅炉用房面积 162 平方米，实际总投资达 590 万元人民币，于 1990 年 9 月 27 日竣工。潍坊市建委、市建管处、市规划处、市计委、市财政局、市建筑设计院等九家单位对综合图书楼工程进行了综合工程验收。该项工程被潍坊市建筑工程质量监督站，定为市级优良工程〔（88）质字第 130 号〕。

1990 年 9 月 30 日，本馆在新馆一期工程——综合图书楼前举行了隆重的落成典礼。落成典礼由市文化局局长郑金兰主持，市委副书记齐乃贵讲话，市文化局副局长牛进宣读山东省文化厅的贺信，山东省图书馆副馆长任宝祯致贺词。潍坊市图书馆馆长贾金兰介绍了工程简况并代表图书馆全体干部职工发言。市人大常委会副主任戴耀西、韩理、市政协副主席刘玉兰剪彩。出席典礼和先后到会的领导还有：市委书记于潮、市委常委、宣传部长任柏榴，市委常委、纪委书记王立福，市人大常委会主任于成凤，副市长房忠昌，市政协主席远东，市政协副主席王金元及有关部门和单位的负责人共计260人。

1994 年 3 月，图书馆综合图书楼及其附属用房办理了房产证。确权综合图书楼面积为 6630.43 平方米，锅炉房为 162 平方米，原有平房（未被拆除的部分）为 828.37 平方米，馆舍面积共计 7620.80 平方米。

至 2007 年底，潍坊市图书馆综合图书楼的功能分布及各功能区的建筑面积如下：

一楼：

装订部，建筑面积 123.12 平方米。

服务公司，建筑面积 441.58 平方米。

教室 5 处，建筑面积 137.40 平方米。

洗手间，建筑面积 35.91 平方米。

电梯间，建筑面积 6.75 平方米。

二楼：

保卫科，建筑面积 30.78 平方米。

读者俱乐部，建筑面积 30.78 平方米。

大门服务厅，建筑面积 123.12 平方米。

共享工程支中心，建筑面积 45.80 平方米。

少儿部，建筑面积 123.12 平方米。

财务科，建筑面积 45.80 平方米。

借书室办公区与读者借阅活动区，建筑面积 45.80 平方米；借书书库，建筑面积 292.04 平方米。

办公室，建筑面积 45.80 平方米。

电子阅览室，建筑面积 123.12 平方米。

开水间，建筑面积 6.75 平方米。

洗手间，建筑面积 35.91 平方米。

电梯间，建筑面积 6.75 平方米。

三楼：

会议室，建筑面积 123.12 平方米。

文档室，建筑面积 61.56 平方米。

党支部书记办公室，建筑面积 45.80 平方米。

馆长室，建筑面积 45.80 平方米。

副馆长室，建筑面积 45.80 方米。

采编部，建筑面积 61.56 平方米。

展厅，建筑面积 184.68 平方米。

报刊阅览室，建筑面积 246.24 平方米。

书画院，建筑面积 76.60 平方米。

中心机房，建筑面积 15 平方米。

洗手间，建筑面积 35.91 平方米。

电梯间，建筑面积 6.75 平方米。

四楼：

自修室，建筑面积 123.12 平方米。

文献查阅室，建筑面积 246.24 平方米。

地方文献室，建筑面积 45.80 平方米。

古籍文献室，建筑面积 45.80 平方米。

辅导部，建筑面积 45.80 平方米。

过刊、过报库，建筑面积 246.24 平方米。

第一教室，建筑面积 91.60 平方米。

第二教室，建筑面积 61.56 平方米。

洗手间，建筑面积 35.91 平方米。

电梯间，建筑面积 6.75 平方米。

五楼：

活动室，建筑面积 123.12 平方米。

电梯房，建筑面积 30.78 平方米。

2004 年 6 月 29 日，潍坊市图书馆新馆建设方案由潍坊市发展计划委员会以潍计投资（2004）326 号文件批复：潍坊市图书馆新馆建筑面积 16800 平方米，选址在潍坊市人民广场西南部北海路路东张面河以南。

2006 年 8 月 19 日，本馆馆长栗祥忠参加在世纪泰华召开的现馆改造座谈（论证）会，潍坊市市长张新起以及分管市长、三河办、各有关产权单位负责人等参加会议。此次会议决定潍坊市图书馆在新馆建成后整建制搬迁。

2006 年起，本馆领导和新馆建设论证专家组先后与新加坡雅思柏设计事务所等就新馆功能划分、各功能区面积、功能流线与布局等进行了四次对接和探讨。

2007 年 7 月 30 日，新馆规划设计方案基本确定，新馆总体规划面积将达 28469 平方米，其中新馆主要建筑的规划面积将达 19033 平方米。

1985 年 1 月，本馆根据潍政建（85）第 1 号文件精神，在白派河东岸作为新馆址建设用地，采取就地拆迁安置的办法，在原拆迁地建拆迁居民安置楼一座。1985 年 5 月开始施工，总建筑面积为 1719.78 平方米，住户 24 户，楼高 18 米，共计 6 层。由寿光上口建筑公司第二工程队承建，工程负责人郭建文，工程总造价 29 万。1986 年竣工，竣工后实际结算 31 万。在市拆迁办帮助下安排拆迁居民 19 户。又于 1985 年 3 月购买北关兴华房屋经营公司商品房一个单元，共计 10 户，总建筑面积 679 平方米，地址在潍城区北宫街东侧向阳路西 7 号楼东单元。在市拆迁办协助下安置拆迁居民 8 户。

在安置完拆迁居民住房后，加上安置拆迁居民调换的房子，还剩有 7 套楼房和 1 套平房，分给馆内职工居住，此后市图书馆的职工有了居住分散的单位宿舍。以上自建楼和购买的商品房的产权均属本馆，该楼居民使用的水、电费也属于本馆管理。1991 年 4 月，因居民杂乱等原因，本馆即把两处的房屋产权移交给了该楼所处的房屋管理机构，也就是现在的奎文区奎南房管所和潍城区西关房管所。

1992 年，本馆通过多方集资，购置了潍坊市建设开发公司商品房两处：一处在奎文区南大街小区 65 号 3 单元 102 房，建筑面积为 73.55 平方米，砖混结构，1992 年建成；另一处在奎文区南大街小区 53 号楼 1 单元 303 房，建筑面积 69.16 平方米，砖混结构。以上楼房于 1998 年 10 月和 2000 年 9 月，按照国家房改政策和潍政发（1996）45 号文精神，出售给本馆职工并办理房产证。

1998 年，本馆为解决职工住房困难，自筹资金，集资购买了潍坊市东城开发建设集团公司东庄名仕花园小区 4 号楼 3 单元 12 套住房。1998 年建成，总建筑面积 1200 平方米，安排职工 12 户。1999 年 4 月，根据潍政发（97）47 号和房改办发（98）523 号文件精神向职工出售。

第二节　设备

一　藏书阅览设备

建馆之初，本馆用于藏书阅览的设备主要有书橱、书架、报架、桌子、椅子等，均为木制。据潍坊市市立图书馆 1949 年 11 月的一份《清查现有物资登记表》记载：当时用于藏书阅览的设备有阅览用的小方桌 4 张；阅书用的椅子 14 把；阅报用的椅子 16 把；存报纸用的书架 2 个；存书用的玻璃书橱 9 座；放置报纸用的报架 1 个；放置卡片盒用的课桌 2 张；存书用的单层小书橱 2 个；存书用的四层小书橱 6 个。这些藏书阅览设备都是比较破旧的。

1990 年以后，本馆添置钢制书架、报架等设备。1993 年 12 月至 2003 年 12 月，购进钢制书架 410 个。

1997 年 12 月，本馆购置图书检测仪和磁条检测仪各 1 台，作为全开架借阅图书的辅助设备。

二　打字、复印设备

1985 年 4 月，本馆购置中文打字机（手动）1 部。1986 年 10 月，购置"三洋"复印机 1 台。1989 年 9 月，购置中文打字机（手动）1 部。1990 年 8 月，购置四通打字机 1 部。1998 年 2 月，购置"佳能"复印机 1 台。

三　音像设备

1985 年 1 月，本馆购置收录机 1 台。1986 年 3 月，购置收录机 1 台。1986 年 9 月，购置录放机、监视器 1 套。1990 年 3 月，购置照相机 2 台。1993 年 3 月，购置照相机 2 台。1995 年 8 月，购置 JVC 录像机 1 台。1999 年 12 月，购置摄像机 1 台。

四　计算机设备

1994 年，本馆使用山东信息工程学校捐赠的计算机进行文献编目。1997 年，本馆业务管理采用 ILAS5.0 多用户系统，图书馆业务工作实现自动化管理。9 月，本馆购置

HPCH6/200 惠普服务器 1 台；HPVL5/200 惠普服务器 1 台；5/150 联想微机 8 台；5/166 联想微机 4 台；微机配套设备若干。12 月，本馆购置联想电脑 13 台。2000 年 5 月，购置赛扬电脑 20 台。2003 年，本馆业务管理系统由 ILAS5.0 升级为 LIAS II 网络版，建立中国数字图书馆潍坊分馆，设备配置情况见第七章第二节。

2007 年 10 月，全国文化信息资源共享工程潍坊支中心按规范标准建成，设备购置情况详见第七章第四节。

五　通讯交通设备

1984 年 11 月，本馆购置双排座汽车 1 辆。1988 年，购置伏尔加二手轿车 1 辆。1990 年 3 月，购置罗马吉普车 1 辆。1996 年 7 月，购置 2000 型桑塔纳轿车 1 辆。2001 年，购置双排客货汽车 1 辆。以上车辆均已报废或处理。2004 年 4 月，购置福特蒙迪欧轿车 1 辆。

1996 年 10 月，本馆购置安装内部程控电话 1 部，2005 年 5 月停用。2000 年 1 月，购置传真机 1 部。

六　空调及其他设备

1990 年 11 月，本馆购置安装锅炉设备 1 套，总购置费为 116530 元。

1998 年至 2002 年 7 月，本馆购置安装空调器 22 台。

除以上设备外，本馆还有桌、椅、橱、柜等各种办公设备。

第三节　经费

本馆系地方财政全额拨款的公益性事业单位。

建馆初期，本馆拨款较少，与当时的古代文物管理委员会并用，一切开支均需到主管部门报销。文管会"暂行条例"有"审查预算决算向市政府报告，并及时将接收情形在报纸上报导。此外为遇有必要事项须会议解决者可由驻会委员随时召集之"和"经常费用：凡有关保护古物及修理图书以及搬运包装、陈列等项必要费用，均须由委员会造成详细预算送市政府批准方可报销，其在预算以外未经批准者不得先行开支。文物购置费用得呈请批准，每月有定额之款项，斟酌购置"的规定。

"文化大革命"期间，经费采取类似包干的办法，年初由主管部门分配给计划数字，年终结算。

1978 年，本馆配备了专职会计，在银行开立账户，并单设账号。

1984 年，本馆配备专职出纳。

1993 年 8 月，本馆设立财务科。

历年（1950 年至 2007 年）财政补助经费拨入情况如下：

1950 年，拨入经费 1800 元。

1952 年，拨入经费 9600 元。

1953 年，拨入经费 10000 元。

1954 年至 1974 年，拨入经费每年都在 10000 元左右。

1978 年，拨入经费 16100 元，其中图书购置费为 5415.78 元，图书、设备购置费合计为 5560.51 元。

1979 年，拨入经费 18500 元，其中图书购置费为 6116.20 元，图书、设备购置费合计为 6550.93 元。

1980 年，拨入经费 20000 元，其中图书购置费为 6268.24 元，图书、设备购置费合计为 6268.24 元。

1981 年，拨入经费 22700 元，其中图书购置费为 4818.80 元，图书、设备购置费合计为 4818.80 元。

1982 年，拨入经费 25000 元，其中图书购置费为 5357.15 元，图书、设备购置费合计为 8673.62 元。

1983 年，拨入经费 30000 元，其中图书购置费为 7030.42 元，图书、设备购置费合计为 7942.95 元。

1984 年，拨入经费 45000 元，其中图书购置费为 11202.43 元，图书、设备购置费合计为 31459.70 元。

1985 年，拨入经费 88000 元，其中图书购置费为 25455.95 元，图书、设备购置费合计为 32961.45 元。

1986 年，拨入经费 131100 元，其中图书购置费为 42487.80 元，图书、设备购置费合计为 47235.59 元。

1987 年，拨入经费 149000 元，其中图书购置费为 37434.15 元，图书、设备购置费合计为 41221.81 元。

1988 年，拨入经费 173000 元，其中图书购置费为 42894.66 元，图书、设备购置费合计为 45638.80 元。

1989 年，拨入经费 265000 元，其中图书购置费为 76083.57 元，图书、设备购置费合计为 131766.58 元。

1990 年，拨入经费 248000 元，其中图书购置费为 58554 元，图书、设备购置费合计为 72171 元。

1991 年，拨入经费 288000 元，其中图书购置费为 46196 元，图书、设备购置费合计为 56228 元。

1992 年，拨入经费 410000 元，其中图书购置费为 67277 元，图书、设备购置费合计为 139738 元。

1993 年，拨入经费 289000 元，其中图书购置费为 72332 元，图书、设备购置费合计为 94555 元。本馆固定资产总数累计为 8384239 元。

1994 年，拨入经费 399000 元，其中图书购置费为 70481 元，图书、设备购置费合计为 72160 元。本馆固定资产总数累计为 8454239 元。

1995 年，拨入经费 421000 元，其中图书购置费为 76963 元，图书、设备购置费合计为 111687 元。本馆固定资产总数累计为 8470647 元。

1996 年，拨入经费 696000 元，其中图书购置费为 100000 元，图书、设备购置费合计为 154830 元。本馆固定资产总数累计为 8667007 元。

1997 年，拨入经费 120.8 万，其中图书购置费为 13.5 万元，图书、设备购置费合计为 53.3 万元。本馆固定资产总数累计为 912.8 万元。

1998 年，拨入经费 106 万元，其中图书购置费为 9.2 万元，图书、设备购置费合计为 11.8 万元。本馆固定资产总数累计为 914.2 万元。

1999 年，拨入经费 105.2 万元，其中图书购置费为 12.8 万元，图书、设备购置费合计为 18.4 万元。本馆固定资产总数累计为 931.6 万元。

2000 年，拨入经费 113.04 万元，其中图书购置费为 13.7 万元，图书、设备购置费合计为 36.9 万元。本馆固定资产总数累计为 968.4 万元。

2001 年，拨入经费 141.78 万元，其中图书购置费为 12.3 万元，图书、设备购置费合计为 13.7 万元。本馆固定资产总数累计为 980.7 万元。

2002 年，拨入经费 200.36 万元，其中图书购置费为 40 万元，图书、设备购置费合计为 58.04 万元。本馆固定资产总数累计为 1038.8 万元。

2003 年，拨入经费 159.03 万元，其中图书购置费为 16.3 万元，图书、设备购置费合计为 23.5 万元。本馆固定资产总数累计为 1036.5 万元。

2004 年，拨入经费 189.95 万元，其中图书购置费为 9.8 万元，图书、设备购置费合计为 9.9 万元。本馆固定资产总数累计为 1046.4 万元。

2005 年，拨入经费 235.84 万元，其中图书购置费为 10.4 万元，图书、设备购置费合计为 10.4 万元。本馆固定资产总数累计为 1082.9 万元。

2006 年，拨入经费 239.04 万元，其中图书购置费为 12.8 万元，图书、设备购置费合计为 12.8 万元。本馆固定资产总数累计为 1092.9 万元。

2007 年，拨入经费 482.19 万元，其中图书购置费为 10 万元，图书、设备购置费合计为 104.9 万元。本馆固定资产总数累计为 1575.09 万元。

第四章 管理工作

第一节 规章制度

建馆初期，本馆遵循《潍坊市古代文物管理委员会"暂行条例"》开展工作，《潍坊市古代文物管理委员会"暂行条例"》的制定应当是本馆制度建设的开始。

20世纪50年代末至60年代初，本馆在"大跃进"运动中受"大破大立"左的思想影响，存在着有章不循和无章可循的状况。

1962年，本馆贯彻执行"调整、巩固、充实、提高"的方针，重新建立馆务会议制度，重新设立图书卡片目录，恢复被取消的借书卡，健全了各种统计报表制度，实行了新的读者借书办法。

1966年起，由于受"文化大革命"的冲击，本馆经过实践积累起来的一整套规章制度基本废弛。"文化大革命"结束后，本馆陆续恢复和健全了各项规章制度。在行政管理方面，有《考勤制度》、《会议制度》、《政治学习制度》、《卫生安全制度》、《夜间值班制度》、《财务管理制度》；在业务管理方面，有《岗位责任制度》、《业务学习制度》、《新书验收制度》、《报刊交换制度》、《读者借书还书制度及规则》、《阅览室阅览制度及规则》。

1983年，本馆划归市直文化系统。1984年，潍坊市文化局重新组建了本馆领导班子。新领导班子对以往的规章制度进行了修订和完善，并进一步强调自觉遵守集体制定的岗位责任制、出勤请销假制度、政治和业务学习制度、财务开支制度、卫生责任制度、馆内借书制度等。本馆制度建设得到了进一步加强。

1985年11月，在开展整顿党的作风活动中，本馆根据各部室工作情况，对已有的规章制度重新修订和完善，形成了十二项职责范围及五项管理制度。十二项职责范围包括：《潍坊市图书馆职责范围》、《业务馆长职责范围》、《行政馆长职责范围》、《采编部职责范围》、《借书室职责范围》、《报刊阅览室职责范围》、《少年儿童阅览室职责范围》、《基建办公室职责范围》、《参考咨询部职责范围》、《业务辅导部职责范围》、《后勤办公室职责范围》、《文书职责范围》。五项管理制度包括：《考勤制度》、《安全保卫制度》、《卫生管理制度》、《财务管理制度》、《公费医疗管理制度》。

1986 年 4 月，本馆进一步贯彻改革开放的精神，引入竞争机制，按照奖惩结合的原则，制定了《岗位责任制考评办法》。

1987 年，本馆根据工作实际对上述十二项职责范围及五项管理制度进行了适当修订。

1989 年 5 月，本馆实行馆长负责制，修订了《考勤制度》、《财务制度》、《公费医疗管理制度》；新制订了《工作人员进修学习制度》、《奖惩制度》、《车辆使用管理制度》。

1990 年 10 月，本馆综合图书楼竣工并投入使用。对原有的规章制度作了进一步修改和完善，补充制定了《关于正确处理工学矛盾的规定》以及有关计划生育方面的奖惩规定和福利待遇规定等。

1991 年起，本馆组建社会综合治理领导小组，分别与东关街道办事处及各部室逐年签订《社会治安综合治理责任书》。

1996 年，本馆领导班子进行了调整。新任领导班子贯彻深化改革的精神，对以往的规章制度作了全面修订，增补了《电话使用管理暂行规定》、《国有资产管理制度》等。

2000 年 12 月，本馆制定了《综合检查制度》，每周进行检查。

2001 年 4 月，为建立良好的工作秩序，树立图书馆的良好形象，本馆制定了《潍坊市图书馆工作规范"八不准"》。

2001 年 6 月，本馆制定了《潍坊市图书馆各部室空调使用管理办法》。

2002 年 10 月，本馆对原有的各项规章制度进行了完善与修订，并编印《潍坊市图书馆规章制度汇编》。内容包括：《劳动纪律及考勤管理规定》、《各部室空调使用管理办法》、《水、电、暖管理制度》、《文印管理规定》、《公用印鉴管理暂行规定》、《车辆管理制度》、《各主要藏书部室门钥匙的管理制度》、《关于加强安全保卫工作的规定》、《物资管理规定》、《环境卫生管理制度》、《综合检查制度》、《业务学习考试、业务工作考核制度》、《关于进修学习的规定》、《地方文献征集制度》、《（文献）内部借阅管理制度》、《关于加强内部财务管理的规定》、《财务管理制度》、《银行存款管理规定》、《现金管理制度》、《国有资产管理制度》、《稽核制度》、《政治学习制度》、《加强党风和廉政建设制度》、《民主生活会制度》、《民主评议领导干部制度》、《三会一课制度》、《民主评议党员制度》等。

2003 年，为加强庭院绿化工作，美化楼内环境，本馆制定了《花卉管理制度》。

2004 年元旦起，本馆实行错时制。为安排好干部职工的午餐，确保"错时"上下班制度顺利实施，本馆制定了《潍坊市图书馆午餐供应暂行规定》。

2004 年 9 月，为提高全馆干部职工的工作责任心，增强凝聚力，建立良好的工作秩序，并配合山东省文化厅"行风评议"活动的开展，本馆制定了《潍坊市图书馆关于加强工作纪律、整顿工作秩序的通知》、《关于加强安全保卫行政管理的补充规定》。

2005 年 2 月，为加强用电管理，确保用电设备安全运行，本馆制定了《关于加强安全用电管理的实施方案》。

2005 年 8 月，为提高干部职工的节约意识，培养人人节约资源的社会风尚，本馆制定了《建设节约型社会工作的实施方案》。

各项规章制度的建设与不断完善，保证了本馆各项工作任务顺利完成。

第二节　人事制度改革

1989 年 8 月，为充分调动干部职工的积极性，把竞争机制引入图书馆，本馆采用定岗定员、双向选择的办法，对部室成员进行了优化组合。

1993 年 8 月，本馆在中层干部中进行人事制度改革，参加竞争的人员根据馆里制定的各部室的目标责任制内容，进行自我推荐，竞争部室主任。经过自我推荐、群众评议、领导班子研究等程序，确定了各部室主任，对部室实行目标责任制管理。

1999 年 6 月，本馆本着精干高效、能上能下的原则，进行了内部人事制度改革。这次改革采取满员设岗、中层竞聘、工作人员双向选择的办法，坚持公开、平等、竞争、择优，通过自荐报名、竞聘演说、群众评议、馆务会研究等程序，确定各部室人员组成。

2002 年 7 月，本馆依据工作实际，对所有部室的正副科级领导职位和 39 个工作岗位通过竞争上岗、双向选择来确定人选。随后，根据各部室的工作特点，遵循两个效益并举的原则，馆长分别与通过人事制度改革后上岗的 8 位部室主任签订了《岗位目标责任书》。

2007 年 6 月，本馆根据省委、省政府办公厅转发省人事厅《关于山东省事业单位实行人员聘用制度暂行办法的通知》和《山东省事业单位实行人员聘用制度暂行办法》及市人事局关于《潍坊市事业单位现有在职人员实行聘用制度工作方案》、潍坊市文化局《关于市直文化事业单位现有在职人员实行聘用制度工作实施方案》的要求，制定了《潍坊市图书馆现有在职人员实行聘用制度工作实施方案》，并依据本方案对全馆在职人员全面推行人员聘用制度，实行聘用合同管理。

本馆不断改革和完善的专业技术人员职称评聘工作，也是本馆人事制度改革的重要内容之一，详见第二章第四节。

本馆在各个时期依据工作实际需要进行的人事制度改革，进一步调动了全馆干部职工的积极性、创造性，促进了图书馆工作的开展。

第三节　行政管理

一　劳动纪律管理

为加强劳动纪律管理，本馆先后制订或修订了《劳动纪律及考勤管理规定》、《潍坊市图书馆工作规范"八不准"》、《综合检查制度》等。依据制度加强检查与监督，确保本馆工作井然有序地开展。

二　卫生与环境管理

本馆不断修订、完善卫生与环境管理制度，依据各部室所在区位划分卫生区，落实责任制，定期进行检查，对存在的问题及时提出整改意见并监督落实。

2002 年 5 月，为改善工作条件，美化工作环境，改变因排水不畅造成的综合图书楼地基下沉的状况，经多方考察论证，本馆自筹资金，采用网架结构，对综合图书楼天井进行了封顶；拆除了原楼内走廊的铝合金门窗，增加了楼内的采光度，减轻了内墙载荷；更换了不锈钢扶手、护栏，粉刷了墙壁和天花板，将窗台换成了大理石台面；对卫生间进行了维修、改造；在楼内走廊悬挂《中外名人画像》、《中外名人名言》、《时代的楷模》等宣传挂图及"禁止吸烟"、"静"等标志；并进一步加大庭院绿化工作，绿化美化了楼内外环境。

2003 年，本馆制定切实可行的防范措施，成功抗击"非典"，保证了本馆正常对外开放。

通过卫生与环境管理、综合图书楼维护与改造，本馆馆容馆貌焕然一新，为读者创造了良好的读书环境。在辖区卫生检查和评比中，本馆多次被评为优秀等级或卫生先进单位。

三　物资管理

2002 年 10 月，为加强物资管理，本馆制定《物资管理规定》，力求勤俭节约，合理配置供应物资；严格物资的申报、采购、领用程序；实行"以旧换新"制度，并提倡自己动手、变废为宝，有效降低了运营成本。

四　水、电、暖管理

2002 年 10 月，为加强水、电、暖管理，本馆制定《水、电、暖管理制度》，采取了一系列节水、节电和供暖管理措施。

1996 年，本馆将南下河居民拆迁楼水费收缴管理移交市自来水公司，极大地减轻了本馆的水费负担。2006 年，本馆多次联系市节水办，明确了用水计划，然后在全市用水计划和水费普遍上调的情况下，结合实际情况，多次到自来水公司介绍基本情况和用水情况。10 月，本馆将生活用水 100 吨/月、经营用水 400 余吨/月，调整为经营用水 100 吨/月、生活用水 400 余吨/月，同时取消了北宫拆迁居民楼经营用水 10 吨/月的计划。仅此一项，每年节约水费近万元。

1990 年建成的图书馆综合楼设计用电总量为 40kw。随着图书馆业务的不断发展，电器设备不断增加，全馆用电量增至 110kw，再加上夜景照明的用电量，本馆用电总容量达 136kw，是设计用电量的 3 倍多，已严重超出负荷。为确保用电安全，消除隐患，2005 年 2 月，本馆制定《关于加强安全用电管理的实施方案》，对馆内用电设备进行定期检查、维护。

1990 年，本馆供暖锅炉正式启用。每年锅炉使用前、后均进行一次全面检查；开炉后每日巡视锅炉安全运行情况，督促司炉人员严格遵守锅炉安全使用制度；对出现的设备运行问题及时排除，基本上能保障整个供暖期内锅炉与供暖设备的安全正常运转。

五　空调管理

2001 年 6 月，本馆陆续在各部室安装了空调。制定了《潍坊市图书馆各部室空调使用管理办法》，要求每台空调由专人负责，保证安全使用，同时对空调开机、停机时间做了明确的规定。

六　档案管理

本馆的档案资料在"文化大革命"之前比较零散，"文化大革命"期间管理混乱。1976 年"文化大革命"结束后，本馆集中对档案资料进行了归整，逐年建档。本馆档案主要有：人事档案、文书档案、专业技术人员业务档案、财会档案、基建档案，各业务部室也建有相应的档案材料。1997 年，本馆业务管理实现计算机管理，各个业务部门的档案基本上由所采用的集成管理软件系统实现自动化管理；为方便管理，仍保留部分纸质的档案。

1998 年 1 月，本馆设立文档室，负责全馆职工的业务档案、文书档案及部分人事档案的管理工作。制定了《关于加强档案管理的实施意见》，认真做好各类档案的收集、整理、立卷、装订工作，所有档案均按照立卷要求，做到立卷准确、装订整齐、内容齐全，每卷有目录。

本馆积极开展档案工作规范化目标管理认定工作。2003 年派员参加了市直文化系统档案工作学习班，并到济南参观了由中央保密局、档案局、安全委员会主办的"全国重大漏密、窃密案例展"。后又到有关部门索取了相关文件、材料，对照《标准》进行了认真自查，使本馆档案管理工作迈上了一个新台阶。

第四节 安全保卫

自建馆至1989年，本馆一直未设负责图书馆内部安全保卫与消防安全工作的专职安保机构，只由临时传达人员负责门卫工作。

1989年8月，本馆设保卫科，其职责是负责馆内安全保卫与消防工作。制定了岗位目标责任制，明确了每个岗位的职责和要求，并落实到人；每年与各部室签订安全生产责任书，并定期检查防盗设施和消防器材；定期对全馆职工进行法制和安全教育，进行必要的消防培训；加强日常的安全检查，及时消除隐患，落实防范措施。并先后制定了防火、防盗、门卫、夜间与节假日值班巡视等制度。

2006年3月，本馆制定图书馆紧急情况应急预案并成立指挥部，馆长、党支部书记任总指挥。

本馆先后被中共潍坊市奎文区委、奎文区政府、东关街道党工委、东关街道办事处授予安全单位及社会治安综合治理先进单位称号。

第五节 文化产业

1984年10月底，本馆成立服务部，主要开展信息服务、期刊租赁、旧书委托等业务，兼营小五金、家用电器等。经营方针是合法经营，以文补文，积极稳妥，大家动手。当年年底，从服务部收入中解决了本馆公费医疗费超支600多元的困难。至1985年底，14个月纯收入达7633.24元。1986年，本馆按照上级有关精神调整服务部经营项目，仅保留了期刊租赁和旧书委托，后因入不敷出停业。

1987年2月，文化部、财政部、国家工商行政管理局颁发《文化事业单位开展有偿服务和经营活动的暂行办法》。本馆恢复服务部有偿服务和经营活动，主要项目有：图书馆设备、文化娱乐用品供应，代卖书刊、复印资料、举办培训班，兼营烟酒糖茶及罐头、饮料等。经营方针是合法经营，以销促进，全馆动手，及时兑现。当年纯收入2614.48元。1988年，改用招标承包办法，当年纯收入11082.34元。1989年纯收入32166.61元。

1990年10月，本馆成立图书馆经营部，经营图书馆用品、日用小百货及开展图书租赁等业务。

1992年4月，本馆成立潍坊市图书馆综合经营公司，增设了营业舞厅。1994年12

月，根据上级有关指示精神，撤销舞厅。

1992 年 7 月，本馆在全馆职工中开展了解放思想、以文养文大讨论，发动全体职工广开门路，搞好文化有偿服务，制定了《市图书馆解放思想大讨论以文补文实施方案》，除继续办好综合服务公司外，对各业务和行政部室亦下达了有偿服务创收指标。1993 年 1 月，本馆又成立了潍坊经贸信息公司，下设以图书租赁为主的群益图书室一处。2 月，本馆对主办的《参考信息报》实行有偿服务，一年后，因上级对报刊发行进行清理整顿，该报停刊。8 月，本馆针对经营服务的新形势，修订了创收奖惩制度，并与各部室签订了岗位目标责任书。

1995 年 8 月，本馆根据市场经济新形势，在总结几年来经营服务经验教训的基础上，决定撤销综合经营公司。1996 年底，本馆筹措资金购买设备，开展对报纸、期刊进行标准化装订等业务，不但节约了图书、报刊装订费用，而且装订业务发展到莱芜、东营等地市。报刊装订业务的开展不但取得了良好的社会效益，同时也创造了一定的经济效益。

1997 年 2 月，本馆撤销经贸信息公司，恢复建立了潍坊市图书馆图书用品服务部，开展了对全市各图书馆提供图书用品设备、新书有偿加工、业务整理等业务，先后帮助 50 余家单位建立起规范化的图书馆（室）。本馆以文补文副业创收项目获得稳定的发展。

1997 年 3 月，本馆对图书用品服务部进行了调整，改称图书馆咨询服务部，以经营图书馆用品及设备、为基层图书馆（室）分编加工文献为主要项目，创收形式采取责任制。同时，根据取之于读者，用之于读者的原则，成立了群益室，以经济创收为主，提供知识性、娱乐性、趣味性的文化产品，采取灵活的服务方式，满足读者的各种需求。成立了装订部，负责馆内外报纸、期刊的装订，创收形式采取责任制。以上三个创收部门均与本馆签订了《创收协议书》。

2000 年 12 月，本馆咨询服务部作为经营创收部门，经调整后理顺了工作思路，在详细研究潍坊图书用品市场，考察了数 10 家能够从事这类产品生产厂家的基础上，与有关厂家联合研制生产了书架、期刊架、过报架、阅览台等产品；集资购买了 1 台刻字机，增加印制条幅、刻字等创收项目；在改变进货渠道后，加大了经营项目的宣传力度，印制了精美的产品宣传图片及文字材料，利用一切可以利用的机会宣传自己，使图书用品、设备销售额有了较大的提高。仅 2002 年，咨询服务部代购图书 2000 余册，装订过报、过刊 2700 余册，全年争取社会支持资金近万元。2004 年 8 月，在考察了本市的印刷市场后，全馆职工集资购进了覆膜机、装订机、模切机等设备，社会效益和经济效益进一步提高。

2005 年 1 月，本馆撤销咨询服务部，人员分流到各部室，装订设备整体对内、对外承包，全部设备资产归本馆所有。

　　1996 年至 2007 年，本馆在一年一度的潍坊国际风筝会期间，联系全国各地的优秀文艺团体来潍坊，举办 100 余场次大型综艺晚会，取得了良好的经济效益和社会效益。

　　2000 年至今，本馆组织全市各类型图书馆开展期刊联合订购工作，有效地节约了各馆期刊订购经费，扩大了期刊订购品种，提高了各馆期刊到刊率，获得了较好的经济效益。同时也加强了本馆与各图书馆之间的联系，为图书馆联合提供社会服务进行了有益的探索。

　　2002 年 8 月 29 日至 9 月 7 日，本馆举办图书文化节，接待社会读者近 20 万人次。广大读者在欣赏精品图书的同时，争先恐后地购买出版社优惠展销的图书。

第五章 馆藏文献建设

第一节 馆藏文献发展

本馆历来十分重视馆藏文献资源建设，逐步形成了独具特色的馆藏文献体系。

一 1948 年至 1957 年

1948 年 4 月，潍坊解放后，党和政府着手对旧中国遗留下来的图书馆进行整顿和改造。广泛发动本市知名私人收藏家捐献古代文物和古籍文献；清理反动、淫秽、荒诞的书刊；充实马列主义经典著作和革命书籍，改变了馆藏文献资源的成分。当时馆藏图书 2000 余册，报纸、期刊 10 余种。

1948 年 6 月，山东省人民政府派员来潍，会同潍坊特别市政府广泛发动本市知名私人收藏家捐献古代文物和古籍文献，并于 8 月 7 日成立潍坊市古代文物管理委员会和潍坊特别市市立图书馆，负责古代文物和古籍的调查、征集、管理、研究等各项工作。潍坊特别市市立图书馆先后收到本市知名私人收藏家捐献的古籍文献 36981 册。这批古籍文献的收藏成为本馆初期馆藏文献资源的一个重要组成部分，同时也是此期馆藏文献特色。

1948 年 11 月，民众教育馆附设之大众图书馆与潍坊特别市市立图书馆合并，同时将图书 3403 册移交潍坊特别市市立图书馆。

1954 年，山东省文化事业管理局指示，从全省各地借调古籍文献由山东省图书馆统一保存、整理。1957 年，经原潍坊市副市长曲范同意，本馆古籍文献 3 万余册调拨山东省图书馆统一保管。同时，山东省博物馆（由关天相经手）也来本馆选去本省各县县志 100 余部。

1955 年 11 月，根据国务院《关于处理反动的、淫秽的、荒诞的书刊图画的指示》，原潍坊市文教科、第一文化馆、市图书馆、新华书店、公安局等 17 个单位成立了"潍坊市处理反动的、淫秽的、荒诞的书刊图画办公室"，对私人租赁的书摊所收藏的以及散存在社会上的各类反动、淫秽书画进行全面、彻底地清理。经过三个月的时间，全市进行登记的有关图书共计 16329 册，其中解放前出版的旧书共计 9318 册，解放后出版的新书共计 6370 册。在这些图书中被审查的共计 1082 种、2683 册，根据图书的内容和处理标准，分别进行了处理，查禁 122 册，兑换 1487 册，保留 1074 册。1956 年 2 月，清理工作结束。

在清理旧有藏书的同时，本馆不断采购马列著作，充实了革命回忆录、革命故事等大量通俗的文艺读物，向广大读者宣传革命英雄主义精神，不但使读者在阅读中培养革命理想情操，而且改变了昔日图书馆的面貌，真正成为人民自己的图书馆。

1956 年，党中央发出"向科学进军"的伟大号召。7 月，文化部召开全国图书馆工作会议，明确规定了图书馆承担着为科学研究和为人民大众服务的双重任务。本馆适时调整了文献采购方向，在对当时潍坊市部分厂矿企业调查研究后，结合中、小型工厂技术革新中存在的突出问题和需求，采购了《无线电基础知识》、《怎样看机械图》等大量科技图书，受到科技读者的欢迎。

建馆初期，本馆年购书经费仅有 1800 万元旧币（合新人民币 1800 元）。1953 年至 1957 年，本馆年购书经费增加到 10000 元人民币，年均购书 3600 册，馆藏文献增加到 39390 册。

据 1949 年 11 月潍坊市市立图书馆《清查现有物资登记表》记载，1949 年本馆有报纸 28 份。据 1954 年潍坊市图书馆《公共图书馆半年报表》记载，1954 年本馆订购报纸 30 种、31 份，杂志 76 种、76 份。据 1958 年潍坊市图书馆填报的《1957 年度公共图书馆业务活动情况年报表》记载，1957 年本馆订购报纸 22 种，杂志 62 种。

二　1958 年至 1965 年

50 年代末，在各条战线全面跃进的极"左"思潮影响下，产生了脱离实际的主观主义和浮夸作风，造成了馆藏文献资源建设的失误和挫折。文献采购工作虽然正常进行，但因盲目发展基层图书馆（室）、简化文献借阅手续、无章可循或有章不循造成馆藏文献严重损失。

1960 年，在对基层单位图书馆（室）的建立和发展工作中，盲目追求高速度、高指标，在较短时间内发展过于迅猛，因而产生大起大落的局面，所建的基层图书馆（室）不过徒具形式，一阵风后便销声匿迹。这个问题在建设和发展农村公社图书馆（室）方面尤为突出。仅在 1 月至 2 月两个月内，就在全市 21 处公社突击建立了 250 处公社及大队图书馆（室），这些图书馆（室）大都有名无实。为了装潢门面和虚报成绩，经上级批准，本馆不得不从馆藏文献中拨出 12400 册图书赠送给 13 处公社的图书馆（室）。这些图书虽然也发挥一些作用，但是最终因管理不善，大部分丢失了。为了配合"全民大办水利"运动，在上级指示下，本馆向全市 3 个在建的水库工地送去图书 13000 余册，因未按规章制度办理相关手续，致使 2314 册外借图书未能收回。在此期间，本馆还向 21 处公社借出图书 2700 册，其中有 16 处公社根本未办理手续，致使这些图书全部损失。

由于盲目发展农村公社图书馆（室），赠送或有章不循、手续不完备，造成本馆损失图书 17414 册。"大跃进"的高潮过后，本馆又损失图书近 30000 册。

这一时期，文献采访工作中过分强调"为广大群众服务"，注意普及，忽视提高，馆藏文献建设以浅显易懂的通俗读物和文艺书刊为主，科技文献偏少。

1962 年，本馆贯彻执行了党中央"调整、巩固、充实、提高"的八字方针，在总结经验教训的基础上，开始纠正"大跃进"中的某些错误做法，在馆藏文献建设方面进行清理整顿。1964 年 4 月至 1965 年 4 月，本馆对馆藏文献进行了一次彻底地、全面地清点，了解了馆藏文献的实际情况，掌握了准确的数据。1965 年，本馆共注销剔除图书 38004 册，其中包括"大跃进"期间因盲目发展农村图书馆（室）的赠书 12400 册；"大破大立"期间未办理手续就借给当时水库工地等丢失的图书 5014 册。至 1965 底，本馆馆藏图书实有 49136 册。

1958 年至 1965 年，本馆购书经费每年保持在 10000 元人民币，年均购书 5968 册，订购期刊 47 种、报纸 16 种。

三　1966 年至 1976 年

1966 年 5 月至 1976 年 10 月期间，整个图书馆工作陷入瘫痪状态，书库成为关押"牛鬼蛇神"的"牛棚"，本馆藏书被封存。在"破除四旧"以及"打、砸、抢"中，虽经本馆党员、干部全力保护，馆藏图书仍有部分被烧、被偷、被抢，馆藏文献资源损失严重。期间藏书比例失调，加之书店硬性摊派，造成馆藏图书复本过多，呆滞严重。在"文化大革命"的十年中，除 1968 年至 1970 年三年外，其余七年本馆图书采购工作正常进行，共采购新书 44980 册。十年间，年均购书保持在 4000 余册。1972 年，本馆注销剔除图书 7542 册。至 1976 年底，本馆馆藏文献达 95207 册。

四　1977 年至 1983 年

党的十一届三中全会以来，本馆贯彻执行了"调整、改革、整顿、提高"的正确方针，文献购置经费逐年增加，馆藏文献总量开始回升，入藏比例逐渐趋向合理。

1977 年，本馆贯彻执行中共中央［1976］第 18 号文件精神，对馆藏中有关"四人帮"的图书进行了比较彻底地清理和提存，共计清理和提存图书 5832 册，并先后编印了《关于涉及"四人帮"反党集团的图书目录》两批，封存报纸 230 份。

1978 年，本馆根据《国务院批转国家文物事业管理局关于图书开放问题的请示报告》文件精神，对在"文化大革命"期间被长期禁锢、封存的图书如古今中外优秀文学作品，进行了整理、上架并对外开放借阅。

1980 年，党的十一届五中全会为刘少奇同志彻底平反后，本馆根据中共中央宣传部《关于处理涉及刘少奇同志问题的图书的通知》（中宣发〔1980〕4 号文件）精神，对有关图书进行处理，共计 350 册。

这一时期，本馆确立了"为四化建设服务"的工作指导方针，制定了"保证重点、兼顾其他"的文献资源建设原则，依据潍坊市经济社会发展的实际，将馆藏文献资源建设重点放到轻纺、机械、化工、电子等工业理论与技术方面。1977 年至 1983 年，新入藏科技图书 1966 种、5522 册，其中工业理论与技术方面的图书 987 种、2477 册。1977 年至 1983 年，本馆年均采购、入藏图书近 5000 册。1982 年，本馆订购期刊 176 种、218 份；报纸 34 种、50 份。1983 年，本馆订购期刊 185 种、230 份；报纸 25 种、33 份。1978 年，本馆注销剔除图书 5591 册。至 1983 年底，本馆实有馆藏普通图书 30745 种、116141 册；连环画 4931 册；活页图片 590 套。其中科技图书 8968 种、24632 册，占当时馆藏图书总量的 20.1%。

自 1982 年始，本馆对过刊、过报合订本进行整理。经过分类、编目的过刊、过报合订本分别设库收藏。

五　1984 年至 1989 年

1984 年，随着党的"一个中心，两个基本点"以及图书馆为社会主义物质文明、精神文明建设服务和为广大读者服务方针的贯彻执行，本馆馆藏文献资源建设遵循"重点为科研、经济服务，兼顾一般读者需求，同时注意收集地方文献，使馆藏逐步体现地方特色"的原则，总量增速加快。

1984 年，本馆订购期刊 301 种、报纸 71 种（其中报刊阅览室订购期刊 281 种、报纸 68 种；少儿阅览室订购期刊 20 种、报纸 3 种）。1985 年，本馆开始采购入藏少量音像资料，主要是用于教学的录音带和录像带。1988 年，本馆注销剔除图书 11471 册。1989 年，本馆订购期刊 320 种、报纸 124 种，申请潍坊市财政拨专款 7 万元人民币，采购入藏由上海古籍出版社影印出版的《四库全书》一套。至 1989 年底，本馆馆藏普通图书总量达 48411 种、163623 册；连环画 4931 册；活页图片 590 套。

六　1990 年至 1997 年

1990 年以来，由于图书文献价格连年大幅度增长等原因，本馆馆藏文献采购入藏数量呈现逐年递减的趋势。为此，本馆制订新的采购原则：正确处理品种与复本的关系，坚持"多品种、少复本"的原则；正确处理报刊与图书的关系，首先保证报刊的订购；正确处理重点与一般的关系；尽量保证重点学科图书的采购，对其他类图书进行选择性收藏，以满足各类型读者的需求。由于采取了以上措施，本馆采购入藏文献的质量得到有效保证。

1996 年 10 月，本馆主动联系争取原全国政协委员、香港汉荣书局董事长石景宜先生捐赠港台版图书 3722 册，填补了本馆在港台版图书收藏方面的空白。

1997 年，本馆申请潍坊市财政拨专款 5 万元人民币，采购入藏《毛泽东评点二十四史》一套。

1990 年至 1997 年，本馆年均采购入藏普通图书 1424 种、2182 册；期刊 848 种；报纸 176 种。1997 年，本馆入藏期刊合订本 766 册；报纸合订本 519 册；并购置《中国素材光盘大系》、《中国历代艺术》、《邓小平》、《四大名著》等一批电子出版物。至 1997 年底，本馆馆藏普通图书达 59799 种、188082 册；连环画 4931 册；活页图片 590 套；报刊合订本 30748 册。

七　1998 年至 2007 年

1998 年以来，本馆继续坚持"正确处理好三种关系"的馆藏文献资源建设策略，保证期刊、报纸和重点学科文献的采购和入藏。同时积极寻求社会各界对图书馆的支持和帮助，通过征集或接受捐赠等方式来增加本馆的馆藏文献资源。

1998 年，本馆采购入藏了《毛泽东手书真迹》、《钓鱼台档案》、《共和国相册老照片》等一批重要工具书；征集地方文献 90 种、90 册；在全国范围内征集名人书画作品 430 幅；主动争取香港汉荣书局董事长石景宜先生捐赠港台版图书 3200 册，至此石景宜先生两次向本馆捐赠图书共计 6922 册。1998 年，本馆入藏普通图书共计 3234 种、8040 册；期刊 762 种；报纸 179 种；光盘资料 98 种；VCD50 件；期刊合订本 906 册；报纸合订本 544 册。

1999 年，本馆采购普通图书 4000 余册；征集地方文献 300 余种；采购入藏《山东年鉴》、《大众日报》等一批重要的电子文献；订购期刊 741 种、报纸 174 种。1999 年，本馆入藏普通图书共计 2133 种、3386 册；期刊合订本 855 册；报纸合订本 680 册。

2000 年，本馆采购新书 6300 册，其中邮购、零购图书 19 种、124 册；订购期刊 752 种、报纸 172 种；购进了一批重要的电子文献；征集地方文献：图书 970 册、期刊 7 种、报纸 19 种。7 月，潍坊籍台胞王广健先生向本馆捐赠一批台湾版图书。2000 年，本馆入藏普通图书 2275 种、4542 册；期刊合订本 1074 册；报纸合订本 593 册。

2001 年，本馆邮购、零购图书 33 种、93 册；订购期刊 806 种、报纸 204 种；接收潍坊籍台胞王广健先生捐赠图书和书法作品一批，至此王广健先生两次向本馆捐赠图书共计 52 种、130 册（含陈立夫先生著作 3 部），书法作品 12 幅，陈立夫先生手书一封；本馆还接收台湾著名经、史、子、集研究专家赵芳仁先生捐赠的个人专著 7 册；台湾著名学者、潍坊籍台胞李瞻先生捐赠的价值 1 万元台币的《山东人在台湾》一套共计 16

册；征集潍坊籍名家手稿 100 余件。2001 年，本馆入藏普通图书 1510 种、2240 册；期刊合订本 930 册；报纸合订本 597 册。

2002 年，本馆争取潍坊市财政拨专款 42.87 万元购置了《四库全书存目丛书》、《四库全书存目丛书补编》各一套；从中国数字图书馆购进数字化全文文献 10490 种；订购期刊 745 种、报纸 167 种；征集地方文献 312 种、408 册；征集书画作品 28 幅。2002 年，本馆入藏普通图书 1918 种、2687 册；期刊合订本 1406 册；报纸合订本 676 册。

2003 年，潍坊市政府办公室转交本馆韩国京畿道安养市赠送给潍坊市的韩文图书 39 种、40 册；邮购、零购图书以及接收捐赠的图书共计 131 种、400 册；采购新书 117 种、281 册；订购期刊 764 种、报纸 165 种；征集全国各地书法、绘画名家的书法作品 181 幅，绘画作品 142 幅；征集地方文献 300 余种、500 余册。本馆代表潍坊市政府回赠韩国京畿道安养市具有潍坊地方特色的中文图书 30 种、42 册；向山东省图书馆交送本市地方文献 69 种、72 册。2003 年，本馆入藏普通图书 2754 种、4437 册；期刊合订本 1433 册；报纸合订本 627 册。

2004 年，本馆邮购、零购图书 9 种、32 册；订购期刊 751 种、报纸 165 种；市民高建民向本馆捐赠佛教图书 61 种、62 册；接收捐赠光盘资料 3 种、22 件；征集地方文献 400 册；于 2001 年开始的征集各地地方史志、史料活动基本结束，共征集到各地地方史志、史料 71 种、78 册。向山东省图书馆送交本市地方文献 23 种、39 册。2004 年，本馆入藏普通图书 447 种、1031 册；期刊合订本 939 册；报纸合订本 637 册。

2005 年，本馆分编加工原咨询服务部库存图书共计 691 册；订购期刊 752 种、报纸 163 种；在全市开展的向公共图书馆捐助书款及征集地方文献活动中，收到社会各界捐书 41171 册、捐款 2 万余元；征集地方文献 163 种、186 册。向山东省图书馆送交本市地方文献 51 种、86 册。2005 年，本馆入藏普通图书 3797 种、8858 册；期刊合订本 1428 册；报纸合订本 645 册。

2006 年，本馆邮购、零购图书 19 种、92 册；订购期刊 755 种、报纸 164 种；征集地方文献 118 种、135 册。向山东省图书馆送交本市地方文献 48 种、70 册。2006 年，本馆入藏普通图书 4680 种、6626 册；期刊合订本 1354 册；报纸合订本 779 册。

2007 年，本馆零购、邮购、接收捐赠图书 56 种、111 册；订购期刊 757 种、报纸 162 种；征集地方文献 158 种、196 册；与泰安市图书馆交换获得地方文献 24 种、25 册。2007 年，本馆入藏普通图书 6106 种、9513 册。

到 2007 年底，本馆馆藏普通图书累计 85929 种、239442 册；连环画 4931 册；活页图片 590 套；报刊合订本 46851 册。本馆馆藏文献总量累计已达 40.4 万册。

经过六十年的艰苦努力，本馆馆藏文献资源已经逐步形成自己的特色，主要表现在：建立了以机械、轻纺、电子、化工为重点，同时兼顾一般读者需求的馆藏文献体系；各类工具书品种繁多，能够满足各学科专业读者的查阅需求；地方文献丰富多彩，成为潍坊地区地方文献的收藏和利用中心；形成了以纸质印刷型文献、视听文献、电子出版物、全文数字化文献等构成的多种媒体文献资源体系。

表 5.1　历年普通图书入藏和累计藏书情况统计表

年度	普通图书入藏数		年入藏图书书款数（元）	年底个别登录号	累计藏书数	
	种	册			种	册
1948				3403		
1957				39390		
1965				87140		
1976				132120	22423	86574
1977	1710	7526		137887	24133	94100
1978	1177	5568		144443	25310	96638
1979	1625	5379		151038	26935	102017
1980	998	5053	5000.47	155646	27933	107070
1981	461	1495	1291.56	157141	28394	108565
1982	908	3108	3005.01	160249	29302	111673
1983	1443	4468	4621.37	165511	30745	116141
1984	1958	6588	7956.44	171305	32703	122729
1985	1593	5962	10436.34	179160	34296	128691
1986	3235	10066	25985.47	187343	37531	138767
1987	4074	9660	25691.31	198301	41645	148417
1988	2665	6838	72017.32	203841	44310	155255
1989	4101	8368	40182.91	213489	48411	163623
1990	4617	6912	78824.32	218520	53028	170535
1991	1617	3298	25871.11	221130	54645	173833
1992	1158	3070	24417.53	224971	55803	176903
1993	1158	3231	36597.49	227255	56961	180134
1994 至 1995	428	1183	18590.00	228845	57389	181317
1996	775	2175	34530.39	230823	58164	183492

年度	普通图书入藏数		年入藏图书书款数（元）	年底个别登录号	累计藏书数	
	种	册			种	册
1997	1635	4589	52977.90	235021	59799	188082
1998	3234	8040	194335.28	243241	63033	196122
1999	2133	3386	42929.84	245469	65166	199508
2000	2275	4542	64389.77	249178	67441	204050
2001	1510	2240	22549.52	249949	68951	206290
2002	1918	2687	479323.01	252661	70869	208977
2003	2754	4437	54029.65	257142	73623	213414
2004	477	1031	42191.08	258267	71346	214445
2005	3797	8858	262120.41	272692	75143	223303
2006	4680	6626	115998.31	268918	79823	229929
2007	6106	9513	46672.95	283710	85929	239442

第二节　馆藏文献编目

本馆建馆初期，就对接收的各种文献进行分类标引和编目。经过不断的文献编目实践以及对文献编目理论的深入学习和研究，本馆文献编目标准化和规范化程度越来越高，逐步建立、健全了馆藏文献目录体系。

一　馆藏文献分类标引依据

1959 年以前，本馆采用山东省立图书馆于 1951 年 1 月修订、铅印的《山东省立图书馆图书分类新法》对馆藏图书进行分类标引。

1960 年 1 月，本馆改用文化部社会文化事业管理局统一编制的《中小型图书馆图书分类表（草案）》（简称《中小型表》）对馆藏图书进行分类标引。

1976 年，本馆有关人员参加了山东省文化厅在掖县举办的图书分类培训班。1977年，本馆改用 1975 年 10 月出版的《中国图书馆图书分类法》（以下简称《中图法》）对馆藏图书进行分类标引。本馆除对少数几个类目的使用依据实际需要作出必要的规定外，完全按照《中图法》，采用详细分类，没有制定本馆的使用本。此次图书分类法的转换工作采取的方法和步骤是：对新进馆的图书依据《中图法》进行分类标引，并依据《中图法》的分类体系组织馆藏图书和分类目录；对原有的馆藏图书和目录逐步依据《中图法》进行改号后，按《中图法》的分类体系组织馆藏图书和分类目录。1982年9月，本馆完成馆藏自然科学与文学艺术等类的改编；其他各类图书由于当时书库空间狭小、书架紧张，暂时打捆堆放在资料库无法进行改编。新馆建成之后，这些图书及其目录陆续依据《中图法》进行改编。

1982年，本馆开始对过报、过刊合订本进行分类、编目等加工整理。此时本馆过报、过刊合订本的分类标引依据《中图法》，组织排列依据《中图法》的分类体系。1987年，本馆依据《中国图书馆图书分类法（期刊分类表）》对过报、过刊合订本进行分类标引，对过报、过刊合订本和报刊分类目录进行组织排列。

1990年，本馆派有关人员参加了山东省图书馆举办的两期图书分类培训班，及时掌握修订后《中图法》第三版的分类标引方法。6月，本馆开始使用《中图法》第三版对馆藏图书进行分类标引。此次由于使用的是原分类法的新版本，对原馆藏图书和目录没有进行改编，而是采用所谓"一刀切"的方法，只对新进馆的图书使用新版分类法进行分类标引，藏书体系和目录体系依据新版《中图法》进行组织。

1999年3月，本馆使用《中图法》修订第四版对馆藏图书进行分类标引。藏书和目录的改编继续沿用了既定的做法。

本馆书次号采用的是著者四角号码编号法。具体的编号方法：依据文献主要责任方式的责任者编制四角号码，第一责任者是编制四角号码的主要依据。按照四角号码编号规则，依据文献的责任者以及文献的内容等不同情况编制书次号。文献主要责任方式中只有一个责任者，按该责任者姓名编号；该责任者具有三个字或三个字以上的，取第一个字的左右两个上角和第二个、第三个字的左上角号码编制书次号；该责任者只有两个字，取第一个和第二个字的左右上角号码编制书次号；该责任者只有一个字，则取其上下四个角的号码编制书次号。文献主要责任方式中有两个或两个以上责任者，取第一个责任者的前三位号码后加8编制书次号。传记按被传人的姓名取号后加圆点再加文献主要责任方式的责任者的前两位号码编制书次号。

文献的分类号和著者四角号码构成本馆馆藏文献的分类索书号，是本馆馆藏文献系统和分类目录组织排列的具体依据。

二　馆藏文献编目依据

1984年以前，本馆文献编目主要是以北京图书馆、中国人民大学图书馆联合编辑的《中文图书提要卡片著录条例》和北京图书馆编制的《中文普通图书统一著录条例》为依据，采用传统著录法揭示馆藏图书的内容、外表形式和物质形态。目录款目使用7.5cm×12.5cm纸质卡片，采用手写方式对馆藏图书进行著录并制作各种款目。

1984 年 12 月，本馆派有关人员参加了山东省图书馆举办的"文献著录标准化"培训班，了解和掌握了新的文献著录规则和方法。1985 年 6 月，本馆开始采用国家标准《文献著录总则》（GB/T 3792.1 – 1983）、《普通图书著录规则》（GB/T 3792.2 – 1985）、《连续出版物著录规则》（GB/T 3792.3 – 1985）等著录相关文献。目录款目仍然使用 7.5cm × 12.5cm 纸质卡片，但采用手工刻版印刷方式制作各种款目。后来，本馆添置了 2 台铅字打字机，制作款目改为采用打字方式。1994 年，本馆开始使用电脑打印机编制目录款目，编目速度和质量都有较大的提高。

1997 年，本馆采用 ILAS5.0 图书馆业务集成管理系统，文献编目工作实现计算机管理。本馆机读目录格式依据文化部行业标准《中国机读目录格式 CNMARC》。机读书目数据记录内容除依据国家标准《文献著录总则》（GB/T 3792.1 – 1983）、《普通图书著录规则》（GB/T 3792.2 – 1985）、《连续出版物著录规则》（GB/T 3792.3 – 1985）外，还参照了《中国文献编目规则》进行著录和选择。

三　馆藏文献目录体系

建馆初期，本馆曾编制揭示与管理馆藏文献的书本式目录，后来，又增加编制两套卡片式分类目录。

1964 年 4 月至 1965 年 4 月，本馆对馆藏图书进行清点，与此同时建立了三套卡片式目录：公务分类目录、公务书名目录、读者分类目录。

1985 年 6 月，本馆逐步建立了七套馆藏图书目录：在采编部设两套公务目录（分类目录和书名目录）；在借书室设三套读者目录（分类目录、书名目录和著者目录）；在文献查阅室设两套读者目录（分类目录和书名目录）。本馆还在少儿部设两套读者目录（分类目录和书名目录）；在报刊阅览室设两套报刊目录（题名目录和分类目录）。

本馆所设分类目录依据《中图法》分类体系，先按分类号排列，再按文献的著者号排列同类款目；所设题名目录、著者目录依据文献题名、责任者的汉语拼音或笔画笔形顺序进行组织。

1997 年，本馆完成借书室所有图书机读书目数据的回溯建库工作。此后，又逐步完成了文献查阅室资料库、地方文献库以及古籍文献库等文献机读书目数据的回溯建库工作。机读目录逐步取代了卡片目录。2002 年，本馆停止编制卡片式目录，但已有的卡片目录仍然继续保存并长期维护。截至 2007 年 12 月，本馆机读书目数据库书目数据总量已达 10 万余条。

本馆还编制了各种书本式专题文献书目、索引，如《国际风筝会报刊资料索引》、《决策参考信息》、《社会主义精神文明文献索引》、《馆藏百种工具书简介》、《馆藏电子计算机及其应用专题文献书目》、《馆藏地方志志书书目》、《潍坊市十二家图书馆报刊联合目录》、《潍坊市图书馆馆藏地方文献目录》、《潍坊古籍书目》等，逐步建立健全了揭示、检索、管理各类型文献的馆藏文献目录体系。

第三节　馆藏文献管理

本馆馆藏文献资源主要通过采购、征集、捐赠等采访方式实现逐年递增。普通图书到馆以后进入采编部，经过分编加工以后拨交有关书库；期刊、报纸等经过报刊阅览室登记后上架展阅或外借；过报、过刊合订本由文献查阅室分编加工以后拨入过报过刊库；视听资料和电子文献由电子阅览室登记保存并开发使用。

一　馆藏文献布局

本馆馆藏文献资源按其类型、使用对象等划分为普通图书外借书库，少年儿童阅览与外借库，文献查阅资料库，地方文献库，古籍文献库，过报、过刊库等文献库。

普通图书外借书库：由流通率较高的各类普通图书构成，是为满足读者一般外借阅读需求而设置。

少年儿童阅览与外借库：由流通率较高的少儿图书、连环画、期刊、报纸以及过刊合订本、过报合订本等文献构成，是为满足少年儿童读者的阅读需求而设置。

文献查阅资料库：主要由供查阅用的年鉴、手册、辞典、百科全书、书目、索引、文摘等各类工具书以及大型丛书、多卷书构成。1984年，本馆开始实行"保存本"制度：凡采购进馆的普通图书（少儿图书除外），每一种图书留一套复本保存在文献查阅资料库。实际上，该库现已经逐步成为本馆馆藏图书的总书库，是为满足读者检索、咨询和查阅各类知识的需求而设置。

地方文献库：由本馆征集的有关本市及本省建国后编纂出版的地方志、史志、史料、地名志、地图等，本市各单位编印的图书（含教材）、会议文献、科学论文集、年鉴年报、对外交流资料、潍坊籍（或寓居潍坊）人士的各种著作及其本人的有关史料等地方文献构成，征集或接受捐赠的书法和绘画作品也收藏于此，是为保存、查阅潍坊地方文献而设置。

古籍文献库：由本馆征集或搜集到的原版古籍文献以及采购的古籍影印本等构成，是专为读者查阅古籍文献而设置。

过报、过刊库：由过报、过刊合订本构成，是为读者查阅过期报纸、期刊而设置。

二　馆藏文献组织

1959 年以前，本馆馆藏图书依据《山东省立图书馆图书分类新法》的分类体系进行组织。1960 年 1 月以后，本馆馆藏图书依据《中小型图书馆图书分类表（草案）》的分类体系进行组织。1975 年 10 月以后，本馆馆藏图书依据《中图法》分类体系进行组织。图书排架时首先按照图书分类号（排架分类号）进行排列，同类图书再按照图书的著者号码进行排列。

1982 年，本馆馆藏过报、过刊合订本的组织排列依据《中图法》的分类体系。1987 年，本馆依据《中国图书馆图书分类法（期刊分类表）》的分类体系对馆藏过报、过刊进行组织。1996 年 11 月，本馆对过报、过刊库的合订期刊组织方法进行了调整，过刊库合订期刊组织采取先按年代排列，再按分类索书号排列的排架方法；过报库合订报纸组织采取先按年月排列，再按报名四角号码排列的排架方法。

三　馆藏文献保护

本馆对馆藏文献的保护措施主要包括：修补破损图书与期刊、防虫、防尘、防火、防盗、防潮、防光等。

修补破损图书与期刊：本馆各文献库由其所属部门各负其责，及时发现破损、散页的图书和期刊并停止其流通，进行装订修补；发现书标及条码损坏，及时补贴。

防虫：为防止文献遭虫蛀，本馆各文献库做到每年两次投放樟脑丸等防虫和灭虫药物。

防尘：本馆各文献库每天做好经常性的书库清洁卫生工作；配备吸尘设备，定期做好库内文献的除尘工作；通风与除尘注意相互协调。

防火：本馆走廊以及各文献库内均配备灭火设备，工作人员必须熟悉消防器材的性能、使用方法和放置地点；严禁文献库内吸烟、用火和使用电热器具；严禁携带危险品入库；注意库内空调、电扇等电器设备的使用安全，下班后切断电源。

防盗：本馆闭架书库禁止读者进入；开架书库安装防盗检测仪器，入库文献加贴磁条；各文献库外安装防盗网，并加强安全保卫措施。

防潮：本馆各文献库注意通风，安装空调，保持适当的湿度与温度。

防光：主要为防止强烈阳光暴晒对文献造成损坏，本馆建筑时门窗玻璃全部安装茶色玻璃，各文献库均安装用于防光的窗帘。

本馆馆藏文献的保护措施，通过各项相关规章制度加以综合保障及定期或不定期的检查督促加以贯彻落实。

第四节　古籍文献建设

一　建馆初期古籍文献建设

1948年6月，山东省人民政府李季华、陈秉忱来潍，会同潍坊特别市政府发动本市民间知名收藏家捐献文物和古籍。8月7日，潍坊市古代文物管理委员会和潍坊特别市市立图书馆成立，负责古代文物和古籍的调查、征集、管理、研究等各项工作。8月12日，在潍坊特别市民众教育馆召开有关人士座谈会，商讨捐献文物、古籍，到会者除文管会全体委员外，还有知名人士张甘普、郭味蕖、谭小斋、丁士颐、陈稚儒、丁笏丞、郎锡泉、胡溪心、张易元、于均生、郭雨若、陈佐衡、王翰生、陈筱岩、张祖彭、张积存等16人。会后，本市民间知名收藏家踊跃捐献文物和古籍文献，共收集古籍文献36981册，其中有善本18种、709册，省、府、州、县志等志书近500部。

主要捐献者及其捐赠古籍文献数量如下：

丁志萱捐2896种、23031册（系其父丁锡田藏书）；

郭砥生捐732种、5998册；

陈孝禄捐98种、2033册；

李英麟捐1种、2102册（《四部丛刊》）；

丁镜秋捐3种、528册；

张甘普捐7种、334册；

张祖彭捐2种、308册；

丁士颐捐15种、243册；

张积存捐15种、228册；

田益斋捐1种、2册。

这些古籍文献接收并经过初步整理之后，由本馆保管，存放在北门大街小学内5间楼房的上层。

1954年，山东省文化事业管理局指示，从全省各地借调古籍文献由山东省图书馆统一保存、整理。1957年6月，山东省图书馆派3人持山东省文化事业管理局信函来潍，经原潍坊市副市长曲范同意，把这批古籍资料加以整理、登记造册，全部运交山东省图书馆统一保存。此次移交山东省图书馆的古籍共计3万余册，其中县志215部、州志20部、府志41部、省通志8部、其他志书89部以及潍县地方文献68部等。与此同时，山东省博物馆（由关天相经手）也从本馆馆藏古籍中选去本省各县县志100余部。参加办理交接和帮助装运的有本馆副馆长郭子宣等人，当时本馆有关人员曾经向省里有关人员索取收条，但省里人说：回省核查后，再把带去的两份书目寄回一份来即可。1984 年 10 月 16 日，本馆辅导采编组组长王昭龙在接收整理原组长郄会栋（1984 年 8 月 28 日病故）经管的档案橱时，发现自济南寄回的古籍资料书目（尚未开封），邮寄者是"山东省历史研究所"，封皮贴有 1958 年邮票，并盖有 1958 年邮戳。1984 年 11 月 8 日，本馆请郭子宣（已调任潍坊市博物馆副馆长）核对书目，他回忆说：当时山东省图书馆大门口同时挂有"山东省历史研究所"的牌子。

　　1948 年民间捐赠古籍中所含志书情况以及被省调去的部分古籍文献目录（主要辑录比较重要一部分古代地方文献）见表 5.2 和表 5.3。

表 5.2　1948 年民间捐书中所含志书情况统计表

项目	县志	州志	府志	省通志	其他志书	合计
外省	147 部	12 部	30 部	6 部	61 部	256 部
本省	61 部	7 部	9 部	2 部	22 部	101 部
本市	7 部	1 部	2 部		3 部	13 部
合计	215 部	20 部	41 部	8 部	86 部	370 部

　　注：以上 370 部志书中，未包括 1957 年山东省博物馆（由关天相经手）调出的本省各县县志 100 余部。

表 5.3　1948 年民间捐书中的本市志及其他地方文献情况表

书名	作者	版本	册数	完本或缺本	捐献者
万历潍县志		抄本	1	完	丁志萱
潍县志		乾隆版	6	完	丁志萱
潍县志		乾隆版	6	完	丁志萱
潍县志		铅印	1	缺	丁志萱
潍县乡土志		光绪版	1	完	丁志萱
青州府志		康熙版	8	完	丁志萱
青州府志		咸丰版	16	完	丁志萱
青州志		乾隆版	6	完	丁志萱
青州纪游	周贵德	铅印	1	完	丁志萱
昌乐县志		康熙版	1	缺	丁志萱
寿光县志		嘉庆版	7	完	丁志萱

书名	作者	版本	册数	完本或缺本	捐献者
高密县志		光绪版	10	完	丁志萱
五莲山志	释海霆编集	康熙版	1	缺	丁志萱
潍县文献丛刊第一、第二辑	丁锡田	铅印	2	完	陈孝禄
潍县文献丛刊第三辑	丁锡田	铅印	3	完	丁志萱
习庵丛刊第一辑		铅印	4	缺	
习庵丛刊第一辑	丁锡田	铅印	1	完	丁志萱
小书巢丛刊二集	丁锡田	铅印	8	完	丁志萱
临淄小记	丁锡田	铅印	3	完	丁志萱
潍县疆域沿革	丁稼民	铅印	10	完	丁志萱
劳山记游	丁锡田	铅印	35	完	丁志萱
登莱旅程日记	丁稼民	铅印	1	完	丁志萱
潍乘初稿	丁锡田	石印	1	完	丁志萱
潍县历史谭	丁锡田	石印	1	完	丁志萱
潍县乡贤传	丁锡田	石印	1	完	丁志萱
劳山记游	丁锡田	石印	1	完	丁志萱
稼民杂著	丁锡田	石印	1	完	丁志萱
两京记游	丁锡田	石印	1	完	丁志萱
十二种文萃	丁善宝辑	同治版	12	完	丁志萱
六垒诗存	丁善宝	光绪版	2	完	丁志萱
六斋诗存	丁善宝	铅印	1	完	丁志萱
石室印萃	丁善长		1	完	丁志萱
农圃便览	丁宜曾	石印	1	完	丁志萱
张士保先生评传	丁叔言	铅印	1	完	丁志萱
潍县傅戈庄盐店被焚案纪实	丁锡纶	铅印	1	完	丁志萱
养静轩诗草	丁锡纶	铅印	1	完	陈孝禄
丁氏学校同学会杂志	丁氏同学会	石印	4	缺	丁志萱
丁氏学校同学会年刊1—3	丁氏同学会	石印	3	完	丁志萱
丁氏学校同学会年刊7—10	丁氏同学会	石印	4	完	丁志萱
缮部记略	郭尚友	明版	1	缺	丁志萱

书名	作者	版本	册数	完本或缺本	捐献者
爱劳轩答问草	郭尚友		2	完	郭砥生
潍县古城考	郭 麟	抄本	1	完	郭砥生
北海郭氏诗存		抄本	4	完	郭砥生
自然草	郭梦令	抄本	1	完	郭砥生
自然草	郭梦令	道光版	4	完	郭砥生
果州留别唱和草	郭梦令	道光版	2	完	郭砥生
槐荫书居集	郭续芬	道光版	2	完	郭砥生
松筠桐荫馆印谱	郭 伟	道光版	4	完	郭砥生
勾股引蒙	郭恩孚	光绪版	2	完	郭砥生
果园诗抄	郭恩孚	光绪版	2	完	丁志萱
宋晋之先生诗	郭嘉禾辑	抄本	1	完	丁志萱
二年来我的生活	郭谷石	石印	1	完	郭砥生
榆园杂录	郭榆寿	抄本	1	完	丁志萱
石钟山房印举	陈簠斋	影印	12	完	丁志萱
簠斋古今录	陈介祺	影印	8	完	丁志萱
簠斋尺牍	陈介祺	商务影印	12	完	丁志萱
簠斋尺牍	陈介祺	影印	5	完	丁志萱
簠斋古目影		景印	3	完	丁志萱
陈鹤侪墨迹	陈蜚声	原本	1	完	陈孝禄
陈春甫花鸟集	陈寿荣	石印	1	完	郭砥生
潍诗采录	张 彤辑	嘉庆版	1	完	丁志萱
潍诗采录	张 彤	嘉庆版	1	完	郭砥生
采诗采录	张 彤	嘉庆版	1	完	丁志萱
北海耆旧传	张昭潜辑	同治抄本	4	完	丁士颐
无为斋文集	张昭潜	光绪版	4	完	郭砥生
守岐公牍汇存	张友山（张兆栋）	光绪版	1	完	丁志萱
校经堂文集	孙葆田	光绪版	6	完	郭砥生
明文正气集	孙葆田	光绪版	2	完	郭砥生
岁余偶录三种	孙葆田	同治版	1	完	郭砥生

书名	作者	版本	册数	完本或缺本	捐献者
释仁	刘东候	铅印	1	完	郭砥生
释仁	刘东候	铅印	1	完	丁志萱
山左古文钞	李景峰　刘鸿翰（潍县人）		7	缺	郭砥生
饴山诗文集	赵执信（青州人）	乾隆版	8	完	郭砥生
潍县政府公报		铅印	10	缺	丁志萱
烟潍路工赈记略		铅印	1	完	丁志萱
潍县乡土教材概要		铅印	1	完	丁志萱
潍县乡贤册牍		石印	1	完	郭砥生
狄公事略	潍县乐道院	铅印	1	完	丁志萱
板桥家书	郑燮	乾隆版	1	完	丁志萱
潍县拆除石坊调查表	丁锡田	石印	1	完	丁志萱
通高社遗闻	丁锡田辑	石印	9	完	丁志萱
善诱文	陈录	宋版	1	完	郭砥生
师友谈记		宋版	1	完	郭砥生
重刻汶上县旧志		万历版	2	完	丁志萱
明诗正声	卢纯学选辑	万历版	16	完	丁志萱
大明会典		万历版	72	完	丁志萱
大明会典		万历版	131	完	丁志萱
松月庐诗稿	刘槃	万历版	10	完	丁志萱
群书集事渊海		弘治版	24	完	丁志萱
毛诗品物图考	冈元风	明版	3	完	丁志萱
宗伯冯先生集		明版	26	完	丁志萱
水经注	桑钦	明版	24	完	丁志萱
国语		明版	4	缺	丁志萱
古逸诗载	麻三衡	明版	5	完	丁志萱
古今寓言	陈世宝	明版	4	完	丁志萱
龙筋凤髓判		明版	2	残	丁志萱
资治通鉴		明版	1	缺	丁志萱

书名	作者	版本	册数	完本或缺本	捐献者
名山胜概记		明版	1	残	丁志萱
大明集礼		明版	40	完	丁镜秋
元史		明版	50	缺页	郭砥生
北齐		明版	6	完	郭砥生
诗纪		明版	17	缺	郭砥生
唐诗纪		明版	28	缺	郭砥生
荆川稗编		明版	48	完	郭砥生
缮部纪略	郭尚友	明版	1	完	郭砥生
唐诗品汇	高　棟	明版	17	完	郭砥生
周书	令狐德棻	明版	6	完	郭砥生
六选	梁昭明太子	明版	12	完	郭砥生
四六全书	李君实	明版	5	完	郭砥生
草堂诗馀	顾丛敬	明版	2	完	郭砥生
薛文清公读书录	薛　萱	明版	8	完	郭砥生
沧溟先生集	李攀龙	明版	7	缺	郭砥生

二　近二十年来古籍文献建设

1985 年以来，本馆陆续从私人手中收集购买古籍文献 668 册。这些古籍文献都是清朝后期版本，以文史、杂著、医书居多，如《史记》、《唐史》、《渊鉴类函》、《唐宋八大家读本》、《古文释义》等。

1989 年，本馆采购入藏由上海古籍出版社影印出版的文渊阁《四库全书》一套。

1992 年，本馆使用《中图法》对馆藏古籍文献进行分类标引，并依据相关文献著录标准进行编目整理，采用手工方式编制款目，组织成分类目录存放在文献查阅室供读者检索、查询。本馆古籍文献全部按类入橱保存，仅供有特殊需要的读者查阅。经过分编整理以及清点，本馆馆藏古籍文献共计 388 种、2190 册。

1997 年，本馆采购入藏了《毛泽东评点二十四史》影印本一套。

1998 年 11 月，本馆成立古籍文献查阅室，馆藏古籍文献从文献查阅库移到古籍文献室，并进行了古籍文献目录的核查工作，完善古籍文献书名目录，做到书卡一致。古籍文献室的藏书主要由两部分构成：一是具有中国古典装帧形式的古籍（主要为线装）；二是影印古籍。

2000 年 7 月和 2001 年 3 月，旅台乡人王广健先生两次向本馆捐赠图书，所捐图书在古籍文献室设专架陈列。

2002 年，本馆以政府采购的方式，采购入藏《四库全书存目丛书》一套。同年，又采购入藏《四库全书存目丛书补编》一套。8 月，为完整、系统地反映潍坊市古籍文献收藏的概貌，本馆联合潍坊市博物馆、各县、市、区图书馆、博物馆共同编辑《潍坊古籍书目》。

2003 年，本馆入藏影印古籍 2 批 136 册（包括《四库全书存目丛书补遗》100 册，《皇家藏书》等 6 种、36 册）。11 月中旬，对古籍文献室藏书进行回溯建库。

2004 年 6 月，本馆对馆藏清乾隆二十五年（公元 1760 年）版《潍县志》进行了整理并限量重印。11 月，完成对《四库全书》的回溯建库。

2006 年 12 月，《潍坊古籍书目》由北京图书馆出版社出版。《潍坊古籍书目》共收录潍坊市 7 家公共图书馆、8 家博物馆（或文管所）、1 家潍坊高校图书馆、2 家中学图书馆及 1 位私人藏书家的古籍文献共 3636 种，是我市第一部古籍文献联合目录。

2007 年底，本馆古籍室藏书共计 588 种、6016 册。

第五节　地方文献建设

建馆初期，本地私人收藏家捐赠的 3 万余卷古籍文献中就有大量的地方文献。由于当时并未将其作为地方文献设为"专藏"进行专门整理与开发，加之后来与其他古籍文献一起被山东省有关部门调拨到山东省图书馆和山东省博物馆，遗留下来的古代地方文献只有一部完整的清乾隆版《潍县志》和一部残缺不全的民国版《潍县志稿》，造成了本馆在古代地方文献建设上的严重空缺，致使本馆地方文献的收藏几乎空白。

1986 年，本馆将地方文献建设列入馆藏文献建设工作的议事日程。中共潍坊市委、市人民政府以及有关部门对地方文献建设工作给予了重视与支持。

1988 年 3 月，潍坊市地方史志编纂委员会办公室下发潍志办（1988）第 3 号《关于收集存档各级各类志书的通知》。要求本市各县、市、区史志办将已经出版的或将要出版的各县、市、区地方志以及所属乡镇志、村志、各行业部门志呈缴图书馆收藏。

1989 年 11 月，中共潍坊市委宣传部、潍坊市文化局、中共潍坊市委党史征委会、潍坊市史志办公室、潍坊市地名办公室联合下发（89）潍文字第 102 号《关于征集党史、史志、地方文献资料与出版物的联合通知》。

1994 年 3 月，潍坊市人民政府办公室以潍政办发（1994）25 号文件转发潍坊市文化局《关于建立地方文献呈缴本制度的意见》。明确规定了各级人民政府以及市政府各部门、各单位向图书馆交送呈缴本的范围与交送办法。

以上三个文件的下发，使地方文献建设工作引起潍坊社会各界的高度重视，成为本馆地方文献建设持续、稳定发展的重要政策依据。本馆地方文献征集工作也取得了丰硕的成果。

1998 年 5 月，本馆成立地方文献查阅室，馆藏地方文献从文献查阅库移到地方文献查阅室。进一步扩大地方文献征集的区域范围，增加了地方文献征集的类型，在全国范围内广泛征集潍坊籍书画名家的书法和绘画作品。在庆祝建馆五十周年之际，征集名人书画作品 430 幅，编辑出版《潍坊市图书馆馆藏地方文献书目》第一卷。

1999 年，本馆组织各县、市、区图书馆按照市文化局潍文字（99）第 81 号《关于组织征集地方文献的通知》要求，自 1999 年 10 月至 2000 年 4 月，在全市范围内进行了大规模的征集活动，重点征集了史志类图书和地方报纸、期刊以及名家手稿，共征集到图书 1300 册，报纸、期刊 49 种、252 册，潍坊籍名家手稿 127 件。

2001 年，本馆开始在全省范围内开展搜集各地地方史志、史料活动，共收集到各地地方史志、史料 71 种、78 册。

2002 年，本馆与各县、市、区图书馆签订联合征集地方文献的合作协议，在各县、市、区图书馆建立征集地方文献联络员制度，明确了各馆地方文献的征集范围和重点。

2003 年，在建馆五十五周年之际，征集全国各地书画名家的作品 323 幅，编辑出版《潍坊市图书馆馆藏地方文献书目》第二卷。

2005 年，本馆在全市开展向公共图书馆捐赠书款及征集地方文献的活动中，接收了社会各界捐赠的大量地方文献。

2006 年 3 月，本馆成立地方文献协调中心，与各县、市、区图书馆签订《潍坊市公共图书馆地方文献联合征集责任书》。11 月，制定《潍坊市图书馆地方文献征集方案》，对地方文献征集的目标原则、范围和内容、具体要求、组织保障与协调以及各个部门的职责与任务、奖惩措施等做出了明确规定。

2007 年底，本馆累计征集入藏地方文献 5851 种、7701 册（件）。

附录 1：潍坊市地方史志编纂委员会办公室文件（潍志办 [1988] 第 3 号）

关于收集存档各级各类志书的通知

县史志办公室：

　　根据市府部署，凡已出版的各县的县志，各行各业部门志和乡镇志，分别上报市史志办、市档案局、市图书馆存档。市图书馆准备在适当时候，举办全市史志成果展览。

请见知后，责成专人登记收集，于 1988 年 6 月底前把已出版的搜集齐全上报。今后随出版随上报。

一九八八年三月二十六日

附录 2：中共潍坊市委宣传部、潍坊市文化局、潍坊市委党史征委会、潍坊市史志办公室、潍坊市地名办公室〔（89）潍文字第 102 号〕

关于征集潍坊党史、史志、地方文献资料与出版物的联合通知

各县（市）、区委宣传部、文化局、党史委、史志办、地名办：

潍坊是历史悠久的文明古城。勤劳智慧的潍坊人民在历史的长河中，创造了多彩多姿的民族文化，并谱写了内容丰富翔实的篇章。特别是建国以来，各行各业出版了大量书刊资料。与此同时，潍坊籍在外地的作家、书画家、编辑和科学技术工作者亦有不少杰作在世流芳。但这些宝贵的资料，由于各单位无专门保存条件，时间一长便无法查找。为弘扬我市文化并系统地保存有关潍坊文献，为研究潍坊、发展潍坊提供资料，经研究拟做一次系统全面的资料征集工作，并于一九九〇年七月一日在潍坊市图书馆新馆落成典礼之际举办潍坊党史、史志、地方文献、潍坊籍作者的作品及潍坊出版物展览。

潍坊市图书馆新馆建设总体规划一万二千平方米，第一期工程六千平方米，将于一九九〇年五月竣工。它位于白浪河东岸，东风桥以南，是一座民族形式与现代建筑相结合，既反映历史文脉的个性特征，有地方特色的建筑形象，又反映当代科学技术、文化水平的现代建筑。借该馆落成典礼之际，在此举办这一展览，要有特殊意义。为保证征集作品的数量和质量，特作如下通知：

一、在各县、市、区主办单位的支持下，由图书馆负责将本县、市、区的党史、史志、地名、行业志、文史资料、民间文学及经批准出版的有关政治、经济、工农业生产、科研、文教方面的书刊资料进行收集，于一九九〇年五月一日前送缴潍坊市图书馆。

二、所征集的作品、资料没有出版时间限制。如系内部或保密文献，希注明，当按有关文件专门保存。

三、征集书刊，以捐赠为主，特需收费者，可通知潍坊市图书馆商定购买。作品展出后为潍坊市图书馆"特藏"，寄发送缴单位书目惠存。

四、市直各单位的党史、史志、地名、行业志、文史资料等由潍坊市图书馆负责征集。

五、展出形式以县、市、区和市直为单位布展。

六、潍坊籍在外地的作家，由各县、市、区图书馆提供作者名单（姓名、现工作单位、职务、原籍、现通讯地址），由市图书馆负责与作者本人协商有关征集工作。

一九八九年十一月十日

附录3：潍坊市人民政府办公室文件（潍政办发〔1994〕25号）

转发市文化局关于建立地方文献呈缴本制度的意见的通知

各县、市、区人民政府，市政府各部门、各单位：

市政府同意市文化局《关于建立地方文献呈缴本制度的意见》，现转发给你们，请认真贯彻执行。

潍坊市人民政府办公室
一九九四年三月十四日

关于建立地方文献呈缴本制度的意见

市政府：

目前，我市地方文献资料严重缺藏，致使许多单位和个人无法查阅在编志、编史、著书立说、对外交流和发展经济等方面的所需资料。这与我市的改革开放和经济建设很不相适应。为了完整、系统地收藏我市地方文献资料，丰富图书馆的藏书，使出版单位、编（作）者的作品得以收藏和广泛查阅利用，更好地服务于两个文明建设，我们建议建立潍坊市地方文献呈缴本制度。

一、呈缴本的范围

（一）本市各单位编印的下列图书资料：

1. 地方志、史志、地名志、史料、地图等；

2. 正式出版的内部发行的图书（教材）、报纸、杂志等；

3. 汇编成册的重要会议文献（尚未解密的会议文献不在呈缴范围之内）；

4. 编印成册的科学论文集；

5. 国民经济资料以及各行业年报资料；

6. 对外交流资料；

7. 其他有关文献资料。

（二）凡潍坊籍（或寓居潍坊）人士的各种著作以及有关他们本人的史料。

二、呈缴办法

1. 各类图书资料出版、发行后的一月之内，由作者单位或个人将2—3册寄、送到图书馆。

2. 市图书馆实行登记、回执手续，设立特藏，由专人管理并按时编辑《潍坊市地方文献目录》。

3. 欢迎捐赠以前其他有关文献资料。

以上意见如无不当，请转发各县、市、区、市政府各部门执行。

潍坊市文化局

一九九四年三月十日

第六节　电子出版物与数字化文献建设

1985 年至 1991 年，本馆举办了 85 级和 88 级两届广播电视大学图书馆学专业班，为配合教学需要陆续购置教学录音、录像磁带，如《图书馆学概论》、《中国通史》、《政治经济学》、《古代汉语》、《图书馆现代技术》等。这批视听文献先保存于本馆辅导部，后移交电子阅览室。此后，又陆续购进部分录音、录像磁带，如《许国璋英语》、《新概念英语》、《梁祝》等。本馆馆藏视听文献中录音磁带计 36 种、677 盘，录像磁带 13 种、49 盘，总计 49 种、726 盘。

1998 年 1 月，本馆多媒体电子阅览室（后改称电子阅览室）正式对外开放。为满足读者的需求，本馆购置多媒体数据光盘以及各种视听资料 500 余件，存放于多媒体电子阅览室供读者利用电脑欣赏，主要有《中国素材光盘大全》、《中国历代艺术》、《邓小平》、《四大名著》等电子出版物。为方便读者使用，本馆将随书光盘剥离后，单独作为电子出版物入藏管理。

2002 年，本馆从国家图书馆中国数字图书馆购进数字化全文文献 10490 种；通过网络，协议利用超星数字图书馆、书生之家数字图书馆的全文数字化图书。自此，本馆开始全文数字化文献资源建设。

2006 年 3 月，全国文化信息资源共享工程中心赠送本馆《2005 年春节双奖好戏送下乡》（含"文华奖"作品和"群星奖"作品两大类计 48 件）、《2006 年春节乡间文明好戏来》（含"五个一工程奖"作品、"文华奖"获奖作品、"四进社区"展演获奖作品三大类 50 件），共计 98 件（片）。7 月，全国文化信息资源共享工程中心赠送本馆

《中国京剧音配像精萃》2套，含355部戏剧，共计684盒、1164件（片）。

　　2007年，本馆完成了文化信息资源共享工程潍坊分中心工程建设，建成文化信息资源共享工程平台，通过卫星、计算机网络等信息传输技术利用全国文化信息资源共享工程所有数字化资源以及"万方"、"维普"、"同方"等数字化资源。本馆文化信息共享工程平台中的数字化资源主要内容包括缤纷舞台、小戏集锦、名家讲坛、网上期刊、网上书籍、艺术知识、社会文化、大众科技、历史地理、抗日战争专题、中华诗词、老电影、实用农科与生活知识影库、文化共享工程介绍等15个栏目。

　　至2007年底，本馆入藏视听文献与电子出版物共计214种、2193件（片），数字化全文文献10490种，数字化文化信息资源200G。

第六章 读者服务工作

第一节 读者服务工作发展

本馆历来十分重视读者服务工作，始终把"读者第一，服务至上"、"为书找人，为人找书"作为读者服务工作的宗旨。在继承优良传统、借鉴成功经验的基础上，本馆不断提高现代信息技术，创新服务方式。

一 读者队伍发展

建馆初期，本馆读者较少，仅发展个人读者。

1950 年，本馆有持证读者 2244 人。

1953 年 12 月，本馆建立"工农文库"，开始发展集体读者。本馆借阅方式由单一地办理个人借书逐步发展到办理个人借书、借书小组集体借书和建立馆外图书流通站等多种流通借阅方式。

1954 年，本馆"工农文库"改称"集体借书室"。

1957 年，本馆个人持证读者发展到 4967 人；馆外设有 194 处图书流通站，服务读者达 29148 名。

1962 年，本馆对个人、小组、图书流通站三种流通借阅方式的读者进行了重新登记，全部更换新的借书证。

1965 年底，本馆有持证个人读者 1826 人；集体借书小组 50 个；图书流通站 67 处，服务读者 13238 人。

"文化大革命"期间，特别是在"文化大革命"开始后的前六年时间里，本馆被迫终止了一切图书馆业务活动，借书室和阅览室被关闭；馆外的图书流通站自行解体。

1971 年 5 月，本馆被封存长达六年之久的部分馆藏图书和报纸、期刊重新向读者开放，借书室和阅览室恢复流通借阅。本馆读者工作又逐步走上正轨。

1979 年 1 月，为加快文献流通，减少读者借书超期和借书不还的现象，本馆采用收取押金办理借书证的办法。由于要求办证借书的人数较多，按单位分配名额。

1984 年底，本馆有持证个人成人读者 5700 人；少年儿童读者 60 人；重点读者 40 人；集体借书小组 21 个，读者 400 余人。

1985 年 5 月，本馆再次更换读者证，简化办理手续。具有中级以上专业技术职称者可办理重点读者证，在外借图书册次和时间上给予一定优惠。本馆集体借书小组由于多种原因，自行解散。

1989 年底，本馆有持证成人读者 7646 人（其中重点读者 33 人）；少年儿童读者789 人。

1990 年 10 月，本馆调整、增加了读者服务部门，集中办理了一批借书证。报刊阅览室、文献查阅室、少年儿童图书馆及稍后成立的群益图书室也分别办理读者证。

1997 年底，本馆共有持证成人读者 3268 人；少年儿童读者 446 人。

1998 年，本馆在驻潍部队建立拥军分馆，在潍坊新立克集团工会、潍坊聋哑学校、奎文门居委会等建立服务点，发展集体读者。本馆文献查阅室增加自修服务，发展自修读者。

2001 年，本馆报刊阅览室增加期刊外借服务，发展期刊外借个人与集体读者。

1998 年至 2007 年，本馆发展成人普通图书外借读者、自修读者、报刊阅览读者、期刊外借读者、少年儿童读者共计 13490 人。

二 服务方式演变

伴随着馆藏文献类型、服务对象、服务手段的变化，本馆为读者提供服务的方式不断演变与发展。

建馆初期至 80 年代中期，本馆的读者服务主要集中在为读者提供图书借阅与报纸、期刊的阅览等服务方式，对象主要是成年读者。1953 年 12 月，本馆成立少年儿童阅览室，为少年儿童读者提供图书、报纸、期刊的阵地阅览服务。

80 年代中期，伴随着馆藏文献类型增加、服务技术与手段进步，本馆增加文献检索与参考咨询服务、期刊外借服务、少年儿童图书报刊借阅服务。

1995 年，本馆成立音像资料室，为读者提供视听资料外借服务。

1998 年，本馆成立电子阅览室，为读者提供数字化文献、网络信息检索与阅览服务。借书室、少年儿童阅览室外借服务实现计算机管理。文献参考咨询服务细化为普通图书，过报、过刊，地方文献与古籍文献查阅服务。

为主动向读者推荐馆藏文献资源，本馆编辑出版馆藏文献书目、文摘、索引等；开展定题服务；建立馆外服务点和分馆，服务进社区、进军营；利用现代化信息技术，建设并不断完善本馆网站；每年举办图书馆服务宣传周活动；举办地方文献展、地方名人图片展、图书展、科普展、书画艺术作品展等；邀请全国知名的艺术表演团体在潍坊国际风筝会期间来潍坊演出等，这些活动进一步拓展了本馆为读者服务的范围和领域。

第二节　图书外借

本馆图书外借服务主要由借书室承担。

建馆初期至"文化大革命"初期，本馆借书室采用读者个人外借、集体外借和馆外图书流通站的方式进行图书外借服务活动。"文化大革命"期间，本馆书库成为"牛棚"，馆藏图书全部封存，借书室被迫关闭，图书外借服务也被迫停止。1971 年 5 月，本馆借书室重新对外开放，部分图书恢复外借。党的十一届三中全会以后，借书室的各项工作逐步转入正常。70 年代末以来，由于拨乱反正，改革开放的政策给经济建设及各方面的事业带来极大活力，广大读者的读书热情、求知欲望高涨，本馆每天读者不断，应接不暇，外借图书年流通量逐年上升。

1992 年 8 月，本馆借书室实行开架借阅，所属藏书全部对读者开放，读者办理开架证即可进入书库自行挑选所需的图书，方便了读者，提高了图书利用率；还开展了预约借书、馆际互借等服务，解决了读者的特殊阅读需要。

1998 年，本馆图书外借流通服务实现计算机管理，普通图书外借书库实行全部开架，读者可以进库自由挑选所需要的图书，借还图书更加方便、快捷。

1998 年，本馆借书室将图书外借服务进一步扩大到军营、单位和社区，提供集体外借服务。在驻潍部队炮八师十团、武警潍坊支队等建立潍坊市图书馆拥军分馆 14 处；在潍坊新立克集团工会、潍坊聋哑学校等单位建立服务点；在奎文门居委会等建立社区服务点。本馆在军营、单位和社区开展馆外图书借阅等流通服务工作，受到各级新闻媒体的高度关注。2000 年 6 月 10 日，中央电视台《新闻联播》节目报道了 54952 部队教导员李国发同志利用本馆提供的图书"用知识带兵育人"的典型事迹。2002 年 4 月 12 日、13 日，中央电视台《军事报道》节目把本馆对 87022 部队开展知识拥军活动的事迹进行专题报道。2004 年 4 月，《潍坊晚报》以《关爱弱势群体开展送书上门服务》为题对借书室到潍坊聋哑学校服务点更换图书一事进行图文报道。

潍坊市图书馆分馆及馆外服务点建设情况见表 6.1。

表 6.1　潍坊市图书馆分馆以及馆外服务点建设情况统计表

分馆及服务点名称	初始册数	周期（月）	周转册数	建立时间（年月）	备注
炮八师十团	4000	3	1000	1998.4	
武警八中队	200	3	200	1999.5	

续表

分馆及服务点名称	初始册数	周期（月）	周转册数	建立时间（年月）	备注
雷达团	500	3	200	1999.4	CCTV《军事报道》报道
54952 部队 29 团	5195	3	1200	1999.6	CCTV《新闻联播》报道
坦克八师汽车营	2000	3	500	2000.9	协议书
坦克八师修理营	3000	3	500	2001.9	协议书
坦克八师通讯营	1000	3	300	2001.9	协议书
潍坊边防支队	500	3	300	2001.9	
潍坊新立克集团工会	1000	3	500	2001.9	
71305 部队 77 分队	40	0.5	40	2001.11	协议书
71916 部队坦克营	500	3	300	2002.3	协议书
奎文门居委会	560	1	200	2002.4	
71305 部队装步营	100	3	100	2003.3	协议书
71375 部队政治部	3000	3	1000	2003.4	协议书
高密人武部	1000	3	500	2003.7	协议书
潍坊监狱				2003.10	单位办理集体证
潍坊聋哑学校	50	1	50	2004.6	
71146 部队直工处	400	3	400	2004.7	协议书
武警潍坊支队	600			2006.8	

1993 年 2 月，为满足广大读者对通俗文学书刊的需求，本馆创办群益图书室。该部门购书经费从读者中来又服务于读者，共购买书刊 3187 册，所藏书刊可租可借，灵活方便，满足了读者的阅读需求。1997 年 8 月，群益图书室并入借书室。

2004 年 6 月，本馆成立读者俱乐部。先期投资 10 万元购置普通图书 5000 余册，发展读者会员 500 余人。读者俱乐部利用会员所缴纳的会费继续购置新书，形成了新书与旧书、图书与读者之间的良性循环和互动。读者俱乐部工作的开展，保证了本馆馆藏资源的增长，提高了读者到馆率。2006 年底，本馆撤销读者俱乐部。

第三节　报刊借阅

建馆初期，本馆设立综合性阅览室，陈列最新的期刊和报纸供读者阅览，深受广大读者的喜爱。

"文化大革命"前期,本馆阅览室因故停止对外开放。1970 年,在读者的强烈要求下,阅览室恢复对外阅览,读者凭个人身份证件到本馆阅览报刊。因馆舍条件所限,阅览坐席仅有 50 多个,常常供不应求。

1990 年新馆建成后,本馆读者的阅读环境大为改善,阅览席位增加到 240 个。报刊订阅数量从 220 种增加到近 800 种。增订了科技报刊,以满足重点读者的阅读需求;增订了观赏性、趣味性强的报刊,以满足一般读者的阅读需求。

1991 年,本馆报刊阅览室开始办理报刊阅览证,读者凭证阅览报刊,年办证约千人左右。阅览室常年开架借阅,报刊周转快、利用率高,充分发挥了报刊的使用价值。

1999 年,本馆报刊阅览室发展读者 600 人。

2000 年起,本馆每年举办暑假中学生集体阅览活动,充分发挥了图书馆"第二课堂"的作用,拓展了学生的视野。《潍坊晚报》刊登专题图片新闻给予宣传报道。

2001 年,本馆报刊阅览室增加期刊外借服务业务,发展报刊阅览读者 466 人,期刊外借个人读者 103 人、期刊集体外借读者 30 人。

2002 年,本馆报刊阅览室开展读者阅读调查活动,并为迎接党的"十六大"胜利召开设立报刊专栏。全年共发展报刊阅览读者 401 人,期刊外借个人读者 123 人。

2003 年,本馆报刊阅览室设立"防治非典"报刊专栏;7 月,挑选部分期刊支持坊子区图书馆举办庆"七·一"专题宣传活动。全年共发展报刊阅览读者 560 人,期刊外借个人读者 60 人。

2004 年,本馆报刊阅览室发展报刊阅览读者 544 人,期刊外借个人读者 63 人。

2005 年,本馆报刊阅览室为 71146 部队司令部直工处提供期刊外借服务;并与装甲第八师汽车营开展"创建学习型军营"活动。全年共发展报刊阅览读者 423 人,期刊外借个人读者 53 人。

2006 年,本馆报刊阅览室为二十六军军部、潍坊市图书馆武警分馆提供期刊外借服务。全年共发展报刊阅览读者 593 人。

2007 年,本馆报刊阅览室发展报刊阅览读者 293 人。

本馆报刊阅览室除开展上述报刊借阅服务外,还开展了编制报刊索引、提供报刊信息查询等工作。

1990 年至 1997 年,本馆报刊阅览室先后编写了"养生保健索引"、"求医问诊索引"、"文化工作信息资料索引",还为《农家生活》"轶闻趣事"栏目提供资料。

1998 年 8 月至 2007 年 12 月,本馆报刊阅览室编印《外载本市信息》(每月 1 期,12 期/年)共计 110 期。

2001 年,本馆报刊阅览室以《外载本市信息》为检索工具,为各级领导、单位提供信息服务 20 余人次，提供原始文献 160 篇。其中，为中共潍坊市委宣传部提供关于"地方建设"、"农业建设"等方面的原始文献信息 103 篇。

2002 年，本馆报刊阅览室为各级领导、部门提供信息服务 16 人次，提供原始文献 79 篇。其中，为中共潍坊市委宣传部提供有关"城市建设"、"刘坤洲事迹"等方面的专题信息资料 43 种、87 篇。

2002 年 5 至 2007 年 12 月，本馆报刊阅览室编印《保健信息》（每季度 1 期，4 期/年）共计 22 期；编印《各地图书馆信息》（每月 1 期，12 期/年）共计 68 期。

2003 年，本馆报刊阅览室为各级领导、部门提供信息服务 21 人次，提供原始文献 67 篇。其中，为中共潍坊市委宣传部宣传科提供有关"刘坤洲事迹"等方面专题信息 27 种、49 条；为潍坊市文化局提供文化信息、风筝会等方面的专题信息 11 种、21 条。

2004 年，本馆报刊阅览室为各级领导、部门提供信息服务 14 人次，提供原始文献 398 篇。其中，为中共潍坊市委宣传部提供有关"王乐义先进事迹"等方面专题信息 13 种、40 余条；为世界风筝小姐大赛组委会搜集有关新闻报道资料 300 余条，并将所搜集的资料汇编打印成第 21 届潍坊国际风筝会世界风筝小姐选拔赛资料汇编 1 本，为大赛组委会做好总结提供了准确数据，受到有关部门称赞，并收到感谢信。

2005 年，本馆报刊阅览室为各级领导、部门提供信息服务 12 人次，提供原始文献 186 篇。其中，为中共潍坊市委宣传部提供有关"文明城市宣传教育"等方面专题信息 32 种、40 余条。

2006 年，本馆报刊阅览室为各级领导、部门提供信息服务 10 余人次，提供原始文献 176 篇。其中，为中共潍坊市委宣传部提供有关"王乐义事迹报告会"系列报道等方面专题信息 15 种、75 条，并汇集整理成册。

2007 年，本馆报刊阅览室为各级领导、部门提供信息服务 10 余人次，提供原始文献 176 篇。

第四节　少儿读者服务

1953 年 12 月，本馆成立少年儿童阅览室，开展少儿读者服务工作，两年后因馆舍拥挤而停办。1984 年 10 月 1 日，本馆重新建立少儿读者服务窗口——少年儿童借阅室。1991 年 6 月 3 日，改称潍坊市少年儿童图书馆。

一　少儿读者借阅服务

本馆少儿读者借阅服务包括少儿图书和少儿期刊合订本外借、少儿期刊和少儿报纸阵地阅览。

1988 年 7 月，寿光籍、旅美华侨刘实捐献人民币 5 万元，在潍坊设立"念慈文化图书基金"，其本金存入银行，产生利息的 50% 用于本馆购置少儿图书、期刊和报纸，其余 50% 由寿光图书馆支配使用。本馆利用该基金先后购置少儿图书 4000 余册。

1997 年以前，本馆少儿馆拥有各类儿童读物 13000 余册，年订阅报刊 92 种，拥有阅览座位 120 个，发展少年儿童读者 446 人。

1998 年至 2007 年，新增馆藏少儿图书 1943 种，4860 册；少儿期刊合订本 1890 册；报纸合订本 291 册。1998 年至 2007 年，年均订购期刊 65 种；订购报纸 28 种。1998 年至 2007 年，发展少年儿童读者近 1000 人。

二 少儿读者活动

1987 年以来，本馆少儿馆在做好阵地借阅服务的同时，采取各种适合少年儿童特点的形式，为不同年龄层次的小读者提供服务。

（一）读书征文活动

1987 年 4 月 14 日，本馆少儿馆组织开展学写"读书心得"活动。来自凤凰庄小学、青年路小学、油坊沟小学等 8 所学校的 80 余名小学生参加了此次活动，共收到稿件 65 份，评出一等奖 1 名，二等奖 4 名，三等奖 4 名，优秀奖 9 名。

1988 年 7 月 20 日至 9 月 20 日，本馆少儿馆与共青团潍城区委、潍城区教委联合开展了"读五爱书、兴风筝城"读书征文活动。城区共有 36 所小学参加，收到征文 6000 余篇，评出一等奖 4 名，二等奖 30 名，三等奖 60 名，鼓励奖 100 名。

1990 年 2 月，本馆少儿馆组织举办"风筝城"读书征文活动。此次活动是 1988 年读书活动的继续，收到征文 2000 余篇。两次征文中的 310 篇被山东省少年儿童图书馆协会评为"优秀少年征文"，其中 111 篇被选入《风筝：少年征文》一书，该书由明天出版社于 1991 年 1 月出版，并荣获济南市科委颁发的"社会科学成果奖"。

1990 年 8 月至 11 月，本馆少儿馆参与组织由华东地区少年儿童图书馆协会举办的"我最喜爱的一本书"征文活动。潍坊赛区有 16 所学校参加，收到征文 200 多篇，其中 38 篇获优秀奖，5 所小学获组织奖，3 名老师获"优秀园丁奖。"

1992 年 10 月，本馆少儿馆配合共青团潍城区委、潍城区教委开展"学雷锋、学赖宁"读书活动。开展送书上门服务，将有关图书送到郊区乡镇中心小学，深受学校师生的欢迎。

1993 年 10 月至 1994 年 10 月，本馆少儿馆与潍城区教委联合开展"读好书"活动。参加活动的 3000 多名中小学生阅读了由本馆推荐的《人生路标》、《少年百科全书》、《革命历史丛书》、《近代史丛书》等优秀图书，收到良好的效果。

1996 年 11 月至 1997 年 5 月，本馆少儿馆与潍坊市潍城区、奎文区教委联合开展

"爱我中华、迎香港回归"大型读书征文、演讲活动。少儿馆为这次活动提供了爱国主义传统教育的图书，开展集体借阅服务，活动期间到馆借阅的少儿读者比平时增加 5 倍，图书流通量达 5 万册次。此次活动共收到征文 3 万多篇，其中校级优秀征文 1000 多篇，参加校级演讲比赛的近 1000 人，参加区级演讲比赛的近 100 人，共有 200 多人获奖。

1997 年 10 月，本馆少儿馆联合潍坊市潍城区、奎文区教委在英才学府的支持下，在两区中小学普遍开展了"英才杯"跨世纪读书活动。此次读书活动分为三个年度。读书活动共收到征文 2 万多篇，并择优进行了评奖。2000 年 12 月，在潍坊英才学府举行了隆重的表彰大会，市政协副主席赵俭等领导出席表彰大会并讲话。

（二）读书演讲活动

1987 年 7 月 24 日至 8 月 16 日，本馆少儿馆组织举办"诗歌朗诵竞赛"。来自 8 所小学的 68 名小读者参加了此次竞赛，评出一等奖 2 名，二等奖 3 名，三等奖 4 名，优秀奖 6 名。

1988 年 9 月 14 日，本馆少儿馆与共青团潍城区委、潍城区教委联合开展"读五爱书、兴风筝城"读书演讲活动。来自 32 所小学的 96 名小读者参加了此次演讲比赛，评出一等奖 2 名，二等奖 3 名，三等奖 5 名，鼓励奖 6 名，凤凰庄小学、杏埠乡小学获组织奖。

1993 年 8 月 12 日，本馆少儿馆组织开展"暑假读书演讲会"，来自 14 所学校的 42 名小读者参加了此次演讲比赛，评出一等奖 2 名，二等奖 5 名，三等奖 9 名，优秀奖 12 名，3 所小学获组织奖。

1993 年 8 月 26 日，本馆少儿馆组织举办"暑假故事大王竞赛"，共有 108 名小读者参加，46 名小读者获奖，4 所学校获组织奖。

（三）读书知识竞赛活动

1989 年 8 月，本馆少儿馆与潍坊市教委、潍坊市文化局、潍坊市少工委联合组织"明天杯"少年儿童读书知识竞赛，来自 12 个县、市、区的 3000 多人参加此次活动，评出一等奖 3 名，二等奖 6 名，三等奖 15 名。

1991 年 3 月，本馆少儿馆与潍坊市教委、潍坊市妇联、潍坊市文化局联合开展"画风筝"有奖智力竞赛活动，30000 多人参加此次活动。1992 年 5 月 26 日，来自 12 个县、市、区的 56 名选手在潍坊进行决赛，评出一等奖 4 名，二等奖 8 名，三等奖 12 名，纪念奖 17 名。

1992 年 3 月，本馆少儿馆配合共青团潍坊市委、潍坊市教委开展"小学生两史一情"读书教育活动，3000 多名小学生参加此次活动。1992 年 3 月 28 日，在本馆举行参加全省、全国"小学生两史一情"知识竞赛的选拔赛，来自各县、市、区的 12 个代表队参加。经选拔组成潍坊市代表队参加全省、全国"小学生两史一情"知识竞赛，潍坊市代表队获得省赛第一名，全国赛第二名。

（四）儿童业余剧团与小明星艺术团

1993年12月，为充分发挥自身优势，利用馆藏图书，编成小戏、歌舞、课本剧等小型节目，采取寓教于乐的形式吸引少年儿童到馆读书，本馆少儿馆与潍坊市艺术馆、潍坊电视台联合成立"潍坊市儿童业余剧团"。少儿剧团吸引了一批品学兼优、并有文艺特长的儿童，排练了不少文艺节目，参加了1994年潍坊电视台春节晚会、1994年风筝会伴舞、1994年京剧票友大奖赛、"红花杯"少儿歌舞大赛、消夏明星演唱会、齐鲁明星演唱会、港台经贸洽谈会等演出。潍坊市儿童业余剧团的演出活跃了少儿读者的业余生活，给少儿馆的工作带来了更多的生机和活力。

1996年，本馆少儿馆与潍坊市文化局、潍坊市教委、亚大公司联合举办"亚大小明星选拔赛"，组成"小明星艺术团"。许多"小明星艺术团"小演员在演出活动中获奖，受到各级领导和社会各界的赞扬。

（五）少儿书画交流与比赛

2003年6月，本馆少儿馆组织举办少儿绘画比赛，收到国画、素描、彩画等参赛作品32幅，评出一等奖2名，二等奖4名，三等奖4名，优秀奖6名。

2007年6月，少儿馆开展庆"六·一"少儿书画艺术交流活动，收到书法、国画、素描等作品88幅，评出书法作品一等奖1名，二等奖2名，三等奖3名；绘画作品一等奖2名，二等奖2名，三等奖4名。

（六）少儿读者联欢会

2004年6月1日，本馆少儿馆组织举办庆"六·一"少儿读者联欢会，少儿读者及家长近100人参加此次活动。少儿读者献才献艺，表演了丰富多彩的文艺节目，潍坊电视台给予了新闻报道。

第五节　参考咨询服务

1984年8月，本馆设参考咨询组。1985年3月，改称参考咨询部。1997年3月，改称文献查阅室。该部室主要面向读者或用户开展文献查阅、编制书目索引、提供信息服务等服务。

一　文献查阅、咨询服务

本馆文献查阅室包括文献查阅资料库，过报、过刊查阅室，古籍文献查阅室，地方文献查阅室，共拥有馆藏文献13万余册，主要供读者在馆内查阅。每年接待读者达

10000 余人次，为读者提供查阅文献资料 16000 余册次，解答读者咨询 2000 余条。

1986 年 4 月下旬，潍坊市开展纪念潍县解放 38 周年宣传活动。本馆紧密配合，将潍县解放前后的有关报载资料和新闻照片加以复印和陈列，收到良好的社会宣传效果。

1991 年，本馆与山东省图书馆和中国国家图书馆（原北京图书馆）相继建立馆际互借关系。

本馆文献查阅室设读者自修室一处，每年接待读者达 2000 余人次。

二　编制书目索引服务

1957 年以前，本馆不定期地编印过推荐书目和报刊索引。1957 年编印 12 期。1963 年，为配合"向雷锋同志学习"活动的开展，将同年 3 至 5 月《人民日报》、《解放军报》、《中国青年报》、《大众日报》等报载有关资料，摘录 60 多条款目编成专题索引，印发 100 余份，起到扩大宣传和方便读者的作用。

1985 年 10 月，为了便于本市领导机关和有关方面查阅风筝会文献资料，本馆编印《第一、二届潍坊国际风筝会报刊资料索引》。1986 年 12 月，编印《第三届潍坊国际风筝会暨第一届全国风筝邀请赛报刊资料索引》。1987 年 12 月，编印《第四届潍坊国际风筝会暨第二届全国风筝邀请赛报刊资料索引》。这些索引受到社会各界的欢迎和肯定。山东省图书馆书目参考部主任、研究馆员陶振纲曾给本馆复信，认为："索引结构合理，收录范围较广。若编印汇编，将可成为有保存价值的地方文献"。

1986 年，本馆参考咨询部参加《社会主义精神文明文献索引》编辑协作组，承担 4 种报纸（《健康报》、《精神文明报》、《潍坊日报》、《中国妇女报》）和 4 种杂志（《理论月刊》、《社会》、《新体育》、《中国科技论坛》）的收录款目任务。至 1989 年底，本馆共计为该《索引》第 49 辑至第 64 辑制卡 6018 张，同时完成第 50 辑（1986 年第 2 期）、第 56 辑（1987 年第 4 期）、第 63 辑（1989 年第 3 辑）的统编任务。参考咨询部副主任王济众先后在第三次（1987 年）、第四次（1988 年）编辑协作会议上作典型发言，并参与分类目录和使用表说明的拟定工作。

1988 年，本馆开始编印《决策参考信息》，半月 1 期。该报编印的出发点和目的是发挥本馆报刊资料比较多的优势，采用文摘小报这种形式作为揭示、报导和传递文献的工具，为本市主要党政领导机关和领导干部决策主动提供无偿的信息服务。1993 年，在总结创办《决策参考信息》五周年的基础上，由原来的 4 开 2 版扩为 4 开 4 版，并申请了出版号。该报共出版 136 期。1994 年 12 月，根据潍坊市新闻出版局（1994）1 号文件精神，该报停止出版。1998 年以后，该报《外载本市信息》栏目由报刊阅览室负责编印，详见本章第三节。

1989 年 5 月，本馆参考咨询部编辑印发《馆藏百种工具书简介》。

1990 年至 1997 年，本馆先后编制《馆藏计算机及其应用专题文献书目》、《馆藏地方志志书书目》，联合编制《潍坊市十二家图书馆报刊联合目录》，参与山东省图书馆《山东新编地方史志联合目录》的统编工作。

1998 年 6 月，本馆编辑出版《潍坊市图书馆馆藏地方文献书目》（第一卷）。

2003 年，本馆文献查阅室利用馆藏过报编制回溯性索引两种：《中国（寿光）国际蔬菜科技博览会新闻报道索引》和《潍坊国际风筝会信息索引》。7 月，编辑出版《潍坊市图书馆馆藏工具书索引》、《潍坊市图书馆馆藏地方文献书目》（第二卷）。

2006 年 12 月，本馆编辑出版《潍坊古籍书目》。

三　定题服务

本馆文献查阅室积极为我市的经济建设、科研攻关项目提供定题信息服务，每年走访市科委等有关部门，及时了解科研计划、技术开发、课题攻关的动态。根据了解到的项目再进行分析，确定本馆服务课题，进行跟踪服务。将课题的主要承担者列为本馆的重点读者，配合课题进展，有步骤地查找、搜集有关文献资料，及时提供专业对口的文献资料，直到研究课题完成。每年平均完成定题服务项目 12 项。

四　服务成果

本馆历来十分重视服务成果的反馈和积累。自 1985 年以来，本馆在借书室、文献查阅室、报刊阅览室等对外服务的部室建立《读者服务效果记录单》，并定期总结汇总。1988 年 10 月，在召开重点读者座谈会的基础上，本馆编印《潍坊市图书馆读者服务成果选编》，编录了赵文禄、林培真等 16 位本馆重点读者的服务成果 16 例。1990 年 10 月，在新馆落成之际，举办了"潍坊市图书馆服务成果展"，共展出 32 位读者利用本馆文献后所做出的突出成绩，在社会上引起一定的反响。

在潍坊市图书馆建馆六十周年之际，从历年来所取得的服务成果中筛选出部分典型事例辑录于此加以展示。

潍城区档案局副局长袁和平 1983 以来开始研究微机在档案管理中的应用，经常来本馆借阅书刊进行自学。本馆先后为他提供了《BASIC 语言及程序设计基础》、《微型计算机原理及其应用》、《微型计算机程序设计技巧及应用》等文献。1986 年，袁和平编制《县级档案馆微机检索系统》，该成果于 1987 年获国家档案局科学技术进步奖四等奖。

潍坊 55085 部队肖庆华承担研制炮兵群自动化指挥系统硬件方案设计和组装任务。本馆为其提供《TTL 电路大全》、《计算机接口应用手册》、《接口电路技术》等文献，借助这些资料，使其按时完成 PC—1500 计算机通信接口改进组装任务，该项成果获济南军区颁发的科学技术进步三等奖。

潍坊市医药研究所研究员潘秋霞先后到本馆查阅《化工产品手册》、《化工应用手册》、《高产饲料作物栽培与调制》、《饲草与饲料》等文献，参加"活性炭—离子交换树脂联合柱层析分离猪血粉水解液中 L—苯丙氨酸的新工艺"研究工作。1982 年，该项研究成果通过省级鉴定，并荣获山东省医药局科研二等奖。

潍坊 54691 部队宣传科长王志刚通过查阅本馆《社会主义精神文明文献索引》、《政治思想工作研究》、《改革》等刊物，先后在《解放军报》、《人民日报》等报刊发表文章 120 余篇，荣获济南军区"优秀通讯员"称号，其作品《要留清白在人间》获新闻二等奖。

潍坊市农业区划办公室高级工程师董成业在本馆查阅《世界知识年鉴》、《亚洲经济地理》、《地球只有一个》等文献，撰写多篇论文。其中《莱州湾南岸农业工程学系列研究》在由联合国粮农组织和中国农业工程学会于北京召开的"89 - 国际农业工程学术讨论会"上宣读并发表，被列为甲级论文，该论文还在由联合国召开的"国际环境遥感学讨论会"上交流。他主持的"莱州湾地区遥感与分层综合开发规划研究"课题，达到国内先进水平，获省级科研成果奖。

潍坊市化工三厂副厂长郭岱坊在本馆查阅《"AA"肉鸡饲料管理专辑》、《药理学》、《日本家禽饲养标准化》等文献资料，研制出"AA"肉鸡综合添加剂，1987 年 12 月通过省级鉴定，获潍坊市科技进步二等奖，优秀成果二等奖。该成果已完成工业产值 640 万元，实现利税 98 万元，为国家节约外汇 240 万美元。撰写的论文获潍坊市化学化工学会第四届学术年会优秀论文奖。

潍坊市新技术研究所副研究员李恩光主持"猪毛、猪血粉提取氨基酸的工艺"研究课题。本馆通过馆际互借为他从山东省图书馆借到《美国化学文摘》、《专利文摘》等文献，使其研究课题顺利完成，并获山东省科技成果三等奖，发表论文多篇。

潍坊市党风与世界观研究所所长、国家级专家、教授赵文禄经常到本馆查阅《社会主义精神文明文献索引》等资料，先后编辑出版《党风与世界观》、《党风科学研究》两套丛书。首次提出了党风与世界观理论及其体系，填补了我国理论界这一领域的空白。丛书的出版在社会上产生了强烈的反响，其中两种书分获省、市社会科学优秀成果一等奖。赵文禄同志说："市图书馆编写的《社会主义精神文明文献索引》，为我的工作提供了一份很好的检索工具，可以说，是我的书面导师。图书馆的同志主动、热情地为我开展定题服务，使我深受感动。"2007 年，经本馆推荐，赵文禄荣获"山东省图书馆第二届图书节十佳读书家庭"称号。

潍坊市文联文学创作员林培真，笔名穆陶，在从事古典文学研究和历史小说创作的过程中，经常到本馆文献查阅室查阅有关资料。本馆还通过馆际互借从北京图书馆和山东省图书馆为他借来有关文献。他撰写的两本历史小说《红颜怨》和《林则徐》先后于1988年和1995年出版。《红颜怨》被选送到国际博览会，受到好评；《林则徐》则荣获1996年山东省社会主义精神文明精品工程奖。

潍坊医学院生物教研室实验室主任王永征承担山东省卫生厅科研课题"用紫露草微提技术测定医药和农药诱变性的研究"。本馆先后为他提供《环境保护》、《环境卫生》以及有关食品卫生方面的文献资料，保证了课题的顺利完成。该科研课题通过省级鉴定，达到国内先进水平，该科研成果向全国推广。

潍坊市潍城区文化局创作室文学创作员孙文圣多年来从事小说以及儿童文学的写作。1979年以来，他就是本馆的重点服务对象，用他自己的话说："搞文学创作是离不开图书馆的，我之所以能够不断写出一些较受欢迎的作品，是因为图书馆帮助我更新了文学观念、帮我武装了头脑，还常常给我一些意想不到的收获"。他创作的《绵绵长恨情》、《孤女情仇》、《复仇的眼睛》等长篇小说以及十几部中、短篇小说先后发表或出版。中篇小说《你和你、他和他、我和我》获上海1989年好作品奖。

潍坊市农业科学研究所助理研究员王海玉为完成其所承担的科研课题，多次到本馆进行专题咨询。本馆专业人员除利用现有文献资料为他提供多次查阅服务外，还从山东省图书馆借来《动物学报》、《兽类学报》等文献满足其需要，使之主持的几个科研项目顺利完成。其中"SN－851混配内吸杀虫剂应用研究"项目通过省级鉴定，达到国内先进水平。他撰写论文10余篇，多篇论文获省科技二、三等奖。

山东省制盐工业研究所杨连滨承担"新型溴代环氧树脂的合成研究"课题研究。本馆为他及时提供《环氧树脂生产和应用》、《中国药典》以及有关国家标准等文献资料，使之研究的课题顺利通过鉴定，达到国内先进水平。

潍坊54691部队医院孙涛利用本馆《心血管现代技术》、《抗休克基础理论的进展》等文献，摸索出一套有价值的临床经验，撰写《战伤失血性休克应用休克裤的效果》、《老山地区雨季作战中做好手术室工作》等论文，获军队科技成果奖。

潍坊市中日合资亚光电子有限公司开发部主任、工程师阎树干通过借阅本馆《磁性材料》、《电声技术》、《材料力学》等文献，自行研究并设计了大量新电子元器件产品，其中X1262交流消音磁头填补了我国磁头品种的空白，荣获1986年潍坊市科技进步二等奖；X24EQ双道回迹直流磁头填补了省内空白；DM－25、D－125两个动卷式传声器，经省级鉴定，达到80年代国际水平。

中共潍坊市纪委、潍坊市委组织部为在全市开展党纪教育活动，联合拍摄电视专题教育片《警钟篇》，需要历史图片资料20多幅。本馆报刊室为其提供过刊、过报合订本《人民日报》、《人民画报》等，使他们从中查找到了所需的图片，顺利完成拍摄任务。1988年6月至7月，电视专题教育片《警钟篇》连续在潍坊市电视台及12个县、市、区电视台播放210多场，观众达10万余人，取得良好的教育效果。

中共潍坊市委宣传部新闻出版科科长王晓瑜编写《风筝技艺》一书，本馆为他提供了台湾出版的《世界各国的风筝制作法》。1990年3月，该书由山东友谊出版社出版。

潍坊市委党校滕锡尧经常到本馆查阅文献资料撰写专著和论文。利用本馆《改革》、《学习与研究》、《社会主义精神文明文献索引》等文献资料，撰写了10余篇论文在省市级刊物发表，撰写出版的专著《基层思想政治工作概论》获山东省社会科学优秀成果三等奖。

潍坊市东郊宾馆冯展艺，要参加1989年12月山东省"鲁菜专题学术研讨会"，因缺乏资料而难以确定选题。在本馆帮助下，选定《齐民要术》中菜谱作为研究主题，并为他提供《齐民要术：饮食部分》、《中国烹饪》、《中国古代名菜》等文献。其撰写论文获研讨会二等奖。事后，他感慨地说："没有市图书馆的支持，我的论文不会成功，我十分钦佩这些在科研道路上甘当铺路石的图书馆工作者。"

潍坊市劳动局第一技校刘兴国多次到本馆查阅《伦理道德种种》、《马克思主义伦理学》、《职工道德修养》等文献资料，编写教材《青年思想修养》于1988年出版，并被省内各劳动技校采用。该教材出版两次，共计25万册。

潍坊市政府史志办公室为弘扬潍坊传统文化，编成《潍坊古今名人》和《潍坊诗词》两书。本馆利用丰富的馆藏文献为他们提供潍坊籍诗人臧克家等36人的著作76篇、有关人物条目102条。两书已正式出版，受到有关各界的好评。

潍坊市农科院进行"花生新品种鲁花五号的选育"课题研究。本馆为其先后提供《花生栽培技术问答》、《现代农艺师》等文献资料。该项目获1990年山东省科技进步三等奖。研究培育的新品种在省区试种中，连续三年均居首位，推广面积87.2万亩，增产花生2193.01万公斤，纯增经济效益4160.5万元。

潍坊市农科院与潍坊市农业局共同承担"大面积推广鲁麦七号小麦良种"研究项目。本馆为其提供《中国小麦品种志》、《小麦形态和解剖结构图谱》等文献资料。该项目获1990年市科技进步一等奖，推广种植780万亩，增产小麦2.93亿公斤，纯增经济效益2.184亿元。

潍坊市农科院刘全贵等承担的"809绿豆的选育与推广应用"是本馆选定的定题服务项目。本馆为其提供了《食用豆类作物的改良与生产》等文献资料。该项目获1991年山东省科技进步一等奖，在省内推广种植80.5万亩，纯增经济效益5200万元，使我省实现了绿豆品种的首次更新。

潍坊市农科院冷珞绪等研究的"葡萄老化品种快速更新技术研究"项目，在四年的试验研究过程中始终是本馆的定题服务项目。本馆为其提供《中国果树栽培学》等文献资料，使课题研究顺利完成。该项目获 1991 年市科技进步三等奖，示范种植 480 亩，年增经济效益 48 万元。

潍坊市农科所韩尧堂 1992 年承担"保护地蔬菜二氧化碳施肥技术"研究课题。本馆为其提供有关保护地栽培施用气体肥料的文献资料，使其研制成功的"碳铵—硫酸法产生二氧化碳技术"项目获市科技进步一等奖，当年推广 8.7 万亩，使大棚蔬菜增产 30%～70%，获经济效益 2.01 亿元。

潍坊市第二毛纺厂陈玉剑承担的科研课题"高档差别化纤维（涤纶）纺毛产品"是 1992 年山东省经委的计划项目。本馆为其提供《毛纺织学》、《毛纺染织手册》、《合成纤维》等文献资料，使该项目顺利完成。该项目获省科技进步三等奖。该产品毛型感强、色泽鲜艳、成本低，投放市场畅销不衰。该厂年产 25 万米，获利税 160 万元。

潍坊市人民医院传染科自 1990 年起进行"肝门部胆管瘤切除"研究。本馆为其跟踪服务两年多，先后提供《肿瘤》、《中华外科杂志》、《国外医学外科分册》等文献资料。该项目于 1992 年完成，获省科委成果二等奖，同时完成的三篇有关论文均在《中华医学》杂志上发表。

潍坊第二毛纺厂鲁海信承担的"计算机辅助精纺产品设计系统"列入省科委计划项目。本馆为其提供《毛纺科技》等文献资料，跟踪服务两年多。该项目获 1993 年市科技进步三等奖，研制开发的计算机系统经生产应用，使企业年增新品种 50 多个，年增利税 150 万元。

潍坊市第四棉纺厂吴洪光在研究"单层单跨（35 米）部分预应力混凝土框架设计"课题过程中，本馆为其提供《建筑施工手册》、《新型建筑材料》等文献资料。该课题荣获 1993 年山东省科技进步三等奖，填补了我省建筑大跨度厂房的空白。

潍坊市红十字中心血站张秋芳、周少为承担"抗疲劳饮料"课题科研。本馆为其提供《饮料工艺与卫生》、《食品营养学》、《食品卫生标准》等文献。该科研课题获山东省科技进步二等奖，"抗疲劳饮料"为国内首创，为振兴山东经济作出了贡献。

潍坊市药品检验所负责"计算机辅助用红外、紫外、荧光谱新方法在药物分析中的应用"课题科研。1991 年至 1993 年，本馆对该课题进行跟踪服务，先后为其提供《数据结构与算法》、《微机处理应用基础》、《微型计算机在机器人技术中的应用》等文献资料，该项目获省科技进步二等奖。

潍坊市农科所刘永吉承担"稀土微肥施用技术及对提高烤烟品质的研究"课题科研。利用本馆提供的《烤烟生长条件》、《烤烟新品种》、《烤烟与肥》等文献，完成课题研究，并获 1993 年科技进步三等奖，并推广使用 136 万亩，纯增效益 5416 万元。

潍坊第二印染厂承担"拒水涂料印花产品试验"和"应用 PLC 交流变频技术改造日本高速布铗丝光机"两项课题研究。本馆为其及时提供《纺织工艺学》、《染料应用手册》、《纺织测试手册》等书刊资料，帮助他们顺利完成了科研项目，提高了产品质量。两项课题分别获省科技进步三等奖和市科技进步二等奖。

1993 年 5 月，本馆先后为市长王大海查找两批专题文献资料：一是"科技发明与社会进步"专题，二是有关"第三产业"专题。本馆共检索文献 300 余种，提供有关论文 48 篇、条目 118 条，为潍坊市科技大会和第三产业座谈会上市长所做的有关报告提供了翔实的材料。

潍坊农科院承担"果树多元微肥施用技术研究"、"稀土微肥施用技术"两项科研课题。本馆为其提供《肥料研究》、《中国果树栽培学》、《全国稀土微肥资源调查、施用技术研究》、《土壤与肥料》等文献资料，两项目分别获市科技进步三等奖和省科技进步三等奖。

潍坊市开关厂周春林在研制"WJQ－01 型两坐标数控激光切割机"的过程中，本馆为其提供《激光切割手册》、《电子技术》等多种文献。该项目获市科技进步一等奖。经鉴定本产品属光、机、电一体化高科技产品，技术达到国内领先、国际 80 年代末水平。

潍坊市造锁集团公司张泰山承担"新型机动车锁、新型自行车锁产品设计，93－THINI 系列锁"研究课题。本馆为他及时提供《冷冲模设计手册》等文献，解决了工艺难题，使其顺利完成产品设计并通过省级鉴定。该研究课题获市科技进步三等奖。

潍坊市第二毛纺厂王玉国在研究"精纺呢绒防蛀高档整理"课题时，参考使用本馆《溶剂手册》、《化工产品手册》、《有机化工原料》等文献，按时完成课题研究。产品研制成功，投入使用后减少损失 90 万元，实现利税 400 万元。该课题获得省科技进步二等奖。

潍坊市第二毛纺厂陈玉剑承担"高档抗静电精纺呢绒产品"的研制。本馆为其提供《纺织材料静电的消除》、《国外合成纤维染整技术资料》等多种文献，帮助他按时完成了产品试制。该课题获得省科技进步二等奖，产品投产后每年生产 30 万米，实现利税 200 万元。

潍坊市公路局丛培刚从事"水泥—石灰综合稳定粉性土做高等级沥青路面基层的试验研究"课题研究。本馆为其提供《公路工程》、《道路路面工程》、《热拌沥青混凝土路面施工原则》等文献资料，帮助他顺利完成课题研究。该项目获 1996 年省科技进步三等奖。

潍坊第二印染厂承担的"细旦高支高档粘胶短纤维产品一条龙研制"课题被列为省经委 1996 年计划项目。在该项目研究过程中，本馆为其提供《纺织工艺学》等文献，还通过馆际互借从北京图书馆借来《涤织物工艺研究》等文献资料，使项目顺利完成。该项目获 1996 年山东省科技进步三等奖。

潍坊柴油机有限公司杨树茂在研制"微机控制自动化柴油发电机组"科研项目过程中，到本馆查阅《计算机软件工程基础》、《微机自动控制原理》等文献，顺利完成该机组的试制。该项目获得省科技进步三等奖。

潍坊技术开发中心承担"电脑控制自动传输报警系统研究"项目，参考利用本馆《电脑知识手册》、《自动控制系统实验技术》、《电子与电脑》等馆藏资料，完成课题研究，并获省科技进步三等奖。

昌潍师专文学系王宪明为编写《刘墉传说全编》，到本馆查找有关资料。本馆为其推荐了《诸城民间文学集成》、《高密民间文学集成》、《潍坊民间故事》等地方文献资料。该书于1996年由海南出版社出版，并在《潍坊电视报》上连载。

国民党潍坊市革命委员会孙继业为编写《刘墉传》，到本馆查找资料。在本馆人员的帮助下，查阅了《清仁宗实录》、《山东名人辞典》、《中国历史人物大辞典》等文献，编著写成《刘墉传》，并在《潍坊晚报》上连载。

北京工业大学出版社许京为创作《民国毒瘤——还乡团的起源、罪恶及下场》一书，专程到潍坊查找资料。本馆为其提供《潍坊文史资料》、《潍坊党史资料》以及各县、区党史、文史资料等地方文献。该书顺利编成并正式出版。

山东师范大学德国留学生马西梦为撰写毕业论文，到本馆查找有关基督教及传教士在潍坊传播活动的资料，查阅并复印了《潍坊文史资料》、《山东文史集粹》等50多册地方文献中有关章节的内容，顺利完成论文撰写。

潍坊市教委王桂亮经常来本馆查阅文献资料编写教材。利用《发明创造的艺术》、《世界一百名人画传》、《科学技术发展简史》、《小学管理大全》及人大复印资料中的《幼儿教育》等文献，先后编写出版了《幼儿园游戏集锦》、《幼儿园管理学》、《幼儿教育系列读物》、《发明创造的启迪》等书，其中《发明创造的启迪》一书荣获潍坊市1997年度"精神文明建设精品工程奖"。

潍坊市文联作家陈作诗自1986年起开始搜集、整理、创作民间故事。本馆为其提供《民间文学》、《故事会》、《故事林》等10余种报刊资料。其创作的故事在《民间文学》、《山海经》、《民间故事》、《民间传奇故事》、《故事会》、《故事林》等十几家报刊发表，著作《银镯奇案》于2002年6月由长城出版社出版。

潍坊市政协文史委吕留振多次到本馆查阅《潍坊古今文物》、《潍县志稿》、《潍县金石志》及《刘墉研究丛稿》等文献资料，其编写的《潍坊文物博览》于2002年1月由中国文联出版社出版。

潍坊艺术学校讲师鲁梅多年从事雕塑、设计等艺术创作。在创作过程中，多次到本馆查阅《装饰》、《造型艺术》、《西方艺术简史》等大量艺术方面的文献资料。其创作的雕塑作品《宇宙、空间》在第十二届全国"群星奖"山东省群星美术、书法、摄影作品大赛中获铜奖。

潍坊市文化局田永德为编写《潍坊文化三百年》一书，多次到本馆查阅《四库全书存目丛书》、《西涧草堂读者文集》、《罗近溪先生全集》等古籍文献资料。该书被列为全国艺术科学规划课题之一，并于 2006 年 10 月由文化艺术出版社出版。

潍坊市台办为编辑《鲁台会精彩回眸》一书，来本馆查阅 1994 年至 2006 年《人民日报》、《中国青年报》、《大众日报》、《潍坊日报》、《潍坊晚报》等全国各大报纸报道鲁台会的内容。该书于 2007 年 8 月出版发行。

潍坊市工艺美术协会副会长、潍坊市人文自然遗产保护与开发促进会会员、山东纺织职业学院客座教授邓华主要从事潍坊史料研究、撰写工作。多年来，本馆为其提供大量潍坊地方文献。其编著的《潍县陈氏世家简史》、《潍县郭氏世家简史》、《潍坊丁氏世家研究》、《清代大收藏家陈介祺》、《鸢都潍坊与风筝史话》及《百年沧桑乐道院》等著作相继问世，为考察潍坊社会文化与人文提供了翔实可靠的依据。2006 年，经本馆推荐，其荣获山东省图书馆首届读书节"十佳书香家庭"称号。

潍坊学院编写《北海（潍坊）文化研究——潍坊文化音乐略论》一书。本馆为其提供民间歌曲、戏剧音乐、曲艺等有关资料 50 余篇。该书于 2007 年 5 月出版。

第六节　电子信息服务

1997 年 6 月，本馆积极争取中共潍坊市委、潍坊市政府的支持，由潍坊市财政局、潍坊市文化局拨出专款建立了潍坊市图书馆自动化系统和多媒体阅览查询系统。11 月，本馆建立电子阅览室。1998 年元旦，本馆图书馆自动化系统和多媒体阅览查询系统正式开通。

本馆电子阅览室采用光盘塔和光盘库管理光盘信息资源，配有国内较先进的联想 586 微机，装有 WINDOWS95 OEM 版，整个网络由 1 台管理机和 12 台工作站组成，采用星型网络结构，通过 TP－LINK 交换机互连，同时连接 1 台网络光盘塔（7 盘）。本馆购进多媒体光盘及各种视听资料 500 余件，读者可以通过网络直接访问光盘塔上的内容，同时允许多人同时阅览 1 张光盘，在窗口环境下体验多媒体影音效果。电子阅览室同时为读者提供计算机培训、光盘检索查询、VCD、CD 和录音、录像的阅览服务和计算机技术咨询服务。

1998 年底，本馆电子阅览室局域网采用电话拨号接入 INTERNET 网，为读者提供资料查询、电子邮件、网上聊天、软件下载、网络漫游等因特网信息服务。根据读者需求，提供对查询信息资源进行打印、扫描、刻录服务，并与北京图书馆光盘信息中心联网，读者可调用和查阅北京图书馆光盘信息中心数据库的资料。

1999 年，本馆电子阅览室采用 ISDN（公用综合业务数字网）取代电话拨号入网方式，为读者提供更加快捷的网络服务。

2002 年，本馆电子阅览室接入方式由 ISDN 升级为 ADSL，上网和数据下载速度明显提高，同时还可以接听电话。

2003 年 1 月，本馆引进中国数字图书馆中文图书资源的局域网版，购买数据容量 60G 含 1 万余条的全文数字图书资源，主要包括经济、工业技术等内容，读者可以在局域网内直接阅读、查询服务器上的全文数字图书。以此为基础，1 月 11 日，中国数字图书馆潍坊分馆建立并向读者开放，可以通过万方、维普数据库及超星电子图书资源为读者提供全文文献检索服务。

2007 年 10 月，本馆文化信息资源共享工程潍坊支中心建成并向读者开放，可以通过卫星接收资源、光盘资源、硬盘拷贝资源，为读者提供文化信息资源共享工程文字、视频服务；通过图书馆网站向读者提供公共图书馆数据库、潍坊文库等地方特色资源服务；利用多媒体阅览室组织中小学生观看优秀科普知识讲座及优秀电影作品；利用文化信息资源共享工程的设备、资源为广大市民放映优秀影片。

第七节　宣传与导读

建馆初期，本馆宣传与导读活动比较活跃，形式方法多种多样，配合中心任务和工作积极宣传党和政府的方针政策，及时向读者推荐馆藏优秀图书。

1953 年至 1957 年，本馆举办的宣传与导读活动主要有：报告会、讲座 106 次，听众达 20745 人次。这些报告会、讲座的内容大多是向读者介绍、推荐馆藏优秀图书。此外，本馆还举办了婚姻法报告会、纪念鲁迅报告会、屈原讲座等。纪念会 5 次，参加者达 2390 人次。纪念日展览、配合中心任务展览、古代文物展览、邮票展览等展览会 15 次，观众达 133420 人次。故事会 21 次，听众达 4795 人次，主要听众是少年儿童。幻灯晚会 13 次，观众达 2360 人次。读者座谈会 21 次，每次座谈会有 20 人左右参加。黑板报平均每月刊出一期，共刊出 87 期。其内容以介绍图书和报道文化生活为主。橱窗图书陈列平均每月更换一次，主要介绍、推荐到馆新书。新书介绍栏利用书卡介绍、推荐新到馆优秀图书。

1958 年至 1965 年，本馆举办各种报告会 31 次，听众达 15000 人次；展览会 20 次；橱窗陈列 44 次；读者座谈会 2 次；黑板报 59 期；报刊宣传栏 43 期。

"文化大革命"结束至 1983 年，本馆举办各种报告会 9 次，听众达 540 人次。其中：1979 年 9 月，举办"郭沫若生平和作品"报告会，听众达 65 人，这是"十年动乱"之后的第一次报告会。1980 年，举办"关于水浒"报告会、"怎样阅读外国文学作品"报告会,听众达 125 人次。1981 年,举办"论文学的社会效果"报告会、"潍河春雷——介绍革命烈士庄龙甲"报告会、"推荐《保卫延安》"报告会,听众达 150 人次。1982 年,连续举办 3 次"怎样阅读中国古典文学"报告会,听众达 200 人次。

1984 年,本馆升格为市(地)级图书馆,除保留原有的橱窗、剪报、黑板报、推荐书目等宣传方式外,业务宣传的内容和形式不断丰富。

一　编制各种书目、索引

本馆每月编制一期推荐书目,向读者宣传、推荐新书和馆藏重点图书,每年向读者推荐图书达 600 种以上;在本馆网站上设置推荐书目并及时更新;先后编制《馆藏百种工具书简介》、《馆藏化学工业专题文献书目》、《馆藏电子计算机及其应用专题文献书目》、《馆藏地方志志书书目》、《潍坊市十二家图书馆报刊联合目录》、《潍坊市图书馆馆藏地方文献目录》、《潍坊古籍书目》等专题文献书目;先后编制《社会主义精神文明文献索引》、《决策参考信息》、《外载本市信息》、《养生保健索引》、《求医问诊索引》、《文化工作信息资料索引》、《各地图书馆信息》、《国际风筝会报刊资料索引》等报刊信息索引。

二　网上宣传

2000 年底,本馆正式建立并开通了潍坊市图书馆网站(www.wflib.com),成为对外宣传与交流的重要窗口,使业务工作和服务范围在时间和空间上得以延伸和拓展。

三　编写史志

1982 年 12 月,本馆郎会栋编写完成《潍坊市图书馆事业发展史》(1948 年 8 月至 1982 年 9 月),内容包括《概述》、《潍坊市图书馆》、《我市其他各类型图书馆》三篇。

1985 年,本馆受潍坊市文化局委托,跑遍各县、市、区公共图书馆,并请市教育局、市总工会、市科协等部门协助,收集、掌握了全市各级各类图书馆的基本情况,于 1986 年上半年完成了《潍坊市文化志(试写稿)》第十一章图书馆的编写任务。

1985 年,本馆王济众在郎会栋编写的《潍坊市图书馆事业发展史:第二篇　潍坊市图书馆》的基础上,编写完成《潍坊市图书馆馆史》。

1991 年,本馆李珂田等在《潍坊市图书馆事业发展史:第二篇　潍坊市图书馆》和《潍坊市图书馆馆史》基础上编写完成《山东省潍坊市图书馆志》。

1998 年 7 月,本馆贾金兰、栗祥忠主编,丁洪俊、杨漪、王昭龙、宫昌利、王希兆撰稿完成《潍坊市公共图书馆史略:第一篇　潍坊市图书馆》。该书由中国文史出版社出版。

2005 年，本馆为《潍坊文化志》提供本馆大事记、人物传略、单位概况等文字材料 3 万余字。

2005 年，本馆为《山东省公共图书馆发展史》提供有关本馆材料 5000 余字；提供有关本市各县、市、区图书馆材料共计 3 万余字。

2007 年，本馆为《山东省志·文化志》（1986—2005 年）图书馆篇目资料长编提供潍坊部分的有关材料。

四 召开读者报告会、座谈会

1986 年和 1987 年，本馆分别召开读者座谈会，征求读者对文献采购和文献借阅等方面的意见和建议。

1988 年 10 月 30 日，本馆在潍坊市东郊宾馆召开"优秀读者报告会"。编入《潍坊市图书馆优秀读者成果选编》的 16 名优秀读者参加了报告会，其中 8 位相继发言。10 月 31 日，潍坊电视台对此进行新闻报道。11 月，潍坊电视台、山东省电视台先后对此进行专题报道。

2001 年 10 月，本馆借书室组织召开了"优秀读者座谈会"。

2002 年 11 月，本馆借书室与报刊阅览室联合组织召开了"优秀读者座谈会"。

2003 年 11 月，本馆借书室与报刊阅览室联合组织召开了"优秀读者座谈会"。

五 组织举办图书馆服务宣传周活动

1989 年至 2007 年，本馆遵照文化部、山东省文化厅、潍坊市文化局的有关通知精神，联合驻潍大中专院校、中学、企事业单位图书馆，在每年的 5 月底 6 月初连续组织举办了 19 届图书馆服务宣传周活动。

六 举办各种展览

本馆先后举办全市公共图书馆服务成果展、潍坊地方文献资料展、国外最新科技书刊展和潍坊古籍文献展、全市公共图书馆服务成果展、地方文献展与书刊交换活动、潍坊市大型优秀科研成果展、潍坊图书文化节及各级各类书法、绘画、摄影、科普展和活动共 100 余次。

七 组织举办潍坊国际风筝会文艺演出活动

1996 年至 2007 年，由潍坊市文化局主办，本馆或单独具体承办组织或联合承办组织了 12 届潍坊国际风筝会文艺演出活动。

八　组织举办元宵灯谜会

1988 年以来，本馆连续组织举办元宵灯谜会，现已经成为我市重要的春节文化活动之一。

九　组织举办少儿读书宣传与导读活动

1987 年以来，本馆采用多种形式，开展了图书宣传、阅读指导、读书征文、读书演讲、知识竞赛等活动。

第七章　图书馆自动化

第一节　图书馆业务自动化发展

1997 年，本馆成立技术部，负责全馆自动化网络的规划、建设与维护。本馆业务管理自动化、网络化建设开始起步。

一　图书馆业务管理自动化系统——ILAS5.0

1997 年，本馆组织专业技术人员先后到山东省图书馆、济南市图书馆、潍坊高专图书馆等单位参观、考察、学习。本馆专业技术人员对图书馆计算机管理有了初步认识。

1997 年 6 月，本馆积极争取中共潍坊市委、市人民政府的支持，由潍坊市财政拨出专项资金 40 万元，用于购置自动化管理设备及业务管理软件，建立本馆业务自动化管理系统和多媒体阅览查询系统。在前期考察、调研的基础上，本馆面向社会进行招标，潍坊远大电子、冶达、科苑等 5 家公司参与竞标。通过对各计算机公司进行实地考察，最后根据综合实力选定远大电子产业有限公司参与本馆计算机网络系统的建设，建设内容主要包括综合布线、服务器、终端、网络设备、应用软件及外围设备。在业务自动化管理系统和多媒体阅览查询系统的建设中，本馆计算机硬件和软件的规划遵循实用、先进、可扩展的原则。

在硬件配置方面，整个网络由 1 台 HP LH4 服务器、1 台 HP VL4 备用机、8 台工作终端组成。HP LH4 服务器负责整个业务管理自动化网络的数据处理与存储，HP VL4 备用机在 HP LH4 服务器出现故障的情况下实现接管，8 台工作终端分布于采编部（3台）、借书室（3 台）、少儿部（1 台）、文献查阅室（1 台），负责内部业务管理及对外读者服务工作，其中借书室和少儿部的终端连接 3 台 CCD 条码阅读器。服务器与工作终端通过智能多用户卡连接，形成主机—多用户工作模式的、支持并行处理的图书馆自动化集成管理系统，实现了整个网络的易操作、易维护、安全稳定的管理目标。为保护数据安全，防止服务器故障造成数据丢失，在 HP LH4 服务器上安装 1 台 HP 磁带机，存储容量为 256M。在采编部，新购 1 台 LQ1600 打印机，用于卡片、书标、个别登记账、总括登记账以及交送单等表格的打印处理。

在应用软件方面，本馆根据工作需要，引进深圳图书馆开发的 ILAS5.0 系统的采访、编目、流通、检索四个子系统，满足了本馆图书馆业务自动化管理的基本需求。ILAS5.0 采用 Sco unix3.2v4.2 操作系统。

1997 年 10 月底，山东省图书馆技术部方钦玲、孙绍俊老师来馆指导安装 ILAS5.0 系统，并对工作人员进行系统操作培训。本馆业务自动化管理系统网络初步建立。

1997 年 11 月，本馆借书室、少儿部停止图书外借，进行馆藏普通图书回溯建库工作。经过两个月的努力，初步建成了包括借书室书库藏书和少儿书库藏书两部分的总书目数据库。

1998 年 1 月，本馆借书室、少儿部恢复开放，实行全开架借阅。

1999 年底，本馆文献查阅室完成资料库馆藏普通图书和地方文献库馆藏地方文献机读书目数据录入工作。

ILAS5.0 运行后，本馆对业务工作流程进一步规范：所有工作终端设置固定的终端号，各部室只能使用自己的终端号进行登录；严格操作规范，保证业务自动化系统软、硬件的安全运行；对系统中出现的问题如条码的处理、CCD 阅读器不能扫描、图书类型在流通中的设置、卡片及书标的输入输出设置等情况都进行了规范化处理。

二　解决"两千年问题"

"两千年问题"又称"千年虫"，普通存在于计算机软、硬件系统中。1999 年，经测试发现，本馆业务管理自动化系统中 Sco unix3.2 和 ILAS5.0 存在"千年虫"问题。本馆及时联系山东省图书馆有关部门，对 Sco unix3.2 打了补丁，并对 ILAS5.0 程序进行了更新。本馆自动化系统顺利解决"千年虫"问题。

三　ILAS5.0 的完善——WEB 接口

ILAS5.0 是基于主机—终端的多用户模式，主要面向图书馆内部开放，读者只能通过局域网查看图书馆的馆藏书目信息和读者借阅信息。随着 INTERNET 的不断发展，特别是本馆网站的建立与开通，更多的读者需要通过 WEB 页访问图书馆的资源。2000 年底，本馆安装 ILAS 系统互联网接口软件，把备用机配置成 1 台互联网服务器，读者可以方便地通过浏览器查询本馆的馆藏及读者信息。

四　图书馆业务管理自动化系统的升级——ILASII2.0

2003 年 1 月，本馆对图书馆业务管理自动化系统进行升级改造。硬件方面，购置 1 台浪潮 NP70 服务器作为主服务器，负责数据的处理与存储；更新 1 台 24G 的磁带机，用于备份数据；配置 1 台浪潮 I710 服务器作为备用机，保证数据的安全。软件方面，在考虑系统的先进性及业务的连续性的基础上，采用深圳图书馆开发的最新版 ILAS-II2.0。2003 年初，本馆全面完成了图书馆业务自动化管理系统由 ILAS5.0 向 ILASII2.0 的升级，原系统中的所有业务数据安全顺利地迁移到新系统中，系统运行正常。

ILASII2.0 系统自带书目检索界面，在设置好 WEB 配置后，读者可以通过本馆网站直接查询图书馆的书目信息，较之 ILAS5.0 环境下开发的 WEB 界面更加直观、内容更加丰富。在 ILAS5.0 的基础上，ILASII2.0 新增连续出版物模块。2003 年，本馆完成了连续出版物数据库的建库工作，实现了期刊订购处理、记到、催缺的自动化处理，通过软件能直观地了解和查询到全年期刊的订购、记到情况，大大提高了连续出版物管理工作效率。

整个网络系统升级完成后，为保证数据的安全，本着节约、高效、实用的原则，本馆除继续使用磁带机备份方式外，还通过 unix 自带的备份功能，实现主服务器和备用服务器的双机备份。同时将备份服务器连接到 INTERNET 网络，数据库 IP 地址指向主服务器，保证了系统的安全性。

第二节　电子阅览室网络系统建设与发展

一　电子阅览室网络的建立

1997 年底，本馆筹建电子阅览室（多媒体阅览查询系统），该项目由潍坊远大信息产业有限公司参与建设。电子阅览室与中心机房用隔断相邻，面积 40 平方米。整个网络由 1 台管理机和 12 台工作站组成，网络采用星型网络结构，采用 TP－LINK 交换机互连整个网络，同时连接 1 台网络光盘塔（7 盘），通过网络可以直接访问光盘塔上的内容。

1998 年底，本馆电子阅览室开通 INTERNET 网络，采用电话拨号接入方式，包括163（中国公用计算机互联网 CHINANET）和 169（中国公众多媒体通信网）连接方式，同时开通电子信箱 2 个，为读者提供资料查询、电子邮件、网上聊天、软件下载、网络漫游等电子信息服务，并与北京图书馆光盘信息中心实现了联网，为读者提供 80 余种数据库的检索。

1999 年，本馆电子阅览室对线路进行改造，安装配置了 ISDN 终端设备，采用 IS-DN（公用综合业务数字网）取代电话拨号入网方式，提高了网络速度。

二　电子阅览室网络的扩展

2000 年，本馆电子阅览室进行第一次扩建，面积增至 120 平方米。硬件设备由 1

台浪潮 I710 服务器和 30 台工作站组成，服务器通过 INTERNET 共享服务为各工作站提供网络接口，局域网采用星型物理结构，采用美萍网络大师和美萍安全卫士相结合的网络管理系统，实现了会员管理、用户自助、自动计费、远程监控、远程开关机等。同时，安装了硬盘安全保护系统，使电子阅览室网络系统的运行更加稳定。

2002 年，本馆电子阅览室互联网的接入方式由 ISDN 升级为 ADSL，下载速度明显提高。

2003 年 1 月，本馆电子阅览室进行第二次扩建。新购置 1 台浪潮 NL120 服务器、8 台联想机器、4 台兼容机、3 台激光打印机以及外围设备。选择网通提供网络接入，带宽 10M，同时提供 5 个 IP 公网地址。引进中国数字图书馆中文图书资源的局域网版，安装在浪潮 NL120 服务器上，购买数据容量为 60G 含 1 万余条的全文数字图书资源。1 月 11 日，中国数字图书馆潍坊分馆建成并向读者开放。

2005 年 6 月，本馆网络接入改由中国电信提供。

2007 年 10 月，本馆网络接入改由中国网通提供。

第三节　图书馆网站建设

进入 21 世纪，互联网已经走进了我们日常生活的各个角落，越来越多的读者需要通过网络来了解图书馆、利用图书馆，查询图书馆的馆藏信息，成为图书馆的网络用户。图书馆的业务工作也更多的依靠通讯网络来完成。2000 年底，本馆申请了互联网域名和硬盘空间，域名为 www.wflib.com，正式建立并开通了潍坊市图书馆网站。

一　网站建设的基本原则

目的性原则：公共图书馆的服务对象是社会大众，让广大网络读者通过网站直接查询所需要的文献资料。

方便性原则：让广大网络读者通过主页导航区直接进入所需要的功能模块，并能通过导航区直接跳转。

特色性原则：设立具有本地特色的"品牌"栏目、特色文献推荐栏目，能够在众多网站中独树一帜。

连续性原则：网站设计完成后，要不断增加新内容，注重栏目和内容的适时更新。

二　网站的结构设计及技术实现

本馆网站分为四大部分：网站标头、本馆动态、导航区、链接区。

网站标头是含有"潍坊市图书馆"字样的图片，通过 FLASH 动画显示。本馆动态主要包括本馆举办的重要活动、会议、新闻等。导航区位于主页中部两侧，中间是含有本馆综合大楼的图片。链接区位于首页底部，包括中国国家图书馆及山东省内各公共图书馆链接。

本馆网站的导航区主要包括本馆简介、本馆动态、读者指南、书目检索、电子阅览、图书馆学会、外载本市信息、网络报刊等主要栏目。在后期的补充、完善过程中，又增加了潍坊艺术集锦、保健信息、古籍文献之窗等栏目，内容更加丰富多彩。

最具特色的是书目检索和外载本市信息。书目检索利用 ILAS 的互联网接口，把本馆所有书目信息直接连接到网络上，通过网络可以直接查询本馆的馆藏信息；外载本市信息包含了全国各大报纸对潍坊地区的宣传报道，通过这个栏目可以查阅到每条信息所在报纸的报名、日期、版次、作者等。

本馆网站采用静态 HTML 技术实现，用 FTP 技术实现网站的管理与维护。

三　网站改版

2007 年，本馆网站进行了改版。新版网站页面采用古籍风格，不再租用网通的磁盘空间，内容全部存储在本馆的服务器上，其技术实现、动态发布、后台管理和维护更加方便，提高了工作效率，节约了运行成本。本馆新版网站选用性能卓越的清华同方门户建设与管理系统（CNKI Portal），系统采用数据库、页面缓存技术，支持分布式、集群，可 7×24 小时不间断运行，支持 Tomcat、Weblogic、WebSphere 等应用服务器，支持 Oracle、Microsoft SQL Server、DB2、Informix、Sybase、MySQL 等多种数据库，支持 GB2312、BIG5、UNICODE 等编码。

2007 年 10 月，改版后的网站在互联网上向公众正式发布，其新版内容主要包括：

网站标头：采用具有潍坊地方特色的"蝴蝶风筝"标志。

导航条：包括首页、概览、读者服务、馆情动态、共享工程、新书推荐、学会工作、书目检索、特色资源、VOD 视频点播、联系我们。

主体区：包括 OA 系统、馆藏书目查询、网站公告、馆情动态、文化动态、特色资源、友情链接。

VOD 视频点播系统采用豪杰 VOD 视频点播系统，视频点播的所有资源全部安装在地本地服务器。VOD 视频点播系统包括视频节目的图片预览、最新节目推荐、软件下载区、公告发布区、系统所有节目的点播排行榜以及各栏目的点播排行榜，并允许用户对影片进行节目评论。节目制作可以分为本地制作和远程制作两种方式，可以对点播用户的 IP 地址进行限制，禁止或允许某段或某个 IP 地址进行视频节目的点播，充分保证视频点播系统在 IP 地址方面的安全性。

OA 系统工作平台包含五个主要部分：个人办公、综合办公事务管理、公文管理、工作流管理和系统管理。整个系统采用 JAVA 技术，遵循 J2EE 标准，支持多种关系型数据库，采用 B/S 架构，方便维护、使用，可根据用户需要灵活定制。

特色资源包括公共图书馆数据库、潍坊文库、地方文献库、古籍文献库、民俗文化库、名人字画库。特色资源库建设采用清华同方 TPI 软件完成。清华同方 TPI 是数字图书馆建设与管理平台软件，是清华同方光盘股份有限公司在建设和管理全球最大的知识信息资源库——CNKI 专业知识仓库和 CNKI 数字图书馆的基础上，结合 CNKI 工程系统化平台的开发与应用经验，推出的一套成熟的数字图书馆建设与管理系统。本馆根据应用范围和实际情况，选择了其电子图书制作工具、门户网站管理系统、分类标引工具、文档提交系统、光盘发布系统、通用文档转换工具、VOD 视频点播系统、内容管理与发布系统等 8 个模块。通过 TPI 管理系统，可以实现书目、全文、图片等数据库的建设与发布，为数字图书馆的建设奠定了坚实的基础。

第四节　全国文化信息资源共享工程潍坊支中心建设

文化信息资源共享工程（以下简称共享工程）是充分利用现代高新技术手段，将中华民族几千年来积淀的各种类型的文化信息资源精华以及贴近大众生活的现代社会文化信息资源，进行数字化加工处理与整合，建成互联网上的中华文化信息中心和网络中心，并通过覆盖全国所有省、自治区、直辖市和大部分地（市）、县（市）以及部分乡镇、街道（社区）的文化信息资源网络传输系统，实现优秀文化信息在全国范围内的共建共享。

2003 年 5 月，本馆安装了共享工程的部分数据资源。

2006 年初，本馆安装共享工程国家中心下发的浪潮服务器 NP110G2，并安装全国文化信息资源共享工程的数据资源和发布系统。数据资源内容包括缤纷舞台、小戏集锦、名家讲坛、网上期刊、网上书籍、艺术知识、社会文化、大众科技、历史地理、抗日战争专题、中华诗词、老电影、实用农科与生活知识影库、文化共享工程介绍等 15 个栏目，数据资源共计达 200G。5 月，安装卫星接收小站，通过卫星可以同时接收共享工程和全国党员现代远程教育的数据资源。6 月，组织开展共享工程知识竞赛活动。

2007 年 3 月，本馆根据共享工程国家中心和省中心的要求，筹备建设共享工程潍坊支中心。

2007 年 4 月，潍坊市副市长王冰芬、文化局局长盛兆辉、本馆馆长栗祥忠前往青岛市图书馆调研共享工程支中心建设情况。

2007 年 5 月 24 日，本馆馆长栗祥忠做客潍坊人民广播电台《行风在线》栏目，就共享工程有关问题回答听众提问。

2007 年 6 月，共享工程山东省中心下发了《山东省文化信息资源共享工程市、县（市、区）分中心和基层服务站点标准》。

2007 年 6 月 18 日，潍坊市文化局助理调研员张宝才，本馆馆长栗祥忠、馆长助理刘满奎到信息产业局对接共享工程有关事宜。

2007 年 7 月 1 日，潍坊市文化局局长盛兆辉、助理调研员张宝才到本馆就共享工程工作进行调研、部署。

2007 年 7 月 9 日，潍坊市副市长王冰芬，市财政局副局长夏永波，市文化局局长盛兆辉、助理调研员张宝才来本馆调研共享工程潍坊支中心建设方案。

2007 年 7 月 16 日，潍坊市信息产业局组织有关部门专家来本馆论证共享工程潍坊支中心建设方案。

2007 年 7 月 17 日至 19 日，本馆馆长助理刘满奎，共享工程支中心副主任陈天文、黄凤江参加山东省图书馆举办的共享工程研讨培训班。

2007 年 7 月 23 日，本馆馆长栗祥忠列席市长办公会，会议原则同意按标准建设共享工程潍坊支中心。

2007 年 7 月底，本馆共享工程潍坊支中心建设方案报市政府批准，工程建设预算金额为 104.5 万元。建设方案详见本节附录 1。

2007 年 8 月 16 日，本馆组织各投标方进行了招标答疑与现场勘察，针对方案中存在的疑问进行详细说明。

2007 年 8 月 21 日，潍坊市财政局政府采购中心指定，潍坊华成招标有限公司发布共享工程潍坊支中心建设方案招标公告。公告内容见本节附录 2。

2007 年 8 月 22 日，本馆共享工程潍坊支中心建设方案正式开标，中国网通系统集成有限公司山东省分公司和山东新北海信息科技有限公司分别中标第一部分和第二部分。

2007 年 8 月 28 日，本馆共享工程潍坊支中心建设正式开工，9 月底完成硬件安装、调试工作。

2007 年 10 月 1 日，本馆共享工程潍坊支中心建成并向市民开放。

2007 年 10 月初，本馆共享工程潍坊支中心对卫星接收小站进行调试，具体参数调整为亚太 6 号卫星（东经 134 度）Ku 频段，转发器号：K4；下行频率（Mhz）：12395；下行极化方式：垂直；符号（MS/S）：27.5。朝南偏角：-24；仰角：44.6；极化角：19；方位角：156。

卫星接收小站调试完成后，安装了共享工程基层应用系统，主要包括卫星监控系统、卫星接收系统、服务器管理器、全国文化信息资源共享工程（农村版）四个部分。通过卫星接收文字、图片、视频资源，通过服务器管理器自动发布到共享工程（农村版）的网站上，通过因特网读者可以直接访问数据资源。

根据共享工程山东省中心的要求，共享工程潍坊支中心安装了山东省文化信息资源共享工程基层服务平台。该平台主要由课件点播（文化广场）、课件点播（实用技术）、流媒体直播、农村网上书屋、全国文化共享工程、共享工程（农村版）、泰山网（文化共享专栏）、山东数字文化网、山东省图书馆、各地市图书馆 10 个栏目组成。该基层服务平台把主要的数据资源集成在一个页面下，方便用户使用。

2007 年 10 月 13 日晚，共享工程潍坊支中心在市人民广场放映《开国大典》等影片，广大市民可就近享受到共享工程提供的免费文化大餐。潍坊电视台、潍坊电台、《潍坊日报》、《潍坊晚报》等新闻媒体给予了详细报道。

2007 年 10 月 25 日，潍坊市人大调研组在人大副主任程茂仁的率领下，来本馆共享工程潍坊支中心检查指导工作。

2007 年 10 月 25 日至 26 日，本馆组织举办"潍坊市文化信息资源共享工程研讨培训班"，来自全市 12 个县、市、区公共图书馆的馆长、业务副馆长、共享工程技术人员共 30 人参加培训。

共享工程潍坊支中心的建成并投入使用，使文化信息能够经济、快速地传送到全市各地，基层群众能够方便地享受到优秀文化精品，标志着本馆数字化资源建设与信息服务方式又迈上了一个新台阶。

附录 1：

共享工程潍坊支中心建设方案

第一部分：网络建设

一、主控硬件部分

1. 资源发布服务器 2 台

配置：2U 机架式　处理器（双核）：≥Xeon 5120 * 2，4M L2 cache，1066MHz FSB；芯片组：Intel 5000P 内存≥2GB，DDR2 Fully – Buffered DIMM 内存，不低于 8 个 DIMM 插槽，最大支持不低于 32G 内存；硬盘：2 块 73G 10,000 转热插拔 Ultra320 SC-SI 硬盘，最大支持硬盘数不低于 8 个；做 RAID1（磁盘镜像）；网络：双千兆 PCI – E Intel 网卡，支持 WOL、I/OAT 技术；光驱，机架安装导轨；电源：双电源；提供服务器管理软件；提供软件授权。中文界面，易操作；三年免费保修。

主要功能：共享工程资源的存储与发布。

2. 数字资源加工服务器 1 台

配置：2U 机架式　处理器（双核）：≥Xeon 5120 * 2，4M L2 cache，1066MHz FSB；芯片组：Intel 5000P 内存≥2GB，DDR2 Fully – Buffered DIMM 内存，不低于 8 个 DIMM 插槽，最大支持不低于 32G 内存；硬盘：2 块 73G 10，000 转热插拔 Ultra320 SC-SI 硬盘，最大支持硬盘数不低于 8 个；做 RAID1（磁盘镜像）；网络：双千兆 PCI – E Intel 网卡，支持 WOL、I/OAT 技术；光驱，机架安装导轨；电源：双电源；提供服务器管理软件；提供软件授权。中文界面，易操作；三年免费保修。

主要功能：负责存储加工我市地方特色数字资源。

3. 网络镜像服务器 1 台

配置：2U 机架式　处理器（双核）：≥Xeon 5120 * 2，4M L2 cache，1066MHz FSB；芯片组：Intel 5000P 内存≥2GB，DDR2 Fully – Buffered DIMM 内存，不低于 8 个 DIMM 插槽，最大支持不低于 32G 内存；硬盘：2 块 73G 10，000 转热插拔 Ultra320 SC-SI 硬盘，最大支持硬盘数不低于 8 个；做 RAID1（磁盘镜像）；网络：双千兆 PCI – E Intel 网卡，支持 WOL、I/OAT 技术；光驱，机架安装导轨；电源：双电源；提供服务器管理软件；提供软件授权。中文界面，易操作；三年免费保修。

主要功能：与上级中心保持资源同步，增加资源信息量。

4. 卫星接收服务器 1 台

配置：2U 机架式　处理器（双核）：≥Xeon 5120，4M L2 cache，1066MHz FSB；芯片组：Intel 5000P；内存≥1GB，DDR2 Fully – Buffered DIMM 内存，不低于 8 个 DIMM 插槽，最大支持不低于 32G 内存；硬盘：1 块 73G 10，000 转热插拔 Ultra320 SC-SI 硬盘，最大支持硬盘数不低于 8 个；网络：双千兆 PCI – E Intel 网卡，支持 WOL、I/OAT 技术；光驱，机架安装导轨；电源：双电源；提供服务器管理软件；提供软件授权。中文界面，易操作；三年免费保修。

主要功能：负责接受存储上级中心发布的数据资源。

5. 办公自动化管理服务器 1 台

配置：2U 机架式　处理器（双核）：≥Xeon 5120，4M L2 cache，1066MHz FSB；芯片组：Intel 5000P；内存≥1GB，DDR2 Fully – Buffered DIMM 内存，不低于 8 个 DIMM 插槽，最大支持不低于 32G 内存；硬盘：1 块 73G 10，000 转热插拔 Ultra320 SC-SI 硬盘，最大支持硬盘数不低于 8 个；网络：双千兆 PCI – E Intel 网卡，支持 WOL、I/OAT 技术；光驱，机架安装导轨；电源：双电源；提供服务器管理软件；提供软件授权。中文界面，易操作；三年免费保修。

主要功能：存储和处理内部办公文件信息。

6. 磁盘阵列 1 套

配置：IP-SAN 架构，3U 机架 15 盘位，双控制器，4GB 缓存，标配 BBU；AS Manager 管理软件，集成数据快照功能（SnapShot）；前端主机通道 4×2Gb FC 接口，4×1Gb iSCSI 接口，后端磁盘通道 SATA×15；支持 0，1，5，10 等多种 RAID 方式；500GB SATA 硬盘×14；热插拔电源×2；冗余热插拔风扇；2 块 HBA 卡，2 条光纤线缆，实现服务器与存储的光纤连接；1 套双机高可用软件，包含双机热备原厂工程师安装调试服务；服务器、存储可用同品牌；非 OEM 产品，三年免费硬件保修，设备厂商工程师免费上门服务，提供设备厂商针对本项目的授权原件。

主要功能：存储工程所有数据资源。

7. 液晶显示套件 1 套

配置：与服务器配套，机架式，15 寸液晶屏，笔记本键盘、鼠标，8 口切换器，带 8 套 I/O 电缆。

主要功能：显示服务器数据，服务器之间切换。

8. 服务器机柜 1 套

配置：与服务器配套；42U 标准机柜；规格：600mm * 1000mm * 2000mm；全开孔前门，后门双开，侧门一对；内置 1 对线缆槽\附带 1 套线缆槽挡片；滑轮和防前倾支脚\配件螺丝 4 包；1 个 21 口，32A，机柜专用电源插座；显示器机柜托盘一个；键盘鼠标托盘一个；2 块 1U 盲板，2 块 2U 盲板，1 块 5U 盲板，1 块 9U 盲板，用于遮挡显示器间隙。

主要功能：安放服务器。

9. 核心交换机 1 套

配置：24 个 10/100Base-T 以太网端口，2 个 1000Base-X SFP 千兆以太网端口，2 个 10/100/1000Base-T 以太网端口；交换容量 32G 端口交换容量 12.8G，支持基于端口的 VLAN 和基于协议的 VLAN，支持广播风暴抑制 支持端口环回检测 支持静态路由、RIPv1/2、支持组播，支持 STP/RSTP/MSTP 协议生成树协议支持端口汇聚、支持端口镜像，可管理，支持命令行接口（CLI）配置，支持 Telnet 远程配置，支持通过 Console 口配置，支持 SNMPV1/V2/V3，支持 RMON 1，2，3，9 组 MIB，支持安全认证。

主要功能：用于宽带网络与馆域主干网络连接。

10. 接入交换机 1 套

配置：24 个 10/100Base-TX 以太网端口；交换容量 19.2Gbit/s，可堆叠，可网管，支持 VLAN，支持广播风暴抑制，支持组播，支持生成树，端口汇聚端口镜像，支持安全认证。

主要功能：资源发布服务器与局域网机器的网络交换。

11. 硬件防火墙 1 套

配置：4 个 10/100M 以太网接口，并发连接数 24000，网络吞吐量（mbps）100，无用户数限制，入侵检测 DoS。

主要功能：保证系统安全可靠运行。

12. 路由器 1 个

配置：模块化路由器；2 个快速以太网接口，支持丰富的网络协议支持防火墙，支持 AAA 服务，支持 NAT、支持 QOS 支持灵活的设备管理功能。

主要功能：改进网络分段。

二、电子阅览室硬件部分

1. 接入交换机 2 台

配置：24 个 10/100Base - TX 以太网端口；交换容量 19.2Gbit/s，可堆叠，可网管，支持 VLAN，支持广播风暴抑制，支持组播，支持生成树，端口汇聚端口镜像，支持安全认证。

主要功能：资源发布服务器与局域网机器的网络交换。

2. OPAC 查询终端 6 台

配置：CPU（3.4G）2M 二级缓存/512M DDR/80G SATA（7200 转）/DVD/独立显卡：256M/耳机/17″LCD、操作系统/摄像头/机箱锁。

主要功能：目录及服务功能查询。

3. 网络布线

内容：包括网线、插座、模块、线槽等。机房内部及楼宇六类双绞线。包括机房及电子阅览室装修：隔断、防静电地板、墙面、标识牌（含管理制度看板制作等）、换气扇等。

主控室位置在潍坊市图书馆三楼。共设 70 个终端接口，为星型联接方式。微机室位于潍坊市图书馆二楼。

4. 影音工程材料

内容：VGA 线、音视频线、控制线、电源线、线槽等。

5. 投影机 1 台、吊架 1 个、投影幕 1 个

配置：投影机为液晶机 1024＊768 3000 流明，讲座、演示及报告会使用。吊架为投影机专用。投影幕为 150″电动玻璃微珠。

6. 功放 1 套

配置：2＊250W 会议话筒 2 个。

7. 音箱 2 套

8. 网络打印机 1 台

配置：600×600 速度 20，自动进纸内置 80 种字体，供 PCL 和 PostScript 3 仿真使用，软件解决方案提供 80 种 True Type 格式的与打印机匹配的屏幕字体，支持网络打印。

9. DVD 刻录塔 1 台

配置：刻录控制器电源机箱 80G 硬盘 DVD 刻录机＊10。

主要功能：刻录数字资源向下级中心传送。

10. 移动硬盘 2 个

配置：缓存：8MB/300G/。用于数字资源的拷贝。

11. 网站建设 1 套（由中标公司开发，软件产权归潍坊市图书馆。基础软件由开发商提供）

要求：支持 ASP、CGI、ACCESS、SQL，包括域名、磁盘空间及网络实名及网页设计与制作。

主要功能：建设图书馆动态网站。

三、软件部分

1. 网络杀毒软件网络版 1 套

配置：100 用户，6 服务器端。

主要功能：查杀系统内的计算机病毒。

要求：提供不少于一年升级售后服务。

2. 电子阅览室管理软件 1 套

配置：上网登记，微机管理。包括 40 用户管理、时间管理、监控管理、统计管理、远程操作、上网纪录等相关功能。

要求：现成软件。

3. 网络办公自动化管理软件 1 套

配置：OA 系统，支持任意多级部门，内置工作流系统，实现各项业务流程的管理，B/S 系统，集成人事档案、考核、办公用品、通讯簿、日程安程、工作日志、会议管理、工作计划、文件收发、电子邮件等。

主要功能：实现系统内部办公管理的自动化。

要求：现成软件。

4. 数字化资源整合加工系统 1 套

要求功能：

（1）电子图书制作工具：并发连接数不小于 5 个，能将各类纸质印刷文献（包括图书、期刊、论文集、报纸、古籍善本、拓片舆图、照片、手稿等）经过扫描加工转化为数字资源，并可将生成的数字资源快速优质的生成电子图书。

（2）内容管理与发布系统：并发连接数不小于40个，用户自建数据库的构建（定义字段信息、数据库信息、数据存储位置）和管理；发布模板应该多样化，并且支持自定义模板。

（3）分类标引工具：并发连接数不小于10个，实现元数据的标引和分类。能够实现文字、图片、图像、动画、音频、视频等媒体的电子文档的元数据标引、内容分类、数据检查。

（4）文档提交系统：用于文档的分布式提交、验证、审核和存储，并自动发布成数据库。

（5）光盘发布系统：能够将数据以光盘的形式进行发布，能进行分类导航、专项检索、组合检索、跨库检索、原文浏览等操作。

（6）通用文档转换工具：能够将现有的各种电子文档转换成统一格式的文件，支持 WORD、PDF、HTML、WPS、PS、S2、S72、PS2、TXT、PPT 等文件格式。

（7）VOD 视频点播系统。

（8）门户网站管理系统：支持分布式、集群功能。

全文检索速度：1秒/500GB；相似检索速度：20毫秒/100万文献量；单表支持最大记录个数：40亿；单表支持最大容量：8TB（分区表最大容量2PB）；可同时跨库检索最大数：255个；拥有400万数量级的概念关系词典；软件底层数据库采用基于文档管理的非结构化数据库。

具备本项目整体解决方案各功能模块；软件应通过 CALIS 特色数据库的认证；用户无法解决问题时应派技术人员上门协助维护；进行免费系统培训，确保能够正常使用；应及时提供系统升级信息；软件要具有自主的知识产权；具有良好的企业信誉和相应项目的业绩。具有完整的质量保证体系；必须提供使用说明。软件投入运行之后，应协助建立特色数据库；支持全文检索功能；能够进行数据库中所有字段的任意多种方式检索；支持 WINDOWS2003 SERVER 操作系统。两年的免费升级服务。

主要功能：整合加工馆地方特色数字资源并发布。

四、数字资源加工设备

1. EDIUS NX HDV 非编系统1套

配置：EDIUS Pro 3 编辑软件对 HD、HDV、DV、MPEG－2，无压缩和无损视频的实时编辑，实时 HD/SD 分辨率的转换和输出。

主要功能：编辑静、动态视频数字资源。

五、其他配套设施

1. UPS 不间断电源1台

配置：7KVA 断电后电池维持1小时以上，UPS 设备、净化稳压电源，机头为机架式，紧急关机键。

主要功能：保证系统的连续稳定安全运行。

2. 网络系统维护设备 1 套

内容：网钳、螺丝刀、测线仪、钳子等工具。

3. 年运行消耗

内容：100M 光纤，6IP。

主要用途：光纤宽带因特网。

要求：由中标公司出面租。一年租金。

第二部分 微机及外设

本部分包括微机、打印机、投影仪、数码相机、扫描仪等设备。

1. 微机 40 台

配置：CPU（3.4G）2M 二级缓存/512M DDR/80G SATA（7200 转）/DVD/独立显卡：256M/耳机/17" LCD、操作系统/摄像头/机箱锁。

主要功能：共享工程资源信息的浏览。

2. 笔记本电脑 2 台

配置：迅驰 4 Intel Core 2 duo t7100 笔记本 主频：1800MHz 内存：2G 硬盘：120GB，显示屏：14.1 分辨率：1280 * 800。

3. 微机桌椅 47 套

要求：钢木结构有防盗设施（含服务台一套）90×50×80 内置走线；与微机配套。

4. 扫描仪 1 台

配置：4800×4800 光学分辨率（dpi）48 色彩深度（位）ccd 扫描元件。

主要功能：制作资源信息。

5. 数码相机 1 台

配置：最大像素数 924 万，有效像素数 903 万，最高分辨率 3488 * 2616，光学变聚倍数：10.7，显示屏尺寸（英寸）：2.0。

主要功能：制作数字资源。

6. 摄录一体机 1 台

配置：硬盘数码摄像机 \ 图像感光元件：CCD \ 最大像素数（万个）：218/图像感光器数量：1 \ 光学变焦倍数：10。

主要功能：制作数字视频影像资源。

7. 打印机 3 台

配置：黑白激打/分辨率：600＊600dpi/接口类型：USB2.0/打印速度：＜14ppm。

8. 空调2台

配置：3匹。

要求：柜式、冷暖两用、三相电。

9. 条码激光枪2个

配置：扫描速率（线/秒）：72。

主要功能：文献信息的读取。

附录2：

全国文化信息资源共享工程潍坊支中心网站建设
服务器、微机等招标公告（WZZ—707533）

采购人名称：潍坊市图书馆

地址：潍坊市奎文区米市街48号

联系方式：0536－2252979

采购代理机构名称：潍坊华成招标有限公司

地址：潍坊市高新开发区东方路338号

联系电话：0536－8889360　8889363

招标项目名称、用途、数量、简要技术要求或招标项目的性质：

1. 项目名称：全国文化信息资源共享工程潍坊支中心网站建设招标。

2. 项目内容及数量：第一标段网站建设，包括6台服务器、1个磁盘阵列和1套数字化资源整合加工系统软件等；第二标段包括46台微机等。详见招标文件。

供应商资质要求：第一标段为具备网络集成及系统建设能力，注册资金不少于100万元的国内企业法人；第二标段为生产或销售电脑的国内企业法人。

报名时间：2007年8月3日－8月9日　地点：潍坊市政府采购招标大厅（潍坊东风西街与向阳路交叉路口）

领取招标文件时间：2007年8月10日－8月15日　地点：潍坊市政府采购招标大厅

第八章　研究、辅导、协作与交流

第一节　学术研究与著述

随着专业技术人员图书馆专业素质和专业技能的不断提高，本馆学术研究蔚然成风。自 1987 年起，特别是潍坊市图书馆学会成立以来，本馆专业技术人员积极开展学术研究，踊跃撰写学术论文，并参加各个级别图书情报专业学会以及其他学术机构举办的学术论文研讨会或学术研究成果的评奖活动，许多优秀论文被国家或省级图书情报专业学术期刊采用，更多的专业学术论文得以结集出版。此外，许多业务水平高的专业技术人员积极撰写或参与编纂学术论著，使自己的专业理论与业务技能水平得到了更好的巩固和提高。

一　获奖论文、论著

1988 年至 2007 年，本馆专业技术人员在各级别图书情报专业学会以及其他各级学术机构举办的学术论文研讨会或学术研究成果评奖活动中获得奖励的论文或科研成果共计 295 次。论文、论著获奖情况见表 8.1。

表 8.1　本馆专业技术人员获奖论文、著作选目

作者	论文题名	获奖机构	等级	时间
贾金兰	社会主义初级阶段图书馆性质、职能及学科性质的变化	华东六省一市图书馆学会	交流论文	1988.10
栗祥忠	试论图书馆职能的演变	潍坊市图书馆学会	一等奖	1989.10
李珂田	《决策参考信息》编辑浅谈	潍坊市图书馆学会	二等奖	1989.10
高　正	百科全书初探	潍坊市图书馆学会	三等奖	1989.10
王昭龙	技术职务评定后的反思	潍坊市图书馆学会	三等奖	1989.10
栗祥忠	乡镇图书馆（室）发展中的问题与对策	山东省青年图书馆工作者协会	二等奖	1990

作者	论文题名	获奖机构	等级	时间
栗祥忠	社会主义精神文明文献索引	山东《社会主义精神文明文献索引》编辑部	优秀编辑奖	1990
栗祥忠	试论图书馆职能的演变	潍坊市科学技术优秀论文评委会	三等奖	1990
王瑞璞	图书馆为农业服务之我见	华东六省一市图书馆学会	交流论文	1990.10
杨漪	图书馆与精神文明建设	潍坊市图书馆学会	三等奖	1990.12
栗祥忠	提高三个能力搞好少儿读者工作	山东省少年儿童图书馆工作者协会	优秀奖	1991.10
王春玲	浅谈少儿图书馆的教育职能	华东六省一市少年儿童图书馆工作者协会	征文奖	1991.10
王春玲	浅谈少儿图书馆的教育职能	山东省少年儿童图书馆工作者协会	优秀论文奖	1991.10
陈艳亭	谈点对树立图书馆良好社会形象的认识	潍坊市图书馆学会	二等奖	1991.11
杨漪	浅议我馆地方文献工作	潍坊市图书馆学会	二等奖	1991.11
张玲玲	浅谈图书馆公共关系	潍坊市图书馆学会	二等奖	1991.11
栗祥忠	试论图书馆职能的演变	潍坊市科学技术优秀学术论文奖励评审委员会	三等奖	1992.7
贾金兰	社会主义初级阶段图书馆性质、职能及学科性质的变化	山东省科研成果	二等奖	1993
王瑞璞	图书馆为市场经济服务初探	潍坊市图书馆学会	一等奖	1993.10
王春玲	图书馆信息服务的现状及对策	潍坊市图书馆学会	二等奖	1993.10
王洁	浅析市场经济中少儿图书馆的发展与对策	潍坊市图书馆学会	二等奖	1993.10
杨漪 刘清林	强化公共图书馆的教育职能目前形势及我们的任务	潍坊市图书馆学会	二等奖	1993.10
陈艳亭	发挥情报职能，推动科技进步	潍坊市图书馆学会	三等奖	1993.10
王宇红	各级图书馆都应重视参考工作	潍坊市图书馆学会	三等奖	1993.10
宫昌利	图书开架借阅管见	潍坊市科协	二等奖	1993.12

作者	论文题名	获奖机构	等级	时间
张玲玲	发挥学会优势，为市场经济建设服务	潍坊市图书馆学会	一等奖	1994.12
丁洪俊	试论在新形势下如何实现公共图书馆的一个"静"字	潍坊市图书馆学会	二等奖	1994.12
付春凤	走信息产业开发之路、努力振兴图书馆事业	潍坊市图书馆学会	二等奖	1994.12
宫昌利	浅谈市场经济与图书馆服务	潍坊市图书馆学会	二等奖	1994.12
董红薇	关于图书馆在市场经济中的几点思考	潍坊市图书馆学会	三等奖	1994.12
王宇红 刘满奎	浅谈图书馆适应社会主义市场经济改革的三个重要方面	潍坊市图书馆学会	三等奖	1994.12
张玲玲 林　娟 王春玲	试论市场经济中的图书馆改革	潍坊市图书馆学会	三等奖	1994.12
张光德 宗淑慧	试论工具书的分类标引	潍坊市图书馆学会	一等奖	1995.11
刘典好	市场经济体制下的图书馆改革	潍坊市图书馆学会	二等奖	1995.11
王宇红 王希兆	适应市场经济新形势，搞好图书馆科研定题服务	潍坊市图书馆学会	二等奖	1995.11
杨　漪 王明俊	试谈图书馆如何走出困境	潍坊市图书馆学会	二等奖	1995.11
付春凤	强化意识，发挥优势，走出图书馆信息服务的新路子	潍坊市图书馆学会	三等奖	1995.11
宫昌利 董红薇	抓住机遇　加强协作	潍坊市图书馆学会	三等奖	1995.11
王国强	从读书社现象谈图书馆有偿服务	潍坊市图书馆学会	三等奖	1995.11
栗祥忠 宫昌利	市场经济条件下公共图书馆信息服务的困境与出路	中国图书馆学会	交流论文	1996.10
宫昌利 董红薇	图书拒借率浅析	潍坊市图书馆学会	二等奖	1996.10

作者	论文题名	获奖机构	等级	时间
王彭兰 刘满奎	困境与出路——从我国图书馆事业的现状看文献资源共享发展的前景	潍坊市图书馆学会	二等奖	1996.10
尹 霞	适应市场经济新形势，创办特色图书馆（室）	潍坊市图书馆学会	二等奖	1996.10
付春风	浅谈公共图书馆自身建设	潍坊市图书馆学会	三等奖	1996.10
郎绪增	论新时期公共图书馆之发展	潍坊市图书馆学会	三等奖	1996.10
李雪梅	适应市场经济新形势，创办特色图书馆室	潍坊市图书馆学会	三等奖	1996.10
王春玲 张玲玲	适应时代发展，加强图书馆自动化建设	潍坊市图书馆学会第七届学术研讨会	三等奖	1996.10
栗祥忠 宫昌利	努力加强自身建设，促进两个文明发展	1996年部分城市公共图书馆馆长理论研讨会	交流论文	1996.11
栗祥忠 宫昌利	浅谈图书馆人员的科学管理	山东省图书馆学会	二等奖	1996.12
杨 漪	漫谈图书馆意识	山东省图书馆学会	三等奖	1996.12
栗祥忠 宫昌利	图书馆管理中的公共关系漫谈	中国图书馆学会	二等奖	1997.9
张玲玲	加强科学管理，提高人员素质	中国图书馆学会	二等奖	1997.9
王 洁 王彭兰	加强对少儿阅读辅导，培养跨世纪的人才	山东省图书馆学会少年儿童图书馆工作者委员会	学术论文奖	1997.10
栗祥忠	认清形势抓住机遇加快农村图书馆建设	中国图书馆学会	鼓励奖	1997.11
贾金兰	图书馆学中等专业学习用书	潍坊市社会科学优秀成果奖评委会	二等奖	1997.12
栗祥忠	浅谈乡镇图书馆（室）发展中的问题与对策	潍坊市社会科学优秀成果奖评委会	三等奖	1997.12
王春玲	图书馆信息服务的现状及对策	潍坊市社会科学优秀成果奖评委会	三等奖	1997.12

续表

作者	论文题名	获奖机构	等级	时间
李　靖 高利波	浅谈信息社会中的图书馆	潍坊市图书馆学会	二等奖	1997.12
齐建新 钟　兴	论图书馆在精神文明建设中的作用	潍坊市图书馆学会	二等奖	1997.12
王宇红 张玲玲	浅谈图书馆在精神文明建设中的作用	潍坊市图书馆学会	二等奖	1997.12
刘满奎	图书馆与社会主义精神文明建设中公民素质的提高	潍坊市图书馆学会	三等奖	1997.12
吴宏伟 郭瑞莲	浅谈公共图书馆音像资料工作	潍坊市图书馆学会	三等奖	1997.12
栗祥忠	加强地市级学会建设 促进图书馆事业发展	中国图书馆学会	三等奖	1998
栗祥忠 张光德	试论图书馆在具有中国特色社会主义文化建设中的定位	华东图书馆协会、 上海图书馆学会	优秀论文	1998.10
齐建新 钟　兴	对少儿图书馆开展读书活动 发挥社会职能的探索与实践	潍坊市图书馆学会	二等奖	1998.12
郎绪增 邓丽珠	漫谈图书馆现代化发展趋势	潍坊市图书馆学会	三等奖	1998.12
李　靖	论人才结构与图书馆事业发展	潍坊市图书馆学会	三等奖	1998.12
李雪梅 董红薇	浅谈图书馆改革与自动化建设	潍坊市图书馆学会	三等奖	1998.12
王英勋 尹　霞	浅谈新时期参考咨询工作的变革	潍坊市图书馆学会	三等奖	1998.12
张光德	人的现代化与图书馆	潍坊市图书馆学会	三等奖	1998.12
张晓霞 林　娟	浅谈市场经济下报刊室 信息资源开发利用	潍坊市图书馆学会	三等奖	1998.12
张光德	试论图书分类法类目涵义的辨识	潍坊市图书馆学会	一等奖	1999.10
张玲玲	论图书馆文献资源共享	潍坊市图书馆学会	一等奖	1999.10
马洪杰	浅谈我馆文献查阅室的回溯建库	潍坊市图书馆学会	二等奖	1999.10

作者	论文题名	获奖机构	等级	时间
齐建新	开展读书活动，实施知识工程	潍坊市图书馆学会	二等奖	1999.10
王春玲	试论图书馆在知识经济时代所肩负的历史使命	潍坊市图书馆学会	二等奖	1999.10
王国强	图书馆如何利用因特网信息资源之我见	潍坊市图书馆学会	二等奖	1999.10
王英勋	图书馆要为建设阅读社会服务	潍坊市图书馆学会	二等奖	1999.10
宗淑慧	知识经济时代图书馆面临的挑战	潍坊市图书馆学会	二等奖	1999.10
郎益华	浅谈我馆报纸资源的开发与利用	潍坊市图书馆学会	三等奖	1999.10
鲁 松	浅谈图书馆的电子阅览	潍坊市图书馆学会	三等奖	1999.10
聂金梅	关于图书馆信息服务业的思考	潍坊市图书馆学会	三等奖	1999.10
王彭兰	图书主题分析	潍坊市图书馆学会	三等奖	1999.10
杨月辉	开发地方文献资源服务两个文明建设	潍坊市图书馆学会	三等奖	1999.10
张晓霞	充分开发利用报纸信息资源，迎接知识经济时代	潍坊市图书馆学会	三等奖	1999.10
栗祥忠	新时期公共图书馆队伍建设的思考	中国图书馆学会	一等奖	2000
宫昌利	简论知识经济与图书馆教育职能	北京东方英才文化发展中心	一等奖	2000.5
栗祥忠 宫昌利	浅谈图书馆人事改革制度	华东六省一市图书馆协会	优秀论文	2000.6
宫昌利	知识经济与图书馆	山东省图书馆学会	三等奖	2000.6
杨月辉 王国强	浅谈21世纪图书馆教育职能的强化	山东省图书馆学会	三等奖	2000.6
梁 昱	论图书馆为科技兴国服务	中国图书馆学会	优秀奖	2000.7
宫昌利	做好读者工作提高服务质量	中国图书馆学会	交流论文	2000.7
栗祥忠 宫昌利	论图书馆为科教兴国服务	中国图书馆学会	交流论文	2000.7
宫昌利	21世纪图书馆发展之思路	《图书情报工作》杂志社	优秀奖	2000.8

续表

作者	论文题名	获奖机构	等级	时间
宫昌利 杨月辉	因特网：我们面临的机遇和挑战	中国图书馆学报举办的世纪之初的图书馆学术研讨会	三等奖	2000.9
杨月辉 宫昌利	21世纪参考咨询服务初探	中国图书馆学报举办的世纪之初的图书馆学术研讨会	三等奖	2000.9
郎益华	21世纪图书馆员业务素质浅谈	中国图书馆学会	优秀奖	2000.9
董红薇	网络时代图书馆员面临的挑战	中国图书馆学会	二等奖	2000.11
郎绪增	图书馆要为全民读书服务	中国图书馆学会	二等奖	2000.11
邓丽珠	新世公共图书馆发展之我见	中国图书馆学会	优秀论文奖	2000.11
丁丽萍	信息时代图书馆与文化传播	中国图书馆学会	优秀论文奖	2000.11
丁美娟	浅谈图书馆信息产业	中国图书馆学会	优秀论文奖	2000.11
宫昌利 徐 义	科技发展与图书馆员的复合型素质	中国图书馆学会	优秀论文奖	2000.11
郎益华	信息时代图书馆与文化传播	中国图书馆学会	优秀论文奖	2000.11
刘满奎	跨世纪图书馆的服务功能探索	中国图书馆学会	优秀论文奖	2000.11
马洪杰	浅谈参考咨询工作者的自我培养	中国图书馆学会	优秀论文奖	2000.11
吴宏伟	新世纪图书馆自动化建设浅议	中国图书馆学会	优秀论文奖	2000.11
徐 义 张光德	试论图书馆与人的现代化	中国图书馆学会	优秀论文奖	2000.11
尹 霞	公共图书馆文献资源的思考	中国图书馆学会	优秀论文奖	2000.11
张晓霞	21世纪图书馆员业务素质浅论	中国图书馆学会	优秀论文奖	2000.11
宫昌利	潍坊市图书馆学会十届研讨会获奖论文及著者研究	潍坊市图书馆学会	一等奖	2000.11
王彭兰	关于建立我市文献联合采编中心的初步构想	潍坊市图书馆学会	一等奖	2000.11
张光德	《中图法》类目复分、仿分加"0"问题辨析	潍坊市图书馆学会	一等奖	2000.11
郎绪增	潍坊地区新地方志体例探析	潍坊市图书馆学会	二等奖	2000.11

续表

作者	论文题名	获奖机构	等级	时间
林　娟	网络环境下公共图书馆 读者服务工作的新举措	潍坊市图书馆学会	二等奖	2000.11
陈天文	数字化图书馆的组织与建设	潍坊市图书馆学会	三等奖	2000.11
邓丽珠	发挥图书馆作用，为全民读书服务	潍坊市图书馆学会	三等奖	2000.11
付春凤	跨世纪图书馆的服务功能探索	潍坊市图书馆学会	三等奖	2000.11
郎益华	浅谈我馆报纸资源的开发与利用	潍坊市图书馆学会	三等奖	2000.11
李雪梅 于爱玲	新时代图书馆的信息之路	潍坊市图书馆学会	三等奖	2000.11
刘典好	图书馆"做生意" 与图书馆可持续发展	潍坊市图书馆学会	三等奖	2000.11
鲁　松	图书馆电子阅览之我见	潍坊市图书馆学会	三等奖	2000.11
聂金梅	知识经济与图书馆	潍坊市图书馆学会	三等奖	2000.11
王国强	浅谈公共图书馆电子阅览室的建设	潍坊市图书馆学会	三等奖	2000.11
王小青	电子阅览室读者服务之我见	潍坊市图书馆学会	三等奖	2000.11
杨月辉	过刊外借浅见	潍坊市图书馆学会	三等奖	2000.11
钟　兴	少儿图书馆与素质教育	潍坊市图书馆学会	三等奖	2000.11
王小青	优质服务　走出低谷	潍坊市社会科学 优秀成果奖评委会	三等奖	2001.8
宫昌利	借西部大开发　促图书馆大发展	中国图书馆学会	交流论文	2001.9
宫昌利 杨月辉	快速获取信息的重要 途径——邮件列表	中国图书馆学会	交流论文	2001.9
杨月辉 宫昌利	文献信息传播网络化探析	中国图书馆学会	交流论文	2001.9
宫昌利	图书馆网站建设论纲	潍坊市图书馆学会	一等奖	2001.10
林　娟	读者心理分析与引导	潍坊市图书馆学会	一等奖	2001.10
王彭兰	关于 ILAS 书目数据库中 "200"字段题名的著录	潍坊市图书馆学会	一等奖	2001.10
陈天文	网络环境下参考咨询 服务的形势及措施	潍坊市图书馆学会	二等奖	2001.10

续表

作者	论文题名	获奖机构	等级	时间
宫昌利	地方文献资源多媒体网络化研制与开发	潍坊市图书馆学会	二等奖	2001.10
丁丽萍	终生学习：就图书馆员如何提高自身素质的思考	潍坊市图书馆学会	三等奖	2001.10
董红薇	试论图书馆员的再教育	潍坊市图书馆学会	三等奖	2001.10
黄凤江	论图书馆的创收与分配	潍坊市图书馆学会	三等奖	2001.10
郎绪增	略谈地方文献之特点	潍坊市图书馆学会	三等奖	2001.10
郎益华	办好《外载本市信息索引》服务地方建设	潍坊市图书馆学会	三等奖	2001.10
王国强	浅谈电子阅览室的服务工作	潍坊市图书馆学会	三等奖	2001.10
王丽丽	网络环境下地方文献工作面临的新挑战	潍坊市图书馆学会	三等奖	2001.10
张晓霞	浅谈地方文献对地方文化的作用	潍坊市图书馆学会	三等奖	2001.10
钟　兴	图书馆在加入世贸组织后的机遇和挑战	潍坊市图书馆学会	三等奖	2001.10
宫昌利	新时期图书馆信息服务初探	中国图书馆学会	一等奖	2001.11
郎绪增	论新世纪公共图书馆发展策略	中国图书馆学会	一等奖	2001.11
邓丽珠	图书馆要为全民读书服务	中国图书馆学会	二等奖	2001.11
林　娟 郎益华	谈新世纪图书馆员文化建设	中国图书馆学会	二等奖	2001.11
黄凤江	浅析公共图书馆的矛盾与成因	中国图书馆学会	优秀论文奖	2001.11
林　娟	学习型图书馆与馆员	中国图书馆学会	优秀论文奖	2001.11
李　靖	浅谈图书馆网络化对人员素质要求及对策	潍坊市科学技术优秀学术论文奖励评审委员会	二等奖	2001.11
马洪杰	浅谈图书馆网络化对人员素质要求及对策	潍坊市科学技术优秀学术论文奖励评审委员会	二等奖	2001.11
吴宏伟	阻碍中小学图书馆发展的原因与对策	潍坊市科学技术优秀学术论文奖励评审委员会	三等奖	2001.11

作者	论文题名	获奖机构	等级	时间
郭瑞莲	阻碍中小学图书馆 发展的原因与对策	潍坊市科学技术优秀学术 论文奖励评审委员会	优秀奖	2001.11
栗祥忠 宫昌利	以改革为动力　以动力促发展	华东六省一市图书馆学会	一等奖	2002.10
宫昌利	网络环境下地方文献 资源的开发与利用	中国图书馆学会	一等奖	2002.11
董红薇	图书馆可持续发展的思考	中国图书馆学会	二等奖	2002.11
王国强 聂金梅	新时期电子阅览室 的管理与服务浅析	中国图书馆学会	二等奖	2002.11
尹　霞 钟　兴	新时期图书馆读者服务工作的延伸	中国图书馆学会	三等奖	2002.11
宫昌利	论现代图书馆工作中 的知识产权问题	潍坊市图书馆学会	一等奖	2002.11
张光德	机读数据分类标引与多途径、 多角度检索文献的实现	潍坊市图书馆学会	一等奖	2002.11
鲁　松	浅谈公共图书馆的地方文献征集	潍坊市图书馆学会	二等奖	2002.11
王彭兰	浅谈我市图书馆如何 做好地方文献工作	潍坊市图书馆学会	二等奖	2002.11
尹　霞	谈谈我市社区图书馆的发展思路	潍坊市图书馆学会	二等奖	2002.11
陈天文	数字图书馆环境下的信息检索技术	潍坊市图书馆学会	三等奖	2002.11
王丽丽	网络环境下公共图书馆 信息服务的优势与条件	潍坊市图书馆学会	三等奖	2002.11
张光德 黄凤江	机读数据分类标引与多途径、 多角度检索文献的实现	山东省图书馆学会	二等奖	2003.5
钟　兴 高洪臻	论公共图书馆网站普遍存 在的问题及解决方案	山东省图书馆学会	三等奖	2003.5
张光德 王国强	《中图法》类目复分、 仿分加"0"问题辨析	潍坊市社会科学 优秀成果奖评委会	二等奖	2003.6

续表

作者	论文题名	获奖机构	等级	时间
张光德	小型图书馆实用手册	山东省文化艺术科学优秀成果	一等奖	2003.7
王丽丽	提高期刊利用率的途径	中国图书馆学会	优秀论文奖	2003.11
陈天文	图书馆计算机网络系统安全分析	潍坊市图书馆学会	一等奖	2003.11
王春玲	浅谈图书馆人文环境的建设	潍坊市图书馆学会	一等奖	2003.11
宫昌利	导入 CIS 战略 完善图书馆形象	潍坊市图书馆学会	二等奖	2003.11
郎益华	关于新形势下图书馆读者服务形象的思考	潍坊市图书馆学会	二等奖	2003.11
林娟	图书馆文献信息资源共建共享模式探讨	潍坊市图书馆学会	二等奖	2003.11
鲁松	浅谈图书馆的网络信息与知识产权保护	潍坊市图书馆学会	二等奖	2003.11
尹霞	知识拥军 携手育英	潍坊市图书馆学会	二等奖	2003.11
郭瑞莲	试谈公共图书馆的评估工作	潍坊市图书馆学会	三等奖	2003.11
韩星云	浅谈图书馆工作的藏书建设	潍坊市图书馆学会	三等奖	2003.11
钟兴	我馆自动化网络系统的概述	潍坊市图书馆学会	三等奖	2003.11
李靖 吴宏伟	浅议电子出版物对图书馆的影响	潍坊市科学技术优秀学术论文奖励评审委员会	三等奖	2003.12
陈天文 鲁松	电子阅览室网络系统管理及维护	山东省图书馆学会	二等奖	2004.4
尹霞	图书馆计算机网络系统安全分析	山东省图书馆学会	三等奖	2004.4
王健	图书馆开展特色服务的思考	中国图书馆学会	三等奖	2004.5
宫昌利	新时期图书馆中层干部的角色	陕西省图书馆学会	一等奖	2004.6
董红薇	新时期图书馆员素质浅论	潍坊市社会科学优秀成果奖评委会	优秀奖	2004.7
王春玲 林娟	坚持"以人为本"原则，建设图书馆人文环境	中国图书馆学会全国中小型公共图书馆联合会	三等奖	2004.9
韩星云	图书馆网络系统安全管理	中国图书馆学会全国中小型公共图书馆联合会	交流论文	2004.9

续表

作者	论文题名	获奖机构	等级	时间
刘满奎	馆藏光盘管理中存在的问题与对策浅析	潍坊市图书馆学会	一等奖	2004.10
张光德	网络环境下图书馆信息资源建设的趋势研究	潍坊市图书馆学会	一等奖	2004.10
丁丽萍	网络环境下图书馆资源共享的建设与发展	潍坊市图书馆学会	二等奖	2004.10
鲁　松	图书馆网络用户的自助信息服务	潍坊市图书馆学会	二等奖	2004.10
王彭兰	加强古籍数字化建设——开发馆藏信息资源的新途径	潍坊市图书馆学会	二等奖	2004.10
张玲玲	网络环境下图书馆参考咨询服务	潍坊市图书馆学会	二等奖	2004.10
韩星云	浅议网络环境下图书馆信息服务	潍坊市图书馆学会	三等奖	2004.10
聂金梅	网络环境下图书馆信息服务的特点及对策	潍坊市图书馆学会	三等奖	2004.10
王　健	论图书馆员新的服务理念	潍坊市图书馆学会	三等奖	2004.10
杨月辉	论信息时代图书馆潜在读者的开发	潍坊市图书馆学会	三等奖	2004.10
尹　霞	图书馆信息服务的特点及其发展方向	潍坊市图书馆学会	三等奖	2004.10
张光德	网络环境下图书馆信息资源建设的探索与研究	山东省图书馆学会	一等奖	2004.11
梁　昱	图书馆管理创新初探	山东省图书馆学会	二等奖	2004.11
林　娟	图书馆人力资源建设浅议	山东省图书馆学会	二等奖	2004.11
刘满奎 王彭兰	馆藏光盘管理中存在的问题与对策浅析	山东省图书馆学会	二等奖	2004.11
王彭兰 刘满奎	加强古籍数字化建设——开发馆藏信息资源的新途径	山东省图书馆学会	二等奖	2004.11
董红薇	网络环境下信息服务的创新	山东省图书馆学会	三等奖	2004.11
韩星云	浅议网络环境下图书馆信息服务	山东省图书馆学会	三等奖	2004.11
李　靖 吴宏伟	重视发挥核心期刊的作用	山东省图书馆学会	三等奖	2004.11

续表

作者	论文题名	获奖机构	等级	时间
尹　霞	图书馆信息服务的特点及其发展方向	山东省图书馆学会	三等奖	2004.11
董红薇	图书馆与著作权法	山东省图书馆学会	优秀论文奖	2004.11
黄凤江 冯传志	新世纪图书馆的变革与发展	中国图书馆学会全国中小型公共图书馆联合会	一等奖	2005.3
王彭兰	公共图书馆建立学科馆员制度初探	中国图书馆学会全国中小型公共图书馆联合会	二等奖	2005.3
杨月辉	论信息服务的零距离化	中国图书馆学会全国中小型公共图书馆联合会	三等奖	2005.3
尹　霞 宫昌利	创新社会活动，拓展服务领域	中国图书馆学会全国中小型公共图书馆联合会	三等奖	2005.3
林　娟	图书馆信息网络化服务与资源建设	中国图书馆学会全国中小型公共图书馆联合会	优秀论文奖	2005.3
聂金梅	浅议图书馆信息服务的特点及对策	中国图书馆学会全国中小型公共图书馆联合会	优秀论文奖	2005.3
王春玲 马洪杰	论特色数据库的建设与发展	中国图书馆学会全国中小型公共图书馆联合会	优秀论文奖	2005.3
王小青	试论现代图书馆服务职能转化	中国图书馆学会全国中小型公共图书馆联合会	优秀论文奖	2005.3
张光德	分类法多重列类与分类标引	中国图书馆学会全国中小型公共图书馆联合会	优秀论文奖	2005.3
聂金梅	图书馆特色化建设之我见	山东省图书馆学会	二等奖	2005.4
韩星云 李　梅	网络环境下图书馆信息服务之我见	山东省图书馆学会	二等奖	2005.4
王春玲	网络环境下地方文献资源的开发与利用	山东省图书馆学会	二等奖	2005.4
文俊友 马洪杰	网络环境下图书馆信息服务之对策	山东省图书馆学会	二等奖	2005.4
尹　霞	网络环境下图书馆信息资源的共建共享	山东省图书馆学会	二等奖	2005.4

作者	论文题名	获奖机构	等级	时间
郭瑞莲	潍坊高校图书馆馆舍现代化建设的几点设想	山东省图书馆学会	三等奖	2005.4
王春玲	建设特色数据库，实现信息资源共享	山东省图书馆学会	三等奖	2005.4
王小青	浅谈现代图书馆工作中的知识产权问题	山东省图书馆学会	三等奖	2005.4
张光德	等级列举式分类法的多重列类与机读数据分类标引	山东省图书馆学会	三等奖	2005.4
陈天文	对网络环境下图书馆知识产权问题的认识	山东省图书馆学会	优秀奖	2005.4
董红薇	浅论图书馆人力资源的开发和管理	山东省图书馆学会	优秀奖	2005.4
王　健	重视开发图书馆特色文献信息资源	中国图书馆学会	三等奖	2005.10
陈天文 王彭兰	图书馆建立考核准入制度的方法	山东省图书馆学会	二等奖	2005.10
高洪臻	图书馆人力资源的管理模式	山东省图书馆学会	三等奖	2005.10
王国强 聂金梅	浅谈公共图书馆人力资源的管理	山东省图书馆学会	三等奖	2005.10
王　菁	新时期图书馆员的继续教育与终生学习	山东省图书馆学会	三等奖	2005.10
张晓霞	图书馆人力管理浅论	山东省图书馆学会	三等奖	2005.10
陈天文	网络环境下的图书馆信息资源建设	潍坊市图书馆学会	一等奖	2005.10
王　菁 黄凤江	充分发挥图书馆资源优势为振兴潍坊经济服务	潍坊市图书馆学会	一等奖	2005.10
高洪臻	浅谈图书馆数字化资源的组织与实现	潍坊市图书馆学会	二等奖	2005.10
韩星云	危机管理与图书馆的核心竞争力	潍坊市图书馆学会	二等奖	2005.10
聂金梅	试论公共图书馆人员的管理	潍坊市图书馆学会	二等奖	2005.10
王　菁	现代图书馆信息服务模式——网络信息营销略论	潍坊市图书馆学会	二等奖	2005.10

作者	论文题名	获奖机构	等级	时间
张晓红	网络环境下传统图书馆的发展对策	潍坊市图书馆学会	二等奖	2005.10
郭瑞莲	浅论网络环境下的图书馆信息服务	潍坊市图书馆学会	三等奖	2005.10
王希荣	知识经济时代的图书馆 人力资源管理创新	潍坊市图书馆学会	三等奖	2005.10
王小青	特色图书馆的档案管理	潍坊市图书馆学会	三等奖	2005.10
鲁 松	以人为本 情系读者——潍坊 市图书馆少儿馆活动小汇	华东六省一市少年儿童 图书馆工作者协会	优秀论文	2005.12
刘满奎	关于图书馆职业资格认 证制度的几点认识	山东省图书馆学会	二等奖	2006.4
王彭兰	图书馆员职业道德建设浅议	山东省图书馆学会	二等奖	2006.4
陈天文	网络信息资源的抽取与整合	山东省图书馆学会	三等奖	2006.4
韩星云	网络环境下图书馆文献 信息资源的共建与共享	山东省图书馆学会	三等奖	2006.4
王国强 聂金梅	网络环境下图书馆信息服务之我见	山东省图书馆学会	三等奖	2006.4
王小青	谈图书馆"以人为 本"的读者服务观	山东省图书馆学会	三等奖	2006.4
谭振利	开展社会活动是图书 馆工作的首要任务	山东省图书馆学会	优秀奖	2006.4
刘满奎 黄凤江	试论网络阅读与传统阅读 在图书馆的有效结合	中国图书馆学会	二等奖	2006.7
杨月辉	以形式多样的教育活动抵制网络 对未成年人的负面影响	中国图书馆学会	二等奖	2006.7
张晓霞	浅论公共图书馆老龄读者服务	中国图书馆学会	二等奖	2006.7
杨月辉	论文化信息资源共享中的技术协作	中国图书馆学会	三等奖	2006.7
邓丽珠	新世纪图书馆文献资源建设探析	中国图书馆学会	优秀奖	2006.7
宫昌利	图书馆在构建和谐社会中的着力点	中国图书馆学会	优秀奖	2006.7
王国强	公共图书馆特色化建设之我见	中国图书馆学会	优秀奖	2006.7
张光德	计算机检索环境下工 具书分类标引的探讨	潍坊市社会科学优秀成果	二等奖	2006.9

续表

作者	论文题名	获奖机构	等级	时间
鲁 松	漫谈市级公共图书馆的地方文献建设	中国图书馆学会	三等奖	2006. 10
冯传志	试论传播学在图书馆的应用	山东省图书馆学会	三等奖	2006. 10
王小青	少年儿童图书馆服 务创新中的人本管理	山东省图书馆学会	三等奖	2006. 10
王丽丽 冯传志	关于"十一五"期间强化公共 图书馆社会职能的几点思考	山东省图书馆学会	三等奖	2006. 10
李 梅	浅谈知识经济时代的 图书馆人力资源管理	山东省图书馆学会	优秀奖	2006. 10
张晓红	网络时代传统图书馆的生存与发展	山东省图书馆学会	优秀奖	2006. 10
鲁 松	刍议市级公共图书馆 的地方文献工作	潍坊市图书馆学会	一等奖	2006. 10
高洪臻	图书馆专题特色数据 库资源的深度开发	潍坊市图书馆学会	二等奖	2006. 10
李 梅	向青少年开展素质教育， 构建学习型社会的探讨	潍坊市图书馆学会	二等奖	2006. 10
聂金梅	浅议公共图书馆的特色化建设	潍坊市图书馆学会	二等奖	2006. 10
李雪梅	开展社会活动是图书 馆工作的首要任务	潍坊市图书馆学会	三等奖	2006. 10
王小青	论图书馆"人文关怀"精神的体现	潍坊市图书馆学会	三等奖	2006. 10
张晓红	社会发展背景下的图书馆发展	潍坊市图书馆学会	三等奖	2006. 10
张志凤	图书馆信息服务新模式建设的探讨	潍坊市图书馆学会	三等奖	2006. 10
李 靖 吴宏伟	浅议对核心期刊的几点认识	潍坊市科学技术优秀学术 论文奖励评审委员会	二等奖	2006. 12
张志凤	数字图书馆的建设前景瞻望	《当代中学生》杂志社	一等奖	2007. 2
王彭兰 谭振利	图博联合，共同做好 古籍保护工作	山东省图书馆学会	优秀奖	2007. 4
王国强	试论网络环境下的图书馆信息服务	山东图书馆学会	三等奖	2007. 5
王小青	树立"以人为本"理念， 创建图书馆人文环境	山东省图书馆学会	三等奖	2007. 5

续表

作者	论文题名	获奖机构	等级	时间
李　梅	加强青少年素质教育与 少儿图书馆阅读指导	山东省图书馆学会	三等奖	2007.5
张志凤	图书馆和谐社会构建	《当代中学生》杂志社	一等奖	2007.5
李　梅	试论少儿图书馆的特色文献资源 与文献资源共享体系建设	中国图书馆学会全国中 小型公共图书馆联合会	二等奖	2007.6
张光德 林　娟	《中图法》多重列类与 机读数据分类标引	潍坊市社会科学优秀成果	三等奖	2007.7
李　梅 钟　兴	试论少儿图书馆的特色文献资源 与文献资源共享体系建设	中国图书馆学会	二等奖	2007.8
杨月辉	弘扬乡土文化，建设文明乡村	中国图书馆学会	三等奖	2007.8
郑晓光	新形势下区域图书馆的合作—— 从上海市中心图书馆建设谈起	第六届中国社区乡镇 图书馆发展战略研讨会	三等奖	2007.8
王　丽	试论"和谐"思想在图书馆 社会服务功能中的表现与作用	山东省图书馆学会	二等奖	2007.9
黄凤江	用"共建共享"思想理论 指导"文化共享工程"建设	山东省图书馆学会	三等奖	2007.9
王国强	公共图书馆开展延伸 服务的探索与实践	山东省图书馆学会	三等奖	2007.9
王春玲	论网络化图书馆的信息资源建设	潍坊市图书馆学会	二等奖	2007.12
王国强	公共图书馆服务工作 与用户需求的思考	潍坊市图书馆学会	三等奖	2007.12

二　发表论文

1987 年至 2007 年，本馆独立或合作撰写论文的专业技术人员达 409 人次，发表论文总计 280 篇。论文发表情况见表 8.2。

表 8.2　本馆专业技术人员发表论文选目

作者	论文题名	刊名/书名	时间
贾金兰	关于图书馆学的学科性质刍议	图书馆学基础理论研究笔会文集	1987
贾金兰	试论图书馆工作的社会价值	图书馆学基础理论研究笔会文集	1987

作者	论文题名	刊名/书名	时间
王济众	编辑利用《社会主义精神文明文献索引》的体会	山东社会主义精神文明文献索引	1987.1
贾金兰	试论图书馆工作的社会价值	山东图书馆季刊	1987.3
王济众	做好《索引》统编工作，继续提高编辑质量	山东社会主义精神文明文献索引	1988.1
李珂田	潍坊市图书馆介绍	山东图书馆季刊	1988.4
李珂田	《决策参考信息》编辑浅谈	山东社会主义精神文明文献索引	1989.2
王庆增	浅谈公共图书馆的以文补文活动	山东图书馆季刊	1989.3
高　正	百科全书初探	潍坊市图书馆学会会刊	1989.12
贾金兰	潍坊市图书馆学会1990年工作计划	潍坊市图书馆学会会刊	1989.12
李珂田	《决策参考信息编辑》浅谈	潍坊市图书馆学会会刊	1989.12
栗祥忠	试论图书馆职能的演变	潍坊市图书馆学会会刊	1989.12
王昭龙	技术职务评定后的反思	潍坊市图书馆学会会刊	1989.12
王宇红	图书馆应强化思想教育职能	山东图书馆季刊	1990.1
贾金兰 王瑞璞 栗祥忠 高　正	市级图书馆为农业服务之我见	华东地区图书馆为农业服务论文集	1990.6
贾金兰	我省又一座市（地）级规模较大图书馆——潍坊市图书馆新馆落成	山东图书馆季刊	1991.1
贾金兰	风筝城文化建筑——潍坊市图书馆大楼建设侧记	山东图书馆季刊	1991.1
贾金兰	浅谈乡镇图书馆（室）为农业发展服务	潍坊市图书馆学会会刊	1991.4
栗祥忠 高　正	学会工作一年回顾	潍坊市图书馆学会会刊	1991.4
王　洁	十年树木，百年树人——浅谈少儿图书馆对少儿的立体化教育	少儿图书馆工作	1991.4
王昭龙	市图书馆职工教育初见成果	潍坊市图书馆学会会刊	1991.4
杨　漪	图书馆与精神文明建设	潍坊市图书馆学会会刊	1991.4

续表

作者	论文题名	刊名／书名	时间
陈艳亭	浅谈对图书馆树立良好形象的认识	山东图书馆季刊增刊	1992
高 正	百科全书初探	山东图书馆季刊增刊	1992
栗祥忠	努力发挥图书馆优势， 全面提高青少年素质	山东图书馆季刊增刊	1992
王 洁	浅析市场经济中少儿 图书馆的发展与对策	山东图书馆季刊增刊	1992
杨 漪	浅谈我馆地方文献工作	山东图书馆季刊增刊	1992
张玲玲	浅谈图书馆公共关系	山东图书馆季刊增刊	1992
栗祥忠	提高三个能力，搞好少儿读者工作	少年儿童图书馆	1992.4
王春玲	浅谈少儿图书馆的教育职能	少儿图书馆工作	1992.4
贾金兰	对业务辅导工作的探索和尝试	山东图书馆季刊增刊	1993
王 洁	少儿图书馆业务科学 管理面向社会的设想	儿童图书馆与中小学图书馆	1993.1
王瑞璞	图书馆对市场经济服务初探	山东图书馆季刊	1993.3
陈艳亭	发挥情报职能，推动科技进步	潍坊市图书馆学会会刊	1993.12
栗祥忠	对业务辅导工作的探索和尝试	山东图书馆季刊增刊	1993.12
王春玲	图书馆信息服务的现状与对策	潍坊市图书馆学会会刊	1993.12
王 洁	浅析市场经济中少儿 图书馆的发展与对策	潍坊市图书馆学会会刊	1993.12
王瑞璞	图书馆为市场经济服务初探	潍坊市图书馆学会会刊	1993.12
王宇红	各级图书馆都应重视参考咨询工作	潍坊市图书馆学会会刊	1993.12
杨 漪 刘清林	强化公共图书馆的教育职能—— 目前形势及我们的任务	潍坊市图书馆学会会刊	1993.12
杨 漪	强化公共图书馆的教育职能	山东图书馆季刊	1994.1
王 洁	潍坊市图书馆试办业余儿童剧团	山东图书馆季刊	1994.3
宫昌利	图书开架借阅管见	山东图书馆季刊	1994.4
贾金兰	赴美国纽约布鲁克林图书馆展览见闻录	山东图书馆季刊	1994.4
丁洪俊	试论在新形势下如何实现 图书馆的一个"静"字	潍坊市图书馆学会会刊	1994.12

作者	论文题名	刊名/书名	时间
董红薇	关于图书馆在市场经济 中发展的几点思考	潍坊市图书馆学会会刊	1994.12
付春凤	走信息产业开发之路， 努力振兴图书馆事业	潍坊市图书馆学会会刊	1994.12
宫昌利	浅谈市场经济与图书馆服务	潍坊市图书馆学会会刊	1994.12
王宇红 刘满奎	浅谈图书馆适应社会主义市场 经济改革的三个重要方面	潍坊市图书馆学会会刊	1994.12
张玲玲	发挥图书馆学会优势 为市场经济建设服务	潍坊市图书馆学会会刊	1994.12
张玲玲 林　娟	试论市场经济中的图书馆改革	潍坊市图书馆学会会刊	1994.12
张玲玲 林　娟 王春玲	试论市场经济中的图书馆改革	潍坊市图书馆学会会刊	1994.12
杨　漪	再议我馆地方文献工作	山东图书馆季刊	1995.1
王春玲	图书馆信息服务的现状及对策	山东图书馆季刊	1995.2
丁洪俊	试论在新形势下如何实现公 共图书馆的一个"静"字	山东图书馆季刊	1995.3
宫昌利	图书馆如何适应和服务于市场经济	潍坊宣传	1995.3
马洪杰	日本的市级公共图书馆	山东图书馆季刊	1995.9
付春凤 周嘉琴	强化意识，发挥优势，走出 图书馆信息服务的新路子	潍坊市图书馆学会1995年论文集	1995.12
宫昌利	图书馆如何适应和服务于市场经济	改革理论与实践	1995.12
宫昌利 董红薇	抓住机遇加强协作—— 浅谈地区协作网的建立	潍坊市图书馆学会1995年论文集	1995.12
刘典好	市场经济体制下的图书馆改革	潍坊市图书馆学会1995年论文集	1995.12
王国强	从读书社现象谈图书馆有偿服务	潍坊市图书馆学会1995年论文集	1995.12
王宇红 王希兆	适应市场经济新形势搞好 图书馆科研定题服务	潍坊市图书馆学会1995年论文集	1995.12

作者	论文题名	刊名/书名	时间
张光德 宗淑慧	试论工具书的分类标引	潍坊市图书馆学会 1995 年论文集	1995.12
张玲玲	发挥图书馆学会优势， 为市场经济建设服务	潍坊市图书馆学会 1995 年论文集	1995.12
付春凤	走信息产业开发之路， 努力振兴图书馆事业	山东图书馆季刊	1996.3
栗祥忠 宫昌利	浅谈图书馆人员的科学管理	潍坊论坛	1996.4
宫昌利 董红薇	注重发挥图书馆的教育职能	人类大命题	1996.5
宫昌利	图书开架借阅管见	中国图书情报工作文库	1996.6
贾金兰	浅论当代我国图书馆性 质职能及学科性质	中国图书情报工作文库	1996.6
栗祥忠	浅谈乡镇图书馆（室）发 展中的问题与对策	中国图书情报工作文库	1996.6
齐建新	探索市场经济条件下的 图书馆信息资源开发	学习月刊	1996.8
栗祥忠 宫昌利	加强科学管理，提高人员素质	高校论坛	1996.9
付春凤	浅谈公共图书馆自身建设	潍坊市图书馆学会 1996 年论文集	1996.12
傅永聚 王宇红 王希兆	在市场经济条件下图书馆管理改革	潍坊市图书馆学会 1996 年论文集	1996.12
宫昌利 董红薇	图书拒借率浅析	潍坊市图书馆学会 1996 年论文集	1996.12
刘典好	新形式下图书馆服务 发展若干问题的探讨	潍坊市图书馆学会 1996 年论文集	1996.12
齐建新	论市场经济条件下图书馆 信息资源的开发与利用	潍坊市图书馆学会 1996 年论文集	1996.12

续表

作者	论文题名	刊名/书名	时间
王春玲 张玲玲 郭瑞莲	适应时代发展，加强图书馆自动化建设	潍坊市图书馆学会 1996 年论文集	1996. 12
王彭兰 刘满奎	困境与出路——从我国图书馆事业的现状看文献资源共享发展的前景	潍坊市图书馆学会 1996 年论文集	1996. 12
杨漪 高利波 付春凤	漫谈图书馆意识	潍坊市图书馆学会 1996 年论文集	1996. 12
尹霞 钟兴 李雪梅	适应市场经济新形势　创办特色图书馆	潍坊市图书馆学会 1996 年论文集	1996. 12
李靖	论图书馆员的继续教育	山东图书馆季刊增刊	1997
杨漪	漫谈"图书馆意识"	山东图书馆季刊增刊	1997
栗祥忠 宫昌利	努力加强自身建设，促进两个文明发展	山东图书馆季刊	1997. 2
尹霞 钟兴 李雪梅	特色图书馆建设之我见	潍坊日报	1997. 2
栗祥忠	抓住良机对中小学生搞好爱国主义教育	党建与经济	1997. 3
齐建新	论图书馆在精神文明建设中的作用	学习月刊	1997. 3
王宇红	搞好定题服务，参与经济建设	山东图书馆季刊	1997. 3
齐建新	造就跨世纪的新一代	学习月刊	1997. 6
王彭兰	加强对少儿阅读辅导，培养跨世纪的人才	潍坊论坛	1997. 6
宫昌利	加强信息职能促进图书馆事业不断发展	图书馆工作理论与实践文集	1997. 7
宫昌利	图书馆工作者也要讲政治	潍坊宣传	1997. 7
王洁 王彭兰	加强对少儿阅读辅导，培养跨世纪的人才	图书情报通讯	1998. 1
栗祥忠	回顾辉煌历程开创美好未来	时代论坛	1998. 4
栗祥忠	加强地市级学会建设促进图书馆事业发展	山东图书馆季刊	1998. 4

作者	论文题名	刊名/书名	时间
栗祥忠	开拓进取再攀高峰	山东图书馆季刊	1998.4
栗祥忠 宫昌利	图书馆管理中的公共关系漫谈	时代论坛	1998.4
王英勋	浅谈新时期参考咨询工作的变革	时代论坛	1998.5
邓丽珠	浅谈图书馆现代化发展趋势	潍坊市图书馆学会 1998 年论文集	1998.12
郎绪增 邓丽珠	漫谈图书馆现代化发展趋势	潍坊市图书馆学会 1998 年论文集	1998.12
李靖	论人才结构与图书馆事业发展	潍坊市图书馆学会 1998 年论文集	1998.12
李雪梅 董红薇	浅谈图书馆自动化应用	潍坊市图书馆学会 1998 年论文集	1998.12
齐建新 钟兴	对少儿图书馆开展读书活动发挥社会职能的探索与实践	潍坊市图书馆学会 1993 年论文集	1998.12
王英勋 尹霞	浅谈新时期参考咨询工作的变革	潍坊市图书馆学会 1998 年论文集	1998.12
张光德	人的现代化与图书馆	潍坊市图书馆学会 1998 年论文集	1998.12
张晓霞 林娟	浅谈市场经济下报刊室信息资源的开发与利用	潍坊市图书馆学会 1998 年论文集	1998.12
陈天文	ILAS 系统回溯建库工作中条形码的处理方法	山东图书馆季刊 1999 年第 1 期	1999.3
王英勋	图书馆现代化建设之我见	山东图书馆季刊	1999.3
丁丽萍 谭振利	适应市场经济，深化图书馆改革	图书馆理论与实践	1999.5
董红薇 张玲玲	图书馆如何适应社会主义市场经济	图书馆理论与实践	1999.5
付春凤 王丽丽	浅议信息开发与振兴图书馆事业	图书馆理论与实践	1999.5
宫昌利 王英勋	市场经济与图书馆服务	图书馆理论与实践	1999.5
郭瑞莲 马洪杰	试论市场经济中的图书馆改革	图书馆理论与实践	1999.5
黄凤江 靳树国	浅析公共图书馆的矛盾与成因	图书馆理论与实践	1999.5

续表

作者	论文题名	刊名/书名	时间
靳树国 刘满奎	浅谈建立乡镇图书馆的必要性和迫切性	图书馆理论与实践	1999.5
郎绪增 邓丽珠	加强自我宣传教育,注重信息资源开发	图书馆理论与实践	1999.5
李 靖 高利波	浅谈信息社会中的图书馆	图书馆理论与实践	1999.5
李雪梅 韩星云	实施计算机管理跟上现代步伐——浅谈计算机技术在图书馆中的应用	图书馆理论与实践	1999.5
栗祥忠	加强地市级学会建设,促进图书馆事业发展	图书馆理论与实践	1999.5
栗祥忠 张光德	试论图书馆在具有中国特色社会主义建设中的定位	图书馆理论与实践	1999.5
刘典好 文俊友	图书馆服务方向刍议	图书馆理论与实践	1999.5
刘满奎 高利波	谈图书馆与公民素质的提高	图书馆理论与实践	1999.5
马洪杰	我馆参考咨询部读者工作统计分析	图书馆理论与实践	1999.5
齐建新 钟 兴	论图书馆在精神文明建设中的作用	图书馆理论与实践	1999.5
谭振利 李 靖	试述乡村图书馆的建设与发展	图书馆理论与实践	1999.5
王春玲 刘 群	适应市场经济,深化图书馆改革	图书馆理论与实践	1999.5
王 洁 王彭兰	加强对少儿阅读辅导 培养跨世纪人才	图书馆理论与实践	1999.5
吴宏伟 郭瑞莲	浅谈公共图书馆音像资料工作	图书馆理论与实践	1999.5
尹 霞 郎益华	新时期图书馆参考咨询工作的变革	图书馆理论与实践	1999.5

作者	论文题名	刊名/书名	时间
张光德	人的现代化与图书馆	图书馆理论与实践	1999.5
张玲玲 董红薇	浅谈图书馆在精神文明建设中的作用	图书馆理论与实践	1999.5
张晓霞 林　娟	浅谈市场经济下报刊室 信息资源开发利用	图书馆理论与实践	1999.5
宗淑慧 邱兆锋	浅谈中小型图书馆的建设	图书馆理论与实践	1999.5
郎益华	市场经济创新路子，寓教于乐育新人	中国特色社会主义文库	1999.7
宫昌利	图书馆与爱国主义教育	时代论坛	2000.4
马洪杰	浅谈我馆文献查阅室的回溯建库	山东图书馆季刊	2000.9
杨月辉 王国强	浅谈21世纪图书馆教育职能的强化	山东省图书馆学会第七次 科学讨论会获奖论文集	2000.9
邓丽珠 郎绪增	图书馆要为全民读书服务	知识与信息的使者	2000.9
丁丽萍 宗淑慧	网络时代的图书馆	知识与信息的使者	2000.9
董红薇	浅谈图书馆计算机网络编目	知识与信息的使者	2000.9
傅永聚	加强业务学习　提高业务素质	知识与信息的使者	2000.9
宫昌利 徐　义 鲁　松	科技发展与图书馆员的复合型素质	知识与信息的使者	2000.9
宫昌利 杨月辉	因特网：我们面临的机遇和挑战	知识与信息的使者	2000.9
黄凤江 王　丽	浅谈如何提高期刊的利用率	知识与信息的使者	2000.9
郎益华 张晓霞	图书馆工作应走进读者	知识与信息的使者	2000.9
李　梅	图书馆如何做好情报信息工作	知识与信息的使者	2000.9
李雪梅 于爱玲	新时代图书馆的信息之路	知识与信息的使者	2000.9
栗祥忠	新时代图书馆信息服务初探	知识与信息的使者	2000.9

作者	论文题名	刊名/书名	时间
梁　昱 王英勋	浅谈图书馆人事制度改革	知识与信息的使者	2000.9
林　娟 尹　霞	网络环境下公共图书馆 读者服务工作的新举措	知识与信息的使者	2000.9
刘满奎 付春凤	跨世纪图书馆的服务功能探索	知识与信息的使者	2000.9
鲁　松 刘满奎	图书馆电子阅览之我见	知识与信息的使者	2000.9
马洪杰 杨月辉 丁丽萍	浅谈参考咨询工作者的自我培养	知识与信息的使者	2000.9
王春玲 文俊友	试论图书馆在知识经济 时代所肩负的历史使命	知识与信息的使者	2000.9
王国强 丁丽萍	浅谈公共图书馆电子阅览室的建设	知识与信息的使者	2000.9
徐　义 张光德	试论图书馆与人的现代化	知识与信息的使者	2000.9
杨月辉 宫昌利	21世纪参考咨询服务初探	知识与信息的使者	2000.9
杨月辉 马洪杰 丁丽萍	浅论馆际互借	知识与信息的使者	2000.9
尹　霞 林　娟	图书馆网络化建设现状浅析	知识与信息的使者	2000.9
张晓霞 郎益华	21世纪图书馆员业务素质浅论	知识与信息的使者	2000.9
钟　兴 郭瑞莲	少儿图书馆与素质教育	知识与信息的使者	2000.9
丁美娟 王小青	优秀服务，走出低谷	书海扬帆	2000.9
宫昌利	图书纸张老化的原因及对策	书海扬帆	2000.9
黄凤江 王　丽	加强期刊管理，发展信息产业	书海扬帆	2000.9

续表

作者	论文题名	刊名/书名	时间
郎益华	浅谈我馆报纸资源的开发与利用	书海扬帆	2000.9
李　靖 马洪杰	浅谈图书馆网络化对人员素质要求及对策	书海扬帆	2000.9
林　娟 高　正	浅谈图书馆信息产业	书海扬帆	2000.9
鲁　松	漫话 E – Mail	书海扬帆	2000.9
马洪杰 李　靖	对运用 ILAS 系统进行 回溯建库的几点体会	书海扬帆	2000.9
王国强	图书馆如何利用因特网信息资源之我见	书海扬帆	2000.9
吴宏伟 郭瑞莲	阻碍中小学图书馆发展的原因与对策	书海扬帆	2000.9
杨月辉 丁丽萍	试论图书馆潜在读者之挖掘	书海扬帆	2000.9
张玲玲 董红薇	对我国图书馆文献资源共享的探讨	书海扬帆	2000.9
张晓霞	充分开发利用报纸信息资源， 迎接知识经济时代	书海扬帆	2000.9
宗淑慧	知识经济时代图书馆面临的挑战	书海扬帆	2000.9
宫昌利	做好读者工作　提高服务质量	图书馆增刊	2000.12
梁　昱 宫昌利	人事制度改革是图书馆事业发展的保证	山东图书馆季刊	2000.12
宫昌利	知识经济与图书馆	鸢都之星	2000.12
王春玲	加强学校图书馆专业队伍建设， 推进素质教育的全面开展	潍坊宣传	2001.2
王春玲	论图书馆在知识经济中的作用	青年思想家	2001.3
宫昌利	潍坊市图书馆学会十届研讨会 获奖论文及著者研究	山东图书馆季刊	2001.6
张光德 王国强	《中图法》类目复分、 仿分加"0"问题辨析	山东图书馆季刊	2001.6
宫昌利 杨月辉	快速获取信息的重要途径——邮件列表	河北科技图苑	2001.9
丁美娟	论图书馆资源共享	历史的重托	2002.2

作者	论文题名	刊名/书名	时间
董红薇	新时期图书馆馆员素质浅论	历史的重托	2002.2
傅永聚 宫昌利	认真做好读者工作 积极弘扬先进文化	历史的重托	2002.2
宫昌利 傅永聚	图书馆网站建设论纲	历史的重托	2002.2
郎益华	办好《外载本市信息索引》 服务地方建设	历史的重托	2002.2
王丽丽 黄凤江	网络环境下地方文献工作面临的新挑战	历史的重托	2002.2
吴宏伟 李靖	浅议电子出版物对图书馆的影响	历史的重托	2002.2
张晓霞	浅谈地方文化对地方文献的作用	历史的重托	2002.2
宫昌利 栗祥忠	求实创新 建立地方特色藏书体系	书海泛舟	2002.7
栗祥忠 宫昌利	浅谈图书馆人事制度改革	山东图书馆季刊	2003.3
董红薇	图书馆可持续发展的思考	为了明天	2003.3
宫昌利	网络环境下地方文献资源的开发与利用	为了明天	2003.3
王国强 聂金梅	新时期电子阅览室的管理与服务浅析	为了明天	2003.3
尹霞	新时期图书馆读者服务工作的延伸	为了明天	2003.3
董红薇	图书馆工作与著作权问题	图书馆建设与发展	2003.5
宫昌利	论现代图书馆工作中的知识产权问题	图书馆建设与发展	2003.5
郭瑞莲 魏韬	危机管理与图书馆的核心竞争力	图书馆建设与发展	2003.5
郎益华 钟兴	关于新形势下图书馆读者服务形象的思考	图书馆建设与发展	2003.5
李靖 吴宏伟	浅议对核心期刊的几点认识	图书馆建设与发展	2003.5
鲁松	浅谈公共图书馆的地方文献征集	图书馆建设与发展	2003.5
王春玲 郭瑞莲	浅谈新世纪下的图书馆读者服务工作	图书馆建设与发展	2003.5

续表

作者	论文题名	刊名/书名	时间
王国强 聂金梅	浅谈电子阅览室的服务工作	图书馆建设与发展	2003.5
王　菁 黄凤江	网络环境下公共图书馆 网站建设的问题浅议	图书馆建设与发展	2003.5
王丽丽 黄凤江	网络环境下公共图书馆网站建设浅议	图书馆建设与发展	2003.5
文俊友 李　梅	全面提高图书馆人员素质 是搞好服务工作的关键	图书馆建设与发展	2003.5
尹　霞	谈谈我市社区图书馆的发展思路	图书馆建设与发展	2003.5
张光德	机读数据分类标引与多途径、 多角度检索文献的实现	图书馆建设与发展	2003.5
钟　兴	论社区图书馆的建设和发展	图书馆建设与发展	2003.5
钟　兴 高洪臻	论公共图书馆网站普遍 存在的问题及解决方案	网络时代图书馆工作与研究	2003.5
张光德 黄凤江	机读数据分类标引与多 途径多角度检索文献的实现	山东图书馆季刊	2003.6
尹　霞	潍坊市图书馆知识拥军片断	山东图书馆季刊	2003.9
梁　昱	图书馆管理初探	图书馆管理与信息服务	2004.5
郎益华	新时期图书馆读者服务形象浅析	山东图书馆季刊	2004.6
宫昌利	导入 CIS 战略　完善图书馆形象	中国现代教育学报	2004.8
张光德	计算机检索环境下工 具书分类标引的探讨	山东图书馆季刊	2004.12
鲁　松	以人为本情系读者——潍坊市 图书馆少儿馆活动小汇	2005 年华东少年儿童图书 馆协会优秀论文集	2005
张光德	《中图法》多重列类与机读数据分类标引	河南图书馆学刊	2005.6
郭瑞莲	潍坊高校图书馆馆舍及 现代化建设的几点设想	图书馆信息资源建设与利用	2005.6
韩星云 李　梅	网络环境下图书馆信息服务之我见	图书馆信息资源建设与利用	2005.6
王春玲 林　娟	建设特色数据库　实现信息资源共享	图书馆信息资源建设与利用	2005.6

作者	论文题名	刊名/书名	时间
文俊友 马洪杰	网络环境下图书馆信息服务之对策	图书馆信息资源建设与利用	2005.6
张光德	等级列举式分类法的多重列类 与机读数据分类标引	图书馆信息资源建设与利用	2005.6
尹 霞	在变革中求发展	齐鲁人物	2005.6
董红薇	图书馆人力资源的可持续发展	理论与实践	2005.7
王 健	县级图书馆发展信息网络服务的沉思	理论与实践	2005.7
王英勋	浅谈特色图书馆发展之路	理论与实践	2005.7
尹 霞	图书馆网络系统安全分析	理论与实践	2005.7
尹 霞	论新时期图书馆读者工作的创新	中国教育科学通报	2005.8
张光德	中文文献合订题名在机读 目录数据中的著录	当代图书馆	2005.9
李 靖	走联合之路　求发展之道	山东图书馆季刊	2005.9
张光德	浅谈几种实用的辨识《中 图法》类目涵义的方法	山东图书馆季刊	2005.9
张光德	机读数据互见分类标引研究与探索	国家图书馆学刊	2005.10
宫昌利	提高全民素质　共建和谐社会	当代学术研究	2006.4
张光德	机读数据互见分类标引研究与探索	人大复印报刊资料：图书馆学、 信息科学、资料工作	2006.5
邓丽珠	抓住机遇，加强协作，浅谈地区 信息资源共建共享的建立	中国教育科学通报	2006.5
宫昌利	网络环境下图书馆的文献资源建设	中国教育科学通报	2006.5
陈天文 高洪臻	论网络环境下图书馆知识产权问题	创新　合作　发展	2006.5
李 靖 吴宏伟	网络环境下图书馆馆藏文献建设	创新　合作　发展	2006.5
林 娟 张欣炜	图书馆在网络环境下的信息 资源和信息服务建设探讨	创新　合作　发展	2006.5
王彭兰 杨月辉	公共图书馆学科馆员制度初探	创新　合作　发展	2006.5
杨月辉 王彭兰	图书馆实时信息服务探讨	创新　合作　发展	2006.5

作者	论文题名	刊名/书名	时间
宫昌利	图书馆服务于和谐社会探析	山东图书馆季刊	2006.6
谭振利	浅谈图书馆办公室工作	中国科学学报	2006.6
宫昌利	新时期图书馆中层干部的角色	中国科学学报	2006.6
高洪臻 陈天文	网络信息资源的抽取与整合技术	图书馆管理与自动化建设	2006.6
韩星云	网络环境下图书馆文献 信息资源的共建与共享	图书馆管理与自动化建设	2006.6
刘满奎	关于图书馆职业资格 认证制度的几点认识	图书馆管理与自动化建设	2006.6
王国强 聂金梅	网络环境下图书馆信息服务之我见	图书馆管理与自动化建设	2006.6
王彭兰	图书馆员职业道德建设浅议	图书馆管理与自动化建设	2006.6
王小青	浅谈图书馆"以人为本"的读者服务观	图书馆管理与自动化建设	2006.6
陈天文 高洪臻	建立考核准入制度改善 图书馆人才生态环境	新世纪图书馆管理与建设研究论丛	2006.6
李　梅 韩星云	知识经济时代的图书馆 人力资源管理创新	新世纪图书馆管理与建设研究论丛	2006.6
鲁　松	图书馆网络信息资源与知识产权保护	新世纪图书馆管理与建设研究论丛	2006.6
聂金梅 王国强	网络环境下图书馆参考咨询工作之我见	新世纪图书馆管理与建设研究论丛	2006.6
王国强 聂金梅	试论社区图书馆的建设	新世纪图书馆管理与建设研究论丛	2006.6
王　健 王小青	浅谈 21 世纪图书馆教育职能的强化	新世纪图书馆管理与建设研究论丛	2006.6
王彭兰 陈天文	浅谈我馆如何做好地方文献工作	新世纪图书馆管理与建设研究论丛	2006.6
王彭兰 杨月辉	加强图书馆员职业道德建设浅议	新世纪图书馆管理与建设研究论丛	2006.6
王小青 韩星云	特色图书馆的档案管理	新世纪图书馆管理与建设研究论丛	2006.6

续表

作者	论文题名	刊名/书名	时间
王小青 王 健	导入 CIS 战略　完善图书馆形象	新世纪图书馆管理与建设研究论丛	2006.6
王英勋	知识管理下图书馆馆长素质的探讨	新世纪图书馆管理与建设研究论丛	2006.6
杨月辉	论 21 世纪图书馆潜在用户的开发	新世纪图书馆管理与建设研究论丛	2006.6
张晓霞	加强图书馆人力资源管理，提高图书馆服务质量	新世纪图书馆管理与建设研究论丛	2006.6
王彭兰 刘满奎	《潍坊古籍书目》编辑与思考	山东图书馆季刊	2006.12
张志凤	信息化时代图书馆的定位与发展方向	文明大使	2006.12
张志凤	快速阅读法	当代中学生	2006.12
张志凤	网络环境下图书馆信息资源建设浅析	山东经济战略研究	2007.5
李 梅	加强青少年素质教育与少儿图书馆阅读指导	图书馆用户服务研究	2007.6
鲁 松	中国风筝的领头雁——潍坊风筝	守望精神家园	2007.6
张志凤	图书古今谈	当代中学生	2007.6
鲁 松	漫谈市级公共图书馆的地方文献工作	21 世纪地方文献工作发展研究论文选	2007.7
李 梅 钟 兴	试论少儿图书馆的特色文献资源与文献资源共享体系建设	新环境下图书馆建设与发展	2007.8

三　论著编著出版

1989 年至 2007 年，本馆专业技术人员主持编辑、编著或由本馆人员参与编辑、编著的学术论著共 47 种，参与编著者达 155 人次。论著出版情况见表 8.3。

表 8.3　本馆专业技术人员出版论著选目

作者	论著名称	著作方式	出版单位	出版时间
贾金兰	潍坊市图书馆学会会刊	主编	潍坊市新闻出版局	1989.12
栗祥忠	潍坊市图书馆学会会刊	副主编	潍坊市新闻出版局	1989.12
高 正	潍坊市图书馆学会会刊	编辑	潍坊市新闻出版局	1989.12

作者	论著名称	著作方式	出版单位	出版时间
王春玲	风筝	编委	明天出版社	1990.1
贾金兰	潍坊市图书馆学会会刊	主编	潍坊市新闻出版局	1991.4
栗祥忠	潍坊市图书馆学会会刊	副主编	潍坊市新闻出版局	1991.4
高 正	潍坊市图书馆学会会刊	编辑	潍坊市新闻出版局	1991.4
贾金兰	潍坊市图书馆学会会刊	主编	潍坊市新闻出版局	1993.12
栗祥忠	潍坊市图书馆学会会刊	副主编	潍坊市新闻出版局	1993.12
王希兆	潍坊市图书馆学会会刊	编辑	潍坊市新闻出版局	1993.12
张玲玲	潍坊市图书馆学会会刊	编辑	潍坊市新闻出版局	1993.12
林 娟	文科文献检索系统教程	编委	天津人民出版社	1994.7
王彭兰	文科文献检索系统教程	编委	天津人民出版社	1994.7
王希兆	文科文献检索系统教程	编委	天津人民出版社	1994.7
栗祥忠	中国辞书大全	编委	黄河出版社	1994.12
贾金兰	潍坊市图书馆学会会刊	主编	潍坊市新闻出版局	1994.12
栗祥忠	潍坊市图书馆学会会刊	副主编	潍坊市新闻出版局	1994.12
王希兆	潍坊市图书馆学会会刊	编辑	潍坊市新闻出版局	1994.12
张玲玲	潍坊市图书馆学会会刊	编辑	潍坊市新闻出版局	1994.12
贾金兰	图书馆学中等专业学习用书	主编	山东友谊出版社	1995
陈艳亭	图书馆学中等专业学习用书	副主编	山东友谊出版社	1995
傅永聚	图书馆学中等专业学习用书	副主编	山东友谊出版社	1995
栗祥忠	图书馆学中等专业学习用书	副主编	山东友谊出版社	1995
陈艳亭	中文报刊管理	编著	山东友谊出版社	1995
陈艳亭	中文工具书	编著	山东友谊出版社	1995
郎绪增	图书馆学基础	编著	山东友谊出版社	1995
林 娟	中文文献编目	编著	山东友谊出版社	1995
王希兆	中文文献编目	编著	山东友谊出版社	1995
刘清林	目录学基础	编著	山东友谊出版社	1995
王彭兰	科技文献检索	编著	山东友谊出版社	1995
王瑞璞	藏书建设	编著	山东友谊出版社	1995
杨 漪	读者工作	编著	山东友谊出版社	1995

作者	论著名称	著作方式	出版单位	出版时间
张光德	图书分类	编著	山东友谊出版社	1995
张玲玲	中国书史	编著	山东友谊出版社	1995
栗祥忠	中国辞书大全	编委	黄河出版社	1995.4
贾金兰	潍坊十二家图书馆报刊联合目录	主编　编委	潍坊市新闻出版局	1995.12
栗祥忠	潍坊十二家图书馆报刊联合目录	主编　编委	潍坊市新闻出版局	1995.12
刘满奎	潍坊十二家图书馆报刊联合目录	编委	潍坊市新闻出版局	1995.12
王瑞璞	潍坊十二家图书馆报刊联合目录	编委	潍坊市新闻出版局	1995.12
贾金兰	潍坊市图书馆学会1995年论文集	主编	潍坊市新闻出版局	1995.12
栗祥忠	潍坊市图书馆学会1995年论文集	副主编	潍坊市新闻出版局	1995.12
王希兆	潍坊市图书馆学会1995年论文集	编辑	潍坊市新闻出版局	1995.12
张玲玲	潍坊市图书馆学会1995年论文集	编辑	潍坊市新闻出版局	1995.12
栗祥忠	四库全书存目丛书	编委	齐鲁书社	1996.10
贾金兰	潍坊市图书馆学会1996年论文集	主编	潍坊市新闻出版局	1996.12
栗祥忠	潍坊市图书馆学会1996年论文集	副主编	潍坊市新闻出版局	1996.12
王希兆	潍坊市图书馆学会1996年论文集	编辑	潍坊市新闻出版局	1996.12
张玲玲	潍坊市图书馆学会1996年论文集	编辑	潍坊市新闻出版局	1996.12
栗祥忠	潍坊文化志	编委	齐鲁书社	1997.12
栗祥忠	图苑文集	主编	潍坊市新闻出版局	1998.6
傅永聚	图苑文集	副主编	潍坊市新闻出版局	1998.6
高利波	图苑文集	副主编	潍坊市新闻出版局	1998.6
王　洁	图苑文集	副主编	潍坊市新闻出版局	1998.6
王英勋	图苑文集	副主编	潍坊市新闻出版局	1998.6
张光德	图苑文集	副主编	潍坊市新闻出版局	1998.6
付春凤	图苑文集	编委	潍坊市新闻出版局	1998.6
高　正	图苑文集	编委	潍坊市新闻出版局	1998.6
宫昌利	图苑文集	编委	潍坊市新闻出版局	1998.6
林　娟	图苑文集	编委	潍坊市新闻出版局	1998.6
刘满奎	图苑文集	编委	潍坊市新闻出版局	1998.6
齐建新	图苑文集	编委	潍坊市新闻出版局	1998.6

续表

作者	论著名称	著作方式	出版单位	出版时间
王希兆	图苑文集	编委	潍坊市新闻出版局	1998.6
王宇红	图苑文集	编委	潍坊市新闻出版局	1998.6
张玲玲	图苑文集	编委	潍坊市新闻出版局	1998.6
栗祥忠	潍坊市图书馆馆藏地方文献书目第一卷	主编	潍坊市新闻出版局	1998.6
王明俊	潍坊市图书馆馆藏地方文献书目第一卷	副主编	潍坊市新闻出版局	1998.6
杨 漪	潍坊市图书馆馆藏地方文献书目第一卷	副主编	潍坊市新闻出版局	1998.6
王希兆	潍坊市图书馆馆藏地方文献书目第一卷	编委	潍坊市新闻出版局	1998.6
张玲玲	潍坊市图书馆馆藏地方文献书目第一卷	编委	潍坊市新闻出版局	1998.6
贾金兰	潍坊市公共图书馆史略	主编	中国文史出版社	1998.7
栗祥忠	潍坊市公共图书馆史略	主编	中国文史出版社	1998.7
丁洪俊	潍坊市公共图书馆史略	副主编	中国文史出版社	1998.7
傅永聚	潍坊市公共图书馆史略	编委	中国文史出版社	1998.7
高利波	潍坊市公共图书馆史略	编委	中国文史出版社	1998.7
王 洁	潍坊市公共图书馆史略	编委	中国文史出版社	1998.7
王英勋	潍坊市公共图书馆史略	编委	中国文史出版社	1998.7
宫昌利	潍坊市公共图书馆史略	撰稿人	中国文史出版社	1998.7
王希兆	潍坊市公共图书馆史略	撰稿人	中国文史出版社	1998.7
王昭龙	潍坊市公共图书馆史略	撰稿人	中国文史出版社	1998.7
杨 漪	潍坊市公共图书馆史略	撰稿人	中国文史出版社	1998.7
贾金兰	潍坊市图书馆学会1998年论文集	主编	潍坊市新闻出版局	1998.12
栗祥忠	潍坊市图书馆学会1998年论文集	副主编	潍坊市新闻出版局	1998.12
王希兆	潍坊市图书馆学会1998年论文集	编辑	潍坊市新闻出版局	1998.12
张玲玲	潍坊市图书馆学会1998年论文集	编辑	潍坊市新闻出版局	1998.12
栗祥忠	图书馆理论与实践	主编 编委	北京图书馆出版社	1999.5
傅永聚	图书馆理论与实践	副主编 编委	北京图书馆出版社	1999.5
刘满奎	图书馆理论与实践	副主编 编委	北京图书馆出版社	1999.5
王希兆	图书馆理论与实践	编委	北京图书馆出版社	1999.5
张玲玲	图书馆理论与实践	编委	北京图书馆出版社	1999.5
梁 昱	图书馆实用百科	副主编	中国环境科学出版社	1999.8

作者	论著名称	著作方式	出版单位	出版时间
刘满奎	图书馆实用百科	副主编	中国环境科学出版社	1999.8
王英勋	图书馆实用百科	编委	中国环境科学出版社	1999.8
栗祥忠	知识与信息的使者	总编	中央编译出版社	2000.9
王希兆	知识与信息的使者	副主编	中央编译出版社	2000.9
董红薇	书海扬帆	编委	中央编译出版社	2000.9
王希兆	书海扬帆	编委	中央编译出版社	2000.9
张玲玲	书海扬帆	编委	中央编译出版社	2000.9
栗祥忠	历史的重托	总编	中国文联出版社	2002.2
傅永聚	历史的重托	副主编	中国文联出版社	2002.2
王希兆	历史的重托	副主编	中国文联出版社	2002.2
李　靖	历史的重托	编委	中国文联出版社	2002.2
吴宏伟	历史的重托	编委	中国文联出版社	2002.2
栗祥忠	小型图书馆实用手册	编委	南海出版公司	2002.8
张光德	小型图书馆实用手册	撰稿人	南海出版公司	2002.8
宫昌利	为了明天	编委	华夏文化出版有限公司	2003.3
栗祥忠	图书馆建设与发展	总编　编委	中国文联出版社	2003.5
梁　昱	图书馆建设与发展	副主编　编委	中国文联出版社	2003.5
林　娟	图书馆建设与发展	副主编　编委	中国文联出版社	2003.5
王希兆	图书馆建设与发展	副主编　编委	中国文联出版社	2003.5
董红薇	图书馆建设与发展	编委	中国文联出版社	2003.5
黄凤江	图书馆建设与发展	编委	中国文联出版社	2003.5
马洪杰	图书馆建设与发展	编委	中国文联出版社	2003.5
尹　霞	图书馆建设与发展	编委	中国文联出版社	2003.5
栗祥忠	潍坊市图书馆馆藏工具书索引	主编	山东省新闻出版局	2003.7
梁　昱	潍坊市图书馆馆藏工具书索引	副主编	山东省新闻出版局	2003.7
刘满奎	潍坊市图书馆馆藏工具书索引	副主编	山东省新闻出版局	2003.7
王希兆	潍坊市图书馆馆藏工具书索引	副主编	山东省新闻出版局	2003.7
丁丽萍	潍坊市图书馆馆藏工具书索引	编委	山东省新闻出版局	2003.7
高利波	潍坊市图书馆馆藏工具书索引	编委	山东省新闻出版局	2003.7

作者	论著名称	著作方式	出版单位	出版时间
郎益华	潍坊市图书馆馆藏工具书索引	编委	山东省新闻出版局	2003.7
鲁　松	潍坊市图书馆馆藏工具书索引	编委	山东省新闻出版局	2003.7
齐建新	潍坊市图书馆馆藏工具书索引	编委	山东省新闻出版局	2003.7
王彭兰	潍坊市图书馆馆藏工具书索引	编委	山东省新闻出版局	2003.7
王英勋	潍坊市图书馆馆藏工具书索引	编委	山东省新闻出版局	2003.7
杨月辉	潍坊市图书馆馆藏工具书索引	编委	山东省新闻出版局	2003.7
张玲玲	潍坊市图书馆馆藏工具书索引	编委	山东省新闻出版局	2003.7
栗祥忠	潍坊市图书馆馆藏地方文献书目第二卷	主编	潍坊市新闻出版局	2003.7
刘满奎	潍坊市图书馆馆藏地方文献书目第二卷	副主编	潍坊市新闻出版局	2003.7
鲁　松	潍坊市图书馆馆藏地方文献书目第二卷	副主编	潍坊市新闻出版局	2003.7
王希兆	潍坊市图书馆馆藏地方文献书目第二卷	副主编	潍坊市新闻出版局	2003.7
丁丽萍	潍坊市图书馆馆藏地方文献书目第二卷	编委	潍坊市新闻出版局	2003.7
郎益华	潍坊市图书馆馆藏地方文献书目第二卷	编委	潍坊市新闻出版局	2003.7
梁　昱	潍坊市图书馆馆藏地方文献书目第二卷	编委	潍坊市新闻出版局	2003.7
王英勋	潍坊市图书馆馆藏地方文献书目第二卷	编委	潍坊市新闻出版局	2003.7
杨月辉	潍坊市图书馆馆藏地方文献书目第二卷	编委	潍坊市新闻出版局	2003.7
张玲玲	潍坊市图书馆馆藏地方文献书目第二卷	编委	潍坊市新闻出版局	2003.7
梁　昱	图书馆管理与信息服务	编委	北京图书馆出版社	2004.5
刘满奎	探索与追求	副主编　编委	华夏文化出版公司	2004.6
刘满奎	山东省公共图书馆发展简史	撰稿人	中国文联出版社	2005.6
王英勋	理论与实践	副主编　编委	大众文艺出版社	2005.7
张光德	文献分类标引理论与实践	著	华文出版社	2006.5
刘满奎	文献分类标引理论与实践	著	华文出版社	2006.5
王希兆	新世纪图书馆管理与建设研究论丛	副主编	北京图书馆出版社	2006.6
刘满奎	图书馆管理与自动化建设	副主编	中国文联出版社	2006.6
王英勋	图书馆读者工作全书	编委	《人民日报》出版社	2006.7
王英勋	开拓与进取	副主编　编委	中央文献出版社	2006.8
栗祥忠	潍坊文化三百年	编委	文化艺术出版社	2006.10
栗祥忠	潍坊古籍书目	主编	北京图书馆出版社	2006.12

作者	论著名称	著作方式	出版单位	出版时间
刘满奎	潍坊古籍书目	副主编　编委	北京图书馆出版社	2006.12
王彭兰	潍坊古籍书目	副主编　编委	北京图书馆出版社	2006.12
王希兆	潍坊古籍书目	副主编	北京图书馆出版社	2006.12
郑晓光	潍坊古籍书目	副主编	北京图书馆出版社	2006.12
宫昌利	潍坊古籍书目	编委	北京图书馆出版社	2006.12
郎益华	潍坊古籍书目	编委	北京图书馆出版社	2006.12
王英勋	潍坊古籍书目	编委	北京图书馆出版社	2006.12

第二节　业务辅导

1953 年，本馆设立辅导组，负责对全市各基层单位的图书馆工作进行业务辅导。

1953 年 12 月至 1957 年，本馆深入农村、工厂，发动基层单位来馆协商建立图书流通站，并对已建立的图书流通站进行业务管理、图书借阅等辅导工作。

1960 年 1 月至 2 月，本馆帮助全市 21 个公社突击建立 250 处社队图书室。

1963 年，本馆起草《关于在农村建立图书室开展业务工作的方法（草案）》。

1964 年 10 月 28 日至 12 月 5 日，本馆与文化馆联合组成 6 人的工作组，整顿和发展图书室 7 个，图书站 12 个，读报组 64 个，故事组 58 个，发展故事员 76 人，办黑板报 46 块。

"文化大革命"之后，经半年的努力，摸清全市工厂、学校、机关和农村公社图书室的基本情况。

1982 年 6 月，本馆对地直、市直基层单位图书馆（室）的专业人员，围绕图书馆专业基本科目复习纲要进行辅导。

1984 年至 2007 年，本馆业务辅导包括对各县、市、区和基层单位图书馆进行业务辅导，加强与各级各类图书馆的联系与沟通，组织举办业务竞赛，组织开展专业学术研究与编辑出版，组织举办专业教育与培训，开展社会教育与培训等。

一　统计调查基层图书馆的建设与发展状况

本馆通过深入基层、发放调查情况表等方法了解基层图书馆（室）的建设与发展状况。

1986 年春，本馆帮助青州、诸城 2 个图书馆总结了其业务辅导工作经验，组织其参加省文化厅是年在掖县召开的全省图书馆辅导工作经验交流会。

1987 年，本馆发信函 550 封，掌握了全市 12 个县、市、区 174 个乡镇图书馆室，1574 个村图书室，23 个专业户图书室的基本情况。

1988 年以后，本馆每年向各县、市、区公共图书馆发放情况调查表，各馆也在每年年底向本馆报送年度工作总结，各馆建设与发展状况及时得到掌握。每年撰写图书馆工作调查研究报告 4 篇。依据图书馆事业发展需要，制定年度业务辅导计划。

2005 年，本馆按照《山东省图书馆发展史》的编写要求，完成本馆及各县、市、区公共图书馆发展史的撰稿、统稿、审核、上报工作，总结和记录了本馆建馆至 2004 年底以及各县、市、区公共图书馆的发展足迹。该书于 2005 年 6 月由中国文联出版社出版。

2007 年，本馆根据山东省图书馆学会《关于〈山东省志·文化志（1986—2005 年）〉图书馆篇目资料长编编写通知》的要求，完成了潍坊市图书馆学会各会员馆发展历史与现状的资料搜集、整理、编写及上报工作。

二　帮建基层图书馆（室）

本馆对市区各单位图书馆建设的辅导除采取集中举办图书馆业务培训班外，还采取了个别辅导与现场指导相结合的方式。

1984 年，本馆对 9 个基层图书馆进行了 3 次现场辅导，11 次来馆辅导。

1986 年，一轻技校、无线电厂图书室专业人员先后来本馆学习图书馆基本知识。

1987 年，本馆对省化纤研究所、胜利输油公司、市环保局、农科所、电厂等图书馆（室）进行业务辅导并解答咨询 30 多人次。

1989 年，纯碱厂、棉纺厂、化工厂、艺术学校和市开发中心图书馆（室）的人员先后来本馆学习。

1990 年至 1997 年，借社会文化先进县、文化先进乡（镇）评比活动，本馆负责起草了万册乡镇图书馆的标准，采取定期检查、重点扶持的办法，进一步加大对乡村图书馆（室）建设的力度。2002 年，本馆重新修订镇、村图书馆（室）达标标准，由潍坊市文化局下发《关于在全市开展创建达标基层图书馆的通知》，将基层图书馆建设纳入经常化、制度化和规范化的体系之中。先后建立万册乡镇图书馆 91 个、5000 册村图书室 26 个，企事业单位图书馆 8 个，形成了市、县、乡、村四级图书馆网络，促进了全市基层图书馆（室）的全面发展，在创建社会文化先进县、文化先进乡（镇）活动中发挥了重要作用。

1994 年，本馆对商校图书馆进行图书分编加工业务辅导。

1995 年，本馆对寒亭棉纺厂图书馆进行图书分编加工业务辅导。

1996 年，本馆帮助二职专图书室分编整理图书，进行业务辅导；帮助潍坊六中分编图书 1 万余册。

1997 年，本馆为金宝公司图书室分编图书 1600 册，并进行业务辅导；帮助新立克集团、泛海集团、三中、十中、十五中等十几个单位建立、完善了图书室，先后提供咨询 100 余条，指导图书分类、编目 170 余次；对西藏日喀则图书馆图书管理员卓嘎同志进行为期两个月的图书馆学基本知识和业务技能培训。

2002 年，本馆对诸城市图书馆业务自动化管理进行业务辅导，及时解决遇到的问题；协助筹建潍坊市委宣传部图书室，帮助制定工作规范、工作流程、工作标准及规章制度，辅导并协助该馆对馆藏文献进行分编加工整理。9 月，本馆对潍柴职工子弟学校图书室的文献分类、编目等业务工作进行辅导，使其业务工作进一步规范化、标准化。11 月，本馆协助炮八师筹建图书室，帮助建立图书室管理规范和管理制度，辅导并协助该图书室对所藏文献进行分编加工整理。

2003 年 3 月至 4 月，本馆对安丘市图书馆、昌邑市图书馆进行图书馆业务自动化管理系统技术指导，主要辅导内容包括：计算机网络基本知识；ILAS5.0 采访、编目、流通、检索子系统操作；计算机设备及网络常见问题；回溯建库。

2004 年 10 月 8 日至 11 月 20 日，本馆帮助筹建奎文区图书馆，帮助分编图书 4 万余册，受到了奎文区委、区政府有关领导的好评。

2005 年 7 月 18 日，本馆将全馆党员捐款购买的价值 6000 元的新书进行加工整理后送到奎文区后门街社区，帮助建设图书室，受到社区党员和居民的热烈欢迎。

2007 年 5 月 15 日至 30 日，本馆为奎文区东关、樱园、南屯、早春园、大虞等街办文化站提供文化信息资源共享工程数据。

2007 年 7 月 10 日至 26 日，本馆将分编加工整理好的 2051 册图书无偿捐赠给早春园社区并给予必要的义务辅导，帮助建设成立"早春园社区图书馆"。

2007 年 8 月至 9 月，本馆落实市直机关党工委"全市优质服务项目——潍坊市图书馆社会服务网点建设"，选送了图书 600 余册和部分期刊进行加工整理后送至潍坊市武警支队，并为 8 个中队办理了集体借书证，同时将全国文化信息资源共享工程国家中心发布的数据复制到武警支队内部网络发布系统，供武警官兵欣赏。9 月 1 日，正式举行"潍坊市图书馆武警潍坊分馆"揭牌仪式。

2007 年 12 月 12 日，由市委农工办、市文化局、市广播电视局共同主办的"送文化、送图书、送电影下乡"活动在潍坊市奎文区二十里堡街道南屯村正式启动，本馆捐赠图书 300 册。

三　组织召开县、市、区公共图书馆工作（馆长）会议

1986 年 9 月，本馆协助潍坊市文化局在临朐县召开全市公共图书馆工作会议，会议总结前段工作，传达山东省图书馆在莱州召开的辅导工作会议精神，交流经验，安排 1986 年工作意见。与会的馆长们参观了临朐基层图书室建设情况。11 月，在安丘县召开的全市群众文化工作会议上，本馆书记李珂田组织到会的各县、市、区图书馆馆长座谈。

1988 年 3 月，本馆协助潍坊市文化局在潍坊宾馆召开县、市、区图书馆馆长会议。会议传达贯彻中共中央宣传部、文化部、国家教委、中国科学院《关于改进和加强图书馆工作的报告》和山东省图书馆工作会议精神。

1996 年 5 月，本馆组织召开县、市、区图书馆馆长联席会议。会议制定了创建万册图书馆的标准，安排部署各县、市、区搞好万册乡镇图书馆和 5000 册村图书室的创建工作。

1997 年 5 月 27 日至 28 日，本馆组织召开全市公共图书馆馆长会议。会议对 1996 年度图书馆服务宣传周活动、优秀读者评选活动、开展送书下乡活动和基层图书馆创建辅导工作进行了认真总结；对我市公共图书馆面临的馆舍紧张、经费不足、人员素质有待提高等问题进行了探讨；并就 1997 年加强基础设施、宣传参与"知识工程"、举办业务竞赛、加快图书馆自动化进程等工作进行了部署和安排。

2000 年 4 月 18 日，本馆组织召开县、市、区馆长座谈会。会议要求各图书馆加快实现计算机管理，提高业务工作的规范化、标准化；研究成立潍坊市文献采编中心，实现全市各图书馆图书采购、编目的统一；总结地方文献征集工作经验。

2001 年 5 月 16 日，本馆组织召开全市公共图书馆馆长会议。会议对举办全市公共图书馆业务选拔赛、加快现代化建设、组织本年度图书馆服务宣传周活动、开展全市少儿爱党颂党读书征文活动、《中国家谱总目》潍坊地区编撰工作等工作进行了安排和部署；各县、市、区图书馆馆长对一年来的工作进行了总结交流，对我市公共图书馆事业发展中遇到的问题和发展的机遇进行了研究和讨论。

2002 年 6 月 13 日至 14 日，本馆组织召开全市公共图书馆馆长会议。会议研究部署了第三次全国公共图书馆评估定级工作，联合签署了潍坊市公共图书馆地方文献联合征集协议。11 月 21 日，再次召开全市公共图书馆馆长工作会议，就联合征集地方文献、编辑《潍坊市地方文献书目》第二卷、编辑《潍坊市古籍书目》、加强基层图书馆建设、准备第三次全国公共图书馆评估定级等工作进行了协调部署。

2004 年 1 月 12 日，本馆组织召开全市公共图书馆馆长联席会，研究落实全省地市公共图书馆馆长会议精神，全面总结全市 2003 年度各项工作，对我市的地方文献及全

民读书月活动的先进单位和个人进行了表彰。3 月 27 日，再次组织召开全市公共图书馆馆长联席会，重点安排部署迎接第三次公共图书馆评估定级工作。

2005 年 10 月 28 日，本馆在诸城组织召开全市公共图书馆馆长联席会，总结交流了前段工作情况，对全市向公共图书馆捐赠书款及征集地方文献活动情况以及我市落实文化信息资源共享工程情况进行了专题通报，并进一步探讨了今后工作思路及打算。

2006 年 3 月 21 日，本馆组织召开全市公共图书馆馆长联席会，根据潍坊市文化局安排，组织筹备全市公共图书馆业务竞赛工作，选拔优秀选手参加全省公共图书馆业务竞赛。

2007 年 10 月 25 日至 26 日，本馆组织全市县、市、区图书馆馆长、业务馆长参加全市文化信息资源共享工程研讨培训。总结交流了全市共享工程进展情况，并对下一步共享工程工作进行了研讨培训，提出了具体的目标要求。

四　组织开展图书馆评比检查与评估定级

1989 年、1990 年，本馆协助潍坊市文化局在县、市、区馆中开展评比树优工作。评比的主要目的是交流、促进、提高，按照制定的打分标准以无记名投票的方式打分，按得分高低依次排列各图书馆名次。

1994 年，本馆对全市参加评估定级的各县、市、区图书馆进行辅导、检查和验收。

1998 年，本馆对参加第二次公共图书馆评估定级的各县、市、区图书馆进行辅导、检查和验收。

2003 年，本馆对参加第三次公共图书馆评估定级的 9 个县、市、区图书馆进行评估定级辅导与督查。

第三节　协作与交流

1988 年 6 月，本馆馆长贾金兰在全省公共图书馆馆长学研班上做《提高队伍素质，促进各项工作》的典型发言。

1988 年 10 月 9 日至 13 日，本馆参加山东省文化厅在青州市图书馆召开的全省第一次评选先进图书馆试点工作会议。与会领导及各地市图书馆馆长到本馆检查指导工作。

1990 年 9 月 30 日至 10 月 10 日，本馆与山东省图书馆联合举办"山东省图书馆馆藏国外最新科技期刊暨潍坊古籍文献展"。

1991 年 6 月，本馆组织全市 11 个县、市、区的图书馆馆长，由本馆馆长贾金兰、副馆长栗祥忠带队前往莱州参观学习乡镇图书馆（室）建设情况。

1992 年 12 月 1 日，全省首届（地）市公共图书馆馆长例会在我市召开。山东省文化厅文化处处长张玉柱，山东省图书馆馆长任宝桢、副馆长陈景唐出席会议。

1993 年 4 月，美国纽约市布鲁克林图书馆馆长布兰登温与夫人莉莎应潍坊市人民政府外事办公室邀请来潍坊参加国际风筝会。22 日，布兰登温馆长和夫人来本馆参观交流。

1993 年 5 月 21 日至 6 月 7 日，本馆馆长贾金兰随中共潍坊市委宣传部组织的文化考察团到新加坡、泰国、香港、澳门参观考察。

1993 年 8 月，本馆向美国纽约市布鲁克林图书馆赠送中文图书 113 种、119 册，布鲁克林图书馆向本馆赠送英文图书 42 册。

1994 年 6 月 6 日至 21 日，本馆馆长贾金兰随同潍坊市文化局局长王培竹一行到美国纽约市布鲁克林图书馆进行考察并举办"潍坊工艺品展览"。

1995 年 12 月，本馆联合潍坊 12 家图书馆合作编纂、出版《潍坊十二家图书馆报刊联合目录》。

1996 年 8 月，本馆馆长栗祥忠参加在北京召开的第 62 届国际图联大会。

1996 年 10 月，香港汉荣书局董事长、全国政协委员石景宜先生与夫人、秘书一行在文化部图书馆司、山东省图书馆有关领导陪同下，参观了本馆和青州市图书馆。石先生赠送本馆港台版图书 3722 册；赠送青州市图书馆港台版少儿图书 1000 册。

1996 年 11 月，本馆馆长栗祥忠参加 8 省市公共图书馆馆长研讨会。

1996 年，本馆与潍坊市文化局、潍坊市教委、亚大公司联合举办了"亚大小明星选拔赛"，并组成"小明星艺术团"。

1996 年，本馆馆长栗祥忠参加在上海召开的中国地市县公共图书馆馆长联谊会成立筹备会议。

1997 年 9 月，本馆馆长栗祥忠参加在淄博召开的中国地市县公共图书馆馆长联谊会成立大会并当选为联谊会副会长。

1997 年 12 月，本馆馆长栗祥忠参加全省图书馆工作会议，并作题为《适应改革开放新形势，积极发展图书馆事业》的典型发言。

1998 年 4 月 19 日，山东省图书馆馆长王运堂来本馆检查评估定级工作准备情况。

1998 年 7 月 8 日至 13 日，本馆馆长助理王希兆参加在大连召开的中国地市县公共图书馆馆长联谊会年会并参加了中国图书馆学会成立十周年纪念大会及 1998 年年会。

1999 年 3 月 19 日，山东省文化厅有关领导一行 4 人在文化处处长张玉柱带领下到本馆检查指导工作。

1999 年 4 月 20 日至 5 月 10 日，新疆石油管理局准东勘探开发公司工会图书馆馆长一行 3 人来本馆参观考察。

2000 年 4 月 24 日，烟台市图书馆一行 10 人到本馆参观考察。

2000 年 5 月 14 日至 22 日，由本馆党支部副书记梁昱、工会主席徐义带领本馆中层负责人一行 13 人到无锡、苏州、杭州、上海等地图书馆参观学习。

2000 年 6 月 5 日至 9 日，本馆文献查阅室主任宫昌利参加在杭州召开的华东六省一市图书馆学会第三次协作会并作典型发言。

2000 年 7 月 1 日，旅台乡人王广健先生向本馆捐赠个人专著 3 种、3 册。

2000 年 7 月 17 日至 20 日，本馆馆长栗祥忠参加在内蒙古自治区海拉尔市召开的中国图书馆学会学术年会。

2000 年 8 月 15 日至 18 日，广东佛山市图书馆馆长曹晓莉一行 4 人来本馆参观交流。

2000 年 8 月 25 日，山东省图书馆馆长王运堂带领省馆各部室主任一行 13 人到本馆检查指导工作。

2000 年 11 月 13 日至 16 日，本馆馆长栗祥忠参加在福建南平召开的全国地市公共图书馆馆长联谊会年会及"新世纪图书馆建设与发展"理论研讨会。

2001 年，本馆馆长助理王希兆参加在佛山、深圳召开的全国地市公共图书馆馆长联谊会年会及"新世纪的图书馆馆长与馆员"理论研讨会。

2001 年 3 月 2 日，旅台乡人王广健先生再次向本馆捐书 45 种、122 册。

2001 年 4 月 19 日，本馆馆长栗祥忠参加在泰安召开的全省地市公共图书馆馆长联席会议。

2001 年至 2007 年，本馆联合市区各大中专院校、中学、事业单位图书馆以及各县、市、区公共图书馆合作开展期刊联合订购工作，成立期刊联合订购中心，发展用户 22 家。

2002 年至 2006 年，本馆与潍坊 7 家公共图书馆、8 家博物馆、1 家高校图书馆、2 家中学图书馆及 1 位个人古籍藏书家合作编辑出版《潍坊古籍书目》。

2002 年，本馆馆长栗祥忠参加中国图书馆学会、全国中小型公共图书馆联合会在四川绵阳召开的"新世纪中小型图书馆建设与发展"研讨会。

2002 年 4 月 9 日至 10 日，本馆馆长栗祥忠参加在枣庄召开的全省地市公共图书馆馆长联席会并作典型发言。

2002 年 6 月 6 日至 8 日，本馆馆长栗祥忠、文献查阅室主任宫昌利参加在威海召开的山东省地方文献征集、整理与利用协调协作会并作典型发言。

2002 年 6 月 25 日，台湾图书馆馆长、汉学研究中心主任庄芳容先生在山东省图书馆副馆长赵炳武的陪同下来本馆进行文化交流，市文化局局长王振民会见并宴请庄芳容先生。

2002 年 9 月 10 日，本馆与国家图书馆和中国数字图书馆合作建立"中国数字图书馆潍坊分馆"。

2002 年 10 月 22 日至 24 日，本馆馆长栗祥忠参加华东六省一市图书馆学会协作会，并在大会上作典型发言。

2002 年 12 月 26 日，本馆馆长栗祥忠参加山东省图书馆学会第五次会员代表大会并当选理事会常务理事。

2003 年 2 月 22 日，原潍坊市政协主席刘玉兰陪同香港水饺皇后臧建和来本馆参观。

2003 年 2 月 27 日至 28 日，本馆馆长栗祥忠参加在烟台召开的全省公共图书馆评估定级工作研讨会，并作典型发言。

2003 年 3 月 3 日，本馆代表潍坊市政府接收韩国京畿道安养市捐赠韩文图书 39 种、40 册。

2003 年 8 月 8 日至 10 日，本馆馆长栗祥忠参加在德州召开的全省公共图书馆馆长联席会，并作典型发言。

2003 年 8 月 21 日，台湾大学建筑与城乡研究所博士钟国辉等来本馆调研。

2003 年 9 月 1 日，本馆代表潍坊市政府回赠韩国京畿道安养市中文图书 30 种、42 册。

2003 年 9 月 23 日至 26 日，本馆配合山东省图书馆学会在潍坊举办"全省地方文献管理与利用"学习班。

2003 年 10 月 13 日至 21 日，本馆馆长栗祥忠参加中国图书馆学会、全国中小型公共图书馆联合会在敦煌举办的"开发西部手拉手，消除数字鸿沟"研讨会。

2004 年 9 月 20 日至 23 日，本馆馆长栗祥忠参加全国中小型公共图书馆联合会在景德镇、九江召开的"图书馆的区域合作与发展"理论研讨会。

2004 年 12 月 31 日，本馆首次向山东省图书馆送交地方文献 39 册。

2005 年 3 月 30 日至 4 月 3 日，本馆馆长助理刘满奎参加中国图书馆学会与全国中小型公共图书馆联合会在云南腾冲举办的"图书馆服务与发展创新"理论研讨会。

2005 年 4 月 13 日，东营市文化局、东营市图书馆、东营市博物馆等单位领导一行 6 人来本馆参观。

2005 年 4 月 28 日，淄博市图书馆馆长一行 4 人到本馆参观学习。

2005 年 5 月 24 日，山东省政府法制局与山东省文化厅有关领导就《山东省公共图书馆管理办法》来本馆开展立法调研。

2005 年 6 月 23 日，本馆馆长栗祥忠、党支部书记郑晓光赴烟台考察社会各界向公共图书馆捐书事宜。

2006 年 2 月 14 日，山东省图书馆辅导部主任陶嘉今来本馆检查指导工作。

2006 年 3 月 8 日，本馆馆长栗祥忠赴日照参加全省地市图书馆馆长联席会议。

2006 年 4 月 4 日，本馆馆长栗祥忠馆长等 3 人参加在青岛召开的山东省第五届公共图书馆业务竞赛交流座谈会。

2006 年 4 月 5 日，山东省图书馆副馆长李西宁、馆长助理王玉梅、辅导部主任陶嘉今及济南市图书馆馆长郭秀海等一行 9 人来本馆参观。

2006 年 5 月 15 日，本馆馆长栗祥忠、馆长助理刘满奎赴烟台参加山东省图书馆学会年会。

2006 年 7 月 16 日至 19 日，本馆馆长栗祥忠参加中国图书馆学会全国中小型公共图书馆联合会在西昌举办的 2006 年"构建和谐社会，促进图书馆事业发展"理论研讨会，并作总结发言。

2006 年 9 月 9 日，北京市西城区、房山区等图书馆馆长一行 13 人来本馆参观交流。

2006 年 9 月 20 日，滨州图书馆馆长高青等来本馆参观交流。

2007 年 2 月 5 日，青岛市图书馆馆长冷秀云一行 4 人来本馆参观交流。

2007 年 3 月 22 日，泰安市图书馆副馆长肖鲁生一行 5 人来本馆参观交流。

2007 年 3 月 29 日至 31 日，本馆馆长栗祥忠参加在青岛召开的全省公共图书馆馆长联席会。

2007 年 4 月 24 日，广西桂林文化考察团一行 7 人在潍坊市文化局助理调研员张宝才陪同下参观本馆。

2007 年 6 月 18 日，本馆采编部主任张光德应邀为东营市图书馆举办的图书馆业务知识培训班讲授文献分类标引。

2007 年 7 月 4 日，本馆组织全体干部职工到潍坊学院图书馆参观学习。

2007 年 9 月 15 至 18 日，本馆馆长栗祥忠参加在山西大同举办的中国图书馆学会第六届中国社区乡镇图书馆发展战略研讨会暨全国中小型公共图书馆联合会 2007 年研讨会。

2007 年 11 月 11 日至 15 日，本馆馆长助理刘满奎参加在天津召开的 2007 年全国图书馆学会工作会议，并向大会报送先进典型事例材料。

第四节　公共图书馆业务竞赛

为不断推动潍坊市图书馆事业发展，提高图书馆现代化管理水平，提高图书馆专业技术人员的业务素质和业务能力，自 1986 年以来，本馆协助潍坊市文化局先后组织举办了 6 届潍坊市公共图书馆业务竞赛，参加了 5 届山东省公共图书馆业务竞赛以及 1 届全国公共图书馆计算机知识大奖赛。

一　组织举办潍坊市公共图书馆业务竞赛

（一）潍坊市首届公共图书馆业务竞赛

1986 年 11 月 10 日至 12 日，为迎接山东省首届市（地）县公共图书馆业务竞赛，本馆协助潍坊市文化局组织举办了全市公共图书馆业务技术选拔赛暨首届潍坊市公共图书馆业务竞赛。

领导小组组长：李　巍

副组长：逄增瑞　郑金兰

组　员：李珂田　贾金兰　王明俊　张　序

裁判长：贾金兰

裁　判：宋志举　杨育仁　王瑞璞以及各县、市、区领队

比赛项目：图书分类、图书著录、目录组织、读者服务

比赛场地：潍坊市政府礼堂会议室

潍坊市首届公共图书馆业务技术选拔赛暨潍坊市首届公共图书馆业务竞赛成绩见表8.4。

表 8.4　潍坊市首届公共图书馆业务竞赛成绩表

| 名次 | 图书分类赛 | | 图书著录赛 | | 目录组织赛 | | 读者服务赛 | |
	潍坊市馆	县（市）区馆	潍坊市馆	县（市）区馆	潍坊市馆	县（市）区馆	潍坊市馆	县（市）区馆
1	张光德 88.0 分	青州 张仲秋 92.5 分	栗祥忠 106.8 分	青州 张仲秋 107.1 分	刘满奎 107.4 分	青州 张仲秋 104.8 分	王济众 76.5 分	诸城 薛中文 80.0 分
2	杨漪 83.5 分	昌邑 王凤伟 82.5 分	高正 106.0 分	临朐 刘德 104.7 分	张光德 104.4 分	昌邑 姜杰华 103.4 分	杨漪 70.5 分	昌邑 姜杰华 67.5 分
3	栗祥忠 75.5 分	寿光 王闽榕 80.0 分	刘典好 105.7 分	五莲 李秉廉 103.7 分	高正 103.6 分	五莲 李秉廉 94.4 分		五莲 李秉廉 59.0 分
4	高正 64.5 分	青州 鲁勇 74.5 分		高密 李丽 101.8 分	王洁 93.0 分	五莲 李继业 75.8 分		五莲 李继业 52.0 分

名次	图书分类赛		图书著录赛		目录组织赛		读者服务赛	
	潍坊市馆	县（市）区馆	潍坊市馆	县（市）区馆	潍坊市馆	县（市）区馆	潍坊市馆	县（市）区馆
5		临朐 刘德 73.5分		诸城 张云 94.0分		诸城 张云 44.0分		临朐 陈玲 14.0分
6		五莲 李秉廉 72.5分		五莲 李继业 93.2分				
7		诸城 张云 61.0分		昌乐 王修斌 92.8分				
8		五莲 李继业 59.0分		昌乐 孙爱玲 76.0分				
9		临朐 孙治 58.0分						
10		高密 于洪良 56.5分						
11		诸城 薛中文 43.5分						

（二）图书分类通讯赛

1986年12月中旬，本馆组织各县（市）区公共图书馆举行图书分类通讯赛。使用山东省首届市（地）县公共图书馆业务竞赛试题用图书44种，采用书信的方式进行竞赛。本馆与青州市图书馆不参加此次竞赛。

图书分类通讯赛成绩如下：寿光市图书馆70分，五莲县图书馆60分，临朐县图书馆56分，诸城市图书馆52分，昌邑市图书馆48分，寒亭区图书馆46分，昌乐县图书馆38分，高密市图书馆38分，安丘市图书馆18分。

（三）潍坊市第二届公共图书馆业务技术比赛

1988 年 4 月，本馆协助潍坊市文化局组织举办了潍坊市第二届公共图书馆业务技术比赛。来自全市 10 个县（市）区公共图书馆的 40 名选手参加了两个单项赛。

领导小组组长：郑金兰

组　　员：吴明理　贾金兰　张　序

裁判长：贾金兰

裁判员：栗祥忠　王济众　王瑞璞　王昭龙　张光德　刘满奎

比赛项目：图书分编加工系列赛、科学管理赛（要求各县、市、区图书馆馆长参加）

比赛地点：潍坊渤海宾馆

潍坊市第二届公共图书馆业务技术比赛成绩见表 8.5。

表 8.5　潍坊市第二届公共图书馆业务技术比赛成绩表

名次 \ 队员 \ 项目	图书分编加工系列赛	图书馆科学管理赛	总成绩
1	五莲县图书馆	青州市图书馆副馆长　唐　杰	青州市图书馆 1626 分
2	昌乐县图书馆	临朐县图书馆副馆长　刘兴民	临朐县图书馆 1624 分
3	临朐县图书馆	昌乐县图书馆馆长　田世昌	昌乐县图书馆 1570.18 分
4	安丘市图书馆	高密市图书馆馆长　张书俭	五莲县图书馆 1525.6 分
5	昌邑市图书馆	诸城市图书馆馆长　杨汝润	安丘市图书馆 1464.6 分
6	青州市图书馆	寒亭区图书馆副馆长　刘树臻	诸城市图书馆 1448.12 分
7	诸城市图书馆	五莲县图书馆馆长　李联璧	昌邑市图书馆 1383.1 分
8	寿光市图书馆	安丘市图书馆副馆长　李绵祖	寒亭区图书馆 1268.86 分
9	寒亭区图书馆	昌邑市图书馆馆长　孙卜田	高密市图书馆 1253.35 分
10	高密市图书馆	寿光市图书馆馆长　孙效仁	寿光市图书馆 1178 分

（四）潍坊市第三届公共图书馆业务竞赛

1991 年 5 月 13 日至 14 日，潍坊市第三届公共图书馆业务竞赛在本馆举行。来自全市 11 个县、市、区公共图书馆及本馆代表队共 39 人参加了比赛。

裁判长：贾金兰

副裁判长：栗祥忠

裁判员：王昭龙　刘满奎　张玲玲

比赛项目：图书分类、图书编目

潍坊市第三届公共图书馆业务竞赛成绩见表8.6。

表8.6　潍坊市第三届公共图书馆业务竞赛成绩表

项目 名次	图书分类	图书编目	团体
1	潍坊市图书馆　张光德		潍坊市图书馆
	青州市图书馆　张仲秋　148分	寒亭区图书馆　季丽琴　183分	寒亭区图书馆
2	寒亭区图书馆　王　静　146分	潍坊市图书馆　董红薇	昌乐县图书馆
		昌邑市图书馆　姜杰华　157分	
3	高密市图书馆　范纬华　122分	昌乐县图书馆　于国强　136分	

注：潍坊市图书馆名次单列。

（五）"寿钢杯"潍坊市公共图书馆读者工作业务竞赛

1994年10月18日至19日，本馆与寿光钢厂联合举办了"寿钢杯"潍坊市公共图书馆读者工作业务竞赛。来自全市各县、市、区公共图书馆及本馆的12支代表队参加了本次竞赛。

潍坊市人大常委会副主任李惠信、中共潍坊市委宣传部副部长张兰友、潍坊市政协文教委主任刘焕勤、潍坊市文化局副局长张桂昌以及寿光钢厂厂长薛茂林等领导亲临决赛现场指导并为获奖选手和代表队颁发了奖状、证书及奖品。

"寿钢杯"潍坊市公共图书馆读者工作业务竞赛成绩见表8.7～8.8。

表8.7　"寿钢杯"潍坊市公共图书馆读者工作业务竞赛团体比赛名次表

参赛队名称	名次	备注
潍坊市图书馆（一）	1	名次单列
潍坊市图书馆（二）	2	名次单列
寿光市图书馆	3	
高密市图书馆	4	
临朐县图书馆	5	

表 8.8　"寿钢杯"潍坊市公共图书馆读者工作业务个人比赛名次表

姓名	参赛代表队	名次	奖次
林　娟	潍坊市图书馆（一）	1	一等奖
刘满奎	潍坊市图书馆（一）	2	一等奖
张晓霞	潍坊市图书馆（二）	3	二等奖
宗淑慧	潍坊市图书馆（二）	4	二等奖
单美霞	寿光市图书馆	1	一等奖
李　梅	寿光市图书馆	2	二等奖
袁爱祥	昌乐县图书馆	3	二等奖
李淑云	高密市图书馆	4	二等奖
姜杰华	昌邑市图书馆	5	三等奖
吕梅华	安丘市图书馆	6	三等奖
杨　青	诸城市图书馆	7	三等奖
季丽琴	寒亭区图书馆	8	三等奖
王庆增	临朐县图书馆	9	三等奖
张立新	寒亭区图书馆	10	三等奖

（六）"朗格尔电梯杯"潍坊市第四届公共图书馆业务竞赛

　　1997 年 10 月 15 日至 16 日，为迎接山东省第三届公共图书馆业务竞赛，由潍坊市文化局主办、潍坊市图书馆承办、潍坊市朗格尔电梯有限公司协办的"朗格尔电梯杯"潍坊市第四届公共图书馆业务竞赛在本馆举行。来自 10 个县、市、区图书馆及本馆共 11 支代表队、33 名队员参加了本次竞赛。

　　裁判长：栗祥忠

　　副裁判长：王　洁

　　裁判员：王昭龙、杨　漪

　　竞赛项目：图书馆分类与编目、读者服务、报刊管理

　　山东省图书馆副馆长赵炳武及山东省图书馆辅导部的同志亲临竞赛现场指导工作。中共潍坊市委、潍坊市政府、潍坊市文化局的领导以及驻本市各大中专院校图书馆的馆长观看了本次竞赛的决赛并为获奖代表队与选手颁发了奖杯和证书。

　　潍坊市第四届公共图书馆业务竞赛成绩见表 8.9～8.12。

表 8.9　潍坊市第四届公共图书馆业务竞赛团体成绩表

单位	预赛成绩	决赛成绩	总成绩	名次
潍坊市图书馆	808 分	160 分	968 分	1
青州市图书馆	594 分	170 分	764 分	1
寿光市图书馆	619 分	140 分	759 分	2
高密市图书馆	591 分	160 分	751 分	3
诸城市图书馆	530 分	140 分	670 分	4
昌邑市图书馆	514 分	130 分	644 分	5
安丘市图书馆	432 分		432 分	6
临朐县图书馆	417 分		417 分	7
昌乐县图书馆	379 分		379 分	8
寒亭区图书馆	321 分		321 分	9
坊子区图书馆	233 分		233 分	10

表 8.10　潍坊市第四届公共图书馆业务竞赛图书分类与编目个人成绩表

姓名	单位	成绩	名次
张光德	潍坊市图书馆	361 分	1
逄金英	诸城市图书馆	278 分	1
隋晓英	寿光市图书馆	249 分	2
袁爱祥	昌乐县图书馆	215 分	3
周　玲	青州市图书馆	212 分	4
范纬华	高密市图书馆	204 分	5
吕梅华	安丘市图书馆	188 分	6
林　静	昌邑市图书馆	172 分	7
许　静	临朐县图书馆	142 分	8
郭中梅	坊子区图书馆	117 分	9

表 8.11　潍坊市第四届公共图书馆业务竞赛报刊管理个人成绩表

姓名	单位	成绩	名次
刘满奎	潍坊市图书馆	229 分	1
李淑云	高密市图书馆	206 分	1

姓名	单位	成绩	名次
季丽琴	寒亭区图书馆	193 分	2
张仲秋	青州市图书馆	187 分	3
王 敏	寿光市图书馆	177 分	4
程爱霞	安丘市图书馆	154 分	5
于永芝	昌邑市图书馆	141 分	6
靳永春	诸城市图书馆	130 分	7
高 军	临朐县图书馆	122 分	8
崔明玉	昌乐县图书馆	43 分	9
李 红	坊子区图书馆	28 分	10

表 8.12 潍坊市第四届公共图书馆业务竞赛读者服务工作个人成绩表

姓名	单位	成绩	名次
林 娟	潍坊市图书馆	218 分	1
赵岩峰	昌邑市图书馆	201 分	1
王新建	青州市图书馆	195 分	2
刘兴臻	寿光市图书馆	193 分	3
迟文丽	高密市图书馆	181 分	4
刘淑英	临朐县图书馆	153 分	5
李 伟	寒亭区图书馆	128 分	6
薛中文	诸城市图书馆	122 分	7
刘世军	昌乐县图书馆	121 分	8
李桂森	安丘市图书馆	90 分	9
赵改芝	坊子区图书馆	88 分	10

（七）潍坊市第五届公共图书馆业务竞赛

2001 年 9 月 9 日至 10 日，为迎接山东省第四届公共图书馆业务竞赛，潍坊市文化局组织举办、潍坊市图书馆具体承办的潍坊市第五届公共图书馆业务竞赛于在本馆举行。来自全市的 8 个县、市、区公共图书馆代表队和本馆代表队参加了本次比赛。

本届竞赛设三个项目：计算机编目、图书流通计算机管理、文献信息计算机检索服务。竞赛分初赛、复赛、决赛三个阶段进行，采用笔答、口答、操作三种方式。初赛主要查考选手的各单项理论及计算机基础知识，复赛是各单项上机实践操作，决赛是口答全部内容。

经过角逐，潍坊市图书馆、诸城市图书馆、青州市图书馆代表队等进入决赛。最后，累计初赛、复赛和决赛的成绩，潍坊市图书馆代表队获团体总分第一名（名次单列），诸城市图书馆、青州市图书馆、昌邑市图书馆代表队分获县、市、区馆团体总分前三名。潍坊市图书馆代表队的林娟、宗淑慧、陈天文分获各单项第一名。青州市图书馆陈晓华、王新建、诸城市图书馆李光惠分获县馆各单项第一名。

潍坊市文化局副局长韩明光以及潍坊市图书馆学会的理事长们亲临赛场指导工作并为获奖单位及选手颁奖。

潍坊市第四届公共图书馆业务竞赛成绩见表8.13～8.14。

表8.13 潍坊市第五届公共图书馆业务竞赛团体成绩表

名次＼项目	单位	成绩
1	潍坊市图书馆	901 分
2	诸城市图书馆	713.9 分
3	青州市图书馆	600.1 分

表8.14 潍坊市第五届公共图书馆业务竞赛单项决赛成绩表

项目＼成绩	单位	姓名	成绩	名次
计算机编目	潍坊市图书馆	宗淑慧	185.2 分	1
	青州市图书馆	陈晓华	158.1 分	1
	诸城市图书馆	逄金英	136.4 分	2
计算机流通	潍坊市图书馆	林 娟	174 分	1
	青州市图书馆	王新建	154 分	1
	诸城市图书馆	王翠萍	147 分	2
计算机检索	潍坊市图书馆	陈天文	162 分	1
	诸城市图书馆	李光惠	160.5 分	1
	青州市图书馆	周 玲	108 分	2

（八）"移动杯"潍坊市第六届公共图书馆业务竞赛

　　2006 年 6 月 8 日至 9 日，为加快图书馆自动化、数字化、网络化建设步伐，强化全市公共图书馆信息服务能力，并选拔优秀选手参加山东省第五届公共图书馆业务竞赛，由潍坊市文化局主办、潍坊市图书馆承办、潍坊移动通讯公司协办的"移动杯"潍坊市第六届公共图书馆业务竞赛在本馆隆重举行。来自本馆及 10 个县、市、区公共图书馆的 15 支代表队参加了本次竞赛。

　　本次竞赛内容包括图书馆学基础知识、文献信息资源的组织与揭示、计算机网络知识、数据库知识及其利用、网络信息资源利用、文化信息资源共享工程等。分别设置两个竞赛项目：信息技术知识项目和信息技术利用项目。

　　本次竞赛按照山东省第五届公共图书馆业务竞赛的竞赛项目和竞赛规则进行。竞赛分预赛和决赛两个阶段。预赛阶段两个项目均采用计算机答题方式。信息技术知识项目要求在规定时间内，在计算机上 word 文档中完成试卷内容，主要考察选手的信息技术理论水平；信息技术利用项目要求在规定时间内，登录网络，利用数据库和网络信息资源完成试卷内容，主要考察选手的信息技术实践操作能力。预赛两个项目分别确定各单项个人名次；预赛总成绩前六名代表队进入决赛。

　　本次竞赛设优秀组织奖和优秀选手奖。坊子区图书馆、寿光市图书馆、临朐县图书馆、昌乐县图书馆获优秀组织奖；张晓伟、高军、袁爱祥、逄金英、王瑞霞荣获优秀选手奖。

　　潍坊市文化局助理调研员张宝才亲临比赛现场并发表讲话，驻潍高校图书馆的领导和相关人员也应邀到竞赛现场进行了观摩、指导，潍坊市各新闻媒体对竞赛情况进行了宣传报道。

　　"移动杯"潍坊市第六届公共图书馆业务竞赛成绩见表 8.13～8.16。

表 8.15　潍坊市第六届公共图书馆业务竞赛信息技术知识项目成绩表

代表队名称	姓名	成绩	名次	奖次
潍坊市图书馆（一队）	陈天文	925 分	1	一等奖
潍坊市图书馆（二队）	王彭兰	885 分	1	一等奖
潍坊市图书馆（三队）	丁丽萍	875 分	1	一等奖
潍坊市图书馆（四队）	聂金梅	842.5 分	1	一等奖
诸城市图书馆（二队）	李光惠	760 分	1	一等奖
诸城市图书馆（一队）	逄金英	515 分	2	二等奖
昌邑市图书馆	赵岩峰	467.5 分	3	二等奖
奎文区图书馆	唐志军	425 分	4	三等奖

续表

代表队名称	姓名	成绩	名次	奖次
青州市图书馆	吴长栋	420 分	5	三等奖
高密市图书馆	孙 萍	385 分	6	三等奖
安丘市图书馆	董永胜	262.5 分		
坊子区图书馆	王瑞霞	242.5 分		
寿光市图书馆	张晓伟	240 分		
临朐县图书馆	高 军	130 分		
昌乐县图书馆	袁爱祥	10 分		

表 8.16 潍坊市第六届公共图书馆业务竞赛信息技术利用项目成绩表

代表队名称	姓名	成绩	名次	奖次
潍坊市图书馆（一队）	陈天文	520 分	1	一等奖
潍坊市图书馆（三队）	丁丽萍	350 分	2	二等奖
潍坊市图书馆（二队）	王彭兰	340 分	3	二等奖
潍坊市图书馆（四队）	聂金梅	250 分	4	三等奖
诸城市图书馆（二队）	李光惠	360 分	1	一等奖
安丘市图书馆	董永胜	320 分	2	二等奖
坊子区图书馆	王瑞霞	295 分	3	二等奖
奎文区图书馆	唐志军	250 分	4	三等奖
昌邑市图书馆	赵岩峰	230 分	5	三等奖
高密市图书馆	孙 萍	210 志	6	三等奖
青州市图书馆	吴长栋	180 分		
寿光市图书馆	张晓伟	180 分		
诸城市图书馆（一队）	逄金英	/		
昌乐县图书馆	袁爱祥	/		
临朐县图书馆	高 军	/		

表 8.17　潍坊市第六届公共图书馆业务竞赛个人全能成绩表

代表队名称	姓名	信息技术知识项目	信息技术利用项目	总成绩	名次	奖次
潍坊市图书馆（一队）	陈天文	925 分	520 分	1445 分	1	一等奖
潍坊市图书馆（二队）	王彭兰	885 分	340 分	1225 分	2	一等奖
潍坊市图书馆（三队）	丁丽萍	875 分	350 分	1225 分	2	一等奖
潍坊市图书馆（四队）	聂金梅	842.5 分	250 分	1092.5 分	3	二等奖
诸城市图书馆（二队）	李光惠	760 分	360 分	1120 分	1	一等奖
昌邑市图书馆	赵岩峰	467.5 分	230 分	697.5 分	2	二等奖
奎文区图书馆	唐志军	425 分	250 分	675 分	3	二等奖
青州市图书馆	吴长栋	420 分	180 分	600 分	4	三等奖
高密市图书馆	孙　萍	385 分	210 分	595 分	5	三等奖
安丘市图书馆	董永胜	262.5 分	320 分	581.5 分	6	三等奖
坊子区图书馆	王瑞霞	242.5 分	295 分	537.5 分		
诸城市图书馆（一队）	逢金英	515 分	/	515 分		
寿光市图书馆	张晓伟	240 分	180 分	420 分		
临朐县图书馆	高　军	130 分	/	130 分		
昌乐县图书馆	袁爱祥	10 分	/	10 分		

表 8.18　潍坊市第六届公共图书馆业务竞赛第一阶段团体成绩表

代表队名称	信息技术知识单项成绩	信息技术利用单项成绩	总成绩	名次
潍坊市图书馆（一队）	925 分	520 分	1445 分	1
潍坊市图书馆（二队）	885 分	340 分	1225 分	1
潍坊市图书馆（三队）	875 分	350 分	1225 分	1
潍坊市图书馆（四队）	842.5 分	250 分	1092.5 分	2
诸城市图书馆（二队）	760 分	360 分	1120 分	1
昌邑市图书馆	467.5 分	230 分	697.5 分	2
奎文区图书馆	425 分	250 分	675 分	3
青州市图书馆	420 分	180 分	600 分	4
高密市图书馆	385 分	210 分	595 分	5
安丘市图书馆	262.5 分	320 分	581.5 分	6

代表队名称	信息技术知识单项成绩	信息技术利用单项成绩	总成绩	名次
坊子区图书馆	242.5 分	295 分	537.5 分	
诸城市图书馆（一队）	515 分	／	515 分	
寿光市图书馆	240 分	180 分	420 分	
临朐县图书馆	130 分	／	130 分	
昌乐县图书馆	10 分	／	10 分	

二　组织参加山东省及全国公共图书馆业务竞赛

（一）山东省首届市（地）县图书馆业务竞赛

1986 年 12 月，本馆书记李珂田任领队，本馆贾金兰、栗祥忠、王济众、刘满奎和青州图书馆张仲秋等人组成的潍坊市代表队赴济南参加山东省首届市（地）县图书馆业务竞赛。栗祥忠、王济众、刘满奎和张仲秋一起获得分编加工系列集体第一名；贾金兰获得图书馆科学管理赛第二名；刘满奎获得目录组织单项赛第四名。

（二）山东省第二届公共图书馆业务竞赛

1991 年 6 月 12 日至 13 日，山东省第二届公共图书馆业务竞赛在济南举行。本馆馆长贾金兰任领队，本馆张光德、董红薇，青州市图书馆张仲秋，寒亭区图书馆季丽琴为队员组成潍坊市代表队参加了本次竞赛。张光德与张仲秋获图书分类集体赛第四名；张光德获类分图书个人单项赛第四名。

（三）山东省第三届公共图书馆业务竞赛

1997 年 12 月 9 日至 10 日，本馆馆长栗祥忠任领队，由本馆张光德、刘满奎、林娟为队员组成潍坊市代表队参加了山东省第三届公共图书馆业务竞赛。潍坊市代表队获得团体总分第三名；张光德获得图书分类单项赛第二名，林娟获得读者工作单项赛第二名。

（四）山东省第四届公共图书馆业务竞赛

2001 年 9 月 28 日至 29 日，为迎接全国公共图书馆计算机知识大奖赛，推动全省公共图书馆自动化建设，山东省文化厅在山东省图书馆新馆举办了山东省第四届公共图书馆业务竞赛。本届业务竞赛重点围绕计算机在图书馆中的应用进行，设计算机编目、图书流通计算机管理、文献信息计算机检索服务三个项目，设立团体、个人、组织奖。本馆馆长栗祥忠任领队，本馆林娟、宗淑慧、陈天文组成的潍坊市代表队在本届业务竞赛中获得团体二等奖；陈天文获文献信息计算机检索服务个人一等奖，林娟获图书流通计算机管理个人三等奖，宗淑慧获计算机编目个人三等奖；本馆荣获优秀组织工作奖。

（五）全国公共图书馆计算机知识大奖赛

2001 年 12 月 4 日至 6 日，本馆陈天文与山东省图书馆两名选手组成山东省代表队赴京参加全国公共图书馆计算机知识大奖赛，获得笔试团体第二名、上机实践团体第十名和团体总分第八名的优异成绩。

（六）山东省第五届公共图书馆业务竞赛

2006 年 9 月 28 至 29 日，山东省文化厅主办、山东省图书馆承办的山东省第五届公共图书馆业务竞赛在山东省图书馆报告厅举行。本馆馆长栗祥忠任领队，本馆陈天文、王彭兰，诸城市图书馆李光惠组成潍坊市代表队参加了本次竞赛。潍坊市代表队荣获团体三等奖；王彭兰获信息技术知识项目二等奖和信息技术利用项目三等奖，陈天文荣获信息技术知识项目三等奖和信息技术利用项目三等奖；本馆荣获优秀组织奖。

第九章 教育培训

第一节 职工教育与培训

一 业务学习

1976 年以前，本馆职工业务水平的提高主要靠自学、总结实践经验、互相学习和外出参观学习。

"文化大革命"结束后，本馆开始重视有组织的业务学习，逐步建立业务学习制度。

1984 年 9 月，本馆组织新入馆人员集中学习图书馆工作基本知识，经闭卷考试，成绩均在 88 分以上。10 月起，在每天开馆前，全馆人员坚持业务学习 1 小时。年底，分批安排人员到采编部学习图书分编加工的基本知识和技能。此后，新进馆人员在从事具体工作前，尽可能安排其到采编部学习，使之增强实际业务能力和实践操作技能。

1985 年，本馆结合革命理想教育进行了"端正服务方向"的大讨论，同时学习北京图书馆经验，制定《第一线工作人员举止言行规范》，树立"读者第一，服务至上"的思想，促进了职工思想和业务素质的全面提高。

1985 年上半年，本馆先后安排学习中专教材《图书分类》、《图书馆目录》以及汉语拼音和国家标准文献著录规则。

1988 年 7 月，本馆紧随山东省广播电视大学 85 级图书馆学专业班的教学进程，又先后安排学习了电大教材《图书馆学概论》、《图书分类》、《图书馆目录》、《图书馆现代化技术》、《目录学》、《中文工具书》、《中国书史》、《藏书建设和读者工作》等。此项学习制度一直坚持到 1988 年 9 月开始建新馆为止。

1990 年，本馆坚持每周二下午和周四下午安排全馆职工进行业务学习，此项学习制度一直延续至今。

1998 年 4 月，本馆制定《业务培训计划》，重点学习图书馆现代信息技术知识与实践操作方法，并于 12 月进行了考试。

2001 年，本馆组织职工重点学习计算机基本技能和图书馆自动化集成系统 ILAS 的基本操作技能，并进行了严格的考试。为每位职工配发由文化部组织专家编写的《图书馆岗位培训教材》（1 套 16 册），制订学习计划，每年安排学习两至三门课程，学习结束后进行考试，以巩固学习效果。

本馆业务学习培训持续、不间断、有效地开展，全馆员工不断获得新知识、了解新理论、掌握新技术、更新知识结构，促进了馆员业务素质的全面提高。

二　学历教育

本馆职工积极通过电大、函授、自学考试等方式接受图书馆学以及计算机等专业教育，取得了更高层次的第二学历、第三学历。为此，1989 年 5 月，本馆制定《工作人员进修学习制度》。1990 年 9 月，本馆制定《关于正确处理工学矛盾的规定》。

1985 年，本馆职工 6 人参加山东省广播电视大学 85 级图书馆学专业班学习，1988 年期满毕业，获得大专学历。

1987 年，本馆职工 1 人参加北京大学图书馆学专业函授本科学习，1990 年期满毕业，获得大学本科学历。

1988 年，本馆职工 4 人参加山东省广播电视大学 88 级图书馆学专业班学习，1991 年期满毕业，获得大专学历；2 人参加图书馆中专函授班学习，1991 年期满毕业，获得中专学历；1 人参加武汉大学图书馆学专业函授本科学习，1991 年期满毕业，获得大学本科学历。

1989 年，本馆职工 5 人参加山东省文化厅委托省电大举办的图书馆学专业证书班学习，1991 年期满结业，获得大专专业证书。

1992 年，本馆职工 8 人参加潍坊市职工大学图书档案管理专业大学专业证书续读班，1995 年 8 月学习期满，获得大专证书。

1993 年，本馆职工 3 人参加北京大学图书馆学专业函授本科学习，1996 年期满毕业，获得大学本科学历；1 人参加中央党校经济管理专业函授本科学习，1995 年期满毕业，获得大学本科学历。

1994 年，本馆职工 5 人参加中共山东省委党校经济管理专业函授本科学习，1996 年期满毕业，获得大学学历；1 人参加中央党校经济管理专业函授本科学习，1996 年期满毕业，获得大学本科学历；1 人参加山东省委党校经济管理专业学习，1997 年期满毕业，获得大专学历；3 人参加潍坊市职工大学文秘专业大专专业证书续读班，1997 年学习期满，获得大专证书。

1995 年，本馆职工参加山东省干部函授大学经济管理专业函授本科学习，1997 年期满毕业，获得大学本科学历；5 人参加潍坊教育学院图书馆学专业学习，1998 年期满毕业，获得大专学历；1 人参加青岛大学会计专业学习，1998 年期满毕业，获得大专学历；1 人参加中国人民大学行政管理专业学习，1998 年期满毕业，获得大专学历。

1998 年，本馆职工 2 人参加中央党校函授学院政法专业学习，2000 年期满毕业，获得大学本科学历；1 人参加山东省委党校经济管理专业学习，2000 年期满毕业，获得大学本科学历。

1999 年，本馆职工 3 人参加山东省委党校经济管理专业学习，2001 年期满毕业，获得大专学历。

2000 年，本馆职工 7 人参加山东省委党校经济管理专业学习，2002 年期满毕业，获得大学本科学历；1 人参加潍坊学院法学专业学习，2003 年期满毕业，获得大专学历；1 人参加潍坊学院会计学专业学习，2003 年期满毕业，获得大专学历。

2001 年，本馆职工 1 人参加山东省委党校经济管理专业学习，2004 年期满毕业，获得大学本科学历；1 人参加山东工商学院计算机科学与技术专业学习，2004 年期满毕业，获得大学本科学历。

2002 年，本馆职工 8 人参加河北大学图书馆专业研究生课程进修班，2004 年学习期满，获得研究生结业证书。

2003 年，本馆职工 1 人参加中央党校经济管理专业学习，2006 年期满毕业，获得大学本科学历；2 人参加山东省委党校经济管理专业学习，2006 年期满毕业，获得大学本科学历。

2004 年，本馆职工 1 人参加潍坊学院法学专业学习，2007 年期满毕业，获得大学本科学历；1 人参加山东省委党校经济管理专业学习，2007 年期满毕业，获得大学本科学历。

至 2007 底，本馆职工具有大专以上学历者达 70%，其中具有大学本科学历 35 人，占全馆总人数的 50.72%。

三　外出学习与短期培训

1981 年，本馆张玲玲到山东省图书馆、泰安地区图书馆参观学习。

1983 年 6 月，本馆张玲玲参加潍坊地区图书馆专业干部培训班。

1984 年，本馆 2 人参加山东省图书馆举办的国家标准文献著录法学习班；9 月，张玲玲、顾永杰、陈艳亭、周嘉琴、黄鸣凤到青岛市图书馆参观学习。

1985 年，本馆王济众参加山东大学图书馆举办的科技文献检索班学习；高正参加中国广告报社（北京）举办的微电脑应用学习班。

1986 年 6 月，本馆栗祥忠参加山东省图书馆古籍著录培训班；张光德参加山东省图书馆举办的主题法学习班。

1987 年，本馆刘满奎参加山东省图书馆在青岛举办的西文文献编目学习班；贾金兰赴河北承德参加全国图书馆学研讨班；11 月至 1988 年 5 月，顾永杰参加潍坊市财政局举办的在职会计人员培训班学习。

1988 年，本馆贾金兰参加山东省图书馆馆长学研班；1 人参加山东省图书馆举办的古籍著录学习班；9 月至 1990 年 1 月，顾永杰在潍坊职工中等专业学校参加会计专业干部专修班学习。

1989 年，本馆王昭龙、王军、高正、靳树国、陈艳亭、顾永杰、刘满奎到北京图书馆参观学习；马洪杰参加山东省图书馆山东文献编辑培训班学习。

1991 年 6 月，本馆栗祥忠参加潍坊市文化局专业技术骨干培训班。

1992 年，本馆 2 人参加山东省图书馆举办的标准著录学习班；8 月至 12 月，顾永杰、张翠玲参加财政部和中央广播电视大学举办的《会计电算化实用技术》电视讲座学习。

1994 年，本馆解江净参加山东省图书馆举办的西文著录学习班。

1995 年，本馆刘满奎参加山东省图书馆在山东师范大学举办的报刊编目学习班。

1997 年 5 月，本馆栗祥忠参加山东省图书馆自动化管理培训班；11 月，陈天文、高正赴济南参加山东省图书馆技术部主办的 ILAS5.0 培训班。

1999 年，本馆栗祥忠参加中共潍坊市委组织部在中共潍坊市委党校举办的副县级干部进修班。

2000 年 4 月，本馆梁昱、徐义带领中层负责人一行 13 人到无锡、苏州、杭州、上海等四地区图书馆参观学习；11 月，傅永聚、王英勋参加潍坊市文化局组织举办的第二期馆长培训班；王春玲参加山东省图书馆举办的计算机编目文献标引方法培训班。

2001 年 12 月 21 至 27 日，本馆王彭兰参加山东省图书馆在枣庄举办的计算机编目培训班。

2003 年 3 月 5 日至 6 月 5 日，本馆王英勋参加中共潍坊市委组织部在中共潍坊市委党校举办的科级干部进修班；9 月，鲁松参加山东省图书馆学会和山东省图书馆在潍坊举办的全省地方文献管理与利用学习班；11 月，刘满奎、陈天文赴莱芜参加山东省图书馆学会主办的图书馆数据建设与安全培训班。

2004 年 2 月，本馆栗祥忠参加中共潍坊市委组织部在中共潍坊市委党校举办的县级干部理论进修班；全体干部职工赴青岛市图书馆参观学习。

2005 年 4 月，本馆陈天文赴济南参加山东省图书馆学会主办的 ILAS 管理与应用高级研讨会；5 月，栗祥忠、鲁松、马洪杰、刘典好赴无锡、扬州、南京等图书馆参观学习；9 月，陈天文赴烟台参加山东省图书馆学会主办的全省公共图书馆网站建设培训班；9 月至 12 月，郑晓光参加中共潍坊市委组织部在中共潍坊市委党校举办的县级干部培训班；12 月，陈天文赴济南参加山东省图书馆学会主办的共享工程基层示范点技术人员培训班。

2006 年 9 月至 11 月，本馆梁昱参加中共潍坊市委组织部在中共潍坊市委党校举办的科级干部培训班。

2007 年 5 月 9 日至 6 月 16 日，本馆顾永杰、董红薇参加在中共潍坊市委党校举办的市直机关事业单位科级干部培训班；7 月 17 日至 19 日，刘满奎、陈天文、黄凤江参加山东图书馆举办的文化信息资源共享工程研讨培训班；11 月 1 日至 8 日，郑晓光参加中共潍坊市委组织部在中共潍坊市委党校举办的十七大学习班；11 月 24 日至 30 日，栗祥忠参加中共潍坊市委组织部在中共潍坊市委党校举办的十七大学习班；12 月 10 日至 20 日，王彭兰参加山东省图书馆举办的全省古籍普查工作培训班。

第二节　社会教育

1985 年以来，本馆先后举办了山东省广播电视大学图书馆学专业班 2 期、图书馆专业函授中专班 2 期、专业证书班 1 期、群众文化图书档案专业中专班 6 期、图书馆学专业大专证书续读班 1 期、文秘专业大专证书续读班 1 期、研究生进修班 1 期。

一　山东省广播电视大学 85 级图书馆学专业班

1985 年春，本馆在潍坊市文化局的支持下，与山东省广播电视大学潍坊分校联合，组织举办山东省广播电视大学 85 级图书馆学专业班（半脱产学习），学制三年。通过当年成人高考，共招收学员正式生 9 名，视听生 18 名，1988 年 9 月学习期满，19 人毕业。山东省广播电视大学 85 级图书馆学专业班课程设置及学员情况详见表 9.1～9.2。

表 9.1　山东省广播电视大学 85 级图书馆学专业班课程设置及辅导情况表

学年学期	课程	学时	学分	辅导教师	单位	职务职称	备注
85 年下学期	哲学	120	6	潘才秀	潍坊电大	处长	必修
85 年下学期	写作基础	120	6	朱惠东	潍坊电大	处长	必修
85 年下学期 86 年上学期	中国通史	240	12	王志喜	潍坊电大	处长 讲师	必修
86 年上学期	图书馆学概论	120	6	贾金兰	潍坊市图书馆	副研究员	必修
86 年上学期 86 年下学期	图书分类与编目	280	14	王昭龙	潍坊市图书馆	馆员	必修
86 年上学期 86 年下学期	现代汉语	220	11	刘召芬	潍城区党校	讲师	必修
86 年下学期	中共党史	120	8	尹星来	二轻职工中专	校长	必修

续表

学年学期	课程	学时	学分	辅导教师	单位	职务职称	备注
86 年下学期 87 年上学期	古代汉语	300	15	刘振中	潍坊电大	讲师	必修
87 年上学期	目录学概论	120	6				必修
87 年上学期	图书馆现代技术	180	9	王立生	市气象台	副台长 高工	必修
87 年上学期 87 年下学期	政治经济学	200	10	孙焕武	昌潍师专	系主任 副教授	必修
87 年下学期	中文工具书	180	9				必修
87 年下学期	中国书史	100	5				必修
88 年上学期	藏书建设与 读者工作	120	6				必修
88 年上学期	情报检索语言	120	6				必修
88 年上学期	情报学概论	100	5				必修
88 年下学期	法学概论	240	12				4 人 选修
88 年上学期	科技文献检索	120	8				15 人 选修
88 年上学期	毕业作业	200	10				毕业 论文

表 9.2 山东省广播电视大学 85 级图书馆学专业班学员情况表

单位	姓名	性别	出生 时间	学习成绩平均分数					
				85 年下 学期	86 年上 学期	86 年下 学期	87 年上 学期	87 年下 学期	88 年上 学期
潍坊市图书馆	栗祥忠	男	1954	86.3	86.5	83.3	82.9	89	88.5
潍坊市图书馆	高 正	男	1962	76.5	78.4	74	72.5	73.5	68
潍坊市图书馆	陈艳亭	女	1957	78	81.4	77.2	71.3	81.8	81
潍坊市图书馆	谭振利	男	1960	66.5	73.1	75.7	74.1	87.7	75
潍坊市图书馆	郎益华	女	1963	67.3	71.2	69	69.4	69.2	59
潍坊市图书馆	张玲玲	女	1961	73.3	75.5	70	66.4	83	79
昌潍师专	刘红欣	女	1960	76.5	81.4	75.5	64.8	78	77

单位	姓名	性别	出生时间	学习成绩平均分数					
				85年下学期	86年上学期	86年下学期	87年上学期	87年下学期	88年上学期
昌潍师专	刘静芝	女	1950	63.7	72.8	73.5	75.6	75.3	82
昌潍师专	黄晓慧	女	1958	71.3	76.7	79.7	71.8	86.7	82
潍坊医学院	程海星	男	1956	76.9	79.7	81.4	74.4	85	79
潍坊医学院	杨子美	女	1946	67	70.9	68.8	61.9	79.7	76
山东省牧校	夏乐仓	男	1960	83.8	89.2	89	82.5	91.2	91
山东省牧校	李琴	女	1956	74	83.1	79	75.6	79.3	74
昌潍农校	张汝伟	男	1951	59	70.5	71.4	69.9	76.7	74
昌潍农校	徐亮迎	男	1953	65	76.2	69.2	70.4	80.3	77
第一职业中专	谭国贞	女	1949	82.5	84	83.3	77.1	80	80
潍坊一中	张新农	男	1958	80.5	84.9	84.7	72.6	80	86
市人民医院	陈红	女	1960	58	69	56.6	61.1	67.8	72.5
潍柴	牛刚	男	1963	63.2	72.5	74.7	58.6	75.3	70

二　山东省广播电视大学 88 级图书馆学专业班

1988 年，本馆继续与山东省广播电视大学潍坊分校合作，组织举办山东省广播电视大学 88 级图书馆学专业班（半脱产学习），学制三年。通过成人高考，共招收正式学员 22 名，单科生 4 名。1991 年 9 月学习期满，26 名学员全部毕业。山东省广播电视大学 88 级图书馆学专业班课程设置及学员情况详见表 9.3 ~ 9.4。

表 9.3　山东省广播电视大学 88 级图书馆学专业班课程设置及辅导情况表

学年学期	课程	学时	学分	辅导教师	单位	职务职称	备注
88 年下学期	图书馆学概论	144	9	栗祥忠	潍坊市图书馆	副馆长馆员	必修
88 年下学期	藏书建设与读者工作	144	8	陈艳亭	潍坊市图书馆	助理馆员	必修
88 年下学期 89 年上学期	中国通史	252	14	王济众	潍坊市图书馆	馆员	必修

学年学期	课程	学时	学分	辅导教师	单位	职务职称	备注
89 年上学期	逻辑学	144	8	朱建平	昌潍师专	讲师	必修
89 年上学期 89 年下学期	现代汉语	252	14	姜 弘 冯效忠	潍城教师进修学校 昌潍师专	讲师 助理教师	必修
89 年下学期	中国革命史	144	8				必修
89 年下学期	图书分类	162	9	王昭龙	潍坊市图书馆	馆员	必修
89 年下学期 90 年上学期	古代汉语	288	16	刘振中 籍成山	潍坊电大 昌潍师专	讲师 助理教师	必修
90 年上学期	图书馆目录	162	9	王昭龙	潍坊市图书馆	馆员	必修
90 年上学期	情报学概论	144	8	陈艳亭	潍坊市图书馆	助理馆员	必修
90 年下学期	目录学	162	9				必修
90 年下学期	新技术在图书馆的应用	162	9	王立生	市气象台	副台长 高工	必修
90 年下学期	报刊管理	162	9	王昭龙	潍坊市图书馆	馆员	选修
91 年上学期	中国书史	162	9				选修
91 年上学期	中文工具书	162	9	栗祥忠	潍坊市图书馆	馆员	必修
91 年上学期	社会调查		3				
91 年上学期	毕业作业		10				毕业论文

表 9.4　山东省广播电视大学 88 级图书馆学专业班学员情况表

单位	姓名	性别	出生时间	学习成绩平均分数					
				88 年下学期	89 年上学期	89 年下学期	90 年上学期	90 年下学期	91 年上学期
潍坊市图书馆	王春玲	女	1965	96	88	82.5	84	85	83
潍坊市图书馆	刘满奎	女	1964	94	81	79	82	86	89
潍坊市图书馆	刘清林	男	1950	82.5	68	70	78	80	81
潍坊市图书馆	王 洁	女	1952	82.5	64	71.5	79	76	80
潍坊医学院	赵 岩	女	1960	97	88	88.5	90	91	88
潍坊医学院	孙莱克	男	1956	92.5	83.5	82.5	84	86	85
潍坊医学院	郭益云	女	1956	85	88	73.5	81	84	82

续表

单位	姓名	性别	出生时间	学习成绩平均分数					
				88年下学期	89年上学期	89年下学期	90年上学期	90年下学期	91年上学期
昌潍师专	刘素琴	女	1954	94	70	75.5	79	81	77
昌潍师专	刘明玉	女	1963	88	81	67	70	72	80
山东省牧校	马廷法	男	1966	80	74	78.5	81	83	80
山东省牧校	刘惠芹	女	1961	92.5	90.5	83.5	90	91	93
昌邑县图书馆	姜杰华	女	1964	89	72	82	85	84	83
寒亭区图书馆	刘树臻	男	1946	83	78	84.5	85	86	87
潍坊市邮电局	徐向阳	男	1969	71	52	57	61	62	60
潍坊市人民医院	郭汝玲	女	1959	88	63	69.5	70	71	74
潍坊汽管厂	王波	男	1969	91	71	62	72	74	75
潍坊艺校	王爱霞	女	1957	74	45	64.5	60	58	70
潍柴	丁晓靖	女	1970	78.4	78	78.5	70	80	82
潍坊商校	王丽	女	1960	90	68	69.5	71	72	70
潍坊无线电厂	李青	女	1960	85.5	63	61.5	65	63	62
潍坊市药检所	邢海大	女	1959	90.5	69	65	70	72	74
潍城新华书店	宫昌利	男	1968	88	75.5	81	80	83	85
待业	张晓霞	女	1969	88	83.5	77.5	83	82	80
待业	秦丽梅	女	1969	82.5	80	77.5	78	76	82
待业	宗淑慧	女	1970	92.5	83.5	86	83	84	85
待业	杨月辉	女	1970	84	76.5	74.5	78	80	83

三 济南市职工中专 88 级图书馆学专业函授班

1988 年，本馆与济南广播电视中专图书馆职工函授分校合作，举办图书馆学专业函授班，学制两年半。经入学考试，招收学员 41 名。1991 年 3 月学习期满，41 名学员全部毕业。济南市职工中专 88 级图书馆学专业函授班课程设置及学员情况详见表 9.5～9.6。

表 9.5　济南市职工中专 88 级图书馆学专业函授班课程设置及辅导情况表

学年学期	课程	学时	辅导教师	单位	职务职称
88 年下学期	数学	165	崔贵娴	山东省税务学校	科长 讲师
88 年下学期	图书馆工作概论	75	张光德	潍坊市图书馆	助理馆员
88 年下学期 89 年上学期	语文	393	陈孝武	潍坊一轻技术	讲师
89 年上学期	哲学	85	仲丛阁	山东省税务学校	助理教师
89 年上学期	图书分类	160	张光德	潍坊市图书馆	助理馆员
89 年下学期	政治经济学	85	仲丛阁	山东省税务学校	助理教师
89 年下学期	图书编目	52	王昭龙	潍坊市图书馆	馆员
90 年上学期	读者工作	85	陈艳亭	潍坊市图书馆	助理馆员
90 年上学期	中国革命和建设基本问题	85	张光德	潍坊市图书馆	助理馆员
90 年上学期	中国书史	85	高　正	潍坊市图书馆	助理馆员
90 年下学期	藏书建设	85	陈艳亭	潍坊市图书馆	助理馆员
90 年下学期	中文工具书	116	栗祥忠	潍坊市图书馆	馆员
90 年下学期	中文期刊	116	王昭龙	潍坊市图书馆	馆员
90 年下学期	情报学概论	86	张光德	潍坊市图书馆	助理馆员
90 年下学期	科技文献检索	116	王彭兰	潍坊市图书馆	管理员

表 9.6　济南市职工中专 88 级图书馆学专业函授班学员情况表

单位	姓名	性别	出生时间
潍坊市图书馆	靳树国	男	1962
潍坊市图书馆	付春凤	女	1955
潍城区阅览室	韩玉凤	女	1947
潍城区阅览室	韩建国	男	1949
潍城区阅览室	王洪岩	女	1961
寒亭区图书馆	王　静	女	1957
寒亭区图书馆	季丽琴	女	1963
寒亭区图书馆	潘　波	男	1959
寒亭区图书馆	张立新	女	1966

单位	姓名	性别	出生时间
坊子区图书馆	张淑华	女	1957
坊子区图书馆	戴洪青	女	1961
昌邑县图书馆	傅全胜	男	1960
昌邑县图书馆	王凤伟	男	1966
昌邑县图书馆	林　静	女	1963
昌乐县图书馆	刘世军	男	1961
昌乐县图书馆	于国强	男	1965
高密县图书馆	刘金山	男	1955
高密县图书馆	范纬华	男	1967
高密县图书馆	王小燕	女	1953
潍坊市中医院	刘蓉晖	女	1967
潍坊市中医院	刘秀丽	女	1962
山东省税务学校	冯丽芝	女	1956
职工业余大学	杨春玲	女	1963
潍坊市建筑设计院	姜子兰	女	1954
潍坊无线电厂	王红梅	女	1957
潍坊染织二厂	张丽君	女	1959
潍坊四棉	赵俊华	女	1963
虞虹桥医院	崔　婧	女	1966
动力机研究所	杜小贞	女	1957
潍坊百货站	孟　丽	女	1969
潍坊市一建公司	王福聚	男	1954
潍坊玻璃纸厂	宋英姿	女	1967
潍坊市自来水公司	丰广秀	女	1954
坊子区委党校	李　娟	女	1966
坊子区委党校	王桂香	女	1966
坊子煤矿	刘玉明	男	1951
坊子煤矿	王建华	男	1957
诸城人民医院	刘培红	女	1965

续表

单位	姓名	性别	出生时间
诸城纺织厂	徐淑亮	男	1956
昌乐县文化局	孙爱玲	女	1967
山东省公路运输技校	宋李砾	女	1959

四　山东省广播电视大学图书馆学大专专业证书班

1989 年，山东省文化厅委托山东省广播电视大学举办图书资料系列成人高等教育专业证书教学班，在全省设 12 个教学点。在潍坊市文化局和山东省图书馆的帮助支持下，在本馆设潍坊教学点，组织举办图书馆学专业证书班，学制一年半。经入学考试，招收学员 45 名。1991 年 3 月学习期满，45 名学员全部毕业。山东省广播电视大学图书馆学大专专业证书班课程设置及学员情况详见表 9.7 ~ 9.8。

表 9.7　山东省广播电视大学图书馆学大专专业证书班课程设置及辅导情况表

学年学期	课程	学时	学分	辅导教师	单位	职务职称
89 年下学期	图书馆学概论	163	8	栗祥忠	潍坊市图书馆	副馆长 馆员
89 年下学期	藏书建设与读者工作	163	8	陈艳亭	潍坊市图书馆	副主任 助理馆员
89 年下学期	图书分类	243	9	张光德	潍坊市图书馆	副主任 助理馆员
90 年上学期	图书馆目录	163	9	栗祥忠	潍坊市图书馆	副馆长 馆员
90 年上学期	目录学	243	9	张光德	潍坊市图书馆	副主任 助理馆员
90 年上学期	中国书史	163	8	高　正	潍坊市图书馆	副主任 助理馆员
90 年上学期	中文工具书	243	9	栗祥忠	潍坊市图书馆	副馆长 馆员
90 年下学期	情报学基础	163	8	张光德	潍坊市图书馆	副主任 助理馆员
90 年下学期	期刊管理	163	8	陈艳亭	潍坊市图书馆	副主任 助理馆员

表 9.8 山东省广播电视大学图书馆学大专专业证书班学员情况表

单位	姓名	性别	出生时间	学习成绩平均分数
潍坊市图书馆	王昭龙	男	1940	93.83
潍坊市图书馆	周嘉琴	女	1947	93.17
潍坊市图书馆	王宇红	女	1949	87.17
潍坊市图书馆	杨漪	女	1946	93.5
潍坊市图书馆	赵林	男	1948	85.83
寒亭区图书馆	李明英	女	1952	82.5
寒亭区图书馆	刘吉芳	女	1942	87.17
潍城区阅览室	韩建国	男	1949	94.17
潍城区阅览室	韩玉凤	女	1947	93.5
潍坊市环保局	沈增芳	男	1937	90
潍坊长城门窗公司	刘延宁	女	1954	88.5
潍坊四棉工会	赵俊华	女	1954	93
潍坊市建筑设计院	姜子兰	女	1954	90.67
省化纤研究所	仲惟香	女	1950	92.17
潍坊计算机公司	于延秋	女	1952	88.67
潍坊市工人文化宫	王明俊	男	1944	92.17
潍坊市一建公司工会	王福聚	男	1954	90.33
潍坊肉联厂工会	贺文美	女	1953	78.67
潍坊内燃机配件厂	滕春玲	女	1948	90
潍坊华丰机器厂	王秀清	女	1942	87.83
潍坊教育学院	马怀明	男	1954	85.17
潍坊教育学院	史怀芳	女	1944	91.8
潍坊教育学院	田秀英	女	1942	84.17
潍坊教育学院	阎金峰	女	1951	95.5
潍坊教育学院	任秀花	女	1952	90.67
昌潍农校	徐伟莲	女	1952	94
潍坊供销学校	张芹	女	1954	94.17
潍坊供销学校	张霞	女	1954	90
山东省税务学校	王端容	女	1944	92.67

续表

单位	姓名	性别	出生时间	学习成绩平均分数
山东省信息工程学校	王颜容	女	1954	95.17
山东省信息工程学校	谭益芬	女	1943	84.83
潍坊一轻技工学校	于白华	女	1954	85.33
潍坊纺织技工学校	王坚贞	女	1948	95.5
潍坊一中	谭金菊	女	1948	90
潍坊二中	崔兰香	女	1944	91.33
潍坊二中	谭玉英	女	1946	86.17
潍坊二中	傅红娟	女	1954	88.5
潍坊七中	魏宇	男	1940	85.17
潍城区教师进修学校	李宪德	男	1953	88.17
昌乐特殊教育师范	崔继春	女	1954	91.33
益都卫校	高淑英	女	1950	82.83
青州市科委	王兰梅	女	1944	79.5
青州市中心医院	王庆芳	女	1954	85.5
寿光县总工会	谈敏	女	1952	81.67
寿光县总工会	刘会云	女	1954	86.5

五　济南市职工中专 90 级图书馆学专业函授班

1990 年，本馆继续与济南广播电视中专图书馆职工函授分校合作，举办图书档案专业函授中专班，学制两年半。经入学考试，招收学员 46 名。1993 年 3 月学习期满，46 名学员全部毕业。济南市职工中专 90 级图书馆学专业函授班课程设置及学员情况详见表 9.9～9.10。

表 9.9　济南市职工中专 90 级图书馆学专业函授班课程设置及辅导情况表

学年学期	课程	学时	辅导教师	单位	职称
90 年下学期	数学	165	陈孝武	一轻技校	讲师
90 年下学期	图书馆工作概论	75	张光德	潍坊市图书馆	助理馆员
90 年下学期	语文	373	陈孝武	一轻技校	讲师

续表

学年学期	课程	学时	辅导教师	单位	职称
91 年上学期	哲学	85	王昭龙	潍坊市图书馆	馆员
91 年上学期	图书分类	160	张光德	潍坊市图书馆	助理馆员
91 年上学期	政治经济学	85	董红薇	潍坊市图书馆	助理馆员
91 年下学期	图书编目	52	王昭龙	潍坊市图书馆	馆员
91 年下学期	读者工作	85	陈艳亭	潍坊市图书馆	助理馆员
92 年上学期	中国革命和建设基本问题	85	张光德	潍坊市图书馆	助理馆员
92 年上学期	中国书史	85	高　正	潍坊市图书馆	助理馆员
92 年上学期	藏书建设	85	王昭龙	潍坊市图书馆	馆员
92 年下学期	中文工具书	116	栗祥忠	潍坊市图书馆	馆员
92 年下学期	中文期刊	116	王昭龙	潍坊市图书馆	馆员
92 年下学期	情报学概论	86	张光德	潍坊市图书馆	助理馆员
92 年下学期	科技文献检索	116	王彭兰	潍坊市图书馆	管理员

表 9.10　济南市职工中专 90 级图书馆学专业函授班学生花名册

姓名	单位	姓名	单位
孙会群	羊口盐场灭火剂厂	王爱萍	潍坊建筑工程管理处
孙瑞芳	潍坊纯碱厂热电分厂	王春霞	安丘造纸厂档案室
刘　菊	青州市图书馆	刘建英	青州市化肥厂
杨四海	安丘景芝啤酒厂	郭　红	潍坊录音机公司
刘艳华	寿光人造板厂	钮玉雪	潍坊纯碱厂
潘　新	青州市图书馆	赵鲁晔	潍坊录音机厂
袁向伟	羊口盐场	卞晓华	青州宾馆
张爱东	解放汽车工业企业联营公司青岛客车厂	程　远	莱州三中
郑建明	潍坊水泥厂	陈志亮	寒亭区图书馆
杨　琳	莱州市人民医院	王秀珍	安丘县图书馆
杜爱军	青州市卫生局	张曰刚	潍坊棉纺织厂
韩　君	潍坊电大图书馆	杨晓梅	鸢飞大酒店
王德爱	五井煤矿党办	刘　环	五井煤矿党办

姓名	单位	姓名	单位
李建梅	潍坊卫校	于金萍	安丘县造纸厂
张春燕	寿光人造板厂	王淑英	青州市磷肥厂
刘　红	潍坊床单厂	李传凤	潍城区河西乡政府
温兰娥	潍坊纺织技校	尹淑华	潍坊外贸纺织品进出口公司
刘建光	青州市图书馆	孙秀芳	青州市益都镇教育科
刘　香	临朐化肥厂	秦华琴	五井煤矿党办
柳君亭	平度市滑石矿档案室	李乃珍	青州市化工厂
袁春梅	青州市人民医院图书室	赵传爱	临朐县化肥厂
孙永丽	莱州市中医学校	付　惠	青州市第二中学
李永强	安丘景芝啤酒厂	韩秀环	昌潍师专图书馆

六　潍坊艺校91级群众文化图书档案专业中专班

　　1991年7月，本馆与潍坊艺术学校合作，举办潍坊艺校群众文化图书档案专业中专班，学制三年，国家承认中等专业毕业文凭。通过全省普通中等专业学校的普通学科考试及潍坊艺术学校的专业考试，招收学生43名。1994年7月学习期满，43名学生全部毕业。潍坊艺校91级群众文化图书档案专业中专班课程设置及学员情况详见表9.11～9.12。

表9.11　潍坊艺校91级群众文化图书档案专业中专班课程设置及辅导情况表

学期	课程	学时	辅导教师	单位	职称
第1学期	人生与道德	140	丁洪俊	潍坊市图书馆	馆员
第1学期	图书馆学基础	140	栗祥忠	潍坊市图书馆	馆员
第1学期	藏书建设	220	杨　漪	潍坊市图书馆	馆员
第1-3学期	历史	380	董红薇	潍坊市图书馆	助理馆员
第1-4学期	英语	460	王彭兰	潍坊市图书馆	管理员
第1-5学期	语文	880	王希兆	潍坊市图书馆	管理员
第1-5学期	体育	240	李　靖	潍坊市图书馆	管理员
第2学期	马克思主义基本问题	140	丁洪俊	潍坊市图书馆	馆员

学期	课程	学时	辅导教师	单位	职称
第2学期	读者工作	220	杨 漪	潍坊市图书馆	助理馆员
第2-3学期	中文工具书	320	栗祥忠	潍坊市图书馆	馆员
第3学期	科学社会主义	140	丁洪俊	潍坊市图书馆	馆员
第3-4学期	地理	380	王明俊	潍坊市图书馆	馆员
第3-4学期	图书分类	500	张光德	潍坊市图书馆	助理馆员
第4学期	职业道德	70	丁洪俊	潍坊市图书馆	馆员
第4学期	中国革命与建设	140	王昭龙	潍坊市图书馆	馆员
第4-5学期	图书编目	520	栗祥忠	潍坊市图书馆	馆员
第4-5学期	期刊管理	320	刘清林	潍坊市图书馆	助理馆员
第5学期	中国图书知识	140	王昭龙	潍坊市图书馆	馆员
第5学期	情报工作	140	王希兆	潍坊市图书馆	管理员
第5学期	科技文献检索	140	王彭兰	潍坊市图书馆	管理员
第5学期	图书馆现代化技术	260	张光德	潍坊市图书馆	馆员

表9.12 潍坊艺校91级群众文化图书档案专业中专班学生花名册

张 娟	关 鹏	李永顺	吴国莲	张凤磊	崔海波	陈阿荣	曹守乾	郭丹第
辛同丽	颜 波	魏建勇	庄金池	马 敬	刘友莉	颜君婷	吴宏伟	于同爱
田丽平	刘玉钰	徐 强	王同龙	姚桂荣	王延明	徐朝霞	王明辉	张丽芳
吴春艳	谭淑霞	陈艳红	李亚西	李雪生	王雪庆	谭立业	邱兆山	赵玉华
黄瑞东	王相东	王晓丽	蒋 霞	杨 鹏	张秀美	韩建明		

七 潍坊市职工大学图书档案管理专业大专专业证书续读班

1992年，本馆与潍坊市职工大学联合，举办图书档案管理专业大专专业证书续读班，招收学员23名。1995年学习期满，23名学员全部毕业。潍坊市职工大学图书档案管理专业大专专业证书续读班课程设置及学员情况详见表9.13～9.14。

表 9.13　潍坊市职工大学图书档案管理专业大专专业证书续读班课程设置情况表

学期	课程	学时	辅导教师	单位	职称
第 1 学期	世界古代史纲	80	董红薇	潍坊市图书馆	助理馆员
第 1 学期	哲学	80	宫昌利	潍坊市图书馆	助理馆员
第 1 学期	写作基础	80	王希兆	潍坊市图书馆	助理馆员
第 1 学期	文件管理	120	张玲玲	潍坊市图书馆	馆员
第 1－2 学期	古代汉语	160	董红薇	潍坊市图书馆	助理馆员
第 2 学期	藏书建设	80	杨　漪	潍坊市图书馆	副研究馆员
第 2 学期	档案管理	120	王瑞璞	潍坊市图书馆	副研究馆员
第 2 学期	中国革命史	80	董红薇	潍坊市图书馆	助理馆员
第 2 学期	图书馆学概论	80	栗祥忠	潍坊市图书馆	副研究馆员
第 3 学期	中文报刊管理	80	宫昌利	潍坊市图书馆	助理馆员
第 3 学期	中国书史	80	林　娟	潍坊市图书馆	助理馆员
第 3 学期	档案保护技术	120	宫昌利	潍坊市图书馆	助理馆员
第 3－4 学期	图书分类	160	张光德	潍坊市图书馆	馆员
第 3－4 学期	图书馆目录	160	栗祥忠	潍坊市图书馆	副研究馆员
第 3－4 学期	中文工具书	160	栗祥忠	潍坊市图书馆	副研究馆员
第 4 学期	情报学基础	80	王希兆	潍坊市图书馆	助理馆员
第 4 学期	目录学	80	杨　漪	潍坊市图书馆	副研究馆员
第 4 学期	毕业作业	40	栗祥忠	潍坊市图书馆	副研究馆员

表 9.14　潍坊市职工大学图书档案管理专业大专专业证书续读班学生花名册

姓名	单位	姓名	单位
李雪梅	潍坊市图书馆	杜　刚	潍坊影院
尹　霞	潍坊市图书馆	马世富	临朐县图书馆
付春凤	潍坊市图书馆	高　军	临朐县图书馆
刘　群	潍坊市图书馆	张　芹	临朐县图书馆
赵　林	潍坊市图书馆	李建平	潍坊影院
刘典好	潍坊市图书馆	孙前卫	潍坊影院
王　军	潍坊市图书馆	陈建文	潍坊第二印染厂
齐建新	潍坊市图书馆	郭秋仙	胜利输油公司

姓名	单位	姓名	单位
滕志霞	高密市第三中学	崔秀荣	潍坊市建校
宋同爱	高密市第三中学	王桂秀	潍坊精神卫生中心
董忠玲	潍坊化工厂档案科	刘淑英	临朐县图书馆
韩秀彩	潍坊血站图书馆		

八 潍坊艺校 93 级群众文化图书档案专业中专班

1993 年 9 月，本馆继续与潍坊艺校合作，举办潍坊艺校 93 级群众文化图书档案专业中专班，学制三年。经入学考试，招收学生 32 名。1996 年 7 月学习期满，32 名学生全部毕业。潍坊艺校 93 级群众文化图书档案专业中专班课程设置及学员情况详见表 9.15 ~ 9.16。

表 9.15 潍坊艺校 93 级群众文化图书档案专业中专班课程设置及辅导情况表

学期	课程	学时	辅导教师	单位	职称
第 1 学期	读者工作	220	杨漪	潍坊市图书馆	馆员
第 1－2 学期	政治	280	丁洪俊	潍坊市图书馆	馆员
第 1－3 学期	历史	380	董红薇	潍坊市图书馆	助理馆员
第 1－4 学期	英语	500	王彭兰	潍坊市图书馆	助理馆员
第 1－5 学期	语文	880	王希兆	潍坊市图书馆	助理馆员
第 1－5 学期	体育	240	李靖	潍坊市图书馆	助理馆员
第 2 学期	藏书建设	220	杨漪	潍坊市图书馆	馆员
第 2 学期	中国书史	140	张玲玲	潍坊市图书馆	馆员
第 2－3 学期	中文工具书	320	王希兆	潍坊市图书馆	助理馆员
第 3 学期	档案管理	140	王瑞璞	潍坊市图书馆	助理馆员
第 3－4 学期	地理	280	王明俊	潍坊市图书馆	副研究馆员
第 3－4 学期	图书分类	460	张光德	潍坊市图书馆	助理馆员
第 4 学期	图书馆学基础	140	郎绪增	潍坊市图书馆	馆员
第 4 学期	文件管理	140	张玲玲	潍坊市图书馆	馆员
第 4－5 学期	图书编目	460	栗祥忠	潍坊市图书馆	副研究馆员

学期	课程	学时	辅导教师	单位	职称
第 4 - 5 学期	期刊管理	300	王　洁	潍坊市图书馆	馆员
第 5 学期	目录学基础	140	杨　漪	潍坊市图书馆	助理馆员
第 5 学期	情报工作	140	宫昌利	潍坊市图书馆	助理馆员
第 5 学期	科技文献检索	140	王彭兰	潍坊市图书馆	助理馆员
第 5 学期	科技档案管理	140	王彭兰	潍坊市图书馆	助理馆员

表 9.16　潍坊艺校 93 级群众文化图书档案专业中专班学生花名册

赵　冰	王艳青	刘冠珍	刘丽丽	徐桂欣	滕鲁美	魏凤玲	许俊杰	崔丽娟
王伯强	刘晓钰	刘兴光	宗传荣	孙栋阁	李　泳	曹德启	王伯雪	花红梅
王春红	赵建敏	高　震	门飞燕	窦瑞红	单　册	邱光泉	邱　勇	唐春霞
石　磊	张振林	刘永志	王翠萍	曹秀燕				

九　潍坊艺校 94 级群众文化图书档案专业中专班

1994 年 9 月，本馆继续与潍坊艺校合作，举办潍坊艺校 94 级群众文化图书档案专业中专班，学制三年。经入学考试，招收学生 33 名。1997 年 7 月学习期满，33 名学生全部毕业。潍坊艺校 94 级群众文化图书档案专业中专班课程设置及学员情况详见表 9.17 ~ 9.18。

表 9.17　潍坊艺校 94 级群众文化图书档案专业中专班课程设置及辅导情况表

学期	课程	学时	辅导教师	所在单位	职称
第 1 学期	历史	380	董红薇	潍坊市图书馆	助理馆员
第 1 学期	图书馆学基础	140	郎绪增	潍坊市图书馆	馆员
第 1 学期	读者工作	220	杨　漪	潍坊市图书馆	馆员
第 1 学期	中国书史	140	张玲玲	潍坊市图书馆	馆员
第 1 - 4 学期	英语	500	马洪杰	潍坊市图书馆	馆员
第 1 - 4 学期	政治	280	丁洪俊	潍坊市图书馆	馆员
第 1 - 5 学期	体育	240	李　靖	潍坊市图书馆	助理馆员
第 1 - 5 学期	语文	640	郎绪增	潍坊市图书馆	馆员

学期	课程	学时	辅导教师	所在单位	职称
第2学期	档案管理	140	宫昌利	潍坊市图书馆	助理馆员
第2学期	科技档案管理	140	王希兆	潍坊市图书馆	助理馆员
第2学期	档案保护技术	140	宫昌利	潍坊市图书馆	助理馆员
第2学期	藏书建设	220	杨漪	潍坊市图书馆	馆员
第2-3学期	地理	280	王明俊	潍坊市图书馆	副研究馆员
第3学期	文件管理	140	张玲玲	潍坊市图书馆	馆员
第3学期	法律	140	李维忠	潍坊市图书馆	馆员
第3-4学期	图书编目	580	栗祥忠	潍坊市图书馆	副研究馆员
第4学期	情报工作	140	宫昌利	潍坊市图书馆	助理馆员
第4学期	科技文献检索	140	王洁	潍坊市图书馆	馆员
第4-5学期	图书分类	580	张光德	潍坊市图书馆	助理馆员
第4-5学期	中文工具书	320	王昭龙	潍坊市图书馆	副研究馆员
第4-5学期	期刊管理	300	刘满奎	潍坊市图书馆	馆员
第5学期	目录学基础	140	杨漪	潍坊市图书馆	馆员

表 9.18　潍坊艺校 94 级群众文化图书档案专业中专班学生花名册

张丽萍	董洁	陈妮妮	于秀梅	田立山	姜丽娟	董永胜	范德泉	栗梅
郑海清	颜廷靖	李明莲	李亚男	杨静	王蔚	张世萍	刘东升	张国强
徐光辉	李亚波	于树磊	聂金梅	杨秀丽	徐海丽	王瑞霞	管清芬	管金来
刘海英	孙萍	张建光	刘艳芬	王艳	王国防			

十　潍坊市职工大学文秘专业大专专业证书续读班

1994 年,本馆与潍坊市职工大学联合,举办文秘专业大专专业证书续读班,招收学员 33 名。1997 年学习期满,33 名学员全部毕业。潍坊市职工大学文秘专业大专专业证书续读班学员情况详见表 9.19。

表 9.19　潍坊市职工大学文秘专业大专专业证书续读班学生花名册

姓名	单位	姓名	单位
高利波	潍坊市图书馆	王　成	潍坊万友企业有限公司
魏　韬	潍坊市图书馆	王继东	潍坊化工三厂
邓丽珠	潍坊市图书馆	韩玉平	潍坊化工三厂
刘金海	奎文区委	梁　英	潍坊医学院
王淑芬	潍坊城建综合开发公司	齐华博	奎文区委
王桂明	奎文区委	丁金萍	潍坊圣荣大酒店
韩金芳	潍坊影院	梁　明	潍坊文化服务公司
曹沛连	潍坊市艺术馆	徐少云	奎文外经委
谭金菊	临朐一中	孙　燕	潍城书店
张金新	奎文区文化馆	王立新	奎文区委
孙迎迎	潍城区西关街办	张庆云	潍坊市文化市场管理办公室
陈　晶	潍坊影院	刘温泉	潍坊市机动车驾驶员培训中心
林红红	潍洲剧院	考素云	潍坊第五棉纺厂
陈兴娟	潍坊市公交公司	于淑美	奎文环保局
潘英军	潍坊市公交公司	吴瑞文	潍坊永昌贸易有限公司
邓世鸿	潍坊市公交公司	王志伟	昌乐纺织机械公司
杜爱军	青州市卫生局	王春梅	青州人民医院

十一　潍坊艺校 95 级群众文化图书档案专业中专班

1995 年 9 月，本馆继续与潍坊艺校合作，举办潍坊艺校 95 级群众文化图书档案专业中专班，学制三年。经入学考试，招收学生 43 名。1998 年 7 月学习期满，43 名学生全部毕业。潍坊艺校 95 级群众文化图书档案专业中专班课程设置及学员情况详见表 9.20 ~ 9.21。

表 9.20　潍坊艺校 95 级群众文化图书档案专业中专班课程设置及辅导情况表

学期	课程	学时	辅导教师	单位	职称
第 1 学期	政治	280	丁洪俊	潍坊市图书馆	馆员
第 1 学期	目录学基础	140	杨　漪	潍坊市图书馆	副研究馆员

学期	课程	学时	辅导教师	单位	职称
第1学期	法律	140	李维忠	潍坊市图书馆	馆员
第1学期	科技文献检索	140	王洁	潍坊市图书馆	馆员
第1-2学期	历史	380	董红薇	潍坊市图书馆	馆员
第1-2学期	图书编目	460	宗淑慧	潍坊市图书馆	助理馆员
第1-4学期	体育	240	李靖	潍坊市图书馆	助理馆员
第1-4学期	语文	880	王希兆	潍坊市图书馆	助理馆员
第1-4学期	英语	500	马洪杰	潍坊市图书馆	馆员
第2学期	图书馆学基础	140	郎绪增	潍坊市图书馆	馆员
第2-3学期	图书分类	460	张光德	潍坊市图书馆	馆员
第2-3学期	中文工具书	320	王昭龙	潍坊市图书馆	副研究馆员
第3学期	期刊管理	300	刘满奎	潍坊市图书馆	馆员
第3学期	中国书史	140	张玲玲	潍坊市图书馆	馆员
第3-4学期	地理	280	王明俊	潍坊市图书馆	副研究馆员
第4学期	读者工作	220	杨漪	潍坊市图书馆	副研究馆员
第4学期	档案管理	140	宫昌利	潍坊市图书馆	助理馆员
第4学期	文件管理	140	张玲玲	潍坊市图书馆	馆员
第4-5学期	政治	280	丁洪俊	潍坊市图书馆	馆员
第5学期	藏书建设	220	王春玲	潍坊市图书馆	助理馆员
第5学期	档案保护技术	140	宫昌利	潍坊市图书馆	助理馆员
第5学期	科技档案管理	140	王彭兰	潍坊市图书馆	助理馆员
第5学期	艺术概论	140	王国强	潍坊市图书馆	助理馆员

表9.21 潍坊艺校95级群众文化图书档案专业中专班学生花名册

郭琳琳	孔祥婷	孙敏敏	徐淑慧	隋丽	王晓伟	牟连娟	谭黉	李福宁
朱建华	张艺	秦国	王伟伟	于登香	常敬伟	胡丽花	隋方	屠永军
郝雪艳	王淑娟	崔新民	孙霞	许艳	王蓬杰	郑素莲	高洁	李学成
李娜娜	高术兰	刘智安	郝红霞	李秀玲	桑爱玲	邵静	周术君	韩鹏
王淑霞	袁永艳	郭伟	潘艳	秦焕兰	邵忠红	阎霞		

十二　潍坊艺校 96 级群众文化图书档案专业中专班

1996 年 9 月，本馆继续与潍坊艺校合作，举办潍坊艺校 96 级群众文化图书档案专业中专班，学制三年。经入学考试，招收学生 47 名。1999 年 7 月学习期满，47 名学生全部毕业。潍坊艺校 96 级群众文化图书档案专业中专班课程设置及学员情况详见表 9.22 ~ 9.23。

表 9.22　潍坊艺校 96 级群众文化图书档案专业中专班课程设置及辅导情况表

学期	课程	学时	辅导教师	单位	职称
第 1 学期	中国书史	140	张玲玲	潍坊市图书馆	馆员
第 1 - 2 学期	政治	280	丁洪俊	潍坊市图书馆	馆员
第 1 - 2 学期	地理	280	王明俊	潍坊市图书馆	副研究馆员
第 1 - 2 学期	历史	140	董红薇	潍坊市图书馆	馆员
第 1 - 4 学期	英语	500	王彭兰	潍坊市图书馆	助理馆员
第 1 - 5 学期	语文	640	王宇红	潍坊市图书馆	副研究馆员
第 1 - 5 学期	体育	240	李 靖	潍坊市图书馆	助理馆员
第 2 学期	科技文献检索	140	王 洁	潍坊市图书馆	馆员
第 2 学期	读者工作	340	杨 漪	潍坊市图书馆	副研究馆员
第 2 学期	图书馆学基础	140	郎绪增	潍坊市图书馆	馆员
第 3 学期	文件管理	140	张玲玲	潍坊市图书馆	馆员
第 3 - 4 学期	中文工具书	400	王昭龙	潍坊市图书馆	副研究馆员
第 3 - 4 学期	图书编目	460	林 娟	潍坊市图书馆	助理馆员
第 3 - 4 学期	期刊管理	460	刘满奎	潍坊市图书馆	馆员
第 4 学期	藏书建设	340	王春玲	潍坊市图书馆	助理馆员
第 4 学期	政治	280	丁洪俊	潍坊市图书馆	馆员
第 4 学期	科技档案管理	140	王彭兰	潍坊市图书馆	助理馆员
第 4 - 5 学期	图书分类	460	张光德	潍坊市图书馆	馆员
第 5 学期	目录学基础	140	杨 漪	潍坊市图书馆	副研究馆员
第 5 学期	科技文献检索	140	王 洁	潍坊市图书馆	馆员
第 5 学期	档案管理	140	宫昌利	潍坊市图书馆	助理馆员
第 5 学期	档案保护技术	140	宫昌利	潍坊市图书馆	助理馆员

表 9.23　潍坊艺校 96 级群众文化图书档案专业中专班学生花名册

杜 艳	徐 佩	张法辉	刘 静	王 甜	张国建	韩 敏	胡湘颖	张新志
王雪峰	赵钰臣	张禄飞	陈秀云	刘 绚	傅伟楠	吕伟杰	孙乃磊	滕传良
王 姗	王荣堂	王同霞	刘方玉	刘永忠	王 衍	尹 霞	王东旭	姚桂萍
花 敏	张敬芝	刘素玲	高 玲	刘凤颖	马永刚	刘海燕	陈 羚	李 峰
付拿拿	殷志鹏	郭 静	李逢逢	王 伟	刘龙霞	孙希莲	游录梅	赵君智
孙艳艳	赵晓娜							

十三　潍坊艺校 97 级群众文化图书档案专业中专班

1997 年 7 月，本馆继续与潍坊艺校合作，举办潍坊艺校 97 级群众文化图书档案专业中专班，学制三年。经入学考试，招收学生 62 名。2000 年 7 月学习期满，62 名学生全部毕业。潍坊艺校 97 级群众文化图书档案专业中专班学员情况详见表 9.24。

表 9.24　潍坊艺校 97 级群众文化图书档案专业中专班学生花名册

张海玲	周 洁	郭丽娟	刘艳梅	王 锐	张美萍	宿杨华	窦伟伟	李 娜
王志伟	李晓敏	张建坤	王海霞	王瑷瑷	戴春华	胡丽华	隋玮玮	高金红
段会玲	宫 伟	黄 虹	郑 敏	鞠 方	李珊妹	李志鹏	孙德香	牛 闻
刘晓敏	潘国栋	王晓峰	刘德莲	李 婷	任丽敏	张彬祥	曲敬娟	袁兆翠
苗云霞	徐会咏	房盈华	赵 敏	郑晓燕	杨金波	武少军	褚俊俊	张晓燕
赵文亮	李晓青	郭景闪	郭翠翠	周云飞	刘桂莲	黄 萌	张晓霞	李霄鹏
刘永杰	黄金燕	杨海霞	陈凤武	王 董	江春梅	张春梅	于 钒	

十四　河北大学图书馆学专业研究生课程进修班

2002 年 7 月，本馆与河北大学联合，举办图书馆学专业研究生课程进修班，学制两年。招收来自全省各地各类图书馆（室）的学员 23 名，开设《图书馆概论》、《知识产权法》、《古籍文献整理》、《图书馆自动化》、《英语》、《信息管理基础》、《管理学基础》、《科学社会主义》、《马克思主义经典著作选读》等课程，河北大学教授及省内图书馆学专家授课。2004 年 6 月，23 名学员完成学业，获得结业证书。河北大学图书馆学专业研究生课程进修班学员情况详见表 9.25。

表 9.25　河北大学图书馆专业研究生课程进修班学生花名册

姓名	单位	姓名	单位
李尚君	寿光市图书馆	郭利民	邹平县图书馆
宋桂娟	诸城市图书馆	张莉萍	济宁师专图书馆
唐　琦	诸城市图书馆	祝朝安	空军后勤学院基础部 马列主义教研室
聂金梅	潍坊市图书馆	亓来笃	莱芜市图书馆
宫昌利	潍坊市图书馆	鹿晓明	山东大学齐鲁医院图书馆
王小青	潍坊市图书馆	张悦忍	山东科技大学图书馆
吴宏伟	潍坊市图书馆	孙金花	潍坊医学院图书馆
李　靖	潍坊市图书馆	徐砚亮	潍坊医学院图书馆
鲁　松	潍坊市图书馆	黄　剑	潍坊医学院图书馆
王丽丽	潍坊市图书馆	王瑞霞	坊子区图书馆
董红薇	潍坊市图书馆	刘全强	滨州市图书馆
王瑞芝	山东丝绸学校		

第三节　业务培训

1960 年 1 月，本馆举办公社图书室管理员训练班，20 人参加。

1960 年 4 月，本馆举办厂矿企业学校图书室管理员训练班，33 个单位的 34 人参加。

1979 年 2 月，本馆举办中学图书馆（室）管理员学习班，17 人参加。

1980 年，本馆举办图书分类法学习班，纺织局等 5 个单位参加。

1981 年，本馆举办 2 期图书管理员学习班，20 人参加。

1985 年 12 月 17 日至 1986 年 1 月 6 日，本馆举办《中图法》和《国家标准文献著录》学习班，24 个基层图书馆（室）的 28 名专业人员参加。

1986 年 9 月 22 日至 10 月 4 日，本馆举办图书馆专业人员培训班，34 个基层图书馆（室）35 名学员参加。

1989 年 11 月 6 日至 20 日，潍坊市文化局主办，本馆承办县、市、区图书馆馆长专业理论知识培训班，各县、市、区图书馆馆长参加。

1991 年 9 月 20 日至 28 日，潍坊市图书馆学会在本馆举办《中图法》（第 3 版）培训班，聘请淄博师专图书馆蔡振华和山东省图书馆业务辅导部主任李福贵前来授课，来自我市各类图书馆的 66 名学员参加。

1992 年 7 月 5 日至 20 日，本馆举办图书馆专业技术人员继续教育培训班，学习《图书分类》、《图书馆目录》等课程，82 人参加。

1993 年 4 月 1 日至 6 月 30 日，本馆连续举办四期图书资料专业技术人员培训班，学习《图书馆学概论》、《图书分类》、《图书馆目录》等课程，252 人参加。

1994 年 6 月 1 日至 10 日，本馆举办古代汉语学习班，105 人参加。

1995 年，潍坊市图书馆学会牵头组织举办图书分类、图书著录业务培训班，来自学会成员馆的 34 名会员参加。

1995 年 5 月 3 日，本馆举办古代汉语培训班，92 人参加。

1996 年 5 月 3 日至 12 日，本馆举办古代汉语培训班，78 人参加。

1997 年 4 月，本馆举办《图书分类》、《图书编目》培训班各 1 期，共培训学员 32 名。4 月至 6 月，组织县、市、区图书馆的馆长参加了全省公共图书馆自动化管理馆长培训班。5 月 3 日至 12 日，举办古代汉语培训班，70 名学员参加。7 月，根据潍坊市人事局和潍坊市文化局的统一安排，组织举办以《创造学与创造学经营》为内容的专业技术人员继续教育学习，本馆专业技术人员全部参加。

1998 年，本馆组织举办《古代汉语》培训班 2 期，培训学员 146 名。8 月，组织举办以《图书分类》、《中文文献编目》为内容的全市图书馆专业技术人员继续教育学习，178 人参加。

1999 年，本馆组织举办《中图法》（第 4 版）培训班 2 期，为全市各基层图书馆培训学员 60 余名；举办《古代汉语》培训班 2 期，培训学员 110 名。8 月，组织举办以《中文工具书基础》为内容的全市图书馆专业技术人员继续教育学习，240 人参加。

2000 年，经省教委自考办同意，本馆成立了全国少儿计算机考试（少儿 NIT）培训基地，培训少儿学员 40 名；组织举办《古代汉语》培训班 1 期，培训学员 70 余名。8 月，组织举办以《文献传播学》为内容的全市图书馆专业技术人员继续教育学习，230 人参加。11 月 1 日至 10 日，潍坊市文化局主办、本馆承办第二期馆长培训班，学习了《图书馆学概论》、《读者工作》、《图书分类与编目》、《图书馆与计算机》等课程，20 人参加。11 月 20 日至 24 日，组织举办图书编目培训班，来自全市各级各类图书馆的 30 名学员参加培训。

2001 年，本馆组织举办古汉语、日语培训班各 1 期，60 余名学员参加。6 月 6 日至 12 日，潍坊市文化局主办、本馆承办全市图书馆业务与现代信息技术培训班，各县、市、区公共图书馆每馆派出 3 位同志参加培训。8 月，组织举办以《图书馆工作概论》为内容的全市图书馆专业技术人员继续教育学习，238 人参加。11 月 18 日，剑桥少儿英语首期培训班开课，招收剑桥少儿英语一级学员 31 人。

2002 年 3 月 10 日，本馆剑桥少儿英语预备级开课，招收学员 38 人。6 月 26 日至 30 日，潍坊市图书馆学会组织举办第二届业务竞赛培训班，聘请省图书馆王玉梅和王玲环两位专家授课，来自各会员馆的 40 名学员参加培训。7 月，组织举办以《计算机基础与应用》为内容的专业技术人员继续教育学习，本馆专业技术人员全部参加。10 月 20 日，剑桥少儿英语一级班开课，招收学员 17 人。11 月 24 日，剑桥少儿英语二级班开课，招收学员 21 人。

2003 年 3 月 2 日，本馆剑桥少儿英语一级班开课，招收学员 27 人。8 月，组织举办以《图书馆信息技术工作》为内容的全市图书馆专业技术人员继续教育学习，256 人参加。10 月 25 日，剑桥少儿英语一级班开课，招收学员 18 人。

2004 年 1 月 15 日，本馆剑桥少儿英语二级班开课，招收学员 12 人。3 月 14 日，剑桥少儿英语二级班开课，招收学员 18 人。3 月 20 日，剑桥少儿英语预备级班开课，招收学员 17 人。7 月，组织举办以《文献信息开发工作》为内容的全市图书馆专业技术人员继续教育学习，241 人参加。

2005 年 8 月，本馆组织举办以《文献标引工作》为内容的全市图书馆专业技术人员继续教育学习，296 人参加。

2006 年 4 月至 6 月，本馆组织举办潍坊市第六届公共图书馆业务竞赛培训班，邀请山东省图书馆辅导部主任陶嘉今授课，各县、市、区图书馆均派学员参加。8 月，组织举办以《文献编目工作》为内容的全市图书馆专业技术人员继续教育学习，257 人参加。

2007 年 8 月，本馆组织举办以《知识产权保护与创新》为内容的专业技术人员继续教育学习，本馆专业技术人员全部参加。10 月 25 日至 26 日，组织举办潍坊市文化信息资源共享工程研讨培训班，来自全市 12 个县（区）级图书馆的馆长、业务副馆长、共享工程技术人员共计 30 人参加。

第十章　文化活动

第一节　文艺演出

1996 年 4 月 18 日至 22 日，为迎接潍坊国际风筝会，打造节日期间的文化氛围，扩大图书馆的社会影响，本馆联合潍坊市演出中心在长城礼堂举办 1996 年潍坊国际风筝会文艺晚会，邀请武警文工团演出，接待观众 4000 余人。

1997 年 4 月 18 日至 22 日，本馆在长城礼堂举办 1997 年潍坊国际风筝会音乐、歌舞晚会，邀请天津歌舞剧院演出，接待观众 4000 余人。

1998 年 4 月 18 日至 22 日，本馆在长城礼堂举办 1998 年潍坊国际风筝会音乐、歌舞晚会，邀请扬州歌舞剧院演出，接待观众 4000 余人。

1999 年 4 月 18 日至 22 日，本馆在长城礼堂举办"北国春"大型歌舞、相声、小品综艺晚会，邀请沈阳歌舞团、沈阳曲艺团联合演出，接待观众 4000 余人。

2000 年 4 月 18 日至 22 日，本馆在长城礼堂举办"中国风"大型综艺晚会，邀请河北省小百灵歌舞团、公安蓝盾文工团联合演出，接待观众 4000 余人。

2001 年 4 月 18 日至 22 日，本馆与潍坊市歌舞团联合举办"世纪之春"和"拳王之声"大型综艺晚会，邀请河北省歌舞剧院、大连市歌舞团分别在富华国际会展中心和八一礼堂演出，接待观众 8000 余人。

2002 年 4 月 18 日至 21 日，本馆在富华国际会展中心举办"潍星之声"大型综艺晚会，邀请河北省小百灵歌舞团演出，接待观众 4000 余人。

2003 年 4 月 18 日至 21 日，本馆在富华国际会展中心举办"万香园之声"大型综艺晚会，邀请沈阳歌舞团、沈阳曲艺团联合演出，接待观众 4000 余人。

2004 年 4 月 18 日至 21 日，本馆在富华国际会展中心举办"阳光之声"大型综艺晚会，邀请黑龙江省歌舞剧院演出，接待观众 4000 余人。

2005 年 4 月 18 日至 21 日，本馆与潍坊市歌舞剧院等单位联合在潍坊体育馆举办"卢河之春"音乐、歌舞晚会，邀请大庆歌舞剧院演出，接待观众 8000 余人。

2006 年 4 月 18 日至 21 日，本馆与潍坊市艺术馆在山东税务培训中心礼堂联合举办"永安之夜"大型综艺晚会，邀请河北省建设文化艺术团演出，接待观众 8000 余人。

2007 年 4 月 18 日至 21 日，本馆与潍坊市歌舞剧院等单位联合在潍坊体育馆举办

"和谐潍坊"大型综艺晚会，邀请吉林民俗歌舞团演出，接待观众8000余人。

第二节 庆典

一 综合图书楼落成典礼

1990年9月30日，本馆新馆一期工程——综合图书楼落成典礼隆重举行。典礼由潍坊市文化局局长郑金兰主持，中共潍坊市委副书记齐乃贵讲话，潍坊市文化局副局长牛进宣读山东省文化厅的贺信，山东省图书馆副馆长任宝祯宣读贺词，本馆馆长贾金兰介绍了工程简况并代表全体干部职工发言。潍坊市人大常委会副主任戴耀西、韩理和潍坊市政协副主席刘玉兰为庆典活动剪彩。先后到会祝贺并参观新馆的领导还有中共潍坊市委书记于潮、中共潍坊市委常委宣传部长任柏榴、中共潍坊市委常委纪委书记王立福、潍坊市人大常委会主任于成凤、潍坊市副市长房忠昌、潍坊市政协主席远东、潍坊市政协副主席王金元及社会各界人士260余人。

为庆祝新馆落成，本馆举办了潍坊市公共图书馆服务成果展、潍坊地方文献展、山东省图书馆馆藏国外最新科技期刊暨、潍坊古籍文献展。

二 国家"二级图书馆"和全国"文明图书馆"命名揭牌仪式

1995年4月16日，中共潍坊市委、潍坊市人民政府和潍坊市文化局为本馆荣获国家"二级图书馆"和全国"文明图书馆"奖牌举行隆重揭牌仪式。参加揭牌仪式的领导有中共潍坊市委副书记、市长王大海，潍坊市人大常委会主任孙嘉炼，潍坊市政协主席刘玉兰，潍坊市人大常委会副主任李惠信、于洪吉、刘会聚，副市长王玉芬、徐鉴，中共潍坊市委秘书长李光信等。市长王大海和人大常委会主任孙嘉炼为本馆荣获的奖牌揭牌。

三 建馆五十周年庆典

1998年8月7日，潍坊市图书馆建馆五十周年庆典仪式在本馆隆重举行。庆典仪式由潍坊市文化局副局长韩明光主持，本馆馆长栗祥忠汇报潍坊市图书馆五十周年发展历程以及取得的辉煌成就，潍坊市文化局局长王振民致辞，潍坊市副市长姜绍华、山东省图书馆馆长王运堂、山东省文化厅副厅长王承典等领导先后讲话，山东省文化厅党组成员、文化处处长张玉柱宣读文化厅贺电。出席庆典仪式的还有中共潍坊市委常委、宣传部长鞠法昌，潍坊市政协副主席赵俭，山东省各地市公共图书馆馆长，驻潍大中专院校图书馆馆长，潍坊各县、市、区公共图书馆馆长，市直文化系统各单位负责人及热心支持图书馆事业的社会各界人士 200 余人，98 个部门和单位以各种形式祝贺本馆建馆五十周年。

馆庆期间，本馆举办建馆五十周年回顾展、馆藏书画展、馆藏地方文献展、石景宜先生赠书展。

为庆祝建馆五十周年，本馆还编辑出版《潍坊市公共图书馆史略》、《潍坊市图书馆馆藏地方文献书目》（第一卷）、《图苑文集》等。

四　建馆五十五周年庆典

2003 年 8 月 7 日，潍坊市图书馆建馆五十五周年庆典仪式在本馆隆重举行。庆典仪式由潍坊市文化局助理调研员张宝才主持，本馆馆长栗祥忠汇报潍坊市图书馆五十五周年发展历程以及取得的辉煌成就，市委宣传部副部长孙俪君、原市人大副主任任柏榴先后致辞。出席庆典仪式的还有原市委党校校长常溪，北海集团党委书记、董事长高宝庆，潍坊医学院党委副书记王海亭，原市总工会主席王继东，市文化局副局长韩明光，日照市图书馆馆长曹淑斌，莱芜市图书馆馆长亓来笃等领导及社会各界人士 300 余人。

馆庆期间，本馆与潍坊市书画联谊会共同举办纪念潍坊市图书馆建馆五十五周年书画名家捐赠作品展。

为庆祝建馆五十五周年，本馆还编辑出版《潍坊市图书馆馆藏工具书索引》、《潍坊市图书馆馆藏地方文献书目》（第二卷）。

第三节　展览

一　文献展及公共图书馆服务成果展

1990 年 10 月新馆落成典礼之际，本馆组织举办了潍坊地方文献展、山东省图书馆馆藏国外最新科技期刊展暨潍坊古籍文献展、潍坊市公共图书馆服务成果展三个大型展览。

潍坊地方文献展展出本馆和各县、市、区图书馆 1989 年 11 月至 1990 年 9 月底征集的地方文献资料 2123 册，其中地方史志文献 566 册；还有部分著名作家的作品。潍坊市文化局对本次展览组织了评比表彰（本馆作为组织单位不参加评选），诸城市图书馆、五莲县图书馆、寿光县图书馆、寒亭区图书馆荣获潍坊地方文献资料征集优秀奖；临朐县图书馆、安丘县图书馆、昌邑县图书馆、昌乐县图书馆、青州市图书馆、潍城区文化馆图书室荣获潍坊地方文献资料征集奖。

山东省图书馆馆藏国外最新科技期刊展暨潍坊古籍文献展由本馆与山东省图书馆联合举办。国外最新科技期刊展展出山东省图书馆馆藏外文期刊 1070 册，内容涉及纺织、机械、化工、电子、建筑、美术、服装、医药、卫生、农业技术等英、法、德、日、俄文文献；古籍文献展共展出古籍文献资料 500 册。

潍坊市公共图书馆服务成果展展出全市公共图书馆努力开发文献资源，在为社会主义精神文明和物质文明建设服务方面取得的显著成果。此次展览共展出典型事例 299 条，共涉及 3900 人。潍坊市文化局对本次展览组织了评比（本馆作为组织单位不参加评选）并颁发证书，诸城市图书馆、五莲县图书馆、昌邑县图书馆、青州市图书馆荣获一等奖；安丘县图书馆、临朐县图书馆、昌乐县图书馆、寒亭区图书馆、寿光县图书馆荣获二等奖；高密县图书馆、坊子区图书馆、潍城区文化馆图书室荣获三等奖。

1994 年 4 月 15 日至 30 日，由潍坊市文化局、潍坊市新闻出版局联合主办，本馆承办的地方文献展在本馆举行。潍坊市人大、潍坊市政府、潍坊市政协、中共潍坊市委宣传部的领导李惠信、王秀娟、刘彬同、刘会聚、王海亭等及山东省文化厅文化处处长张玉柱、香港三联书社陈天佑先生、匈牙利驻华使馆参赞胡萨尔先生先后参观展览。此次展览共展出本馆征集的地方文献精品 2200 种、2500 册。展览期间，还组织开展了书刊交换及书刊捐赠活动，共交换书刊 154 册，接受捐赠 43 册，办借阅证 105 个，解答读者咨询 100 余人次。

1998 年 8 月 7 日，为庆祝建馆五十周年，本馆举办地方文献展、石景宜赠书展。此次展览共展出潍坊地方史志、史料、部分名人著述及原潍坊市市长邹立桂先生为历届潍坊国际风筝会赋诗的书法作品等；全国政协委员、香港汉荣书局创办人石景宜先生两次为本馆赠书 7000 余册，此次展出部分赠书精品，以示宣传、推荐。

1999 年 1 月 13 日至 15 日，由中共潍坊市委宣传部、潍坊市社科联、潍坊市图书馆联合在本馆举办全市社会科学优秀成果展。此次展览共展出 1978 年 12 月至 1998 年 12 月全市出版发表的优秀图书和重要论文 2000 余项，其中省社科优秀成果奖 32 项，市社科优秀成果奖 523 项。

1999 年 9 月 15 日至 21 日，由潍坊市社科联、潍坊市文化局、潍坊市图书馆联合在本馆举办潍坊市庆祝建国五十周年大型优秀科研成果展览。市委常委、宣传部长鞠法昌，副市长胡岗，市社科联主席赵文禄，市文化局局长王振民等领导出席开幕式并参观展览。

2000 年 4 月 18 日至 23 日，本馆举办地方文献展，姜绍华、王庆德、王继东、王振民等市领导出席开展仪式并参观展览。此次展览共展出图书 1300 册，报纸、期刊 252 册。展览结束后，市文化局对在地方文献征集工作中作出突出贡献的单位和个人进行了表彰。

二　书法、绘画、摄影展

1994 年 9 月 28 日至 10 月 4 日，由潍坊市文化局主办，潍坊市图书馆承办的全市副县级以上领导干部书画展在本馆展出，中共潍坊市委副书记刘景云出席开幕式。

1995年4月16日至5月16日，由潍坊市文化局主办，潍坊市图书馆、潍坊市博物馆联合承办的潍坊市历史文化名人大展在本馆展出。展览运用绘画、雕塑、摄影、书法等艺术手段，以图片和文字相结合的方式展示自春秋时期至清末2000余年间生于或活动于潍坊的晏婴、范仲淹、郑玄、郑板桥等23位具有重要影响的历史文化名人的生平、贡献以及文化遗产。

1996年4月，由潍坊市文化局主办，潍坊市图书馆、潍坊市艺术馆承办的潍坊人文与自然景观摄影展在本馆展出。

1997年4月19日至22日，本馆协助潍坊市文化局举办老将军金秋名人书画展，石景宜夫妇参观展览。

1997年5月27日至6月1日，由潍坊市图书馆学会、潍坊市图书馆联合举办的迎香港回归书画展在本馆展出。潍坊市政协、中共潍坊市委宣传部、潍坊市文化局、潍坊市科协、潍坊市社科联的领导出席开幕式。

1997年7月，由潍坊市文化局主办，潍坊市图书馆、潍坊市艺术馆联合承办的潍坊市文化系统离退休干部迎"七·一"庆回归书画展在本馆展出。

1997年，由中共潍坊市委宣传部主办，潍坊市图书馆承办的"我可爱的家乡"摄影大赛作品展在本馆展出。

1998年4月18日至22日，由潍坊市文化局主办，潍坊市图书馆承办的王森、李波画展在本馆展出，副市长姜绍华等领导出席开幕式并讲话。市文化局局长王振民主持开展仪式，副市长姜绍华、市人大副主任孙守伏、市政协副主席张文玉、赵俭出席开幕式并为画展剪彩，市文化局副局长韩明光、张洪全、市美协主席赵修道及我市美术界人士和各界群众参观展览，展出两位画家的作品80余幅。

1998年4月19日至22日，由潍坊市外事办主办的"开放的潍坊"摄影作品展在本馆展出，原市人大副主任任柏榴等领导出席开幕式并参观展览。

1998年8月7日，本馆举办建馆五十周年回顾展，以图片与文字相结合的方式，分为综述、历史的回顾、发展的今天、丰硕的成果四个专题，回顾五十年的发展历程，展示服务成果；同时举办庆祝潍坊市图书馆建馆五十周年馆藏书画展，展出本馆馆藏书画作品408幅。

1999年4月20日至25日，由潍坊市文化局主办，潍坊市图书馆承办的陈克永山水画邀请展在本馆展出。

1999年9月19日，由潍坊市文化局主办，潍坊市艺术馆、潍坊市图书馆联合承办的九九重阳节庆"国庆"迎澳门回归老干部书画作品展在本馆展出。

2000年4月18日至22日，由潍坊市文化局主办，潍坊市图书馆承办的王立家画展在本馆展出，姜绍华、王庆德、王继东、王振民等领导出席开幕式并参观展览。

2000年10月28日至31日，潍坊市第五次人口普查大型书画展在本馆展出。

2001年4月20日至26日，由潍坊市文化局主办，潍坊市图书馆承办的河北衡水田茂怀画展在本馆展出。

2001年9月30日至10月5日，由中共潍坊市委宣传部、潍坊市文化局、潍坊市全民健康促进会、潍坊市书画家联谊会、潍坊市老年书画研究会、潍坊市图书馆等单位共同举办的潍坊市庆"国庆"书画名家作品展在本馆展出。省、市领导及社会各界人士300余人出席开幕式。此次书画展共展出260位书画名家的书画作品近300幅。

2001年11月10日至14日，由中国书画家联谊会、潍坊市文化局主办，潍坊市书画家联谊会、潍坊市图书馆联合承办的北京著名花鸟画家刘凤仙作品展在本馆展出。王树芳、李惠民、郑金兰、刘洪青、王海亭、李广志、来永生、王福金等省、市领导及社会各界400余人出席开幕式并参观画展。此次画展共展出刘凤仙国画作品近50幅。

2001年11月21日至23日，由四川美术学院、潍坊市文化局主办，潍坊市图书馆、潍坊市书画家联谊会联合承办的四川美术学院教授邹昌义、于湘华、吕效书国画作品展在本馆展出。王树芳、李惠民、任柏榴、孙金生等省、市领导及社会各界500余人出席开幕式并参观展览。此次画展共展出三位画家作品60余幅。

2001年11月24日至28日，由天津市美术家协会、潍坊市文化局主办，潍坊市图书馆、潍坊市书画家联谊会联合承办的津门著名画家张德育、于化鲤、于晋鲤、于锦声国画展在本馆展出。王树芳、李惠民、刘明珂、张奇文、任柏榴、王福金、常溪等省、市领导出席开幕式。此次画展共展出四位画家作品40余幅。

2001年12月14日至18日，由潍坊市政协、中共潍坊市委宣传部、潍坊市文化局主办，潍坊市图书馆、潍坊市书画家联谊会联合承办的中国水墨画人物画海外第一人——褚大雄新作精品展在本馆展出。王树芳、李光信、赵俭、李惠民、任柏榴、王福金、鞠法昌、常溪等省、市领导及社会各界400余人出席开幕式并参观展览。此次画展共展出褚大雄新作精品50余幅。

2002年1月10日至14日，由潍坊市政协、中共潍坊市委宣传部、潍坊市文化局主办，潍坊市图书馆、潍坊市书画家联谊会联合承办的颜宝臻水墨人物画展在本馆展出。王树芳、李惠民、李光信、李广志、任柏榴、王福金、常溪等省、市领导及社会各界400余人出席开幕式并参观展览。中共潍坊市委书记曹学成、市委常委市委秘书长鞠法昌在潍坊市文化局领导的陪同下参观展览并视察本馆。

2002年1月26日至29日，由潍坊市政协、中共潍坊市委宣传部、潍坊市文化局、潍坊市美协、潍坊市书画家联谊会共同主办的北京青年画家唐湘子、王利军、张明川、李胜彬、胡新利国画作品联展在本馆展出。市有关领导及书画界300余人参加开幕式并参观展览。此次画展共展出五位画家的近作精品60余幅。

2002年2月5日至28日，由潍坊市图书馆、潍坊市书画家联谊会联合举办的迎新春中国当代国画名家作品展在本馆展出。

2002年3月30日至4月4日，杜春艺花鸟画新作展在本馆展出。

2002年4月7日至12日，由潍坊市美协、潍坊市图书馆、潍坊中国画研究院、潍坊市书画家联谊会共同主办的张培智彩墨画展暨《张培智画集》首发式在本馆举办。省、市有关领导及社会各界200余人出席开幕式并参观展览。此次画展共展出张培智牡丹画作精品50余幅。

2002年4月19日，由潍坊市图书馆、潍坊市书画家联谊会联合承办的国际残疾人美术作品展、中国著名画家作品展、许鸿君先生作品展在本馆同时展出。中共潍坊市委常委、宣传部长刘明珂、潍坊市人大常委会副主任韩俊生、潍坊市副市长姜绍华、潍坊市政协副主席赵俭和王树芳、李惠民、于潮、刘玉兰、任柏榴、王福金等省、市领导及社会各界300余人出席开幕式并参观展览。

2002年5月25日至30日，由潍坊市图书馆、潍坊市美协、潍坊市书画家联谊会共同主办的王润之花鸟画展在本馆展出。潍坊市政协副主席李光信和王树芳、李惠民、王福金等省、市领导及社会各界人士300余人出席开幕式并参观览览。此次画展共展出王润之的花鸟画作品80余幅。

2002年8月17日至22日，由中共潍坊市委宣传部、潍坊市文化局、河北大学工艺美院、山东潍坊美术专修学院共同主办，潍坊市书画家联谊会、潍坊市美术家协会、潍坊市图书馆、潍坊市群众艺术馆联合承办的河北大学工艺美院中国画九人展在本馆展出。王树芳、刘洪青、赵俭、王志亮、李广志等省、市领导及社会各界200余人出席开幕式并参观展览。此次画展共展出九位画家近期创作的国画作品60余幅。

2002年9月16日至20日，由中共奎文区委、奎文区政府主办的迎"十六大"奎文区书画摄影作品汇报展在本馆展出。市区两级领导及社会各界200余人出席开幕式并参观展览。此次展览共展出奎文区专业和业余书画摄影爱好者精心创作的书画、摄影获奖作品300余幅。

2002年9月26日至10月5日，由潍坊市图书馆、潍坊市书画家联谊会、山东潍坊美术专修学院共同主办的潍坊市书画家联谊会会员作品展在本馆展出。王树芳、李惠民、刘玉兰、王福金、王志亮、李广志、井光德等省、市领导及社会各界300余人出席开幕式并参观展览。此次展览共展出书画作品240余幅。

2002年10月23日至30日，由中共潍坊市委宣传部、潍坊市文化局、海化开发区党委共同主办，潍坊市图书馆、潍坊市书画家联谊会、海化文化宣传中心联合承办的黄官龙书法艺术展暨书法艺术研讨会在本馆举办。王树芳、李惠民、赵俭、王福金、任柏榴、常溪等省、市领导及社会各界 300 余人出席开幕式并参观展览。此次展览共展出黄官龙书法作品 100 余幅。

2002 年 10 月 31 日至 11 月 4 日，由潍坊市政协、潍坊市文化局共同主办，潍坊市图书馆、潍坊市书画家联谊会、潍坊市美协、临沂市美协、临沂市画院联合承办的中国百杰画家朱荣华画展在本馆展出。王树芳、李惠民、王福金等省、市领导及社会各界人士 100 余人出席开幕式并参观展览。此次展览共展出朱荣华精心创作的精品 60 余幅。

2002 年 11 月 8 日至 15 日，由潍坊市图书馆、潍坊市书画家联谊会联合举办的庆"十六大"书画名家作品珍藏展在本馆展出。

2002 年 11 月 30 日至 12 月 4 日，由潍坊市总工会、潍坊市委老干部局、潍坊市文化局、潍坊市文联共同主办，潍坊市图书馆、潍坊市书画联谊会、潍坊市老年书画研究会、潍坊市书法家协会联合承办的王继东书法作品展在本馆展出。马连礼、王承典、鞠法昌、韩俊生、王庆德、郭德起、程茂仁、任柏榴、于洪吉、常怀义、常溪等省、市领导及社会各界 400 余人出席开幕式并参观展览。此次展览共展出王继东先生书法近作 80 余幅。

2002 年 12 月 18 日至 20 日，由潍坊市政协、中共潍坊市委宣传部、潍坊市文化局共同主办，潍坊市图书馆、潍坊市书画家联谊会联合承办的漏白中国书画创始人——王广德书画展在本馆展出。王久祜、雷齐、毕可仁、迟昭厚、刘洪青、杨卫东、刘明珂、徐鉴、李光信、王庆德、任柏榴、王福金、常怀义、常溪、孙善友、王利民、李广志等省、市领导及社会各界近 400 人出席开幕式并参观展览。此次展览共展出王广德近几年创作的漏白中国书画作品 60 余幅。

2003 年 1 月 4 日至 7 日，由山东新闻书画院、中共潍坊市委宣传部、潍坊市政管理局、潍坊市文化局共同主办，潍坊市图书馆、潍坊书画家联谊会联合承办的胡抗美、王友谊、曾翔书法联展在本馆展出。刘广东、高占坤、刘明珂、任柏榴、王继东等省、市领导及社会各界 200 余人出席开幕式并参观展览。此次展览共展出三位书法家的作品 60 余幅。

2003 年 2 月 10 日，由潍坊市文化局共同主办，潍坊市书画家联谊会、潍坊市图书馆联合承办的迎新春书画名人作品展在本馆展出。此次展览共展出刘海粟、郭味蕖、沈鹏、刘大为、刘文西、刘勃舒、张海、郭雅君、韩美林等名家的作品 50 余幅。

2003 年 3 月 8 日，由潍坊市妇联、潍坊市文化局共同主办，潍坊市书画家联谊会、潍坊市图书馆、北海书画院联合承办的潍坊市庆"三·八"巾帼书画作品展在本馆展出。王冰芬、王金卓、刘玉兰、任柏榴、王福金、聂振萍等市领导及社会各界 200 余人出席开幕式并参观展览。此次展览共展出我市 12 位书画家的书画作品 130 余幅。

2003 年 3 月 25 日至 27 日，由潍坊市文化局共同主办，潍坊市图书馆、潍坊市书画家联谊会联合承办的李清江山水画展在本馆展出。市有关领导及社会各界 100 余人出席开幕式并参观展览。此次展览共展出李清江的画作 40 余幅。

2003 年 4 月 16 日至 21 日，由潍坊市文化局共同主办，潍坊市图书馆、潍坊市美协、潍坊市书画家联谊会联合承办的军旅画家张明川画展在本馆展出。刘玉兰、王永兴、赵俭、孙善友等市领导及社会各界 300 余人出席开幕式并参观展览。此次展览共展出张明川的国画作品 60 余幅。

2003 年 4 月 20 日至 25 日，中国著名书画家精品展在本馆展出。

2003 年 5 月 30 日至 6 月 28 日，由中共潍坊市委宣传部、潍坊市文化局、潍坊市民政局、潍坊市卫生局、潍坊市文联共同主办，潍坊市图书馆、潍坊市书画家联谊会联合承办，潍坊日报社等单位协办的潍坊市抗击"非典"献爱心大型书画义捐义卖活动捐赠仪式暨书画笔会在本馆举行。刘明珂、王冰芬、王庆德、任柏榴等市领导及潍坊市书画界知名人士、省市新闻单位记者近 100 人出席仪式。此次活动共收到全市书画界 772 位书画家作品 1256 幅。活动募捐的全部作品由潍坊市民政局委托拍卖公司公开拍卖，拍卖所得款项 48000 余元全部用于抗击"非典"第一线。中共潍坊市委宣传部对参与组织此次活动的单位进行评比表彰，本馆荣获"优秀组织奖"。

2003 年 7 月 1 日至 4 日，由潍坊市图书馆、潍坊市书画家联谊会联合举办的蔡继伟毛体书法作品展在本馆展出。

2003 年 8 月 7 日至 13 日，由潍坊市图书馆、潍坊市书画联谊会共同主办的纪念潍坊市图书馆建馆五十五周年书画名家捐赠作品展在本馆展出。市有关领导及各界人士 300 余人出席开幕式并参观展览。此次展览共展出 284 人的书画作品 310 幅，展出的书画作品全部由本馆收藏。

2003 年 9 月 28 日至 10 月 2 日，由山东省书协、青岛市文联、中共潍坊市委宣传部、潍坊市文化局、潍坊市文联共同主办，青岛市书协、潍坊市书协、潍坊市书画家联谊会、潍坊市图书馆联合承办的辛显令书法作品展在本馆展出。刘玉兰、刘明珂、王冰芬、王金卓、王海亭、刘明太、王福金、王继东、张伟等潍坊市和青岛市领导及社会各界 200 余人出席开幕式并参观展览。此次展览共展出辛显令书法作品 60 余幅。辛显令向本馆捐赠他创作的电影剧本、电视剧本、长篇小说、书法作品集等文献 78 册（幅），本馆向他颁发了收藏证书。

2003 年 12 月 17 日，全省名人名家书画巡展在本馆展出。

2004 年 1 月 9 日至 13 日，由北京师范大学艺术与传媒学院、广西师范大学美术系、中共潍坊市委宣传部、潍坊市文化局、潍坊市文联共同主办，潍坊市书画家联谊会、潍坊市美术家协会联合承办的杨晓村、王贵胜迎新春画展在本馆展出。王树芳、任柏榴、姜绍华、王海亭、孙俐君等省、市领导及社会各界人士 200 余人出席开幕式并参观展览。此次画展共展出杨晓村、王贵胜二人山水、人物画作品 80 余幅。

2004 年 3 月 8 日至 12 日，由潍坊市妇联、潍坊市文化局共同主办，潍坊市图书馆、潍坊市书画家联谊会联合承办，潍坊市聚福堂饮食有限公司协办的潍坊市庆"三·八"第二届"聚福堂杯"妇女书画作品展在本馆展出。王树芳、王永兴、姜绍华、任柏榴、王福全、王海亭、王继东等省、市领导，潍坊各县、市、区妇联及社会各界 200 余人出席开幕式并参观展览。此次展览共展出书画作品近 200 幅。

2004 年 4 月 20 日至 5 月 10 日，由中国民族书画院、潍坊市文化局共同主办，潍坊市图书馆、潍坊市书画家联谊会联合承办的中国书画名家作品展在本馆展出。此次展览共展出刘海粟等 20 余位中国当代书画名家的作品 60 余幅。

2004 年 7 月 10 日至 12 日，由中共潍坊市委宣传部、潍坊市文化局、德州市人大书画院、德州市文化局共同主办，潍坊市书画家联谊会、潍坊市美协、潍坊市图书馆、德州市美协联合承办的田瑞、王远征"故乡情"书画展在本馆展出。赵俭、任柏榴、常溪等市领导，德州市有关部门负责人及社会各界人士近 200 人出席开幕式并参观展览。此次展览共展出田瑞、王远征近期创作的花鸟画和书法作品 50 余幅。

2004 年 8 月 31 日至 9 月 2 日，由朝鲜白虎会社、潍坊市文化局、潍坊外事与侨务办公室共同主办，潍坊市图书馆、潍坊市书画家联谊会联合承办的朝鲜当代油画艺术作品展在本馆展出。王永兴、赵俭、王海亭、任柏榴、王福金、李广志、孙俐君等市领导，朝鲜白虎会社总代表金亚杰及社会各界人士 200 余人出席开幕式并参观展览。此次展览共展出朝鲜当代 100 名艺术家的油画作品 115 幅。

2004 年 9 月 28 日至 10 月 7 日，由潍坊市民政局、潍坊市文化局共同主办，潍坊市民间组织发展促进会、潍坊市书画家联谊会、潍坊市图书馆联合承办的潍坊市庆"国庆"书画作品展暨潍坊市书画家联谊会会员作品展在本馆展出。李惠民、姜绍华、张维茂、张绍柱、魏世坤、王海亭、任柏榴、王福金、常溪等省、市领导及社会各界 300 余人出席开幕式并参观展览。此次展览共展出书画作品 300 余幅。

2005 年 1 月 1 日至 5 日，由潍坊市图书馆、潍坊市书画家联谊会共同主办的潍坊市庆"元旦"中国书画名家作品展在本馆展出。此次展览共同展出刘大为等名家的书画作品 50 余幅。

2005 年 4 月 9 日至 11 日，由潍坊市图书馆、潍坊市书画家联谊会、潍坊市老年书画研究会、北海书画院等单位联合举办的陈孝民先生书法作品展在本馆展出。赵俭、任柏榴、李光信等市领导及社会各界人士近 200 人出席开幕式并参观展览。

2005 年 4 月 17 日至 22 日，由潍坊市政协、潍坊市文化局共同主办，潍坊市书画家联谊会、潍坊市图书馆联合承办的水墨人物画海外第一人——褚大雄新作精品展在本馆展出。王树芳、孙守伏、鞠法昌、王海亭、张维茂、任柏榴、孙金生、孙俐君、韩明光等省、市领导及社会各界人士 300 余人出席开幕式并参观展览。本次画展共展出褚大雄的水墨画新作精品 50 余幅。

2005 年 4 月 23 日至 27 日，由潍坊市图书馆、潍坊市书画家联谊会联合举办的中国当代书画名家作品展在本馆展出。

2005 年 4 月 30 日至 5 月 5 日，程华山水画展暨潍坊市庆"五·一"全市职工书画作品展在本馆展出。此次画展共展出程华山水画 50 余幅。

2005 年 4 月 30 日至 5 月 7 日，由潍坊市总工会、寿光市昊利股份有限公司、潍坊市书画家联谊会、潍坊市图书馆联合举办的庆"五·一"暨中华全国总工会成立八十周年"昊利杯"全市职工书画作品展在本馆展出。王树芳、李惠民、孙守伏、赵俭、王海亭、任柏榴、王福金、满国强、王继东等省、市领导及社会各界人士 300 余人出席开幕式并参观展览。此次展览共展出书画作品 400 余幅。

2005 年 5 月 18 日至 22 日，由潍坊市图书馆、潍坊市书协、潍坊市书画家联谊会、潍坊市老年书画研究会等单位共同主办的武治源先生书法作品展在本馆展出。市有关领导及社会各界人士近 200 人出席开幕式并参观展览。此次展览共展出武冶源书法作品 60 余幅。

2005 年 6 月 28 日至 7 月 2 日，由潍坊市文化局、潍坊市商业银行、《中国之友研究基金会》山东潍坊工委、潍坊市书画家联谊会、潍坊市图书馆联合举办的潍坊市庆"七·一""商业银行杯"书画作品展在本馆展出。刘玉兰、任柏榴、王福金、姜绍华等市领导及社会各界人士 200 余人出席开幕式并参观展览。此次展览共展出书画作品 250 幅。

2005 年 8 月 16 日至 20 日，由中共潍坊市委宣传部、潍坊市文化局、潍坊市人民政府外事与侨务办公室共同主办，潍坊市书画家联谊会、潍坊市图书馆联合承办的潍坊市纪念中国人民抗日战争暨世界反法西斯战争胜利 60 周年书画作品展同时在潍县集中营旧址和本馆展出。

2005 年 9 月 1 日至 4 日，由潍坊市人民政府、山东省美术家协会、山东省书法家协会、中国台湾美术家协会、中国台湾书法学会共同主办，潍坊海外联谊会、潍坊市海峡两岸经济文化发展促进会、潍坊市书画家联谊会、潍坊市博物馆、潍坊市图书馆联合承办，山东海化集团有限公司、潍坊市路桥建设开发中心、潍坊中百美术馆协办的第十一届鲁台经贸洽谈会首届海峡两岸书画作品展在本馆和潍坊市博物馆展出。王树芳、张业法、官超英、郑金兰、杨卫东、刘明珂、赵凤池、王冰芬、姜绍华、魏世坤、李惠民、任柏榴等省、市领导，来自北京、西安、青岛的著名书画家及潍坊社会各界人士 300 余人出席开幕式并参观展览。此次展览共展出鲁台两地书画家及全国著名书画家的书画作品 500 余幅。

2005 年 9 月 30 日至 10 月 6 日，由潍坊市文化局、潍坊市书画家联谊会、潍坊市图书馆联合举办的潍坊市庆"国庆"书画名家作品展在本馆展出。此次展览共展出沈鹏、刘大为等 50 余位当代书画名家的作品近 60 幅。

2005 年 10 月 21 日至 24 日，由上海市图书馆、山东省图书馆共同主办，本馆承办，山东京广书城有限公司、人寿保险潍城支公司协办的"读书乐"全国摄影比赛优秀作品展在本馆展出。市委宣传部、市直机关党工委、市文化局、94235 部队政治处等领导出席开幕式并讲话。此次展览吸引了众多市民、驻潍官兵、中小学生前来参观。

2005 年 11 月 9 日至 12 日，由中共潍坊市委宣传部、潍坊军分区政治部、潍坊市文化局共同主办，潍坊市书法家协会、潍坊市书画家联谊会、潍坊市图书馆等单位联合承办的于友国书法作品展在本馆展出。王树芳、王永兴、姜绍华、刘玉兰、任柏榴、王福金等省、市领导及社会各界近 500 人出席开幕式并参观展览。此次展览共展出于友国近期创作的书法作品 100 余幅。

2005 年 11 月 19 日至 21 日，由武警西藏总队政治部、西藏自治区书法家协会、中共潍坊市委宣传部、潍坊市文化局、武警潍坊支队共同主办，潍坊市书画家联谊会、潍坊市楹联艺术家协会、潍坊电视书画院、潍坊市图书馆联合承办，潍坊华东机电公司协办的刘成俊诗词书法作品展在本馆展出。王树芳、田东流、赵凤池、郑汝智、孙金生、张兰友、任柏榴等省、市领导及社会各界 400 余人出席开幕式并参观展览。此次展览共展出刘成俊同志近期创作的书法作品 100 余幅。

2006 年 1 月 21 日，由潍坊市文化局主办，潍坊市书画家联谊会、潍坊市图书馆联合承办的旅美艺术家史浩、李冰奇先生书画作品展在本馆展出。王树芳、任柏榴等省、市领导及社会各界 200 余人参观展览。此次展览共展出史浩、李冰奇书画作品 80 幅。

2006 年 2 月 7 日至 13 日，由潍坊市图书馆、潍坊市书画家联谊会共同主办的潍坊市庆"元宵"迎新春名人书画作品展在本馆展出。此次展览共展出启功等当今书画名家的书画作品 60 余幅。

2006 年 3 月 17 日至 19 日，庆祝潍坊市书画家联谊会成立十周年会员书画作品展同时在潍坊市老干部活动中心和本馆展出。此次展览共展出特邀书画名家和会员书画作品 328 幅。

2006 年 4 月 16 日至 21 日，由中共潍坊市委宣传部、潍坊市文化局共同主办，潍坊市书画家联谊会、潍坊市图书馆联合承办的中国书画名家作品邀请展在本馆展出。此次展览共展出刘大为、冯远、史国良、沈鹏、褚大雄等书画名家的作品 100 余幅。

2006 年 4 月 23 日至 27 日，由中共潍坊市委宣传部、潍坊市文化局共同主办，潍坊市书画家联谊会、潍坊市图书馆联合承办的王其智、马世祥书画作品联展在本馆展出。王树芳、刘明珂、张建国、姜绍华、魏世坤、刘玉兰、任柏榴、王福金等省、市领导及社会各界 500 余人参加开幕式并参观展览。展览期间，中共潍坊市委副书记、市长张新起莅临本馆参观展览。此次展览共展出王其智、马世祥二位书画家的书画作品 50 余幅。

2006 年 5 月 18 日至 22 日，由甘肃省兰州画院、潍坊市文化局共同主办，潍坊市书画家联谊会、潍坊市图书馆、潍坊大酒店、潍坊东方书画院联合承办的巫卫东人物画作品展在本馆展出。王树芳、王庆德、魏世坤、刘玉兰、任柏榴、李光信、王福金等省、市领导及社会各界 300 余人出席开幕式并参观展览。此次展览共展出巫卫东的人物画作品 50 余幅。

2006 年 6 月 30 日至 7 月 5 日，由中共潍坊市委宣传部、中共潍坊市直机关党工委、潍坊市文化局共同主办，潍坊市书画家联谊会、潍坊市图书馆、潍坊大酒店、潍坊东方书画院联合承办的潍坊市纪念建党 85 周年和红军长征胜利 70 周年书画展在本馆展出。展出征集到的潍坊籍在外地书画名家作品 32 幅和市直及各县、市、区文化局推荐书画作品 406 幅。王树芳、王永兴、王冰芬、王庆德、满国强、刘善信、任柏榴、李光信、王福金、王利民、孙俐君、郭祥锋、刘鸣岐、韩明光、刘成俊、丁宁原等省、市领导和县、市、区宣传、文化部门负责人及社会各界 400 余人出席开幕式并参观展览。

2006 年 7 月 20 日至 24 日，由炎黄艺术馆、中共潍坊市委宣传部、潍坊市文化局、北京中泰国际文化艺术发展有限公司共同主办，潍坊市书画家联谊会、潍坊市图书馆、潍坊大酒店、潍坊东方书画院联合承办的"三人行"杨秀坤、崔晓东、史国良画展在本馆展出。山东省文史研究馆馆长、《羲之书画报》总编毛同凯、青岛市政协副主席梁有新、潍坊市领导王永兴、姜绍华、刘玉兰、王守伦、王海亭、孙俐君及社会各界 400 余人出席开幕式并观看展览。此次展览共展出三人的国画作品近 60 幅。

2006 年 8 月 31 日至 9 月 6 日，由中国民族画院、潍坊市文化局共同主办，潍坊市书画家联谊会、潍坊市图书馆联合承办的中国书画名家作品展在本馆展出。此次展览汇集了沈鹏、张海、刘勃舒、刘大为、冯远、崔子范、刘文西、史国良、孙志均、颜宝臻、褚大雄、李冰奇等当今中国书画名家的作品 60 余幅。

2006 年 9 月 22 日至 24 日，由福建省美术家协会、福建省人大画院、潍坊市人大科教文卫工作委员会、潍坊市文化局共同主办，福州烟山画院、福州东方书画社、潍坊市书画家联谊会、潍坊市图书馆联合承办的迎"国庆"福建书画名家精品展在本馆展出。王树芳、王金卓、任柏榴、张桂云、王振民等省、市领导及社会各界 300 余人出席开幕式并参观展览。此次展览共展出福建省美协主席陈玉峰、副主席檀东铿，福建省书协副主席朱以撒以及陈德宏、陈志武、江松、林宜耕、林云珠、林志强、刘秉贤、刘继忠、宋展生、唐国新、王奇志、杨挺、罗中凡、郑大千等 18 位书画名家的精品力作 100 余幅。

2006 年 9 月 28 日至 30 日，由潍坊市文化局、中共潍坊市委宣传部新闻中心共同主办，潍坊市书画家联谊会、潍坊市图书馆联合承办的庆"国庆"宋陆京国画精品展在本馆展出。王福金、李光信等市领导及社会各界 200 余人出席开幕式并参观展览。此次展览共展出宋陆京的山水、人物画作品 60 余幅。

2006 年 11 月 24 日至 27 日，由福建省美术家协会、福建师大美术学院、潍坊市文化局、中共潍坊市委宣传部新闻中心共同主办，潍坊市书画家联谊会、潍坊市图书馆联合承办的俞梦彦人物画展在本馆展出。王树芳、刘明珂、任柏榴等省、市领导及社会各界 300 余人出席开幕式并参观展览。此次展览共展出俞梦彦的人物画作品 60 余幅。

2006 年 12 月 1 日至 3 日，由北京·中国书画协会、潍坊市文化局共同主办，潍坊市图书馆、潍坊市书画家联谊会联合承办的焦秉义画展在本馆展出。王树芳、任柏榴等省、市领导及社会各界 200 余人出席开幕式并参观展览。此次展览共展出焦秉义的国画作品 60 余幅。

2006 年 12 月 22 日至 24 日，由海南省美术家协会、潍坊市文化局共同主办，潍坊市书画家联谊会、潍坊市图书馆联合承办的曾祥熙画展在本馆举办。王树芳、任柏榴、李峰、潘长岭等省、市领导及社会各界 300 余人出席开幕式并参观展览。此次画展共展出曾祥熙的国画作品 50 余幅。

2006 年 12 月 30 日至 2007 年 1 月 10 日，由潍坊市文化局主办，潍坊市图书馆、潍坊市书画家联谊会联合承办的潍坊市庆"元旦"中国书画名家作品展在本馆展出。此次展览共展出中国名家书画作品近 100 幅。

2007 年 1 月 13 日至 15 日，由潍坊市文化局、河北中山画院、闽南书画院共同主办，潍坊市书画家联谊会、潍坊市图书馆、东方书画网联合承办的崔景哲工笔人物画、陈春勇彩墨山水画作品联展在本馆展出。王树芳、李本跃、姜绍华等省、市领导及社会各界 400 余人出席开幕式并参观展览。此次展览共展出崔景哲近期创作的工笔人物画 40 余幅，陈春勇先生巨幅彩墨山水画 20 余幅。

2007 年 3 月 3 日，由潍坊市文化局主办，潍坊市书画家联谊会、潍坊市图书馆联联合承办的庆元宵书画名家作品展在本馆展出。此次展览共展出沈鹏、刘大为、褚大雄等名家的书画作品 60 余幅。

2007 年 4 月 17 日，由潍坊市政协、中共潍坊市委统战部、潍坊市文化局、潍坊市教育局共同主办，潍坊市书画家联谊会、潍坊市图书馆、东方书画院联合承办的水墨大家——褚大雄画展在本馆展出。王树芳、张奇文、任柏榴、李光信等省、市领导，市人大常委会副主任李本跃，市政协副主席姜绍华，市直有关部门负责人及社会各界 300 余人出席开幕式并参观展览。此次展览共展出褚大雄的水墨人物画 50 余幅。

2007 年 7 月 30 日，由中共潍坊市委宣传部、潍坊军分区、潍坊市文化局共同主办，潍坊市书画家联谊会、潍坊市图书馆、东方书画院联合承办的潍坊市纪念建军八十周年"大雄杯"书画展在本馆展出。部队和地方有关领导及社会各界 300 余人出席开幕式并参观展览。此次展览共收到书画作品 428 幅，展出 326 幅，评出金奖 6 幅、银奖 8 幅、铜奖 12 幅，优秀奖若干，最佳组织奖 13 个。

2007 年 9 月 28 日，由天津美术学院、潍市文化局共同主办，潍坊市书画家联谊会、潍坊市图书馆、青州铭艺书画艺术馆联合承办的魏云飞山水画展在本馆展出。此次展览共展出魏云飞近期精品力作 60 余幅。

2007 年 12 月 28 日，由潍坊市文化局主办，潍坊市书画家联谊会、潍坊市图书馆联合承办的庆"元旦"中国书画名家作品展在本馆展出。此次展览共展出冯远、史国良、褚大雄、王其智等书画名家的作品 80 余幅。

三 科普展

2004 年 4 月 3 日至 4 日，本馆举办大型世界动物百科展览。此次展览展出世界各地鸟类标本近千件、昆虫标本数千件和活体动物数百只。参观展览的观众达 4000 余人次。

2004 年 5 月 22 日至 23 日，本馆举办大世界基尼斯之最——世界珍稀昆虫展。此次展览展出世界珍稀昆虫、蜘蛛、鸟类标本数千只（件）。参观展览的观众达 3600 余人次。

2005 年 2 月 9 日至 15 日，本馆举办微观世界科普展。此次展览展出用光镜放大 20—1000 倍的微观实物近 100 种；放大 16—50000 倍的电镜扫描图 200 余幅；昆虫及其化石标本 300 余种近 1000 只。参观展览的观众达 3800 余人。

2005 年 4 月 16 日至 17 日，本馆举办大世界基尼斯大型世界珍稀蝴蝶、昆虫展。此次展览展出来自世界五大洲 100 多个国家的昆虫数千只。参观展览的观众达 3500 余人。

2005 年 4 月 23 日至 24 日，本馆举办热带雨林探奇——奇异活动物、珍稀植物展。此次展览从自然科学、社会人文和观赏探寻的角度展示了神秘热带雨林的动物、植物、人文及其生态景观。参观展览的青少年观众及成人观众达 4200 余人。

2005 年 10 月 29 日至 30 日，本馆举办鸟儿总动员——世界野生鸟类科普展。此次展览展出世界各地丰富的鸟类标本。展览呈现在观众面前的是让人感叹的、无奇不有的大自然中的鸟类世界，让观众与鸟儿面对面交流、零距离接触，真实地走进鸟类世界。参观展览的青少年观众及成人观众达 3600 余人。

2006 年 3 月 25 日至 26 日，本馆举办活着的龙——大型爬行动物展。此次展览展出的动物均为活体动物。观众可与巨蜥、大变色龙亲密接触、合影留念。参观展览的青少年观众及成年人观众达 5200 余人。

2006 年 5 月 1 日至 7 日，本馆举办大型古化石、世界珍稀昆虫、蜘蛛标本展览。

此次展览展出了一亿四千万年前的古生物化石标本及世界珍稀的昆虫、蜘蛛标本。参观展览的青少年观众及成年人观众共计 4600 余人。

2007 年 3 月 24 日至 25 日，本馆举办鸟儿总动员——世界野生鸟类科普展。此次展览展出世界各地丰富多彩的鸟类标本。参观展览的观众达 3600 余人。

2007 年 4 月 14 日至 15 日，本馆举办载人航天、飞船、火箭、卫星、尖端武器全国巡回潍坊展。此次展览汇集"神六"飞船、各国的各个系列的火箭及各种类型的卫星模型；展览中的尖端武器汇集了各国最先进的高科技尖端武器模型；展览还展示了各种机器人模型。参观展览的青少年观众和成年人观众达 12000 余人。

2007 年 6 月 16 日至 17 日，本馆举办活动物展。此次展览展出各类活体动物 300 余只，参观展览的观众达 3000 余人。

四　其他文化活动

2000 年 10 月 20 日，由中共潍坊市委宣传部、中共潍坊市直机关党工委、潍坊市教委、共青团潍坊市委、潍坊市总工会、潍坊市司法局、潍坊市文化局等七部门共同主办，本馆具体承办的"救救孩子——全国青少年普法及思想意识教育展"在潍坊一中开展。此次展览分继往开来、憧憬未来、警钟长鸣、任重道远四大部分，采用图片与文字相结合的展板形式生动形象地向广大青少年普及法律知识，进行思想意识教育。展览采用巡回展览的方式在潍坊市奎文区、潍城区、寒亭区、坊子区中小学展出。2001 年图书馆服务宣传周期间，此次展览内容又在城区胜利东街展出。

2002 年 4 月 13 日至 6 月 13 日，本馆在金宝乐园举办华夏剪纸艺术及童话世界花灯展。

2002 年 8 月 29 日至 9 月 7 日，由潍坊市文化局主办，本馆承办的中国·潍坊首届图书文化节在潍洲剧场举办。中共潍坊市委宣传部部长刘明珂、潍坊市政协副主席杨肖青、潍坊市政府副秘书长杨毅鹏及潍坊市文化局领导等出席开幕式。此次活动本馆组织光明日报出版社等十几家出版社参加，展出各类图书近 3000 种、50000 余册。年底，本馆又组织参展的出版社先后在昌邑、诸城、高密、寿光等县、市、区及金宝乐园继续举办巡回展。文化节举办期间，共接待读者 20 万人次。

第四节　灯谜会

猜谜活动是一项集知识性、趣味性于一体的中国传统的文化活动。本馆结合自身实际，自 1988 年开始尝试在元宵节期间举办灯谜活动。3 月 1 日，潍坊市文化局、潍城区教委、共青团潍坊市委、潍坊市少年宫、潍坊市图书馆联合组织举办潍坊市少年儿童龙年新春灯谜竞赛。来自城区中小学校的 200 余名中小学生参加，7 所中小学的 7 个代表队 35 名学生参加团体赛，200 余人参加个人赛。

1993 年 7 月，本馆与潍城区少年宫联合组织暑假少年儿童有奖猜谜活动。来自 14 所学校的 242 名学生参加。猜谜活动开发了少年儿童的智力，丰富、活跃了中小学生的暑假生活。

2000 年 2 月 13 日至 20 日，本馆与潍坊外贸食品公司等四家单位联合举办潍坊市 2000 年度元宵灯谜会。灯谜会设谜语 20000 余条，采取谜语答卷、阵地谜语、即摸即奖等多种猜谜形式。共接待社会各界群众 15000 余人。

2001 年 2 月 1 日至 8 日，由潍坊市文化局、山东麦当劳有限公司共同主办，本馆承办的潍坊市 2001 年度元宵灯谜会在本馆举行。中共潍坊市委常委、宣传部长刘明珂，潍坊市副市长姜绍华等领导出席开幕式。灯谜会设阵地谜语 40000 余条，印制谜卷 30000 余份，悬挂彩灯 500 余盏，采取现场竞猜、有奖谜卷等形式。灯谜会期间，共接待社会各界群众 10000 余人。《齐鲁晚报》、潍坊电视台等多家新闻媒体给予详细报道。

2002 年 2 月 20 日至 27 日，由潍坊市文化局主办，本馆承办的潍坊市 2002 年度元宵灯谜会在本馆举行。中共潍坊市委常委、宣传部长刘明珂，潍坊市副市长姜绍华等领导出席开幕式。灯谜会设谜语 30000 余条，分成人猜谜区与儿童猜谜区，采取现场竞猜、学生谜卷、成人谜卷等多种有奖竞猜形式。青岛肯德基食品有限公司、潍坊城市建设综合开发公司、思念食品公司等单位为灯谜会提供赞助。灯谜会期间，共接待社会各界群众 10000 余人。潍坊电视台、《潍坊晚报》等多家新闻媒体给予详细报道。

2003 年 2 月 10 日至 16 日，由潍坊市文化局主办，本馆承办的潍坊市"新华保险杯"元宵灯谜会在本馆举行。灯谜会得到了新华保险公司、紫鸢奶业、鸢疆奶业等单位的大力支持，灯谜会增设潍坊市新华寿险杯猜谜大赛，分成人组、中学组、小学组，分别评出一、二、三等奖。灯谜会期间，共接待社会各界群众 10000 余人。自此，本馆举办的元宵灯谜会成为我市春节期间重要的文化活动之一。

2004 年 2 月 2 日至 6 日，本馆举办"世纪泰华杯"潍坊市 2004 年度元宵灯谜会。中共潍坊市委宣传部、潍坊市直机关党工委、共青团潍坊市委、潍坊市文化局等有关部门领导出席开幕式。灯谜会期间，共接待社会各界群众 30000 余人。潍坊电视台、《潍坊晚报》等多家新闻媒体给予详细报道。

2005 年 2 月 22 日至 25 日，本馆与潍坊市商业银行联合举办潍坊市 2005 年度元宵灯谜会。中共潍坊市委宣传部、中共潍坊市直机关党工委、潍坊市文化局等有关部门领导出席开幕式。灯谜会期间，接待社会各界群众 10000 余人，潍坊市多家新闻媒体给予详细报道。

2006 年 2 月 7 日至 13 日，本馆举办"商业银行杯"潍坊市 2006 年度元宵灯谜会。现场猜谜在本馆和潍坊市商业银行部分营业网点同时进行；联合《晨鸿信息》印制有奖谜卷 300000 份发往城区各单位及各县、市、区。《大众日报》"聚焦文博会"栏目、潍坊市多家新闻媒体给予详细报道。

2007 年 3 月 2 日至 7 日，本馆举办"商业银行杯"潍坊市 2007 年度元宵灯谜会。灯谜会设谜语 20000 余条，采取现场猜谜、网络猜谜、有奖谜卷三种形式。驻潍部队官兵和广文中学的师生集体参加猜谜活动。灯谜会期间，共接待社会各界群众 30000 余人。潍坊电视台、潍坊广播电台、《潍坊广播电视报》、《潍坊晚报》等多家新闻媒体给予详细报道。

第十一章　表彰奖励

第一节　集体荣誉

1986 年 12 月，本馆栗祥忠、王济众、刘满奎与青州馆张仲秋组成的潍坊市代表队获得山东省首届（地）市图书馆业务竞赛分编加工系列集体赛第一名。

1986 年，本馆团支部被共青团潍坊市文化局委员会授予"先进团支部"称号。

1987 年，本馆被潍坊市文化局授予"先进单位"称号。

1988 年 12 月，本馆被潍坊市文化局授予"先进单位"称号。

1989 年 12 月，本馆被山东省文化厅授予"先进图书馆"称号。

1989 年底，本馆被潍坊市文化局授予"先进单位"称号。

1989 年底，本馆团支部被共青团潍坊市文化局委员会授予"先进团支部"称号。

1990 年 6 月，本馆党支部被中共潍坊市文化局党委授予"先进党支部"称号。

1990 年底，本馆被潍坊市文化局授予"先进单位"称号。

1991 年 6 月，本馆张光德、董红薇与青州馆张仲秋、寒亭馆季丽芹组成的潍坊市代表队获得山东省第二届公共图书馆业务竞赛图书分类集体赛第四名。

1991 年底，本馆被潍坊市文化局授予"先进单位"称号。

1993 年 5 月，本馆被潍坊市公民义务献血领导小组评为潍坊市公民义务献血先进单位。

1993 年 6 月，本馆党支部被中共潍坊市文化局党委授予"先进党组织"称号。

1993 年，本馆被潍坊市文化局授予"先进单位"称号。

1994 年 4 月，本馆被中共潍坊市委、潍坊市人民政府评为 1993 年度市级文明单位。

1994 年 6 月，本馆党支部被中共潍坊市文化局党委授予"先进基层党组织"称号。

1994 年 12 月，本馆被文化部命名为全国"文明图书馆"和国家"二级图书馆"。

1994 年，本馆被潍坊市文化局授予"先进单位"称号。

1995 年 6 月，本馆党支部被中共潍坊市文化局党委授予"先进党组织"称号。

1995 年底，本馆被中共潍坊市委、潍坊市人民政府评为 1994—1995 年度市级文明单位。

1996 年 1 月，本馆被潍坊市文化局评为 1995 年度先进单位。

1996 年 8 月，本馆被山东省文化厅授予"图书馆服务宣传周先进单位"称号。

1997 年 6 月，本馆党支部被中共潍坊市文化局党委授予"先进基层党组织"称号。

1997 年 12 月，本馆张光德、刘满奎、林娟组成的潍坊市代表队获得山东省第三届公共图书馆业务竞赛团体总分第三名。

1997 年，本馆被潍坊市文化局授予"先进单位"称号。

1998 年 3 月，本馆被中共潍坊市奎文区委、潍坊市奎文区人民政府评为 1997 年度社会治安综合治理先进单位。

1998 年 3 月，本馆保卫科被潍坊市公安局奎文分局评为 1997 年度先进集体。

1998 年 7 月，本馆被中共潍坊市委、潍坊市人民政府评为 1996—1997 年度市级文明单位。

1998 年，本馆被文化部命名为国家"一级图书馆"。

1999 年 6 月，本馆党支部被中共潍坊市文化局党委评为先进基层党组织。

1999 年 6 月，本馆被潍坊市社科联评为潍坊市先进学会挂靠单位。

1999 年底，本馆被中共潍坊市委、潍坊市人民政府评为 1998—1999 年度市级文明单位。

2000 年 6 月，本馆党支部被中共潍坊市文化局党委评为先进基层党组织。

2000 年 12 月，本馆被文化部授予"读者喜爱的图书馆"称号。

2001 年 4 月，本馆被中共潍坊市奎文区东关街道党工委、东关街道办事处评为 2000 年度社会治安综合治理先进单位。

2001 年 6 月，本馆党支部被中共潍坊市文化局党委评为 2000 年度先进基层党组织。

2001 年 8 月，本馆被潍坊市社科联、潍坊市社会科学院评为潍坊市先进学会挂靠单位。

2001 年 9 月，本馆林娟、陈天文、宗淑慧组成的潍坊市代表队获得山东省第四届公共图书馆业务竞赛团体总分二等奖；本馆获得组织工作奖。

2001 年 12 月，本馆被潍坊市统计局评为市直劳动统计先进单位。

2001 年，本馆被潍坊市奎文区东关街办爱卫会评为先进单位。

2002 年 3 月，本馆被中共潍坊市委、潍坊市人民政府评为 2000—2001 年度市级文明单位。

2002 年 3 月，本馆被潍坊市奎文区东关街办评为 2001 年度计生工作先进单位。

2002 年 6 月，本馆党支部被中共潍坊市文化局党委评为市直文化系统先进基层党组织。

2002 年，本馆被潍坊市文化局评为市直文化系统先进单位。

2002 年，本馆被潍坊市社科联、潍坊市社会科学院评为潍坊市先进学会挂靠单位。

2002 年，本馆被中共潍坊市奎文区东关街道党工委、东关街道办事处评为社会治安综合治理先进单位。

2003 年 1 月，本馆被潍坊市文化局评为 2002 年度市直文化系统先进单位。

2003 年 4 月，本馆被潍坊市人事局评为 2002 年度全市专业技术人员继续教育工作先进集体。

2003 年 6 月，本馆在抗击"非典"书画名家作品义捐义卖活动中被中共潍坊市委宣传部等评为优秀组织奖。

2003 年 6 月，本馆党支部被中共潍坊市文化局党委评为市直文化系统先进基层党组织。

2003 年 10 月，本馆代表潍坊市文化局参加由中共潍坊市委宣传部、共青团潍坊市委共同主办的"全市青少年学习贯彻'三个代表'重要思想知识竞赛"，并获得优秀组织奖。

2003 年 12 月，本馆被潍坊市财政局评为 2002 年度会计决算报表编制工作先进单位。

2003 年，本馆被中共潍坊市委、潍坊市人民政府评为 2002—2003 年度市级文明单位。

2004 年 3 月，本馆文献查阅室被潍坊市"双学双比"、"巾帼建功"竞赛活动协调小组评为"巾帼文明示范岗"。

2004 年 6 月，本馆党支部被中共潍坊市文化局党委评为 2003 年度市直文化系统先进基层党组织。

2004 年 10 月，本馆被潍坊市文化局、潍坊市图书馆学会评为 2004 年度图书馆服务宣传周先进单位。

2004 年 12 月，本馆被潍坊市劳动和社会保障局评为 2004 年度劳动保障管理诚信单位。

2004 年 12 月，本馆被潍坊市财政局评为 2003 年度市级行政事业单位决算编制工作先进单位。

2005 年 10 月，本馆被潍坊市文化局、潍坊市图书馆学会评为潍坊市 2005 年度图书馆服务宣传周活动先进单位。

2005 年，本馆被中共潍坊市委、潍坊市人民政府评为 2004—2005 年度市文明单位标兵。

2006 年 3 月，本馆被潍坊市人民政府评为全市民族团结进步模范集体。

2006 年 6 月，本馆被中共潍坊市文化局党委评为 2005 年度市直文化系统先进基层党组织。

2006 年 9 月，本馆陈天文、王彭兰、诸城馆李光惠组成的潍坊市代表队获得山东省第五届公共图书馆业务竞赛团体总分三等奖；本馆获得组织工作奖。

2006 年 11 月，本馆在潍坊市纪念红军长征胜利 70 周年大型书画展中被中共潍坊市委组织部、潍坊市委宣传部、潍坊军分区政治部等评为最佳组织奖。

2006 年 11 月，本馆被潍坊市文化局、潍坊市图书馆学会评为"加强行风建设，创新服务品牌"活动先进集体；本馆借书室被评为"创新服务示范岗"。

2006 年 12 月，本馆被中共潍坊市委宣传部、潍坊市总工会等评为潍坊市第四届职工职业道德先进集体。

2007 年 1 月，本馆服务项目"图书馆社会服务网点建设"被中共潍坊市委市直机关工作委员会评为 2006 年度"优秀服务项目"。

2007 年 3 月，本馆被中共潍坊市委宣传部评为潍坊市思想政治工作先进单位。

2007 年 4 月，本馆在"全民读书月"活动中被潍坊市文化局、潍坊市图书馆学会评为先进集体。

2007 年，本馆被中共潍坊市委、潍坊市人民政府评为 2006—2007 年度市级文明单位。

第二节　个人荣誉

1961 年，郎会栋被选为潍坊市文教卫生青年积极分子。

1978 年，郎会栋被选为潍坊市先进生产者。

1981 年 3 月，黄鸣凤被选为潍坊市先进工作者。

1986 年 12 月，在山东省首届市（地）县图书馆业务竞赛中，贾金兰获得地（市）级馆长科学管理赛第二名；刘满奎获得目录组织单项第四名。

1989 年，马洪杰被山东省图书馆、山东《社会主义精神文明文献索引》编辑部评为优秀编辑奖。

1989 年 4 月，王春玲在组织筹备第六届潍坊国际风筝会暨中国风筝精英大奖赛活动中被潍坊市文化局授予"先进工作者"称号。

1989 年 5 月，贾金兰被文化部授予"图书馆先进工作者"称号。

1989 年 12 月，贾金兰被山东省文化厅授予"图书馆先进工作者"称号。

1989 年 2 月，董红薇被共青团潍坊市文化局委员会评为 1989 年度文化系统优秀共青团员。

1990 年 5 月，王洁被中共山东省委、山东省政府授予"少年儿童先进工作者"称号。

1990 年 10 月，王洁被华东少儿图书馆协会授予"优秀园丁"称号。

1991 年 1 月，栗祥忠被山东省图书馆、山东《社会主义精神文明文献索引》编辑部评为优秀编辑奖。

1991 年 5 月，张光德被共青团潍坊市文化局委员会评为 1990 年度文化系统优秀共青团员。

1991 年 6 月，贾金兰先后被中共潍坊市委宣传部、中共山东省委宣传部授予"模范共产党员文化艺术先进工作者"称号。

1991 年 6 月，张光德获得山东省第二届公共图书馆业务竞赛类分图书个人第四名。

1992 年 1 月，栗祥忠被中共潍坊市委组织部、潍坊市人事局评为潍坊市中青年专业技术骨干人才。

1992 年 6 月，贾金兰被中共潍坊市文化局党委授予"优秀共产党员"称号。

1993 年 6 月，丁洪俊被中共潍坊市文化局党委授予"市直文化系统模范共产党员"称号。

1993 年 6 月，宫昌利、文俊友、张光德、林娟被共青团潍坊市文化局委员会授予"市直文化系统优秀共青团员"称号。

1994 年 2 月，栗祥忠被潍坊市人事局、潍坊市科协授予 1993 年度"先进工作者"称号。

1994 年 3 月，顾永杰被中共潍坊市文化局党委评为市直文化系统先进女职工。

1994 年 3 月，王希兆、宫昌利、谭振利、张光德、顾永杰、付春凤被潍坊市文化局评为 1993 年度市直文化系统先进工作者。

1994 年 6 月，傅永聚被中共潍坊市文化局党委评为市直文化系统优秀党务工作者。

1994 年 6 月，丁洪俊被中共潍坊市文化局党委评为市直文化系统优秀共产党员。

1995 年 1 月，王希兆、顾永杰、张光德、付春凤被潍坊市文化局评为 1994 年度市直文化系统先进工作者。

1995 年 3 月，王瑞璞、付春凤被中共潍坊市文化局党委评为 1994 年度市直文化系统先进女职工。

1995 年 6 月，丁洪俊、顾永杰被中共潍坊市文化局党委评为市直文化系统优秀共产党员。

1995 年 6 月，林娟、王丽丽、杨月辉、宗淑慧被共青团潍坊市文化局委员会评为 1994 年度优秀团员。

1996 年 1 月，张玲玲、顾永杰、谭振利、王明俊、王军被潍坊市文化局评为 1995

年度市直文化系统先进个人。

1996 年 3 月，顾永杰、付春凤被中共潍坊市文化局党委评为 1995 年度市直文化系统先进女职工。

1996 年 5 月，王明俊被潍坊市直机关工会工作委员会评为 1995 年度工会工作先进个人。

1996 年 6 月，王明俊被中共潍坊市文化局党委评为市直文化系统优秀共产党员。

1996 年 8 月，栗祥忠、王希兆被山东省文化厅、山东省图书馆学会评为图书馆服务宣传周先进个人。

1996 年 10 月，丁洪俊被潍坊市文化局评为图书馆服务宣传周先进个人。

1996 年 11 月，王洁被中共潍坊市委、潍坊市人民政府评为潍坊市先进儿童少年工作者。

1997 年 3 月，周嘉琴一家被潍坊市直工会妇委会授予"五好家庭"称号。

1997 年 3 月，付春凤、顾永杰被中共潍坊市文化局党委评为 1996 年度市直文化系统先进女职工。

1997 年 3 月，张玲玲被潍坊市奎文区东关街办评为 1996 年度计划生育先进工作者。

1997 年 5 月，王国强被中共青州市委、青州市人民政府授予"扶贫先进工作者"称号。

1997 年 6 月，李维忠被中共潍坊市文化局党委评为 1996 年度市直文化系统优秀共产党员。

1997 年 10 月，刘满奎获得潍坊市公共图书馆业务竞赛报刊管理第一名；林娟获得读者工作第一名；张光德获得图书分类第一名。

1997 年 12 月，张光德获得山东省第三届图书馆业务竞赛图书分类与编目第二名；林娟获得读者工作第二名。

1997 年 12 月，王希兆被共青团潍坊市委市直机关工作委员会评为潍坊市直机关"青年岗位能手"、"新长征突击手"。

1998 年 3 月，付春凤被中共潍坊市文化局党委评为 1997 年度市直文化系统先进女职工。

1998 年 3 月，郎绪增被潍坊市公安局奎文分局评为 1997 年度先进保卫干部。

1998 年 5 月，王希兆被共青团潍坊市委市直机关工作委员会评为 1997 年度市直机关优秀团干部。

1998 年 5 月，刘满奎、顾永杰被潍坊市直机关工会工作委员会评为市直机关优秀职工。

　　1998 年 5 月，王英勋、谭振利、顾永杰、付春凤、黄凤江、王宇红、靳树国、刘满奎、郎绪增、齐建新、宫昌利被潍坊市文化局评为市直文化系统先进个人。

　　1998 年 6 月，王英勋、王希兆、顾永杰被中共潍坊市文化局党委评为 1997 年度市直文化系统优秀共产党员。

　　1999 年 2 月，郎绪增被潍坊市公安局奎文分局评为 1998 年度先进保卫干部。

　　1999 年 3 月，付春凤被中共潍坊市文化局党委评为 1998 年度市直文化系统先进女职工。

　　1999 年 6 月，周嘉琴、张玲玲被中共潍坊市文化局党委评为 1998 年度市直文化系统优秀共产党员。

　　1999 年 6 月，王英勋、董红薇被潍坊市文化局、潍坊市图书馆学会评为图书馆服务宣传周先进个人。

　　2000 年 2 月，栗祥忠在创建双拥模范城工作中被中共潍坊市委、潍坊市人民政府、潍坊军分区授予"先进个人"称号。

　　2000 年 3 月，付春凤被潍坊市奎文区东关街办评为 1999 年度计生工作先进工作者。

　　2000 年 6 月，王希兆、顾永杰、张玲玲被中共潍坊市文化局党委评为 1999 年度市直文化系统优秀共产党员。

　　2000 年 6 月，梁昱被中共青州市委、青州市人民政府授予青州包村工作"先进工作者"称号。

　　2000 年 7 月，梁昱被中共潍坊市委、潍坊市人民政府授予潍坊市第十批下派包村工作"先进工作者"称号。

　　2001 年，徐义被评为潍坊市直文化系统优秀工会干部。

　　2001 年 3 月，付春凤被中共潍坊市文化局党委评为潍坊市直文化系统先进女职工。

　　2001 年 3 月，付春凤被潍坊市奎文区东关街办评为 2000 年度计生工作先进工作者。

　　2001 年 3 月，郎绪增被潍坊市公安局奎文分局评为 2000 年度先进保卫干部。

　　2001 年 4 月，林娟被潍坊市直机关工会工作委员会授予潍坊市直机关优秀职工称号。

　　2001 年 6 月，刘满奎、林娟、鲁松被中共潍坊市文化局党委评为 2000 年度市直文化系统优秀共产党员。

　　2001 年 8 月，董红薇被潍坊市社科联、潍坊市社科院评为潍坊市社会科学优秀学会工作者。

　　2001 年 12 月，陈天文获得山东省第四届公共图书馆业务竞赛文献信息计算机检索服务个人一等奖，林娟获得图书流通计算机管理个人三等奖，宗淑慧获得计算机编目个人三等奖。

2002年1月，刘满奎被潍坊市文化局、潍坊市图书馆学会评为图书馆服务宣传周先进个人。

2002年3月，顾永杰、齐建新被中共潍坊市文化局党委评为2001年度市直文化系统先进女职工。

2002年3月，郎绪增被中共潍坊市奎文区东关街道党工委、东关街道办事处评为社会治安综合治理先进个人。

2002年4月，宫昌利被潍坊市文化局工会委员会授予市直文化系统优秀职工称号。

2002年6月，梁昱被中共潍坊市文化局党委评为潍坊市直文化系统优秀党务工作者。

2002年6月，王希兆、林娟、顾永杰被中共潍坊市文化局党委评为2001年度潍坊市直文化系统优秀共产党员。

2002年8月，陈天文、高洪臻获得潍坊市总工会、潍坊市劳动和社会保障局举办的"潍柴杯计算机比赛"三等奖。

2003年1月，王英勋、张光德、鲁松被潍坊市文化局评为2002年度市直文化系统先进工作者。

2003年3月，付春凤、鲁松被中共潍坊市文化局党委评为2002年度市直文化系统先进女职工。

2003年3月，付春凤被潍坊市奎文区东关街办评为2002年度计生工作先进工作者。

2003年6月，宫昌利、林娟、鲁松被中共潍坊市文化局党委评为市直文化系统优秀共产党员。

2004年1月，齐建新被中共潍坊市委、潍坊市人民政府评为2003年度全市宣传思想工作先进个人。

2004年1月，鲁松在地方文献征集和"全民读书月"活动中被潍坊市文化局评为2003年度先进个人。

2004年3月，鲁松被潍坊市"双学双比"、"巾帼建功"竞赛活动协调小组授予潍坊市"巾帼建功岗位明星"称号及潍坊市"三八红旗手"称号。

2004年6月，刘典好、鲁松、刘满奎、张光德被中共潍坊市文化局党委评为2003年度市直文化系统优秀共产党员。

2004年7月，宫昌利篆刻作品被中国图书馆学会评为优秀奖。

2004年10月，钟兴在潍坊市"冰轮杯""幸福大家庭""敬老好儿女"评选活动中被潍坊市妇联、潍坊市精神文明建设委员会办公室等部门评为敬老好儿女。

2004年10月，刘满奎、林娟被潍坊市文化局、潍坊市图书馆学会评为2004年度图书馆服务宣传周活动先进个人。

2004年12月，梁昱被中共潍坊市委组织部、中共潍坊市委宣传部评为2003—2004年度潍坊市优秀理论教育工作者。

2004年12月，王春玲被潍坊市劳动和社会保障局评为2004年度劳动保障管理工作先进个人。

2005年2月，王希兆、王健被中共潍坊市委、潍坊市人民政府评为第二十一届潍坊国际风筝会暨首届世界风筝小姐大赛先进个人。

2005年2月，宫昌利被中共潍坊市委宣传部授予"思想政治工作先进个人"称号。

2005年3月，顾永杰、张志凤被中共潍坊市文化局党委评为2004年度市直文化系统先进女职工。

2005年4月，张志凤被中共潍坊市人民政府评为市长公开电话办理工作先进个人。

2005年6月，张志凤被中共潍坊市文化局党委评为潍坊市直文化系统优秀共产党员。

2005年10月，吴宏伟、黄凤江被潍坊市文化局、潍坊市图书馆学会评为潍坊市2005年度图书馆服务宣传周活动先进个人。

2005年11月，郑晓光被中共潍坊市委组织部、潍坊市委党校授予"十佳学员"称号。

2005年12月，顾永杰被潍坊市财政局评为2004年度市级部门决算编制工作先进个人。

2006年1月，刘满奎被中共潍坊市委宣传部、潍坊市人事局评为2005年全市优秀宣传干部。

2006年1月，刘满奎被潍坊市科协评为学会先进工作者。

2006年2月，张志凤被中共潍坊市文化局党委评为2005年度市直文化系统先进工作者。

2006年3月，尹霞、张志凤被中共潍坊市文化局党委评为2005年度市直文化系统先进女职工。

2006年5月，林娟被山东省图书馆学会评为2001—2005年度优秀会员。

2006年6月，郑晓光被中共潍坊市文化局党委评为优秀党务工作者。

2006年6月，张光德、鲁松、王希兆、刘满奎、顾永杰、张志凤被中共潍坊市文化局党委评为2005年度市直文化系统优秀共产党员。

2006年7月，栗祥忠被中共潍坊市委、潍坊市人民政府授予"精神文明建设先进工作者"称号。

2006年9月，王彭兰获得山东省第五届公共图书馆业务竞赛信息技术知识项目二等奖、信息技术利用项目三等奖；陈天文获信息技术知识项目三等奖、信息技术利用项目三等奖。

2006年10月，王健在第十一届鲁台经贸洽谈会活动中获得中共潍坊市委、潍坊市人民政府嘉奖。

2006年11月，吴宏伟被潍坊市科协评为2006年度潍坊市学会工作先进个人。

2006年11月，尹霞在潍坊市文化局、潍坊市图书馆学会举办的"加强行风建设，创新服务品牌"活动中被评为先进个人。

2006年12月，鲁松被中共潍坊市委宣传部、潍坊市总工会、潍坊市精神文明建设委员会、潍坊市经济贸易委员会评为潍坊市第四届职工职业道德先进个人。

2006年12月，顾永杰被潍坊市财政局评为2005年度市级部门决算编制工作先进个人。

2007年3月，王健被中共潍坊市委、潍坊市人民政府评为第二十三届潍坊国际风筝会先进个人。

2007年3月，张志凤被中共潍坊市委办公室评为2006年度潍坊市党委系统公文处理工作先进个人。

2007年3月，王春玲被中共潍坊市文化局党委评为2006年度市直文化系统先进女职工。

2007年4月，王希兆、林娟在"全民读书月"活动中被潍坊市文化局、潍坊市图书馆学会评为先进个人。

2007年6月，张志凤被中共潍坊市文化局机关委员会评为2006年度市直文化系统优秀共产党员。

2007年7月，刘满奎被中国图书馆学会评为2005—2007年中国图书馆学会优秀会员。

2007年12月，张志凤被中共潍坊市委保密局评为潍坊市保密工作先进个人。

2007年12月，顾永杰被潍坊市财政局评为全市行政事业单位资产清查工作先进个人。

第三节　本馆表彰

1981年先进工作者：黄鸣凤、郎会栋、李保林。

1986年先进部室：采编部、借书室；先进工作者：栗祥忠、刘满奎、张光德、黄鸣凤、周嘉琴、杨漪。

1987 年先进工作者：黄鸣凤、周嘉琴、王济众。

1988 年先进部室：借书室、后勤办公室、咨询部、基建办公室；先进工作者：王庆增、王济众、黄鸣凤、王昭龙、王洁、栗祥忠、顾永杰。

1989 年先进工作者：王昭龙、高正、陈艳亭、顾永杰、王军、张光德、刘满奎。

1990 年先进工作者：王洁、高正、谭振利、王宇红、赵林、陈艳亭、周嘉琴、王军、杨漪、刘满奎、顾永杰、刘清林、张翠玲、王昭龙。

1991 年先进工作者：张光德、赵林、杨漪、顾永杰、仲维香、王春玲、张玲玲；优秀服务员：黄鸣凤、杨漪、郎益华、李靖。

1992 年先进工作者：张光德、黄鸣凤、王军、杨漪、王希兆、邱兆峰、赵林；优秀服务员：黄鸣凤、宫昌利、王瑞璞、刘满奎。

1993 年先进工作者：顾永杰、付春凤、谭振利、张光德、王希兆、王洁、王明俊、郎绪增、杨漪；优秀服务员：付春凤、宫昌利、王洁、刘满奎、郎益华、周嘉琴。

1994 年先进部室：借书室、辅导部、办公室、财务科；先进工作者：王军、付春凤、顾永杰、张光德、王希兆、谭振利、王洁、邓丽珠、宫昌利、刘清林；优秀服务员：周嘉琴、郎益华、刘满奎、尹霞。

1995 年先进部室：借书室、报刊阅览室、办公室、财务科；先进工作者：刘典好、周嘉琴、宫昌利、张光德、杨漪、王希兆、张翠玲、董红薇、付春凤、林娟、李雪梅；优秀服务员：周嘉琴、付春凤、李雪梅、齐建新、郎益华。

1996 年先进工作者：谭振利、宫昌利、顾永杰、刘满奎、王希兆、付春凤、王明俊、刘典好、齐建新；优秀服务员：王宇红、周嘉琴、李靖、李雪梅。

1997 年先进部室：教学辅导部、少儿部、财务科；先进工作者：张光德、顾永杰、周嘉琴、林娟、谭振利。

1998 年先进部室：采编部、少儿部、教学辅导部、财务科、借书室；先进工作者：顾永杰、谭振利、张玲玲、董红薇、刘满奎、周嘉琴、陈天文、林娟、付春凤、齐建新、宫昌利、王国强、靳树国、郎绪增；优秀服务员：王小青、张晓霞、马洪杰。

1999 年先进部室：教学辅导部、少儿部、财务科、报刊阅览室；先进工作者：顾永杰、张玲玲、鲁松、刘满奎、董红薇、林娟、齐建新、付春凤、宫昌利、文俊友；优秀服务员：钟兴、郎益华、陈天文、尹霞。

2000 年先进部室：办公室、报刊阅览室、咨询服务部、财务科；先进工作者：林娟、刘满奎、张光德、陈天文、顾永杰、文俊友、张玲玲、谭振利、董红薇、付春凤。

2001 年先进部室：办公室、报刊阅览室；先进工作者：陈天文、林娟、文俊友；优秀服务员：周嘉琴。

2002 年先进部室：文献查阅室、咨询服务部、借书室、辅导部；先进工作者：陈天文、刘典好、靳树国、鲁松。

2003 年先进部室：办公室、文献查阅室、借书室；先进工作者：刘典好、鲁松、于爱玲、陈天文、王春玲、丁美娟、王彭兰、文俊友。

2004 年先进部室：采编部、辅导部、借书室、报刊阅览室；先进工作者：张光德、刘典好、王春玲、鲁松、陈天文、李梅、郎益华、林娟。

2005 年先进部室：财务科、采编部、办公室；先进工作者：张光德、顾永杰、刘典好、鲁松、郎益华、王健。

2006 年先进部室：财务科、采编部、报刊阅览室；先进工作者：陈天文、顾永杰、张光德、王春玲、郎益华、林娟。

2007 年先进工作者：王英勋、王希兆、刘满奎、宫昌利、张光德、顾永杰、陈天文、林娟、张玲玲、郎益华。

第十二章 人物

第一节 人物传略

陈君藻，原名陈奎章，男，汉族，潍坊市潍城区人，1900年4月出生，1987年4月病逝，终年87岁。读私塾9年，解放前系自由职业者。1937年参加过抗敌后援会、民族解放先锋队，日寇进城后辗转去延安。1948年7月参加革命工作。1948年8月任潍坊市古代文物管理委员会驻会委员、秘书、潍坊特别市市立图书馆馆长。1951年5月参加中国共产党。1952年1月任本馆副馆长。1952年11月调离。后任市政协（现潍城区政协）秘书、秘书副主任等职。1965年7月退休时行政十八级。1983年1日改为离休。1983年7月批准为处（县）级待遇。

陈君藻是本馆第一任馆长，在本馆任职期间，勤勤恳恳，任劳任怨，对本馆早期基础建设作出了贡献。他擅长钟鼎文和篆刻，是全国书法家协会会员、潍坊市书法家协会名誉主席、潍城区书画研究会副会长和潍坊市"万印楼"印社筹委会主任。离休后，仍热心于书画事业的发展和书画新人的成长，因此受到赞誉，在省内外有一定名望。

陈筱岩，男，汉族，潍坊市潍城区人，1898年出生，卒于1955年，终年57岁。1917年潍县县立中学毕业。解放前，做过小学教员、职员、文牍。1948年8月，经陈秉忱介绍，参加本馆建馆工作。他擅长书法，熟悉古籍，协助馆长陈君藻走街穿巷，四处奔波，动员知名人士捐献文物古籍。继而负责整理古籍和历年遗留书刊，不避劳累，为本馆早期资料工作作出了贡献。

王振纶，原名王仲言，男，汉族，潍坊市潍城区人，1913年7月出生，1989年12月病逝，终年77岁。1937年7月毕业于济南齐鲁大学文学院，先后在湖北、贵州和青岛等地的中学、师范任教。1948年5月至1952年6月任潍坊市青年中学教师、校长。1952年7月至1955年12月任本馆馆长。1956年1月至1961年1月任市政府文化科长。1961年2月以后调市政协工作（第二章第一节历任馆领导记载1952年1月任本馆馆长；曾在本馆工作过的人员名录记载调入时间为1952年3月）。

抗战胜利后，在艰苦困难环境中，王振纶为我党做过力所能及的有益工作。解放前夕，他冒着生命危险，成功地营救了我党三名地下工作者。解放后，他卖掉祖传房产，捐献巨资，使青年中学尽快复课。在本馆工作期间，他多次担任优秀图书报告会、鲁迅纪念会和科普知识讲座的主讲，使广大读者受益匪浅。在市政府文化科任职期间，他积极宣传和贯彻党的方针、政策，为发展潍坊市（潍城区）的文化事业，特别是繁荣书画事业作出了贡献。1957 年 1 月，王振纶加入中国国民党革命委员会，先后担任民革潍坊市主任委员、原潍坊市（潍城区）二至七届政协副主席、潍坊市七届政协副主席、省政协三至六届常委、省民革六届常委、民革中央团结委员等职。

王振纶一贯拥护中国共产党的领导，坚定地走社会主义道路，在大是大非面前立场坚定，旗帜鲜明，表现了很高的原则性，为发展和扩大我市爱国统一战线作出了重要贡献，为促进祖国统一做出了大量工作。

邓尚清，男，汉族，山东莱州人，1898 年 7 月出生，1991 年 3 月病故，终年 93 岁。中学文化。1941 年参加工作。同年加入中国共产党。1947 年在对敌斗争中荣立三等功。1954 年 1 月调入本馆任副馆长。1956 年 12 月至 1958 年 3 月任本馆馆长。1958 年 3 月退休时行政十七级。1978 年改为离休，1983 年批准的处（县）级待遇。

邓尚清一生忠于党和人民的事业，工作勤勤恳恳，认真负责，联系群众，平易近人，生活俭朴，廉洁奉公，在长期的革命战争年代和社会主义建设中，为党和人民作出了贡献。

王仲源，男，汉族，山东青州人，1903 年出生，1976 年 5 月病逝，终年 73 岁。1939 年 8 月参加八路军。1940 年加入中国共产党。抗日战争时期，历任队长、司务长等职。解放战争时期，历任招待所所长、机关生产副经理等职。解放后，历任潍坊市南关区区长、民政科科长。1958 年 2 月，任本馆馆长兼市直文化单位联合党支部书记。1963 年 1 月离休。

王仲源在本馆任职期间，努力学习马列主义、毛泽东思想，认真贯彻执行党的路线方针政策，立场坚定，爱憎分明，艰苦朴素，平易近人，为社会主义革命和建设做出了应有贡献。

郎会栋，男，汉族，潍坊市潍城区人，1931 年 8 月出生，1984 年 8 月病逝，终年 53 岁。1948 年 12 月在潍坊师范学习，两年半肄业后到潍坊市文工团工作。1951 年 5 月调市政府文教科工作。1953 年 7 月到山东省文化干部训练班进修图书馆专业。同年 11 月结业后调本馆工作，先后担任本馆阅览组组长、采编组组长，兼管本馆业务资料档案工作，1978 年之前兼过会计工作。1983 年 3 月被评为馆员职称。

郎会栋是本馆的业务骨干，他遵纪守法，认真负责，刻苦钻研，勤勤恳恳，埋头工作 30 多年，对本馆业务建设贡献较大。"文化大革命"期间，他与其他人员一起，挺身而出保护了本馆馆藏。1961 年被选为青年积极分子，出席潍坊市文教卫生青年积极分子大会。1978 年被选为先进工作者。1979 年 3 月出席潍坊市先进单位和先进生产（工作）者代表大会。1982 年他编写的《潍坊市图书馆事业发展史》，给本馆留下了一份不可再得的珍贵资料。

第二节　历任馆领导简介

自建馆至今，本馆先后有 25 人就任本馆馆领导。4 位馆领导已经在本章第一节中叙述，本节简略介绍其他 21 位馆领导（按任职时间先后为序）。

郭子宣，男，汉族，山东潍坊人，1923 年 10 月出生，大专文化，中共党员。

1948 年 8 月参加工作。1949 年 1 月到本馆工作。1956 年 11 月任本馆副馆长。1958 年 4 月调离。

高启炎，男，汉族，浙江太顺人，1927 年 11 月出生，高中文化，中共党员。

1949 年 7 月入伍。1961 年 2 月转业到潍坊市文工团任副团长。1962 年到昌潍干部疗养院休养。1963 年 4 月到本馆任副馆长。1980 年 12 月离休。

李青云，女，汉族，吉林长春人，1926 年 9 月出生，高中文化，中共党员。

1944 年 11 月在胶东根据地建国学校工作学习。1945 年在胶东军区政治部文工团工作。1947 年被胶东军区授予二等功。1948 年至 1952 年先后任华东军区政治部速成学校俱乐部主任、32 军文工团戏剧队长、济南军区装甲兵文工团戏剧队队长。1949 年获解放奖章。1953 年至 1955 年在山东工学院速成中学读书。1956 年至 1958 年任山东省体委办公室秘书。1959 年至 1972 年先后任山东省体育学院办公室秘书、团总支书记、教育科科长。1972 年任潍坊市文工团副书记兼团长。1978 年任本馆馆长。1983 年 12 月离休。2005 年获中国人民抗日战争胜利六十周年纪念章。

张序，曾用名张德泉，男，汉族，山东潍坊人，1937 年 1 月出生，高中文化，中共党员。

1955 年参加教育工作。1956 年参军，先后在济南军区司令部测地大队和济南军区政治部文艺创作组工作。1961 年至 1981 年 10 月先后任学校校长、潍坊市工人文化宫副书记、潍坊市文工团团长。1981 年 10 月至 1984 年 4 月任本馆书记、馆长。地改市后任本馆副馆长（正科级），1989 年 5 月至 1996 年 7 月任本馆工会主席。1997 年退休。

李珂田，男，汉族，山东潍坊人，1931 年 12 月出生，青岛市礼贤中学高中三年级肄业，中共党员。

1951 年 1 月至 8 月在山东省团校（三期）学习。1951 年 8 月任济宁团地委文书、干事。1955 年 5 月任济宁治淮团委秘书。1957 年 1 月任山东省团委组织部干事。1957 年 4 月任昌潍团地委干事、副部长。1962 年 5 月任潍坊团市委部长。1963 年 9 月任昌潍团地委副部长。1969 年 1 月至 1971 年 11 月昌潍五七干校学员。1971 年 11 月任昌潍地区京剧团副书记。1977 年 4 月任（昌潍）潍坊（地）市文化局副科长、科长，1984

年 7 月任本馆党支部书记，1986 年 6 月加入山东省图书馆学会。1992 年 2 月退休。

贾金兰，女，汉族，山东寿光人，1942 年 6 月出生，大学文化，中共党员。

1966 年 7 月毕业于山东师范大学体育系。1967 年 10 月在沂南一中任教，1970 年在五莲县文化馆工作。1972 年开始从事图书馆工作。1979 年五莲县图书馆成立后，调到该馆工作。1982 年被山东省文化厅授予"山东省农村文化艺术先进工作者"称号。1984 年任五莲县图书馆副馆长。1985 年任本馆副馆长。1986 年加入山东省图书馆学会。1987 年至 1996 年任本馆馆长。1989 年至 1998 年任潍坊市图书馆学会理事长。1989 年被山东省文化厅授予"山东省图书馆先进工作者"称号。同年被文化部授予"全国图书馆先进工作者"称号。1991 年被中共山东省委宣传部授予"山东省模范共产党员文化艺术工作者"称号。1993 年被聘为研究馆员。1996 年 3 月至 2001 年 12 月任助理调研员。曾任潍坊市政协第七届委员会委员。2002 年退休。

王明俊，男，汉族，山东潍坊人，1939 年 10 月出生，大学文化，中共党员。

1967 年 6 月毕业于南京气象学院农业气象系农业气象专业。1968 年 10 月赴西藏自治区在驻藏部队锻炼一年。1969 年底分配到西藏自治区气象局工作。1970 年调西藏那曲地区气象局工作。1977 年负责建立比如县气象站。1983 年 6 月被国家劳动人事部、国家民族事务委员会、中国科学技术协会授予"少数民族地区优秀科技工作者"称号。1984 年内调江苏省淮安市气象局工作。1985 年 5 月调入本馆工作。1985 年至 1989 年任本馆党支部副书记。1986 年加入山东省图书馆学会。1993 年 9 月被聘为副研究馆员。1999 年 10 月退休。

丁洪俊，男，汉族，山东潍坊人，1942 年 12 月出生，大专文化，中共党员。

1961 年 7 月入伍，历任战士、电影放映组长、宣传干事、连队政治指导员、作战参谋、营教导员等职。1979 年 10 月从部队转业，任潍坊市人民医院办公室副主任。1984 年 11 月调潍坊市电影发行放映公司，历任副经理、经理。1989 年 6 月调任本馆副馆长。1994 年加入中国图书馆学会。1996 年 5 月至 1997 年 5 月任本馆工会主席。1997 年被潍坊市总工会授予"优秀工会工作者"称号。1998 年被聘为副研究馆员。2002 年 12 月退休。

栗祥忠，男，汉族，山东高密人，1954 年 6 月出生，大专文化，中共党员。

1969 年 1 月入伍到中国人民解放军总政军乐团。1977 年转业到潍坊市京剧团工作。1984 年调到本馆任采编部主任。1989 年 6 月任业务副馆长。1992 年被中共潍坊市委组织部、潍坊市人事局授予"中青年专业技术骨干人才"称号。1996 年 3 月任馆长。同年作为山东代表出席在北京召开的第 62 届国际图联大会。1998 年被聘为研究馆员。2000 年被中共潍坊市委、潍坊市政府、潍坊军分区授予"创建双拥模范城工作先进个人"称号。2006 年被中共潍坊市委、潍坊市政府授予"精神文明建设先进工作者"称号。现为中国图书馆学会会员、全国中小型公共图书馆联合会副会长、山东省图书馆学会常务理事、潍坊市图书馆学会理事长、潍坊市第四届和第五届科协委员会委员。

傅永聚，男，汉族，山东临朐人，1948 年 11 月出生，大专文化，中共党员。

1973 年 7 月毕业分配到昌潍师专任教。1984 年 6 月调任潍坊市文化局政工科科长。1992 年 7 月至 2003 年 10 月任本馆党支部书记。1992 年任潍坊市图书馆学会副理事长。2003 年 9 月被聘为研究馆员。

李维忠，男，汉族，山东潍坊人，1948 年 10 月出生，大学文化，中共党员。

1969 年在济南建筑总公司动力站工作。1992 年 12 月调任本馆副馆长。1997 年 8 月调离。

高利波，男，汉族，辽宁丹东人，1963 年 6 月出生，大学文化，中共党员。

1980 年在潍坊第二印染厂工作。1984 年 10 月调入本馆，先后在报刊室、借书室、办公室工作。1994 年在潍坊市文化局工作。1996 年 7 月任本馆副馆长。1998 年 12 月被聘为馆员。

王洁，女，汉族，山东文登人，1952 年 6 月出生，大专文化，中共党员。

1966 年 10 月在潍坊市土产站工作。1970 年 9 月至 1975 年 8 月在潍坊市艺术学校学习。1975 年 8 月在昌潍地区京剧团工作。1984 年 8 月调入本馆，历任办公室主任、团支部书记、少儿部主任。1990 年 5 月被山东省委、省政府评为"山东省先进儿童少年工作者"。1993 年 10 月被聘为馆员。1996 年 7 月任副馆长。1998 年 11 月调离。

李世孝，男，汉族，山东安丘人，1948 年 4 月出生，中专文化，中共党员。

1964 年 12 月入伍。1971 年 3 月转业到安丘县许营公社整党建党工作队工作。1971 年 4 月任安丘县许营公社农机站支部书记、站长。1975 年 12 月在昌潍地区粘土矿工作。1978 年 6 月在昌潍地区吕剧团工作。1980 年在潍坊市文化局工作。1992 年兼任文化服务公司副经理。1995 年任潍坊市文化市场管理办公室副主任。1997 年至 1999 年任本馆工会主席。

王英勋，男，汉族，山东昌乐人，1966 年 6 月出生，大学文化，中共党员。

1986 年 7 月毕业分配到潍坊艺术学校。1987 年 12 月调潍坊市文化局任会计。1996 年兼潍坊市文化服务公司副经理。1997 年 6 月任本馆副馆长。2002 年 10 月被聘为馆员。现为山东省图书馆学会会员。

梁昱，男，汉族，山东威海人，1962 年 3 月出生，大专文化，中共党员。

1981 年 7 月毕业分配到诸城市繁华中学任教。1986 年 7 月在潍坊艺术学校任讲师。1989 年调潍坊市文化局，历任科员、副科长。1998 年 12 月调任本馆党支部副书记。2002 年 9 月被聘为副研究馆员。现为中国图书馆学会会员、山东省图书馆学会会员。

徐义，男，汉族，山东滕县人，1949 年 12 月出生，中专文化，中共党员。

1968 年 12 月在潍坊市歌舞团工作。1988 年在潍坊市博物馆工作。1996 年 5 月调任潍坊市文化局文化稽查队队长。1999 年 7 月调任本馆工会主席。2002 年 10 月被聘为馆员。

王希兆，男，汉族，山东莒南人，1970 年 4 月出生，大学文化，中共党员。

1990 年 7 月毕业分配到本馆，先后在参考咨询部、教学辅导部工作，历任副主任、主任。1998 年 10 月任馆长助理。2003 年 1 月任副馆长。2006 年取得副研究馆员任职资格。现为山东省图书馆学会会员、潍坊市图书馆学会常务理事。

齐建新，女，汉族，山东临沂人，1954 年 12 月出生，初中文化，中共党员。

1970 年 12 月入伍到总参通信部三团五连。1977 年 7 月转业到潍坊市电子研究所工作。1982 年 10 月在潍坊市计算机公司工作。1984 年 8 月在华光电子集团工作。1995 年 3 月调入本馆，历任少儿部、参考咨询部主任。1999 年 12 月被聘为馆员。2003 年 1 月至 2004 年 6 月任工会主席。

郑晓光，女，汉族，山东乳山人，1968 年 12 月出生，硕士研究生，中共党员。

1989 年 7 月毕业分配到潍坊艺校。2005 年 5 月调任本馆党支部书记。2006 年被聘为副研究馆员。2007 年加入中国图书馆学会。2007 年 11 月调离。

单继瑜，男，汉族，山东高密人，1959 年 2 月出生，大学文化，中共党员。

1978 年 1 月在高密县拒城河镇中学任民办教师。1980 年 8 月在山东省高密师范学习。1982 年 8 月在高密第九中学任教。1984 年 8 月任高密县教育局秘书。1986 年 1 月任高密县实验小学校长。1989 年 1 月任高密县教育局副局长。1991 年 4 月任高密县广播电视局副局长兼电台台长。1992 年 12 月任高密市文化局局长兼党委书记（1993 年 8 月至 1994 年 7 月，文体合并时任文体委主任兼党委书记）。1998 年 12 月调潍坊市群众艺术馆，历任党支部书记、馆长兼书记、馆长。2007 年 12 月调任本馆党支部书记。

第三节　副高以上专业技术人员简介

建馆至今，本馆先后有 18 人被聘为副研究馆员以上专业技术职务，7 人已经在本章第二节中叙述，本节简略介绍其他 11 人（按被聘任的时间先后为序）。

王瑞璞，女，汉族，黑龙江哈尔滨人，1942 年 12 月出生，中专文化，中共党员。

1962 年 7 月在哈尔滨市呼兰区任教师。1965 年 7 月任哈尔滨市呼兰区劳动局知青办干事。1978 年 9 月任胶南薛家庄供销社文书。1981 年 8 月任胶州商业局干事。1984 年 8 月调入本馆，先后在采编部、报刊部和少儿部工作，历任副主任、主任。1989 年 2 月加入山东省图书馆学会。1994 年 3 月被聘为副研究馆员。1997 年 12 月退休。

周嘉琴，女，1947 年 2 月出生，山东潍坊人，汉族，中专文化，中共党员。

1961 年 2 月在潍坊市文工团工作。1978 年 9 月调入本馆，先后从事报刊阅览、图书借阅等读者服务工作，历任报刊阅览室、借书室副主任。1988 年 8 月加入山东省图书馆学会。1995 年 11 月被聘为副研究馆员。2002 年 2 月退休。

杨漪，女，1946 年 1 月出生，辽宁铁岭人，汉族，中专文化，中共党员。

1961 年 7 月在潍坊市文工团工作。1962 年 7 月在潍坊市吕剧团工作。1975 年 12 月在潍坊钢厂工作。1978 年 6 月调入本馆，先后从事图书外借、采编、参考咨询工作，历任副主任、主任。1988 年 10 月加入山东省图书馆学会。1996 年 12 月被聘为副研究馆员。2001 年 1 月退休。

王宇红，女，1944 年 5 月出生，吉林榆树人，汉族，中专文化，中共党员。

1966 年 9 月在黑龙江省铁力县七中任教。1976 年 9 月在黑龙江省铁力县图书馆工作。1979 年 11 月在山东省安丘县新华书店工作。1981 年 11 月在安丘县图书馆工作。1987 年 6 月调入本馆，先后任参考咨询部副主任、主任。1996 年 10 月被聘为副研究馆员。1999 年 5 月退休。

张玲玲，女，1961 年 11 月出生，山东莒县人，汉族，大学文化，中共党员。

1979 年 12 月在潍坊市博物馆工作。1980 年 2 月调入本馆，先后在阅览室、借书室、辅导部、文献查阅室工作，历任副主任、主任。1990 年加入山东省图书馆学会。1993 年加入中国图书馆学会。2002 年 9 月被聘为副研究馆员。

刘满奎，女，1964 年 6 月出生，山东青州人，汉族，大学文化，中共党员。

1980 年 12 月参加工作，先后在寿光、青州百货公司工作。1985 年 5 月调入本馆，历任采编部、报刊阅览室、咨询服务部、文献查阅室副主任、主任。2003 年任馆长助理。2003 年 9 月被聘为副研究馆员。现为中国图书馆学会会员、山东省图书馆学会会员、潍坊市图书馆学会秘书长。

马洪杰，女，1966 年 10 月出生，山东昌邑人，汉族，大学文化，中共党员。

1989 年 7 月毕业分配到本馆，先后在参考咨询部、报纸阅览室、教学辅导部、采编部工作，现为采编部副主任。2004 年 10 月被聘为副研究馆员。现为中国图书馆学会会员、山东省图书馆学会会员。

郎益华，女，1963 年 2 月出生，山东潍坊人，汉族，大学文化，中共党员。

1980 年 11 月在潍坊造纸总厂工作。1984 年 9 月调入本馆，先后在借书室、报刊阅览室、文献查阅室工作，现为文献查阅室副主任。2005 年 11 月被聘为副研究馆员。现为中国图书馆学会会员、山东省图书馆学会会员。

宫昌利，男，1968 年 7 月出生，山东即墨人，汉族，大学文化，中共党员。

1987 年 12 月在潍城新华书店工作，历任营业员、主任。1991 年 12 月调入本馆，先后在借书室、辅导教学部、文献查阅室、办公室工作，历任副主任、主任。2004 年任馆长助理。2005 年 11 月被聘为副研究馆员。现为中国图书馆学会会员、山东省图书馆学会会员。

张光德，男，1965 年 5 月出生，山东诸城人，汉族，大学文化，中共党员。

1985 年 7 月毕业分配到本馆，历任采编部、辅导部、技术部副主任、主任。2007 年 12 月被聘为研究馆员，现为中国图书馆学会会员、山东省图书馆学会会员、潍坊市图书馆学会学术委员会委员。

尹霞，女，1963 年 10 月出生，山东临朐人，汉族，大学文化。

1984 年 1 月在临朐县图书馆工作。1991 年调入本馆，历任借书室副主任、主任。2007 年 12 月被聘为副研究馆员。

第四节　省以上学会会员名单

山东省图书馆学会会员名单
(2006 年登记注册)

丁丽萍　马洪杰　文俊友　王希兆　王英勋　王彭兰　冯传志　刘满奎　林　娟
李　靖　吴宏伟　张欣炜　杨月辉　郎益华　宫昌利　梁　昱　黄凤江　鲁　松
綦书忠

中国图书馆馆学会会员名单
(2007 年登记注册)

马洪杰　刘满奎　林　娟　张光德　杨月辉　郑晓光　郎益华　宫昌利　栗祥忠
梁　昱　董红薇

第十三章　图书馆学会

第一节　学会成立与历次会员代表大会

一　潍坊市图书馆学会成立

1989 年 5 月，本馆联合昌潍师专图书馆、潍坊医学院图书馆、潍坊教育学院图书馆组成学会筹委会。在中共潍坊市委宣传部、潍坊市文化局、潍坊市科协、潍坊市社科联及山东省图书馆学会的领导和支持下，经过 5 个多月的紧张筹备，10 月 16 日至 17 日，潍坊市图书馆学会成立大会在昌潍师专召开。来自全市各系统图书馆（室）的领导及代表 80 余人出席了大会。山东省图书馆学会理事长、山东省图书馆馆长王佑臣、中共潍坊市委宣传部副部长魏增芳、潍坊市档案局局长郑明杰、潍坊市科协学会部部长李汉民、潍坊市社科联秘书长杨永莱专程到会祝贺并讲话。潍坊市文化局局长郑金兰，副局长牛进、逢增瑞，山东省图书馆辅导部刘勇，昌潍师专副校长许临星，潍坊教育学院院长王景陶等也应邀出席了大会。

大会由昌潍师专图书馆馆长周世军主持。本馆馆长贾金兰代表筹委会向大会汇报了筹备情况。大会审议通过《潍坊市图书馆学会章程（草案）》，采用无记名投票方式，选举产生了第一届理事会及领导机构，选举理事 41 人，成员馆 27 家。本馆馆长贾金兰当选为本届理事长（理事会名单附后）。

潍坊市图书馆学会首届理事会名单
（1989 年 10 月 16 日通过）

名誉理事长：牛进　潍坊市文化局副局长

理事长：贾金兰（女）

副理事长：周世军　陈福季　李珂田　栗祥忠　王志华　吴明理

秘书处：

秘书长：栗祥忠（兼）

副秘书长：阎冬青　高　正

秘书：韩建国　程海星　姜建国

常务理事（按姓氏笔画排列）：

王志华　刘相尧　刘星吾（女）　刘桂珍（女）　李珂田　宋志举　杨育仁

吴明理　陈福季　周世军　赵　鲁　高　正　阎冬青　栗祥忠　贾金兰（女）

韩友德

理事（排名不分先后）：

贾金兰（女）　潍坊市图书馆馆长

李珂田　潍坊市图书馆党支部书记

周世军　昌潍师专图书馆馆长

张正皋　潍坊医学院图书馆副馆长

郑明杰　潍坊市档案局局长

陈福季　潍坊医学院图书馆副馆长

吴明理　潍坊市文化局文化文物科科长

丁洪俊　潍坊市图书馆副馆长

阎冬青　昌潍师专图书馆副馆长

王志华　潍坊教育学院图书馆馆长

栗祥忠　潍坊市图书馆副馆长

赵　鲁　潍坊医学院图书馆采编室主任

宋志举　昌邑县图书馆副研究馆员

杨育仁　诸城市图书馆副研究馆员

刘星吾（女）　昌潍师专图书馆副研究馆员

韩友德　潍坊市委党校图书资料室主任

刘桂珍（女）　潍坊职业大学图书馆馆长

王昭龙　潍坊市图书馆业务辅导部主任

高　正　潍坊市图书馆业务辅导部副主任

韩玉凤（女）　潍城区文化馆报刊阅览室主任

刘吉芳（女）　潍坊市寒亭区图书馆馆长

刘相尧　青州市图书馆馆长

杨汝润　诸城市图书馆馆长

徐新华　安丘县图书馆馆长

郑在礼　昌乐县图书馆馆长

李德祥　寿光县图书馆馆长

李铭武　昌邑县图书馆副馆长

高奎兴　五莲县图书馆馆长

梅兴福　临朐县图书馆馆长

王明俊　潍坊市工人文化宫图书馆馆长

毛欣然（女）　山东省税务学校图书馆负责人

王文春（女）　潍坊柴油机厂工会图书馆负责人

翟振年　昌潍农业学校图书馆馆长

毛瑞清　潍坊一中图书馆负责人

李玉英（女）　益都卫生学校图书馆馆长

张金玺　山东省畜牧兽医学校图书馆馆长

王秀云（女）　潍坊商业学校图书馆馆长

张选明　潍坊化工厂档案科科长

杨为箴（女）　潍坊市供销学校图书馆馆长

张曰刚　潍坊棉纺厂工会图书室负责人

王华英（女）　朱刘店煤矿工会图书室负责人

成员馆（排列不分先后）：

潍城区教师进修学校图书馆

潍坊第一职业中专图书室

潍坊七中图书室

新华印刷厂潍坊厂图书室

潍坊市计算机公司图书室

潍坊市建筑设计院资料室

潍坊二中图书室

潍坊市新技术研究所资料室

潍坊市第一建筑公司图书室

潍坊市自来水公司图书室

潍坊造纸总厂图书室

潍坊市艺校图书室

潍坊市纺织技工学校图书室

潍坊市中医院图书室

潍坊市第四棉纺厂图书室

潍坊第二印染厂图书室

山东省纺织技术学校图书室

坊子煤矿图书室

潍坊市肉类联合加工厂图书室

潍坊长城门窗工业公司图书室

潍坊市艺术馆资料室

山东省信息工程学校图书馆

潍坊三中图书室

潍坊市人民医院图书室

潍坊录音机公司资料室

潍坊染织二厂图书室

二　潍坊市图书馆学会第二次会员代表大会

1993 年 10 月 28 日至 29 日，潍坊市图书馆学会第二次会员代表大会暨第四届学术研讨会在本馆召开。本次大会有会员 115 人参加。山东省图书馆副馆长刘义山、辅导部刘勇、潍坊市文化局副局长牛进、中共潍坊市委宣传部宣传科科长张兰友、潍坊市科协学会部部长解传兰、潍坊市社科联副秘书长张瑞业到会祝贺并指导工作。

大会总结了学会成立以来的工作，进行了理事会换届选举；对学会章程进行了修改和补充。为了推动学术研究工作的开展，根据代表们的提议，理事会决定成立学术工作委员会。

潍坊市图书馆学会第二届理事会名单
（1993 年 10 月 28 日通过）

名誉理事长：牛　进　潍坊市文化局副局长

理事长：贾金兰（女）

副理事长：李明军　周世军　傅永聚　陈福季　栗祥忠　王志华　刘桂珍（女）
李崇让　翟振年　梁　昱

常务理事（按姓氏笔画排列）：

王志华　王修斌　王彦容（女）　刘桂珍（女）　杜祖国　杨汝润　李明军
李崇让　张金玺　陈福季　周世军　赵　玲（女）　赵更生　栗祥忠　贾立国
贾金兰（女）　唐　杰　梁　昱　阎冬青　傅永聚　翟振年

名誉理事：

刘星吾（女）　刘相尧　宋志举　杨育仁　赵鲁　韩友德

理事（排名不分先后）：

贾金兰（女）　潍坊市图书馆馆长

李明军　潍坊医学院图书馆馆长

周世军　昌潍师专图书馆馆长

傅永聚　潍坊市图书馆党支部书记

陈福季　潍坊医学院图书馆副馆长

栗祥忠　潍坊市图书馆副馆长

王志华　潍坊教育学院图书馆馆长

刘桂珍（女）　潍坊高专图书馆馆长

阎冬青　昌潍师专图书馆副馆长

梁　昱　潍坊市文化局文化文物科副科长

李崇让　潍坊纯碱厂档案处副处长

王修斌　昌邑县图书馆馆长

杨汝润　诸城市图书馆馆长

唐　杰　青州市图书馆馆长

张金玺　山东省畜牧兽医学校图书馆馆长

夏乐仓　山东省畜牧兽医学校图书馆副馆长

王希兆　潍坊市图书馆辅导部副主任

赵更生　山东税校图书馆馆长

王彦容（女）　山东信息工程学校图书馆馆长

赵　玲（女）　潍坊艺术学校图书馆负责人

杜祖国　潍坊市委党校图书资料室主任

贾立国　潍坊化纤厂文化娱乐中心主任

丁洪俊　潍坊市图书馆副馆长

李维忠　潍坊市图书馆副馆长

刘吉芳（女）　寒亭区图书馆馆长

徐新华　安丘县图书馆馆长

郑在礼　昌乐县图书馆馆长

赫德英　寿光县图书馆馆长

梅兴福　临朐县图书馆馆长

李化寿　坊子区图书馆馆长

于世江　高密县图书馆馆长

武建国　潍坊市工人文化宫宣传科科长

宋丽萍（女）　潍柴工会图书馆负责人

李玉英（女）　益都卫校图书馆馆长

张选明　潍坊化工厂档案科科长

杨国斗　潍坊供销学校图书馆馆长

张曰刚　潍坊棉纺织厂工会图书馆负责人

刘玫田　潍坊商校图书馆馆长

王敬信　潍坊一中图书馆负责人

韩玉凤（女）　潍城区文化馆

谭国贞（女）　潍坊市第一职业中专图书馆

潍坊市图书馆学会秘书处、学术工作委员会名单

秘书处：

秘书长：栗祥忠（兼）

副秘书长：夏乐仓　王希兆

秘书：韩建国　程海星　张玲玲（女）　张汝伟　李秋之　董文勤

学术工作委员会：

主任：贾金兰（女）

副主任：阎冬青　栗祥忠

委员：陈福季　王志华　刘桂珍（女）　杨汝润

三　潍坊市图书馆学会第三次会员代表大会

1998 年 12 月 22 日至 23 日，潍坊市图书馆学会第三次会员代表大会暨第九届学术研讨会在本馆召开。本次会议有会员代表 75 人参加。山东省图书馆学会副秘书长、省图书馆辅导部主任李福贵、潍坊市文化局副局长张洪全、潍坊市社科联副主席张福庆、中共潍坊市委宣传部文教科科长张瑞芳、潍坊市科协学会部陈孝阁、潍坊市民政局社团管理科科长张慕昌到会祝贺并指导工作。第二届理事会理事长贾金兰同志向大会做工作报告，对理事会五年来的工作做了全面总结；会议对上届学会章程进行了修改和补充，表决通过了《潍坊市图书馆学会章程》；会议进行了理事会换届选举工作。

潍坊市图书馆学会
第三届理事会名誉理事长、理事长、副理事长、常务理事、名誉理事名单
（1998 年 12 月 22 日通过）

名誉理事长：韩明光　潍坊市文化局副局长

贾金兰（女） 潍坊市图书馆

理事长：栗祥忠 潍坊市图书馆馆长

副理事长：李明军 潍坊医学院图书馆馆长

周世军 昌潍师专图书馆馆长

傅永聚 潍坊市图书馆党支部书记

王志华 潍坊教育学院图书馆馆长

刘桂珍（女） 潍坊高等专科学校图书馆馆长

阎冬青 潍坊科技教育进修学院图书馆馆长

王洪香（女） 昌潍农校图书馆馆长

杨汝润 诸城市图书馆馆长

侯旭升 山东海化集团工会办公室主任

常务理事（按姓氏笔画排列）：

王志华 王希兆 王洪香（女） 王彦容 车兆君 刘桂珍（女） 郝书贝

杨汝润 孙晓燕（女） 李 琴（女） 李明军 周世军 张树亭 宫明莹

侯旭升 赵 玲（女） 栗祥忠 阎冬青 傅永聚 谭国贞（女）

名誉理事：陈福季 唐 杰 马世富

潍坊市图书馆学会秘书处、学术工作委员会名单

秘书处：

秘书长：王希兆

副秘书长：程海星

秘书：张汝伟 李秋之 张玲玲（女）

学术工作委员会

主任：贾金兰（女）

副主任：栗祥忠 周世军

委员：李明军 王志华 刘桂珍（女） 杨汝润

四 潍坊市图书馆学会第四次会员代表大会

2004 年 10 月 28 日至 29 日，潍坊市图书馆学会第四次会员代表大会暨第十五届学术研讨会在潍坊教育学院图书馆召开。山东省图书馆学会副秘书长，山东省图书馆研究辅导部主任陶嘉今，潍坊市文化局助理调研员张宝才，潍坊市社科联副主席张福庆，潍坊市社科联学会部部长谭梅，青州市副市长李端梅，潍坊教育学院书记、院长王敬良到

会祝贺并指导工作。

　　会议进行了学会的换届选举，审议通过了《潍坊市图书馆学会第三届理事会工作报告》及《潍坊市图书馆学会章程》，通过无记名投票方式选举出了第四届理事会，38人当选为新一届学会理事。召开了第四届理事会第一次会议，选举产生常务理事24名。本馆馆长栗祥忠再次当选为学会理事长。

　　会议对2004年度图书馆服务宣传周期间涌现的先进集体与个人进行了通报表彰。会议同时向为学会工作付出心血、作出贡献的5位离任理事表示敬意和感谢，并为他们颁发了荣誉证书和纪念品。

　　本次会议得到北京万方公司、超星公司、济南华夏公司、浪潮集团、龙口兴达公司的大力支持。

　　会后，全体会员代表参观考察了潍坊教育学院图书馆、青州市博物馆和青州文化名胜——云门山。

潍坊市图书馆学会
第四届理事会名誉理事长、理事长、副理事长、常务理事、名誉理事名单
（2004年10月28日通过）

名誉理事长：王振民　潍坊市文化局局长

张宝才　潍坊市文化局助理调研员

理事长：栗祥忠　潍坊市图书馆馆长

副理事长：刘桂珍　潍坊学院图书馆馆长

张秀玲　潍坊医学院图书馆馆长

王志华　潍坊教育学院图书馆馆长

王洪香　潍坊职业学院图书馆馆长

宗淑凤　潍坊市文化局文艺科科长

李　琴　山东畜牧兽医职业学院图书馆馆长

宿玉亭　青州市图书馆馆长

唐　琦　诸城市图书馆馆长

常务理事：王志华　王希兆　王洪香（女）　王彦容（女）　刘桂珍（女）

唐　琦　郝书贝　李　琴（女）　张秀玲（女）　宿玉亭　宫明莹

赵　玲（女）　栗祥忠　王庆增　刘满奎（女）　宗淑凤（女）　田玉杰（女）

娄凤来　刘吉秀（女）

名誉理事：李明军　周世军　杨汝润　张树亭　谭国贞（女）

潍坊市图书馆学会秘书处、学术工作委员会名单

学会秘书处：

秘书长：刘满奎

副秘书长：李秋之　程海星　林　娟

秘书：张汝伟　吴宏伟

学术工作委员会：

主任：栗祥忠

副主任：刘桂珍　张秀玲

委员：王志华　张光德　王庆增

附录 1：潍坊市图书馆学会章程

潍坊市图书馆学会章程

（潍坊市图书馆学会首次会员代表大会 1989 年 10 月 16 日通过）

第一章　总则

第一条：潍坊市图书馆学会（以下简称学会）是中国共产党领导下的学术性的群众团体。

第二条：学会在马克思列宁主义、毛泽东思想引导下，坚持四项基本原则。贯彻"百花齐放、百家争鸣"的方针。理论联系实际，开展学术活动。团结和组织全市图书馆工作者，开展学术活动。促进图书馆学和图书馆事业的发展，为建设社会主义的物质文明和精神文明作出贡献。

第三条：学会的主要任务是：

1. 组织各种形式的学术活动，开展图书馆学的学术研究；

2. 编辑本会《会刊》和有关的专业图书资料，并对外交流；

3. 普及图书馆学知识。介绍和推广国内外图书馆学研究成果。努力提高会员的学术水平；

4. 对各类图书馆事业的发展建设发挥咨询作用，积极地提出合理化建议；

5. 代表会员的正当利益，积极向党和政府反映会员的正确意见和呼声。

第二章　会员

第四条：凡承认本会章程，热爱图书馆事业，并具有下列条件之一者，经本人申请，所在单位推荐和本理事会同意后，成为本会会员。

1. 取得助理馆员以上职称或从事图书馆工作两年以上的大专院校图书馆学或其他专业毕业，对图书馆学有一定研究能力和学术水平者；

2. 中专毕业从事图书馆工作三年以上。高中毕业从事图书馆工作五年以上有独立工作能力和一定学术水平者；

3. 对图书馆学和图书馆事业有一定贡献者；

4. 积极支持学会工作并从事图书馆组织管理工作的领导干部；

5. 从事其他工作，但积极支持图书馆事业，热心于图书馆学研究且有成绩者。

第五条：本会聘请名誉会员、通讯会员。

第六条：会员的权利：

1. 选举权、被选举权；

2. 对本会工作有建议、批评权；

3. 参加学术会议和学术活动；

4. 优先取得本会《会刊》和有关专业文献资料。

第七条：会员的义务：

1. 遵守本会章程；

2. 执行本会的决议，完成本会委托的工作；

3. 积极撰写论文，参加学术讨论会，作学术报告。撰写学术论著或翻译有价值的资料；

4. 对图书馆事业的发展提出积极建议；

5. 交纳会费。

第八条：会员有创造性科研成果或特殊贡献者，学会给予表彰和奖励；并向有关部门推荐。

第九条：会员可以声明退会。被剥夺政治权利者，其会籍自然取消。

第三章　组织

第十条：学会的最高权利机构是本会会员代表大会。会员代表大会每三年召开一次。必要时可提前和推迟。代表大会由会员代表，上届理事会和特邀代表组成。代表大会的职责：

1. 审查理事会的工作报告；

2. 修改学会章程；

3. 选举新的理事会；

4. 决定学会今后工作任务。

第十一条：学会设理事会。理事会是会员代表大会的执行机构。

理事会的职责：

1. 执行会员代表大会的决议；

2. 主持召开学术会议，领导所属机构开展学术活动；

3. 总结学术工作。制订工作计划、研究计划；

4. 召开下届会员代表大会；

5. 审议和处理会务工作。

理事会推选理事长一人；副理事长、常务理事和秘书长若干人组成常务理事会。在理事会闭会期间负责行使理事会职责和日常会务的领导工作。理事任期三年。可连选连任。

理事长、副理事长、秘书长和常务理事三年改选一次。可连选连任。一般连任两届。但可隔届再任。

曾任学会理事会领导职务或对学会有贡献，但因年老体弱不能参加实际工作的图书馆界知名人士和学者，经常务理事会通过可为名誉理事长、名誉理事、顾问。

第十二条：理事会在市图书馆设办事机构。机构负责人由理事会聘任或常务理事会兼任。

第四章　领导

第十三条：本会属市社会科学联合会与市科学技术协会双重领导。在业务上接受山东省图书馆学会的指导，并对其报告工作和负责推荐个人会员。

第五章　经费

第十四条：本会经费来源：

1. 政府和有关部门资助；

2. 接受捐赠；

3. 会员会费；

4. 其他收入。

第六章　附则

第十五条：本章程经会员代表大会讨论通过后施行。修改及解释权属本会理事会。

潍坊市图书馆学会章程

（潍坊市图书馆学会第二次会员代表大会 1993 年 10 月 28 日通过）

第一章　总则

第一条：潍坊市图书馆学会（以下简称学会）是中国共产党领导下的学术性的群众团体。

第二条：学会在马克思列宁主义、毛泽东思想引导下，坚持四项基本原则，贯彻"百花齐放、百家争鸣"的方针。理论联系实际，团结和组织全市图书馆工作者，开展学术活动。促进图书馆学和图书馆事业的发展，为建设社会主义的物质文明和精神文明作出贡献。

第三条：学会的主要任务是：

1. 组织各种形式的学术活动。开展图书馆学的学术研究。

2. 编辑本会《会刊》和有关专业图书资料，并对外交流。

3. 利用文献资源和人才优势，组织文献信息的开发利用，为振兴潍坊经济服务。

4. 普及图书馆学知识。介绍和推广国内外图书馆学研究成果。努力提高会员的学术水平。

5. 对各类图书馆事业的发展建设发挥咨询作用。积极地提出合理化建议。

6. 代表会员的正当利益，积极向党和政府反映会员的正确意见和呼声。

第二章　会员

第四条：会员分为团体会员与个人会员。

凡承认本学会章程，本市各类型图书馆（室）和支持学会工作的科研、教学、生产、设计等企事业单位经申请批准后，成为本会团体会员。团体会员在业务上接受本会的指导。

凡承认本会章程，热爱图书馆事业，并具有下列条件之一者。经本人申请，所在单位推荐和本理事会同意后，成为本会会员。

1. 取得助理馆员以上职称或从事图书馆工作两年以上的大专院校图书馆学或其他专业毕业，对图书馆学有一定研究能力和学术水平者。

2. 中专毕业从事图书馆工作三年以上，高中毕业从事图书馆工作五年以上有独立工作能力和一定学术水平者。

3. 对图书馆学和图书馆事业有一定贡献者。

4. 积极支持学会工作并从事图书馆组织管理工作的领导干部。

5. 从事其他工作，但积极支持图书馆事业，热心于图书馆学研究且有成绩者。

第五条：本会聘请名誉会员、通讯会员。

第六条：会员的权利：

1. 选举权、被选举权；

2. 对本会工作有建议、批评权；

3. 参加学术会议和学术活动；

4. 优先取得本会《会刊》和有关专业文献资料。

第七条：会员的义务：

1. 遵守本会章程；

2. 执行本会的决议，完成本会委托的工作；

3. 积极撰写论文，参加学术讨论会，作学术报告。撰写学术论著或翻译有价值的资料；

4. 对图书馆事业的发展提出积极建议；

5. 按时交纳团体和个人会费。

第八条：会员有创造性科研成果或特殊贡献者，学会给予表彰和奖励；并向有关部门推荐。

第九条：会员入会必须办理入会手续，由学会发给会员证。会员有退会自由。会员若不按规定缴纳会费，视为自动退会，取消会籍。被剥夺政治权利者，其会籍自动取消。

第三章　组织

第十条：学会的最高权利机构是本会会员代表大会。会员代表大会每四年召开一次。必要时可提前和推迟。代表大会由会员代表，上届理事会和特邀代表组成。代表大会的职责：

1. 审查理事会工作报告；

2. 修改学会章程；

3. 选举新的理事会；

4. 决定学会今后工作任务。

第十一条：学会设理事会。理事会是会员代表大会的执行机构。

理事会的职责：

1. 执行会员代表大会的决议；

2. 主持召开学术会议，领导所属工作机构开展学术活动；

3. 总结学术工作，制定工作计划、研究计划；

4. 召开下届会员代表大会；

5. 审议和处理会务工作。

理事会推选理事长一人；副理事长、常务理事和秘书长若干人组成常务理事会。在理事会闭会期间负责行使理事会职责和日常会务的领导工作。理事任期四年，可连选连任。

理事长、副理事长、秘书长和常务理事四年改选一次。可连选连任。一般连任两届，但可隔届再任。

曾任学会理事会领导职务或对学会有贡献，但因年老体弱不能参加实际工作的图书馆界知名人士和学者，经常务理事会通过可为名誉理事长、名誉理事、顾问。

第十二条：理事会下设秘书处、学术工作委员会。秘书处负责学会日常事务性工作。学术工作委员会负责组织学术活动、会员业务培训工作，其成员由常务理事会聘任。

第四章 领导

第十三条：本会属市社会科学联合会与市科学技术协会双重领导。在业务上接受山东省图书馆学会的指导，并对其报告工作和负责推荐个人会员。

第五章 经费

第十四条：本会经费来源：

1. 政府和有关部门资助；

2. 接受捐赠；

3. 会员会费；

4. 其他收入。

第六章 附则

第十五条：本章程经会员代表大会讨论通过后施行。修改及解释权属本会理事会。

潍坊市图书馆学会章程

(潍坊市图书馆学会第三次会员代表大会 1998 年 12 月 22 日通过)

第一章 总则

第一条 潍坊市图书馆学会(以下简称学会)是中国共产党领导下的学术性的群众团体,是党和政府联系图书馆工作者的桥梁和纽带,是发展潍坊市图书馆事业的重要社会力量,是山东省图书馆学会、潍坊市科学技术协会、潍坊市社会科学联合会的重要组成部分。

第二条 学会以邓小平理论为指导,以经济建设为中心,坚持四项基本原则,坚持改革开放,坚持科学技术是第一生产力的思想,贯彻"百花齐放、百家争鸣"的方针。理论联系实际,团结和组织全市图书馆工作者,开展学术活动,促进图书馆学和图书馆事业的繁荣和发展,促进图书馆现代化技术的普及和应用,促进图书馆专业技术人才的成长和提高,更好地为社会主义的物质文明和精神文明建设服务。

第三条 学会的主要任务是:

1. 加强同全国图书馆界的联系和合作,组织全市图书馆学的学术研究和各种形式的学术活动。

2. 编辑、出版、发行本会图书馆学专业资料,并对外宣传、交流。

3. 利用文献资源和人才优势,组织文献信息的开发利用,为我市经济、文化、教育、科技发展提供咨询服务,为振兴潍坊经济作出贡献。

4. 普及图书馆学知识,介绍和推广国内外图书馆学研究成果,努力提高会员的学术水平。

5. 对全市各类图书馆事业的建设和发展发挥咨询作用,规划、协调全市的文献信息建设布局,宣传、推广现代化技术在图书馆的应用,为实现资源共享积极地提出合理化建议。

6. 代表会员的正当利益,积极向党和政府反映会员的正确意见和呼声。

第二章 会员

第四条 会员分为团体会员与个人会员。

凡承认本学会章程,本市各类型图书馆(室)和支持学会工作的科研、教学、生产、设计等企事业单位经申请批准后,成为本会团体会员。团体会员在业务上接受本会的指导。

凡承认本会章程，热爱图书馆事业，并具有下列条件之一者。经本人申请，所在单位推荐和本理事会同意后，成为本会会员。

1. 取得助理馆员以上职称或从事图书馆工作两年以上的大专院校图书馆学或其他专业毕业，对图书馆学有一定研究能力和学术水平者。

2. 中专毕业从事图书馆工作三年以上，高中毕业从事图书馆工作五年以上有独立工作能力和一定学术水平者。

3. 对图书馆学和图书馆事业有一定贡献者。

4. 积极支持学会工作并从事图书馆组织管理工作的领导干部。

5. 从事其他工作，但积极支持图书馆事业，热心于图书馆学研究且有成绩者。

第五条　本会聘请名誉会员、通讯会员。

第六条　会员的权利：

1. 选举权、被选举权；

2. 对本会工作有建议、批评权；

3. 参加学术会议和学术活动；

4. 优先取得本会编辑、出版、发行的图书馆学专业文献资料。

第七条　会员的义务：

1. 遵守本会章程；

2. 执行本会的决议，完成本会委托的工作；

3. 积极撰写论文，参加学术讨论会，作学术报告。撰写学术论著或翻译有价值的资料；

4. 对图书馆事业的发展提出积极建议；

5. 按时交纳团体和个人会费。

第八条　会员有创造性科研成果或特殊贡献者，学会给予表彰和奖励；并向有关部门推荐。

第九条　会员入会必须办理入会手续，由学会发给会员证。会员有退会自由。会员若不按规定缴纳会费，视为自动退会，取消会籍。凡触犯刑律和严重违犯学会章程者，经常务理事会决定，取消会籍。

第三章　组织

第十条　学会的最高权利机构是本会会员代表大会。组织原则是民主集中制。会员代表大会每四年召开一次，必要时可提前和推迟。代表大会由会员代表、上届理事会和特邀代表组成。代表大会的职责：

1. 审查理事会工作报告；

2. 修改学会章程；

3. 选举新的理事会；

4. 决定学会的工作方针和任务。

第十一条 学会设理事会。理事会是会员代表大会的执行机构。

理事会的职责：

1. 执行会员代表大会的决议；

2. 主持召开学术会议，领导所属工作机构开展学术活动；

3. 总结学会工作，制定工作计划、研究计划；

4. 召开下届会员代表大会；

5. 审议和处理会务工作。

理事会推选理事长一人，副理事长、常务理事和秘书长若干人组成常务理事会。在理事会闭会期间负责行使理事会职责和日常会务的领导工作。

理事长、副理事长、秘书长、常务理事及理事四年改选一次，可连选连任。

曾任学会理事会领导职务或对学会有贡献，但因年老体弱不参加实际工作的图书馆界知名人士和学者，经常务理事会通过可聘为名誉理事长、名誉理事。

第十二条 理事会下设秘书处、学术工作委员会。秘书处负责学会日常事务性工作。学术工作委员会负责组织学术活动、业务培训工作，其成员均由常务理事会聘任。秘书处设在潍坊市图书馆。

第四章 领导

第十三条 本会属市社会科学联合会与市科学技术协会双重领导。在业务上接受山东省图书馆学会的指导，并对其报告工作和负责推荐个人会员。

第五章 经费

第十四条 本会经费来源：

1. 政府和有关部门资助；

2. 接受捐赠；

3. 会员会费；

4. 其他收入。

第十五条　经费管理。学会经费按国家财务管理制度的规定进行管理使用，常务理事会履行对财务工作的指导与监督。

第六章　附则

第十六条　本章程经会员代表大会讨论通过后施行。修改及解释权属本会理事会。

潍坊市图书馆学会章程
（潍坊市图书馆学会第四次会员代表大会 2004 年 10 月 28 日通过）

第一章　总则

第一条　本学会的名称为潍坊市图书馆学会，英文译名为 The Library Association of Weifang Province，缩写为 LAWP。

第二条　本学会是由全市各系统图书馆工作者自愿结合的，依法登记成立的地区性、公益性、学术性的非盈利性的群众团体，是党和政府联系图书馆工作者的桥梁和纽带，是发展潍坊市图书馆事业的重要社会力量，是山东省图书馆学会、潍坊市社会科学联合会、潍坊市科学技术协会的组成部分。

第三条　本学会的宗旨是以邓小平理论为指导，以江泽民"三个代表"和"十六大"精神为指针，遵守宪法、法律、法规和国家政策，遵守社会道德规范，认真贯彻执行国家发展文化、教育和科学技术工作的基本方针，实施"科教兴国"和"可持续发展"战略，弘扬"尊重知识，尊重人才"的风尚，倡导奉献、创新、求实、协作的精神，坚持独立自主，民主办会的原则，坚持"百花齐放、百家争鸣"的方针。促进图书馆学研究，促进图书馆事业的繁荣和发展，促进图书馆现代化技术的普及和推广，促进图书馆专业技术人才的成长和提高。

第四条　本学会接受业务主管单位潍坊市文化局和潍坊市民政局社会团体管理处的业务指导和监督管理，业务上受山东省图书馆学会的指导，学会挂靠潍坊市图书馆，其办事机构的党、政工作隶属潍坊市图书馆。

第五条　本学会住所潍坊市奎文区米市街48号，邮政编码261041。

第二章　业务范围

第六条　本学会的业务范围是围绕本市图书馆业务及相关领域开展以下业务活动：

（一）活跃学术思想，组织各种形式的学术研究活动，开展省内外学术交流。

（二）编辑、出版、发行图书馆学各种载体的文献信息资料，包括会刊及其他有关业务资料等，促进科学发展。

（三）为本市的文化、教育、科技发展战略、政策和经济建设中的重大决策提供咨询服务；为科研服务，做科研的信息支撑系统；为有关部门制定关于图书馆事业发展的政策，提供咨询与合理化建议。

（四）传播推广先进技术，为建立各种类型图书馆提供咨询服务。

（五）开展对会员和图书馆工作者的继续教育；普及图书馆学、信息科学和信息技术基本知识，组织图书馆学术研究成果的评估和推广，提高公众的图书馆意识。

（六）发现、推荐人才，表彰、奖励在学术活动中取得优秀成绩的会员和图书馆工作者。

（七）维护会员和图书馆工作者的合法权益，反映会员的意见和呼声，举办为会员服务的事业和活动。

（八）发展个人会员和团体会员，密切与各级学会的联系与交流，发挥学会的整体效益。

第三章　会员

第七条　凡承认本学会章程，并符合会员条件者，均可申请入会，经学会批准后成为会员。会员有团体会员、个人会员。本会聘请名誉会员及通讯员。会员的条件：

（一）团体会员

凡自愿参加学会有关活动，支持学会工作的本市各类型图书馆（室）和科研、教学、生产、设计等企事业单位，依法成立的学术性群众团体。团体会员在业务上接受本会的指导。

（二）个人会员

1. 取得助理馆员以上职称或从事图书馆工作两年以上的大专院校图书馆学或其他专业毕业，对图书馆学有一定研究能力和学术水平者。

2. 中专毕业从事图书馆工作三年以上，高中毕业从事图书馆工作五年以上有独立工作能力和一定学术水平者。

3. 从事其他工作，但积极支持图书馆事业，热心于图书馆学研究且有成绩者。

4. 获得学士以上学位的图书馆工作者。

5. 学会工作并积极支持学会活动的图书馆和有关部门的领导干部。

（三）名誉会员

热心参加或协助学会工作的领导、专家，对本学会发展作出突出贡献的企业家，经学会常务理事会通过，可授予名誉会员称号。

第八条　会员的权利

1. 有本学会的选举权、被选举权和表决权；

2. 对学会工作有批评建议权和监督权；

3. 优先参加学会有关学术活动和学术会议；

4. 优惠或免费取得本会有关的学术资料；

5. 入会自愿，退会自由。

第九条　会员的义务

1. 遵守本会章程；

2. 执行本会的决议，完成本会委托的工作；

3. 积极撰写论文，参加学术讨论会，协助开展有关的学术和科普活动；

4. 向学会及时反映情况，提供有关资料；对图书馆事业的发展提出积极建议；

5. 按规定交纳会费。

第十条　会员有创造性科研成果或特殊贡献者，学会给予表彰和奖励并向有关部门推荐。

第十一条　会员入会必须办理入会手续，由学会发给会员证。会员退会应书面通知本学会，并交回会员证。会员不按时交纳会费者，经本会提示后，仍不交纳会费和参加活动者，视为自动退会，取消会籍，交回会员证。

第十二条　凡触犯刑律和严重违犯学会章程者，经常务理事会表决通过，予以除名。

第四章　组织

第十三条　学会的最高领导机构是本会会员代表大会。组织原则是民主集中制。会员代表大会每四年召开一次，必要时可提前和推迟。代表大会由会员代表、上届理事会和特邀代表组成。会员代表大会的职责：

1. 制定和修改学会章程；

2. 审议理事会工作报告；

3. 选举新的理事会；

4. 制定学会的工作方针和任务；

5. 决定其他重大事宜。

第十四条　学会设理事会。理事会是会员代表大会的执行机构，理事会的职责：

1. 执行会员代表大会的决议;

2. 主持召开学术会议,领导所属工作机构开展学术活动;

3. 总结学会工作,制订工作计划、研究计划;

4. 筹备召开全市会员代表大会;

5. 审议和处理会务工作。

第十五条 理事会推选理事长一人,副理事长、常务理事和秘书长若干人组成常务理事会。在理事会闭会期间负责行使理事会职责和日常会务的领导工作。

第十六条 理事长、副理事长、秘书长、常务理事及理事四年改选一次,可连选连任。

第十七条 曾任学会理事会领导职务或对学会有贡献,但因年老体弱不参加实际工作的图书馆界知名人士和学者,经常务理事会通过可聘为名誉理事长、名誉理事。

第十八条 理事会下设秘书处、学术工作委员会。秘书处负责学会日常事务性工作。学术工作委员会负责组织学术活动、业务培训工作,其成员均由常务理事会聘任。

第五章 经费

第十九条 本学会经费来源:

1. 政府和有关部门资助;

2. 接受捐赠;

3. 会员会费;

4. 在核准的业务范围内开展活动或服务的收入;

5. 利息;

6. 其他合法收入。

第二十条 经费管理 学会经费按国家财务管理制度的规定进行管理使用,常务理事会履行对财务工作的指导与监督。

第六章 附则

第二十一条 本章程经 2004 年 10 月 28 日第四次会员代表大会表决通过。

第二十二条 本章程的解释权属本学会理事会。

第二十三条 本章程自社团登记管理机关核准之日起生效。

第二节　学术研讨会

一　首届学术研讨会

1989 年 10 月 16 日至 17 日，潍坊市图书馆学会首届论文研讨交流会在昌潍师专图书馆举行。此次研讨会共收到论文 75 篇，共评出一等奖 3 篇、二等奖 6 篇、三等奖 15 篇。8 位同志在会上宣读了获奖论文。会议对获奖论文作者进行了表彰。

潍坊市图书馆学会首届学术论文研讨会论文获奖名单
（1989 年 10 月 17 日公布）

一等奖（3 篇）：

王志华（潍坊教育学院图书馆）　论宏观文献资料布局问题

周世军　马学智　阎冬青（昌潍师专图书馆）　目标管理给图书馆工作带来活力——我校图书馆管理改革的尝试

栗祥忠（潍坊市图书馆）　试论图书馆职能的演变

二等奖（6 篇）：

李珂田（潍坊市图书馆）　《决策参考信息》编辑浅谈

吴力平（潍坊医学院图书馆）　从我院教师引文情况分析看图书馆的图书情报工作

程海星（潍坊医学院图书馆）　试论图书采购工作的自查与图书采购目录的建立

陈福季（潍坊医学院图书馆）　振兴潍坊地区图书馆事业发展的几点意见

杨育仁（诸城市图书馆）　略论古籍的开发利用

韩友德（中共潍坊市委党校资料室）　浅议党校图书馆的性质和特点

三等奖（15 篇）：

刘桂珍（潍坊职业大学图书馆）　也谈开架借阅

唐　杰（青州市图书馆）　当好文献信息的优秀传递员

韩玉凤（潍城区文化馆）　浅谈图书馆工作者的职业道德

韩桂华（中共潍坊市委党校资料室）　浅谈剪报及剪报资料的意义

谭国贞（潍坊第一职业中专图书室）　中学图书馆要为提高学生素质服务

高华芳（昌乐县图书馆）　浅谈县级图书馆的期刊外借

王端容（山东省税务学校图书馆）　面向三新，打好基础——新建中专学校读者

的特点及藏书建设的探讨

张汝伟（昌潍农业学校图书馆） 漫谈我馆分编工作试行定额管理的尝试与设想

赵　鲁（潍坊医学院图书馆） 我国图书分类问题的几点臆测

王昭龙（潍坊市图书馆） 技术职务评定后的反思

高　正（潍坊市图书馆） 百科全书初探

姜建国（昌潍师专图书馆） 论文献信息的特征

李乃玲（潍坊化工厂） 搞好图书资料分类，积极为生产科研服务

刘吉芳（寒亭区图书馆） 浅论图书馆专业干部的素质及提高

阎金峰　杨树兰（昌潍师专图书馆） 开架借阅与图书馆目录

二　第二届学术研讨会

1990 年 12 月 28 日至 29 日，潍坊市图书馆学会第二届学术研讨会在本馆召开。市学会领导及论文作者 68 人参加了会议。会议由学会副理事长王志华、陈福季主持，理事长贾金兰致开幕词。

此次学术研讨会的专题是："图书馆如何提高情报职能和教育职能"；"图书馆如何为两个文明建设服务"。研讨会共收到会员提交的学术论文 46 篇，其中公共图书馆 14 篇、高校图书馆 17 篇、中等专业学校及中学图书馆 8 篇、基层厂矿企业事业单位图书馆（室）7 篇，共评出一等奖 2 篇、二等奖 4 篇、三等奖 9 篇。15 篇获奖论文提交大会交流，7 位获奖论文作者宣读了论文。会议对获奖论文作者进行了表彰。

潍坊市图书馆学会第二届学术研讨会获奖论文名单
（1990 年 12 月 28 日公布）

一等奖（2 篇）：

杨汝润（诸城市图书馆） 农村图书馆（室）的现状给予的启示

赵　鲁（潍坊医学院图书馆） 图书馆典藏工作漫谈

二等奖（4 篇）：

唐　杰（青州市图书馆） 图书馆为社会主义精神文明建设服务的方式与措施

刘方山　马维香（潍坊教育学院图书馆） 加强高校图书情报资源的开发利用，为四化建设服务

韩友德（中共潍坊市委党校资料室） 浅议党校图书馆的性质和特点

刘桂珍（潍坊职业大学图书馆） 搞好阅读调查，发挥教育职能——关于阅读倾向调查分析

三等奖（9 篇）：

高华芳（昌乐县图书馆）　　探索少儿阅读规律，有针对性地进行阅读辅导

赵兰华（昌乐一中图书馆）　　对中学生课外阅读现状的调查与思考

王维秀（安丘县图书馆）　　图书馆工作人员岗位培训的必要性及其途径

杨　漪（潍坊市图书馆）　　图书馆与精神文明建设

陈志衍（昌潍师专图书馆）　　内阅化服务，高校图书馆读者工作改革趋势

冯丽芝（山东省税校图书馆）　　浅谈如何发挥中等专业学校图书馆的职能

贾丽华（青州酒厂工会）　　工会图书馆新探

薛国成（潍坊新技术研究所）　　浅谈如何发挥小型图书资料室的情报职能作用

季丽琴（寒亭区图书馆）　　图书馆如何为两个文明建设服务

三　第三届学术研讨会

1991 年 11 月 5 日至 7 日，潍坊市图书馆学会第三届学术研讨会在潍坊教育学院图书馆召开。山东省图书馆学会副秘书长、省图书馆辅导部主任李福贵、潍坊市科协学会部部长解传兰等领导出席大会。此次学术研讨会由潍坊市图书馆学会与潍坊教育学院图书馆、青州市图书馆联合承办。会议的中心议题是：图书馆是科学文化教育机构；图书馆搜集、整理、存储、开发、传递与利用文献信息源的职能；图书馆为一定社会的政治、经济和科学研究服务的职能。研讨会共收到论文 76 篇，其中公共馆 25 篇、高校图书馆 23 篇、中等专业学校馆室 14 篇、企事业厂矿 8 篇、乡镇基层馆室 6 篇，共评出一等奖 2 篇、二等奖 7 篇、三等奖 19 篇。会议对获奖论文作者进行了表彰。

会议期间，学会组织与会人员参观了青州市图书馆，并请山东省图书馆学会领导做了"关于《中图法》（第 3 版）改编问题"的专场业务辅导报告。

潍坊市图书馆学会第三届学术研讨会获奖名单
（1991 年 11 月 6 日公布）

一等奖（2 篇）：

姜建国（昌潍师专图书馆）　　孙广辉（潍坊市档案局）　　论文献计量学在馆藏分析及图书选购中的应用

刘树臻（寒亭区图书馆）　　对我国图书馆藏书协调工作之浅见

二等奖（7 篇）：

张玲玲（潍坊市图书馆）　　浅谈图书馆公共关系

刘素琴（潍坊医学院图书馆）　　浅谈期刊的情报地位及情报作用的发挥

　　赵　岩（潍坊医学院图书馆）　　浅谈如何提高高校图书馆科技期刊的利用率

　　马廷法（山东省牧校图书馆）　　加强美育，提高审美能力——浅谈图书馆的美育职能

　　翟振年（昌潍农校）　　试论中专图书馆教育职能的发展

　　杨　漪（潍坊市图书馆）　　浅议我馆地方文献工作

　　陈艳亭（潍坊市图书馆）　　谈点对树立图书馆良好社会形象的认识

　　三等奖（19 篇）：

　　史怀芳（潍坊市教育学院图书馆）　　分析研究读者的阅读心理，重视提高服务质量

　　赵　玲（潍坊市艺术学校图书馆）　　艺术中专图书馆的读者工作

　　张汝伟　徐卫莲（昌潍农校图书馆）　　谈《中图法》第三版有关中小学语文读物的归类问题

　　李秉廉（五莲县图书馆）　　重视发挥县馆为农业服务的主渠道作用

　　韩建国（潍城区阅览室）　　图书馆（室）如何组织好服务于群众性的读书活动

　　程海星（潍坊医学院图书馆）　　高校图书馆采访人员如何把握采访目标和采购经费

　　唐　杰（青州市图书馆）　　图书馆事业要在创建"社会文化先进县"的过程中得到巩固和发展

　　刘桂珍（潍坊市职业大学）　　论高校图书馆科学管理中的馆长角色

　　张军臣　邵景峰（山东省牧校）　　畜牧兽医专业中文核心期刊初探

　　田忠昌　杨树兰　任秀花（潍坊教育学院）　　浅析我院图书馆文科窗口读者的借阅倾向

　　阎金峰（潍坊教育学院）　　浅谈期刊工作者的自身建设

　　杨汝润（诸城市图书馆）　　建设乡村图书馆面临的实际及其对策

　　夏乐仓（山东省牧校）　　浅议图书馆的间接职能——经济职能

　　冯丽芝（山东省税务学校）　　调查后的思考——谈如何发挥学校图书馆的作用

　　薛中文（诸城市图书馆）　　县馆现代化建设展望及其措施

　　吴力平　杨子美（潍坊医学院图书馆）　　高校图书馆在教学与科研中的作用——潍坊医学院教师利用图书馆调查

　　谭国贞（潍坊市第一职业中专）　　中学图书馆职业道德初探

　　窦建平（潍坊市录音机公司情报资料室）　　浅谈中小型企业图书资料工作的特点

四　第四届学术研讨会

　　1993 年 10 月 28 日至 29 日，潍坊市图书馆学会第四届学术研讨会在本馆召开。学

会领导及论文作者 80 余人参加了会议。此次会议的议题是：九十年代图书馆发展趋势；图书馆与我市经济建设；图书馆与科技进步。研讨会共收到论文 79 篇，共评出一等奖 2 篇、二等奖 10 篇、三等奖 19 篇。32 篇论文提交大会交流，12 位作者宣读了论文。会议对获奖论文作者进行了表彰。

潍坊市图书馆学会第四届学术研讨会获奖论文名单
（1993 年 10 月 29 日公布）

一等奖（2 篇）：

王瑞璞（潍坊市图书馆）　　图书馆为市场经济服务初探

李　涛（潍坊教育学院图书馆）　　图书馆现代化建设中应注意的几个问题

二等奖（10 篇）：

刘方山（潍坊教育学院图书馆）　　市场经济与高校图书馆科技信息服务

杨　漪　刘清林（潍坊市图书馆）　　强化公共图书馆的教育职能——目前形势及我们的任务

刘振华（潍坊教育学院图书馆）　　马端临对中国古典目录学的贡献

王春玲（潍坊市图书馆）　　图书馆信息服务的现状及对策

刘桂珍（潍坊高等专科学校图书馆）　　高校图书馆向社会开放势在必行

王　洁（潍坊市图书馆）　　浅析市场经济中少儿图书馆的发展与对策

黄金凤（山东省税务学校图书馆）　　浅谈九十年代我国图书馆事业的发展趋势

王修斌（昌邑县图书馆）　　实行业务讲评建档，将提高人员素质引入竞争机制

李明军　陈福季（潍坊医学院图书馆）　　简论市场经济条件下充分发挥图书馆的教育职能

滕艳霞（潍坊医学院图书馆）　　高校图书馆用户教育的四个层次

三等奖（19 名）：

郭汝玲（潍坊市人民医院图书馆）　　医院内部资料的情报价值及开发利用

贾桂云（昌乐特殊师范学校图书馆）　　浅谈中师图书馆改革的几点意见

李玉英（益都卫生学校图书馆）　　浅谈图书馆工作人员的职业责任

张淑兰（诸城市城关镇教委）　　九十年代普通中学图书馆工作之展望

王宇红（潍坊市图书馆）　　各级图书馆都应重视参考工作

杨淑芬（诸城市工人文化宫）　　浅论新形势下图书馆工作的新观念

宋淑英（诸城市图书馆）　　图书馆要创造条件利用市场理论走进市场

宋桂娟（诸城市图书馆）　　县级图书馆加强自身建设之我见

苗瑞云（诸城六中）　浅谈科技文献的情报作用及其开发途径

刘建坤　马维香（潍坊教育学院图书馆）　试谈如何在师范院校开展图书情报知识教育

冯绍芝　初屏锦（昌潍师专图书馆）　试谈师专图书馆用户培训的意义与方式

刘学平（昌潍师专图书馆）　冲击·分化·适应——市场经济体制对高校图书馆读者群的影响及服务对策

刘兴民（临朐县图书馆）　加强对地方文献的征集工作，为两个文明建设服务

陈秋萍（潍坊高等专科学校）　图书馆与科技进步

李秋之（潍坊高等专科学校）　论图书馆采访工作中的偏差及调整对策

宫昌利（潍坊市图书馆）　图书开架借阅管见

陈艳亭（山东省税务学校图书馆）　发挥情报职能，推动科技进步

孙莱克　程海星（潍坊医学院图书馆）　谈医学院校图书馆馆藏文献资源的开发利用

李雪梅　朱宝芳（昌潍师专图书馆）　强化高校图书馆期刊文献的情报职能

五　第五届学术研讨会

1994 年 12 月 27 日至 28 日，潍坊市图书馆学会第五届学术研讨会在本馆召开。此次会议的中心议题是"图书馆与市场经济"。研讨会共收到 112 位会员撰写的 93 篇论文，共评出一等奖 3 篇、二等奖 17 篇、三等奖 30 篇。会议对获奖论文作者进行了表彰。

潍坊市图书馆学会第五届学术研讨会获奖论文名单
（1994 年 12 月 27 日公布）

一等奖（3 篇）：

王彦容（山东信息工程学校图书馆）　中专图书馆现代化建设初探

程海星（潍坊医学院图书馆）　张玲玲（潍坊市图书馆）　发挥图书馆学会优势为市场经济建设服务

马维香　刘建坤（潍坊教育学院图书馆）　我国图书馆发展信息产业的探讨

二等奖（17 篇）：

赫德英（寿光市图书馆）　发挥信息库作用服务于市场经济

刘素琴　姜华珍（潍坊医学院图书馆）　高校图书馆为经济建设服务必须强化信息职能

董晓慧（昌潍师专图书馆）　图书馆自动化指纹借阅系统的构想

朱宝芳（昌潍师专图书馆）　　关于图书馆走向市场的思考

李树凤（昌潍师专图书馆）　　藏宝于库，用宝于业——浅析我国的古籍整理与利用

丁洪俊（潍坊市图书馆）　　试论在新形势下如何实现公共图书馆的一个"静"字

崔学芳（诸城师范学校）　　教书育人与师范学校图书馆工作

周瑞贞　徐新华（安丘市图书馆）　　图书馆为市场经济服务探析

王闽榕（寿光市图书馆）　　县级图书馆与市场经济接轨之我见

刘学平（昌潍师专图书馆）　　高校图书馆信息服务行销工作初探

王　丽　刘玫田（潍坊市商业学校）　　浅谈中专图书馆在市场经济中如何转变服务职能

翟振年　赵兰英（昌潍农校图书馆）　　试谈图书情报工作为市场经济建设服务

管贻英　杜立新（潍坊高等专科学校）　　关于高校图书馆信息服务的思考

吴力平（潍坊医学院图书馆）　　浅议市场经济下的期刊定购

宫昌利（潍坊市图书馆）　　浅谈市场经济与图书馆服务

付春凤（潍坊市图书馆）　　走信息产业开发之路　努力振兴图书馆事业

宋玉真　唐光磊　孙金花（潍坊医学院图书馆）　　市场经济与高校图书采购工作

三等奖（30篇）：

刘梅花　张玉峰（青州一中图书馆）　　图书馆工作中书与人的辩证关系

刘素婷（潍坊市委党校）　　浅谈市场经济条件下党校图书资料室的发展

马廷法　李　琴　邵景峰（山东省牧校图书馆）　　浅谈在市场经济体制下，图书馆的现状及机制转变的措施

杨树兰（潍坊教育学院图书馆）　　高校图书馆如何适应我国经济体制的改革

陈之珩（昌潍师专图书馆）　　高校图书馆为经济建设服务途径探析

刘红欣　李淑云（昌潍师专图书馆）　　挖掘潜力，深化改革——发挥图书馆的社会效益和经济效益

熊孝孟　冯绍芝（昌潍师专图书馆）　　试论图书馆的教育职能及其愈趋强化

刘静芝（昌潍师专图书馆）　　市场经济与图书馆道德教育

郭　艳（市第二劳动技校）　　高校图书馆职能转变之我见

王健先（诸城市图书馆）　　在社会主义市场经济条件下图书馆生存问题浅议

靳永春　杨　青（诸城市市图书馆）　　浅谈图书馆发展多种经营

宫明莹（昌邑市图书馆）　　市场经济条件下图书馆面临的问题及发展策略

王凤伟（昌邑市图书馆）　　图书馆的危机与出路

李淑兰　周　玲　孙佃甲（青州市图书馆）　　县级图书馆应酌情建立科技信息部

单美霞　李　梅（寿光市图书馆）　　更新观念，迎接挑战——图书馆政策之我见

李贵森　吕梅华　程爱霞（安丘市图书馆）　简论市场经济与图书馆事业发展

齐淑华（党校图书馆）　刘学平（昌潍师专图书馆）　党校图书馆如何为党政领导的决策提供信息服务

杨玉欣　魏连芝（潍坊市商业学校）　浅谈市场经济下中专图书馆的导读工作

袁爱祥（昌乐县图书馆）　加强自我宣传，为图书馆事业的发展创造一个良好的外部环境

王仁林　李秋之（潍坊高等专科学校）　对区域内馆际协作的几点建议

曹素华（潍坊高等专科学校）　适应市场经济要求，做好导读服务工作

于小艳（潍坊高等专科学校）　论图书馆工作与市场经济

谭晓林　李秀霞（潍坊高等专科学校）　高校图书馆如何才能适应市场经济的发展

王宇红　刘满奎（潍坊市图书馆）　浅谈图书馆适应社会主义市场经济改革的三个重要方面

傅存勇（山东信息工程学校图书馆）　主题词在计算机检索中的应用

杨子美　赵笃敏　郭益云（潍坊医学院图书馆）　市场经济大潮中的图书馆

孙晓燕　刘素琴（潍坊医学院图书馆）　高校图书馆如何适应市场经济

韩秀荣（潍坊日报社）　顺应时代潮流，改进工作方法——浅议新形势下图书资料工作

张玲玲　林　娟　王春玲（潍坊市图书馆）　试论市场经济中的图书馆改革

董红薇（潍坊市图书馆）　关于图书馆在市场经济中的见点思考

六　第六届学术研讨会

1995 年 11 月 30 日至 12 月 1 日，潍坊市图书馆学会第六届学术研讨会在潍坊高专图书馆举行。此次研讨会的中心议题是："信息时代与图书馆"；"图书馆的未来与发展"。研讨会共收到论文 85 篇，共评出一等奖 2 篇、二等奖 17 篇、三等奖 30 篇。潍坊高等专科学校图书馆刘桂珍、昌邑市图书馆宫明莹、诸城市图书馆杨汝润、寿光市图书馆赫德英获得潍坊市图书馆学会第六届学术研讨会论文撰写组织奖。会议对获奖论文作者和论文撰写组织奖获得者进行了表彰。

潍坊市图书馆学会第六届学术研讨会获奖论文名单
（1995 年 11 月 30 日公布）

一等奖（2 篇）：

张光德　宗淑慧（潍坊市图书馆）　试论工具书的分类标引

张汝伟　（昌潍农校图书馆）　夏乐仓（山东省牧校图书馆）　浅谈中专图书馆计算机管理

二等奖（17 篇）：

王宇红　王希兆（潍坊市图书馆）　适应市场经济新形势，搞好图书馆科研定题服务

杨漪　王明俊（潍坊市图书馆）　试谈图书馆如何走出困境

宫明莹　姜杰华　孙彩霞（昌邑市图书馆）　适应市场经济需要，强化图书馆的信息服务功能

王维秀（安丘市图书馆）　在中小学教育中图书馆（室）的功能

谭莉　（潍柴技术图书室）　浅谈企业科技图书馆职能的转移

刘典好（潍坊市图书馆）　市场经济体制下的图书馆改革

赫德英（寿光市图书馆）　县级图书馆在社会主义市场经济下深化改革初探

陈之珩　刘素琴　张士谦（昌潍师专图书馆）　论图书馆学论文评价之诸要素

刘红欣（昌潍师专图书馆）　信息社会与图书馆自动化

刘学平（昌潍师专图书馆）　谈图书馆信息产品的商品化及其定价方法

马维香　吴彩凤（潍坊教育学院图书馆）　浅议文献信息人才的成长因素

逢金英（诸城市图书馆）　我市文献资源共享初探

刘海兰（潍坊高专图书馆）　浅谈高校图书馆参考咨询工作的发展趋势

杜立新（潍坊高专图书馆）　谈高校图书馆为农村经济建设服务的必要性和可能性

郭海明（潍坊高专图书馆）　社会主义市场经济与图书馆改革的关系

傅存勇（山东信息工程学校图书馆）　信息高速公路与图书馆

杨子美　郭益云　赵笃敏（潍坊医学院图书馆）　信息时代图书馆的前景

三等奖（30 篇）：

韩秀荣（潍坊日报社）　新闻资料的价值及开发利用

李化寿　张淑华（坊子区图书馆）　当代信息时代图书馆应如何发展

程爱霞　吕梅华（安丘市图书馆）　乡镇图书馆事业发展浅见

闫素荣（昌乐二中图书馆）　定题跟踪服务的理论探讨

袁爱祥（昌乐县图书馆）　新形势下图书馆如何发展

赵岩峰（昌邑市图书馆）　浅谈信息时代的图书馆如何开展文献信息工作

傅全胜（昌邑市图书馆）　时代的挑战——试论图书馆与当今信息时代协调发展

李淑云（高密市图书馆）　我国图书馆实现资源共享的步骤的设想

张芹（潍坊市商业学校）　浅谈中专学校的图书馆现代化建设

　　杨玉欣　魏莲芝（潍坊市商业学校）　试论中等专业学校图书馆现代化策略

　　孙在勇　王闽榕　李梅（寿光市图书馆）　实现资源共享步骤的设想

　　李乃玲　张素云（潍坊化工有限公司）　加强图书资料管理，促进企业发展

　　王国强（潍坊市图书馆）　从读书社现象谈图书馆有偿服务

　　付春凤　周嘉琴（潍坊市图书馆）　强化意识，发挥优势，走出图书馆信息服务的新路子

　　吴彩凤（昌潍师专图书馆）　近年来我国图书馆管理激励机制综述

　　刘静芝（昌潍师专图书馆）　论信息时代图书馆社会职能的继续强化

　　李　涛（潍坊教育学院图书馆）　立足本馆业务工作，为实现文献资源共享打好基础

　　任秀花（潍坊教育学院图书馆）　图书情报人员成才之我见

　　宋淑美　张振起（诸城市图书馆）　图书馆的凝聚力

　　王　玲（诸城市图书馆）　强化服务职能发展公共图书馆事业

　　靳永春（诸城市图书馆）　信息时代与图书馆

　　姬乐明　崔凤玉（潍坊经济学校图书馆）　我校图书馆宣传指导方面的见点做法

　　管贻英（潍坊高专图书馆）　新时期图书馆员形象漫谈

　　王仁林（潍坊高专图书馆）　图书馆自动采访系统图书验收软件的新设计

　　鲁秀红（潍坊高专图书馆）　信息产业的发展与图书馆对策

　　曹素华（潍坊高专图书馆）　谈谈市场经济条件下图书馆的社会职能定位

　　毕春生（潍坊高专图书馆）　浅谈高校图书馆的教育职能

　　宫昌利　董红薇（潍坊市图书馆）　抓住机遇，加强协作——浅谈地区协作网的建立

　　赵　岩　吴力平（潍坊医学院图书馆）　高校图书馆向社会开放是历史发展的必然

　　孙晓燕　黄剑　刘素琴（潍坊医学院图书馆）　浅谈高校图书馆信息服务业优势

七　第七届学术研讨会

　　1996 年 10 月 21 日至 23 日，潍坊市图书馆学会第七届学术研讨会在临朐县召开。山东省图书馆副馆长、山东省图书馆学会秘书长陈景唐出席大会。此次研讨会的专题是："图书馆是获得信息的必由之路"；"图书馆员的继续教育"；"图书馆资源共享"；"图书馆网络化"等。研讨会共收到 139 位会员撰写的论文 104 篇，共评出一等奖 6 篇、二等奖 18 篇、三等奖 37 篇。会议对获奖论文作者和在组织会员撰写论文工作中做出突出成绩的潍坊市图书馆、潍坊高专图书馆、诸城市图书馆、潍坊医学院图书馆、临朐县图书馆等五家图书馆进行了表彰。

潍坊市图书馆学会第七届学术研讨会获奖论文名单

（1996 年 10 月 21 日公布）

一等奖（6 篇）：

吴彩凤（昌潍师专图书馆）　试论市场经济条件下图书馆的运行机制

刘树榛　陈文华（寒亭区图书馆）　公共图书馆应把工作重点放在开展社会教育上

王庆增（临朐县图书馆）　论图书馆的信息传递性

齐建新（潍坊市图书馆）　论市场经济条件下图书馆图书馆信息资源的开发和利用

逄金英（诸城市图书馆）　我国图书馆信息服务的障碍及对策

唐　杰（青州市图书馆）　只有抓住关键　才能促进发展

二等奖（18 篇）：

王彦容（山东信息工程学校图书馆）　中专学校图书馆为教学服务探讨

宋桂娟　卢永杰（诸城市图书馆）　实现图书馆网络化的障碍因素及解决措施

陈艳亭（潍坊市图书馆）　谈提高期刊信息利用率的途径

杨　漪　高利波　付春凤（潍坊市图书馆）　漫谈图书馆意识

马世富（临朐县图书馆）　试述乡（镇）村图书馆（室）的建设与发展

吕梅华（安丘市图书馆）　公共图书馆拒借率上升的原因及对策

吴力平　尹长虹（潍坊医学院图书馆）　国外图书馆人员继续教育与我国图书馆人员继续教育之比较

王朋兰　刘满奎（潍坊市图书馆）　困境与出路——从我国图书馆事业的现状看文献资源共享发展的前景

刘方山（潍坊教育学院图书馆）　新时期馆员继续教育探析

张丽丽（潍坊高专图书馆）　分析读者阅读心理搞好期刊服务工作

刘红欣（潍坊高专图书馆）　文献资源共享与图书馆网络化

宋玉真　孙国红　黄　剑　都　梅（潍坊医学院图书馆）　高校图书馆如何搞好科研查新工作

赵洪胜（青州市图书馆）　为读者服务要深层次

宫昌利　董红薇（潍坊市图书馆）　图书拒借率浅析

赵淑慧（昌潍师专图书馆）　图书、情报、档案一体化初探

傅永聚　王宇红　王希兆（潍坊市图书馆）　在市场经济条件下图书馆管理改革

韩秀荣（潍坊日报社）　新闻资料的作用及新闻资料工作

戴洪青（坊子区图书馆）　向用户提供信息

三等奖（37篇）：

李淑云　陈玉亮（高密市图书馆）　乡村图书馆是农民获得信息的必由之路

尹　霞　钟　兴　李雪梅（潍坊市图书馆）　适应市场经济新形势　创办特色图书馆

冯丽芝　黄金凤　谭秀珍（山东税校图书馆）　浅谈新形势下图书馆管理方式与服务方式的改革

赫德英（寿光市图书馆）　县级公共图书馆服务定位探析

王闽榕　李　梅　刘兴臻（寿光市图书馆）　浅议图书馆走出困境的出路

王维秀（安丘市图书馆）　机遇、困惑、转轨——关于公共图书馆走出困境的思考

王志国（牧校图书馆）　怎样建立图书馆自动化系统

颜秉奎（诸城市图书馆）　乡本图书馆工作调查之后的思考

宋淑美　逢金英　张云（诸城市图书馆）　县级公共图书馆工作的特殊性及其方法探索

王春玲　张玲玲　郭瑞莲（潍坊市图书馆）　适应时代发展、加强图书馆自动化建设

李瑞敬　袁爱祥（昌乐县图书馆）　图书馆是获得信息的必由之路

于国强（昌乐县图书馆）　在市场条件下图书馆困境与出路的思考

赵　岩　黄　剑　刘素琴（潍坊医学院图书馆）　高校图书馆期刊采购的协作与协调

唐光磊　孙晓燕　程海星（潍坊医学院图书馆）　适应市场经济发展　加强信息服务功能

孙国红　滕艳霞　孙金花（潍坊医学院图书馆）　提高医学文献检索质量　满足用户需求

范秀美（潍坊高专图书馆）　浅谈馆风建设

刘典好（潍坊市图书馆）　新形势图书馆服务发展若干问题的探讨

毕春生（潍坊高专图书馆）　市场经济下努力实现图书馆价值

孙彩娥（潍坊高专图书馆）　进一步提高高校图书馆期刊利用率，更好地为教学服务

谭晓林　郭海明（潍坊高专图书馆）　信息与图书馆

江学富（潍坊高专图书馆）　对图书馆现代化设备使用与管理的几点体会

曹素华（潍坊高专图书馆）　明确新任务　树立新形象

王丽萍（潍坊高专图书馆）　市场经济条件下中专图书馆工作的问题与思考

刘兴民（临朐县图书馆）　解放思想　更新观念　迎接挑战——市场经济下县级图书馆改革浅析

刘淑英（临朐县图书馆）　浅谈图书馆员形象

张树亭（青州市图书馆）　困难与出路同在　挑战与机遇并存——对发展我国图书馆事业的几点思考

杨树兰（潍坊教育学院图书馆）　图书馆如何进入信息市场的探讨

付春凤（潍坊市图书馆）　浅谈公共图书馆自身建设

都　梅（潍坊医学院图书馆）　充分发挥图书馆馆藏资源作用

黄　剑　王艳艳（潍坊医学院图书馆）　高校图书馆图书流通工作之所见

崔秀荣（诸城师范学校）　新形势下职工中专类学校图书馆的发展方向

胡太梅（潍坊市供销学校）　浅谈中专学校图书馆的发展与建设

张　霞（潍坊市供销学校）　浅议中专图书馆的教育职能

刘　彦　杨玉欣（潍坊市商业学校）　试论学校图书馆增加经费之必然性和解决经费紧张之对策

八　第八届学术研讨会

1997 年 12 月 16 日至 17 日，潍坊市图书馆学会第八届学术研讨会在昌潍农校召开。潍坊市科协陈孝阁主任、潍坊市社科联李启胜部长、潍坊市文化局梁昱出席大会。此次研讨会的主题是："图书馆与精神文明建设"；"图书馆与现代化"。研讨会共收到 23 家会员馆 124 名会员撰写的论文 97 篇，共评出一等奖 5 篇、二等奖 17 篇、三等奖 38 篇。潍坊市图书馆、青州市图书馆、诸城市图书馆、潍坊高专图书馆、昌邑市图书馆、昌潍师专图书馆荣获优秀组织奖。会议对获奖论文作者和单位进行了表彰。

潍坊市图书馆学会第八届学术研讨会获奖论文名单
（1997 年 12 月 16 日公布）

一等奖（5 篇）：

杨汝润　杨育仁（诸城市图书馆）　略谈丁耀亢家谱的历史文献作用与价值

宋桂娟（诸城市图书馆）　以实施"知识工程"为契机促进农村图书馆建设再上新水平

滕艳霞　孙金花（潍坊医学院图书馆）　光盘检索中的主题标引

陈玉亮（高密市图书馆）　　浅谈乡村图书馆在农村精神文明建设中的重要作用

李世海（昌潍师专图书馆）　　西学东渐对中国图书馆发展的影响

二等奖（17 篇）：

孙殿甲（青州市图书馆）　　图书馆与精神文明建设

李贵森（安丘市图书馆）　　乡镇图书馆：农村精神文明建设的重要阵地

靳永春（诸城市图书馆）　　文明殿堂下的不文明现象

颜秉奎（诸城市图书馆）　　相辅相成，互补互促

逄金英（诸城市图书馆）　　自动化——资源共享的必由之路

王彦容（山东省信息工程学校图书馆）　　中文普通图书标准著录新规定

宫明莹（昌邑市图书馆）　　浅谈农村图书馆（室）的发展策略

郭海明（潍坊高专图书馆）　　企业市场信息的开发与利用

荆有广（潍坊高专图书馆）　　图书馆文献信息资源的开发与利用

郭丽华（潍坊高专图书馆）　　论图书馆的现代化和战略目标

李雪梅（昌潍师专图书馆）　　网络信息时代的资源共享

刘学平（昌潍师专图书馆）　　论人的信息素质教育

刘素琴　赵　岩（潍坊医学院图书馆）　　论加强图书馆工作人员素质教育的重要性

王宇红　张玲玲（潍坊市图书馆）　　浅谈图书馆在精神文明建设中的作用

李　靖　高利波（潍坊市图书馆）　　浅谈信息社会中的图书馆

张树亭（青州市图书馆）　　论公共图书馆的队伍建设

齐建新　钟　兴（潍坊市图书馆）　　论图书馆在精神文明建设中的作用

三等奖（38 篇）：

王新建（青州市图书馆）　　藏书建设之我见

唐　杰（青州市图书馆）　　努力加强图书馆职业道德建设

周　玲（青州市图书馆）　　谈图书馆的职业道德建设

杨　青（诸城市图书馆）　　以良好的形象和优质服务吸引读者利用图书馆

谭金菊（临朐一中图书馆）　　努力提高中学图书馆管理人员的素质

傅存勇（山东省信息工程学校图书馆）　　转变观念，加快馆际互联工作

张立新（寒亭区图书馆）　　论图书馆的信息服务业

季丽琴（寒亭区图书馆）　　浅谈市场经济与情报工作

姜杰华　孙彩霞（昌邑市图书馆）　　浅谈期刊工作现代化

赵笃敏　黄　剑（潍坊医学院图书馆）　　如何发挥图书馆在高校精神文明建设中的作用

李瑞敬（昌乐县图书馆）　创文明行业　树待业新风

于国强（昌乐县图书馆）　对深化图书馆信息服务的探讨

袁爱祥（昌乐县图书馆）　传统文化与图书馆现代化

尹良英（青州市图书馆）　充分发挥县级公共图书馆在精神文明建设中的作用

王维秀（安丘市图书馆）　社会教育：公共图书馆的永恒主题

管贻英（潍坊高专图书馆）　高校图书馆如何推进精神文明建设

张丽丽（潍坊高专图书馆）　期刊计算机管理初探

范秀美（潍坊高专图书馆）　谈新形势下高校图书馆的导读工作

王继博（潍坊高专图书馆）　初探计算机在我校图书馆中的应用与发展

赵淑慧（昌潍师专图书馆）　高校图书馆如何在校园精神文明建设中发挥作用

张相花（昌潍师专图书馆）　图书馆未来初探

董晓慧　李世海（昌潍师专图书馆）　读者参与图书采购的设想

刘满奎（潍坊市图书馆）　图书馆与社会主义精神文明建设中公民素质的提高

都　梅　宋玉真（潍坊医学院图书馆）　谈高校图书馆在加强大学生文化素质教育中的作用与途径

梁伟松（寿光市图书馆）　浅谈农村图书馆的作用、现状及对策

张国敏（潍坊商校图书馆）　世纪之交图书馆事业发展的方向

丁国营（潍坊教育学院图书馆）　图书馆是社会主义精神文明建设的重要窗口

王　玲（诸城市图书馆）　加快发展县级图书馆事业，积极推进精神文明建设

张　云　姬乐明（诸城市图书馆）　现代图书馆环境刍议

李国祥（昌潍农校图书馆）　试谈中专图书馆如何为学校的教学和科研服务

孙晓燕　黄　剑（潍坊医学院图书馆）　加强科技信息资源的利用，为教学和科研服务

张清华　邹丰强（潍坊人民医院图书馆）　试论医院图书馆的特色馆藏

李　琴　夏乐仓（山东省牧校图书馆）　图书馆与精神文明

公伟平（劳动局第一技校图书馆）　技工学校图书馆在技工学校中的作用

高淑英　周佃奎（益都卫校图书馆）　中专图书馆学生导读工作的育人效应

王庆增（临朐县图书馆）　加快乡镇图书馆建设步伐促进精神文明发展

吴宏伟　郭瑞莲（潍坊市图书馆）　浅谈公共图书馆音像资料工作

卢永杰（诸城市图书馆）　农村图书馆（室）的巩固与发展

九　第九届学术研讨会

1998 年 12 月 22 日至 23 日，潍坊市图书馆学会第九届学术研讨会在本馆召开。75

名会员参加了本次会议。会员围绕"图书馆与精神文明建设"、"图书馆自动化建设"等专题进行研讨，共提交学术论文 71 篇，共评出一等奖 3 篇、二等奖 10 篇、三等奖 36 篇。会议对获奖论文作者进行了表彰。

潍坊市图书馆学会第九届学术研讨会获奖论文名单
（1998 年 12 月 23 日公布）

一等奖（3 篇）：

马维香（潍坊教育学院图书馆）　高校图书馆开展精神文明建设的探讨

高华芳（昌乐县图书馆）　强化用户教育　提高服务功能

孙殿甲（青州市图书馆）　图书馆向青少年开展素质教育的探索

二等奖（10 篇）：

郭海明（潍坊高专图书馆）　图书馆网络编目初探

刘方山　李涛（潍坊教育学院图书馆）　知识经济与图书馆工作

宋桂霞（青州市图书馆）　浅谈图书馆自动化建设与外借工作

王庆增（临朐县图书馆）　李靖（潍坊市图书馆）　论人才结构与图书馆事业发展

陈文华　刘树臻（寒亭区图书馆）　关于图书馆自动化管理问题的探讨与思考

刘爱春（诸城教师进修学校图书馆）　试论科技文献的经济价值

王琳琳　吴彩凤（昌潍师专图书馆）　对我国图书在版编目的评述与建议

刘学平（昌潍师专图书馆）　图书馆如何去寻找自己的发展空间

齐建新　钟　兴（潍坊市图书馆）　对少儿图书馆开展读书活动发挥社会职能的探索与实践

刘淑华（昌潍师专图书馆）　论藏书的有效利用

三等奖（36 篇）：

张光德（潍坊市图书馆）　杨春玲（潍坊市职工大学）　人的现代化与图书馆

王闽榕　刘兴臻（寿光市图书馆）　浅谈对县级图书馆专业人员的再教育

张晓霞　林　娟（潍坊市图书馆）　浅谈市场经济下报刊室信息资源开发与利用

田忠昌（潍坊教育学院图书馆）　略论高校图书馆转型与馆藏建设

杨树兰（潍坊教育学院图书馆）　改革开放以来我国图书馆事业发展变化的历史考察

王彦容（山东省信息工程学校图书馆）　图书馆发展构想

赵兰华（昌乐二中图书馆）　做好中学生导读工作　促进人员培养

张金华（昌乐一中图书馆）　如何充分发挥学校图书馆的作用

袁爱祥　李瑞敬（昌乐县图书馆）　我国图书馆改革的分析

张丽丽（潍坊高专图书馆）　期刊工作现代化展望

毕春生（潍坊高专图书馆）　浅议高校图书馆自动化

程世英　刘建光（青州市图书馆）　试论市场经济下图书馆的改革和发展之路

陈晓华（青州市图书馆）　浅谈强化图书馆的信息服务功能

周　玲（青州市图书馆）　图书馆改革应注意的几个问题

夏惠珍（青州市图书馆）　面向农村是县级图书馆工作的一项主要任务

郎绪增　邓丽珠（潍坊市图书馆）　漫谈图书馆现代化发展趋势

陈玉亮　王淑霞（高密市图书馆）　浅谈县级图书馆服务工作的主要任务

王福润　孙丽萍（高密市图书馆）　试论县市级图书馆如何走自我发展之路

刘淑英（临朐县图书馆）　浅谈图书馆信息服务工作

许　靖（临朐县图书馆）　浅议图书馆读者工作

王英勋　尹　霞（潍坊市图书馆）　浅谈新时期参考咨询工作的变革

杨宝珍（诸城市委党校图书馆）　市场经济和县级市图书馆发展趋向

姬乐明（潍坊市经济学校图书馆）　阅读漫谈

丛丽英　朱世恩（昌邑一中图书馆）　中学图书馆应成为素质教育的重要阵地

梁云桂（昌潍师专图书馆）　21 世纪高校图书馆信息资源开发浅探

滕艳霞　孙国红（潍坊医学院图书馆）　网络时代医学信息用户教育面临的危机与对策

郭益云　赵笃敏（潍坊医学院图书馆）　一切为了读者——潍坊医学院图书馆读者工作调查

刘光秀（潍坊医学院图书馆）　山东省县级以上医院图书馆现状调查分析

吴力平　胥青云（潍坊医学院图书馆）　研究生医学文献检索教材建设探讨

郭丽华（潍坊高专图书馆）　信息时代图书馆的发展趋势

王伟平（潍坊高专图书馆）　浅谈高校图书馆参考咨询工作的发展趋势

冯长美（潍坊市委党校图书馆）　浅谈党校图书馆文献信息资源深层次开发的思路与利用

孙在勇（寿光市图书馆）　县级图书馆改革与自动化建设

李雪梅　董红薇（潍坊市图书馆）　浅谈图书馆自动化应用

周佃奎（益都卫校图书馆）　试论加强馆风建设

顾彩云　崔　婧（潍坊第二人民医院图书馆）　浅谈市场经济下医院图书馆的发展

十　第十届学术研讨会

1999 年 10 月 27 日至 29 日，潍坊市图书馆学会成立十周年纪念大会暨学会第十届学术研讨会在诸城市图书馆召开。潍坊市文化局副局长韩明光到会并做重要讲话，学会理事长栗祥忠向大会作学会十年工作报告，学会学术工作委员会主任贾金兰同志作本届学术研讨会论文收缴、评选、获奖情况说明。此次会议的中心议题是："倡导全民读书，建设阅读社会"。研讨会共收到 106 位会员撰写的学术论文 106 篇，共评出一等奖 8 篇、二等奖 24 篇、三等奖 42 篇。潍坊市图书馆、诸城市图书馆、青州市图书馆、昌邑市图书馆荣获论文撰写组织奖。会议对获奖论文作者和单位进行了表彰。

会议期间，原山东省图书馆馆长任宝桢作《怎样撰写学术论文》的报告，与会代表参观了诸城市图书馆。

潍坊市图书馆学会第十届学术研讨会获奖论文名单
（1999 年 10 月 29 日公布）

一等奖（8 篇）：

王维秀（安丘市图书馆）　　为读者服务是公共图书馆一切工作的出发点和落脚点

姜　力（潍坊教育学院图书馆）　　在高校学生中开展评选"优秀读者"活动初探

刘学平（昌潍师专图书馆）　　从特定需求谈情报的本质属性

刘海兰（潍坊高专图书馆）　　文献检索课中的 CAJ—CD 教学初探

张光德（潍坊市图书馆）　　试论图书分类法类目涵义的辨识

张树亭（青州市图书馆）　　由青州市图书馆的发展引发的几点思考

张玲玲（潍坊市图书馆）　　论图书馆文献资源共享

逄金英（诸城市图书馆）　　培养用户有信息素养迎接知识经济的到来

二等奖（24 篇）：

齐建新（潍坊市图书馆）　　开展读书活动，实施知识工程

王春玲（潍坊市图书馆）　　试论图书馆在知识经济时代所肩负的历史使命

孙在勇（寿光市图书馆）　　知识经济时代——图书馆的服务与转变

陈玉亮（高密市图书馆）　　增强全社会的图书馆意识，促进两个文明建设

宗淑慧（潍坊市图书馆）　　知识经济时代图书馆面临的挑战

刘振洪（安丘市图书馆）　　县级图书馆为农村新技术推广利用开展信息服务刍议

于国强（昌乐县图书馆）　　关于图书馆事业发展的几点思考

袁爱祥（昌乐县图书馆）　　千里之行始于足下——倡导全民读书建设阅读社会漫谈

滕艳霞（潍坊医学院图书馆）　　医学文献检索课应向医学信息教育方向发展

孙晓燕（潍坊医学院图书馆）　　现代信息网络与知识经济

姜杰华（昌邑市图书馆）　　图书馆信息服务面对知识经济冲击下的问题的对策研究

王英勋（潍坊市图书馆）　　图书馆要为建设阅读社会服务

刘方山（潍坊教育学院图书馆）　　浅谈新时期高校图书馆读者工作

周佃奎（山东益都卫校图书馆）　　新时期图书馆管理模式与改革目标

吴彩凤（昌潍师专图书馆）　　图书馆如何迎接知识经济的挑战

郭海明（潍坊高专图书馆）　　知识经济与图书馆事业改革

管贻英（潍坊高专图书馆）　　现代观念与高校图书馆发展

王伟平（潍坊高专图书馆）　　利用自动化网络技术加强高校图书馆信息管理的思考

王新建（青州市图书馆）　　图书馆教育对少年儿童的影响

赵洪胜（青州市图书馆）　　读书、著书、藏书的李文藻

王国强（潍坊市图书馆）　　图书馆如何利用因特网信息资源之我见

马洪杰（潍坊市图书馆）　　浅谈我馆文献查阅室的回溯建库

靳永春（诸城市图书馆）　　倡导全民读书　引导是关键

三等奖（42 篇）：

张晓霞（潍坊市图书馆）　　充分开展利用报纸信息资源　迎接知识经济时代

杨月辉（潍坊市图书馆）　　开发地方文献资源　服务两个文明建设

李　红（坊子区图书馆）　　浅谈图书馆读者阅读需求与文献资源的开发利用

王淑霞（高密市图书馆）　　图书馆如何迎接知识经济的挑战

李淑云（高密市图书馆）　　"服务宣传周"给我的启示

程爱霞（安丘市图书馆）　　浅谈县级图书馆的信息服务工作

王少英（安丘市图书馆）　　科教兴国与全民读书

李贵森（安丘市图书馆）　　开展全民读书提高民族素质

刘世军（昌乐县图书馆）　　知识经济与图书馆

韩秀荣（潍坊日报社）　　改革新闻资料工作实现信息处理现代化

孙金花（潍坊医学院图书馆）　　光盘数据库 CD—ROM 的医学文献分析

李纪宾（潍坊医学院图书馆）　　文献计量学共引分析系统设计与开发

宫明莹（昌邑市图书馆）　　加强公共图书馆读者工作　促进全民读书活动广泛开展

孙彩霞（昌邑市图书馆）　　图书馆在知识经济时代的重新定位

于永芝（昌邑市图书馆）　　倡导全民读书建设阅读社会——图书管理员在读者服

务工作中的导向作用

　　王庆增（临朐县图书馆）　　试论知识经济时代图书馆的以文补文活动

　　田忠昌（潍坊教育学院图书馆）　　潍坊教育学院图书馆发展述评

　　高　芹（山东益都卫校图书馆）　　面向 21 世纪图书馆信息服务的对策

　　高淑英（山东益都卫校图书馆）　　新形势下中专图书馆的强化管理

　　刘红欣（昌潍师专图书馆）　　文化素质教育与图书馆

　　郭丽华（潍坊高专图书馆）　　论期刊资源的开发与利用

　　荆有广（潍坊高专图书馆）　　知识经济时代图书馆面临的机遇和挑战

　　曹素华（潍坊高专图书馆）　　浅谈报纸信息资源的开发利用

　　郎益华（潍坊市图书馆）　　浅谈我馆报纸资源的开发与利用

　　鲁　松（潍坊市图书馆）　　浅谈图书馆的电子阅览

　　张　萍（高密市图书馆）　　浅谈知识经济与图书馆

　　张仲秋（青州市图书馆）　　加强期刊的管理与开发，进一步提高期刊资源的利用率

　　夏惠珍（青州市图书馆）　　浅谈青州市图书馆少儿读者工作

　　宋桂霞（青州市图书馆）　　浅谈图书馆自动化建设的作用与前景

　　程世英（青州市图书馆）　　关于乡镇图书馆建设的思考

　　王彭兰（潍坊市图书馆）　　图书主题分析

　　聂金梅（潍坊市图书馆）　　关于图书馆信息服务业的思考

　　杨　青（诸城市图书馆）　　谈图书馆与知识工程

　　卢永杰（诸城市图书馆）　　市场经济条件下图书馆改革思路的确定初探

　　宋桂娟（诸城市图书馆）．图书馆事业发展与展望

　　王翠萍（诸城市图书馆）　　我对图书馆少儿工作的几点看法

　　王　玲（诸城市图书馆）　　知识经济与馆员素质培养

　　颜秉奎（诸城市图书馆）　　全民读书与图书馆形象建设

　　杨宝珍（诸城党校图书馆）　　县级党校图书馆应适应新形势　迎接新挑战

　　崔学芳（诸城师范学校）　　图书馆在学校素质教育中所起的作用

　　李宗彩（诸城一中图书馆）　　中学图书馆与素质教育

　　张玉莲（诸城大华学校）　　中学图书馆是素质教育的阵地

十一　第十一届学术研讨会

　　2000 年 10 月，潍坊市图书馆学会第十一届学术研讨会召开。此次研讨会的主题是"二十一世纪图书馆的发展与变革"。研讨会共收到论文 100 篇，共评出一等奖 13 篇、二等奖 31 篇、三等奖 40 篇。会议对获奖论文作者进行了表彰。

潍坊市图书馆学会第十一届学术研讨会获奖论文名单

（2000 年 10 月公布）

一等奖（13 篇）：

宋桂娟（诸城市图书馆）　　新世纪乡镇图书馆建设中面临的主要问题及对策

逄金英（诸城市图书馆）　　建设区域性文献联合采编中心的可行性分析

李淑云（高密市图书馆）　　对《中图法》四版某些类目设置的商榷

张光德（潍坊市图书馆）　　《中图法》类目复分、仿分加“0”问题辨析

宫昌利（潍坊市图书馆）　　潍坊市图书馆学会十届研讨会获奖论文及著者研究

王彭兰（潍坊市图书馆）　　关于建立我市文献联合采编中心的初步构想

栾春娥（潍坊艺校图书馆）　　从实施素质教育谈图书馆应有的作用

王庆增（临朐县图书馆）　　乡镇图书馆调查后的思考

郭海明（潍坊高专图书馆）　　浅谈灰色企业信息

荆有广（潍坊高专图书馆）　　浅谈图书馆多媒体阅览室计算机系统维护

孙殿甲（青州市图书馆）　　图书馆要重视地方文献的搜集和保管

程海星　唐光磊（潍坊医学院图书馆）　　文献信息服务要适应高校发展

孙晓燕（潍坊医学院图书馆）　　关于结合国情启动中国数字图书馆工程的思考

二等奖（31 篇）：

韩秀荣（潍坊日报社）　　改革是新闻资料工作的促进剂

王少英（安丘市图书馆）　　论公共图书馆与人民

吕梅华（安丘市图书馆）　　藏书的剔旧工作是图书馆藏书建设中不可忽视的一项重要工作

张玉莲（诸城市图书馆）　　强化图书馆社会教育职能实现人的素质现代化

靳永春（诸城市图书馆）　　查“病”根改现状求发展

王　方（诸城市图书馆）　　加强期刊管理发挥期刊效益

张　云（诸城市图书馆）　　乡镇图书馆发展状况及工作方法探讨

李光惠（诸城市图书馆）　　实现图书馆网络化迎接信息时代的挑战

王　玲（诸城市图书馆）　　谈县级图书馆的开架借阅

郝书贝（潍坊市委学校图书馆）　　谈党校图书馆文献信息服务工作

宋兰红（昌乐县图书馆）　　关于儿童阅览室管理工作的思考

袁爱祥（昌乐县图书馆）　　网络环境下县级图书馆的发展

孙在勇（寿光市图书馆）　　新世纪县级图书馆管理浅探

孙玉亮（高密市图书馆）　　浅谈网络环境下图书馆文献资源的共建共享
王淑霞（高密市图书馆）　　浅谈二十一世纪图书馆的改革与发展
张淑珍（昌潍师专图书馆）　　论新时期高校图书馆对大学生的思想教育职能
李红霞（寒亭区图书馆）　　浅谈新形势下的读者服务工作
李增珊（寒亭区图书馆）　　关于我国农村图书馆发展战略的思考
王　静（寒亭区图书馆）　　浅论公共图书馆中少儿阅览室的引导职能
张丽丽（潍坊高专图书馆）　　试论网络环境下图书馆的发展
曹素华（潍坊高专图书馆）　　高校图书馆业务队伍建设存在的问题与对策
范秀美（潍坊高专图书馆）　　二十一世纪高校图书馆的发展趋势
王仁林（潍坊高专图书馆）　　论地区性图书馆自动化网络建设
高　青（潍坊高专图书馆）　　浅谈图书馆的采购
夏惠珍（青州市图书馆）　　浅论市场经济条件下图书馆的发展方向与原则
林　娟（潍坊市图书馆）　　网络环境下公共图书馆读者服务工作的新举措
郎益华（潍坊市图书馆）　　关于新形势下图书馆读者服务形象的思考
郎绪增（潍坊市图书馆）　　潍坊地区新地方志体例探析
齐建新（潍坊市图书馆）　　以"三个代表"为指导把图书馆建设成为先进文化前
进方向的前沿阵地
苏永军（潍坊医学院图书馆）　　高校图书馆科研查新工作分析
阎金峰（潍坊教育学院图书馆）　　浅谈我院教师资料室期刊文献资源的开发利用
三等奖（40 篇）：
马伟红（潍坊市委党校）　　知识经济下图书馆人才素质的提高
梁爱民（潍坊市委党校）　　谈知识经济时代图书馆的信息服务
程爱霞（安丘市图书馆）　　浅谈县级图书馆在企业经济振兴中的作用
张爱清　刘梅花（青州一中图书馆）　　加强阅读辅导实施素质教育
宋桂霞（青州市图书馆）　　新时期图书馆工作宗旨实践之我见
马东方（青州市图书馆）　　谈如何提高开架服务的质量
周　玲（青州市图书馆）　　合理选购藏书浅议
刘瑞兰（诸城第三职专图书馆）　　我们是如何办好综合性中专图书馆的
臧　炜（诸城市图书馆）　　诠释图书馆与素质教育
徐　琴（诸城市图书馆）　　浅谈新世纪对图书馆员的要求与对策
杨　青（诸城市图书馆）　　知识经济时代公共图书馆与信息服务
王闫燕（诸城市图书馆）　　略谈回溯建库应注意的几个问题
王翠萍（诸城市图书馆）　　浅谈新时期县级图书馆的发展趋势

王晓丽（昌乐县图书馆）　　从图书馆的人才结构谈人事制度改革的必要性

刘世军（昌乐县图书馆）　　人际关系与图书馆管理

王新建（青州市图书馆）　　重视图书馆教育正确培养青少年学生的价值观

李新萍（寿光市图书馆）　　如何发展图书馆事业

陈文华（寒亭区图书馆）　　图书馆的转型与变革迫在眉睫

李明英（寒亭区图书馆）　　浅谈图书馆事业发展的可持续性

季丽琴（寒亭区图书馆）　　浅谈 21 世纪图书馆员的人才培养

李　伟（寒亭区图书馆）　　基层图书馆要面向农村拓宽服务

夏　勇（临朐县图书馆）　　浅谈新时期图书馆员的职业

聂金梅（潍坊市图书馆）　　知识经济与图书馆

陈天文（潍坊市图书馆）　　数字化图书馆的组织与建设

鲁　松（潍坊市图书馆）　　图书馆电子阅览室之我见

付春凤（潍坊市图书馆）　　跨世纪图书馆的服务功能探索

王国强（潍坊市图书馆）　　浅谈公共图书馆电子阅览室的建设

杨月辉（潍坊市图书馆）　　过刊外借浅见

王小青（潍坊市图书馆）　　电子阅览室读者服务之我见

钟　兴（潍坊市图书馆）　　少儿图书馆与素质教育

刘典好（潍坊市图书馆）　　图书馆"做生意"与图书馆可持续发展

邓丽珠（潍坊市图书馆）　　发挥图书馆作用为全民读书服务

辛兴东（潍坊教育学院图书馆）　着眼未来迎接知识对图书馆的挑战

李雪梅（潍坊市图书馆）　　新时代图书馆的信息之路

王淑秀　宋玉真（潍坊医学院图书馆）　知识经济条件下医学信息资源发展的趋向特征

王继博（潍坊高专图书馆）　信息服务与图书馆

陈秋萍（潍坊高专图书馆）　Internet 的重要应用——数字图书馆

管贻英（潍坊高专图书馆）　21 世纪的信息资源建设

鲁秀红（潍坊高专图书馆）　网络环境下图书馆的发展趋势

毕春生（潍坊高专图书馆）　浅议 21 世纪图书馆的发展趋势

十二　第十二届学术研讨会

2001 年 10 月 30 日至 11 月 1 日，潍坊市图书馆学会第十二届学术研讨会在青州召开。山东省图书馆学会秘书长、山东省图书馆副馆长赵炳武、山东省图书馆辅导部副主任陶嘉今、潍坊市文化局副局长赵玉才、潍坊市社科联副主席张福庆、潍坊教育学院副院长王大科、青州市副市长付中慧、青州市文化局局长穆文安等领导出席大会。

此次研讨会的专题是："图书馆自动化建设"；"数字图书馆"；"图书馆资源共享"；"图书馆的管理与改革"。研讨会共收到论文 107 篇，共评出一等奖 10 篇、二等奖 19 篇、三等奖 48 篇。潍坊市图书馆、潍坊学院图书馆、潍坊教育学院图书馆、青州市图书馆、诸城市图书馆荣获论文撰写组织工作奖。10 位论文作者发言。会议对获奖论文作者和单位进行了表彰。

潍坊市图书馆学会第十二届学术研讨会获奖论文名单
（2001 年 10 月 30 日公布）

一等奖（10 篇）：

程海星（潍坊医学院图书馆）　图书馆主页建设的误区

于小艳（潍坊学院图书馆）　高校合并后图书馆面临的机遇和挑战

宫昌利（潍坊市图书馆）　图书馆网站建设论纲

逄金英（诸城市图书馆）　梁启超对中国近代图书馆事业的贡献

颜秉奎（诸城市图书馆）　基层公共图书馆发展与巩固思想再探

靳永春（诸城市图书馆）　浅谈县（市）级图书馆地方文献征集工作及特色数据库建设

张树亭（青州市图书馆）　以人为本深入进行图书馆改革

郝书贝（潍坊市委党校）　浅谈网络环境下党校图书馆文献采编工作

彭宝光（潍坊教育学院图书馆）　浅论现代图书馆与传统图书馆的比较

王彭兰（潍坊市图书馆）　关于 ILAS 书目数据库中"200"字段题名的著录

二等奖（19 篇）：

陈天文（潍坊市图书馆）　网络环境下参考咨询服务的形势及措施

孙在勇（寿光市图书馆）　县级图书馆自动化建设与管理

刘成先（潍坊学院图书馆）　实质性合并后的高校图书馆的工作探讨

王仁林（潍坊学院图书馆）　数字图书馆建设思考

梁爱民（潍坊市委党校图书馆）　谈网络环境下党校文献信息资源的建设

王新建（青州市图书馆）　再谈信息化社会中的图书馆

陈晓华（青州市图书馆）　发挥传统图书馆优势迎接现代化到来

徐　琴（诸城市图书馆）　搞好读者调查　做好读者工作

杨　青（诸城市图书馆）　谈 21 世纪图书馆读者服务工作发展趋势

王　方（诸城市图书馆）　为读者服务的实践与认识

袁爱祥（昌乐县图书馆）　老年读者服务

李　涛（潍坊教育学院图书馆）　图书馆服务评价标准初探

马维香（潍坊教育学院图书馆）　浅谈以编目工作标准化规范化与文献资源共享

刘方山（潍坊教育学院图书馆）　数字图书馆刍议

任秀花（潍坊教育学院图书馆）　论 21 世纪高校图书馆自动化建设的发展方向

陈玉亮（高密市图书馆）　浅论重视和加快县级图书馆的自动化建设

宫昌利（潍坊市图书馆）　地方文献资源多媒体网络化研制与开发

李炳琴（临朐县图书馆）　谈图书馆工作者的修养

王彦容（山东省信息工程学校图书馆）　中专生阅读现状调查与对策

三等奖（48 篇）：

冯长美（潍坊市委党校图书馆）　试论党校图书馆专题资料服务的重要性

曹翠霞（山东省牧校图书馆）　浅谈中专学校晋升高职学院后的图书馆建设

李　军（山东省牧校图书馆）　用先进意识改革图书馆服务工作

丁丽萍（潍坊市图书馆）　终生学习：就图书馆员如何提高自身素质的思考

范秀美（潍坊学院图书馆）　网络环境下高校图书馆信息服务发展策略

王继博（潍坊学院图书馆）　图书馆合并后编目工作探讨

王开颜（潍坊学院图书馆）　图书馆工作与全面质量管理

陶仁萍（潍坊学院图书馆）　论高校图书馆馆藏利用率

高　青（潍坊学院图书馆）　新世纪图书馆面临的机遇和挑战

臧凤梅（潍坊学院图书馆）　数字图书馆与传统图书馆

曹素华（潍坊学院图书馆）　Internet 搜索引擎漫谈

管贻英（潍坊学院图书馆）　理想的图书馆员素质与形象

王国强（潍坊市图书馆）　浅谈电子阅览室的服务工作

马东方（青州市图书馆）　谈开架借阅的利弊及对策

周　玲（青州市图书馆）　浅谈知识经济与图书馆

刘建光（青州市图书馆）　强化服务功能全面提高县级图书馆阅览室的社会效益

宋桂霞（青州市图书馆）　牢记工作宗旨　与时俱进

夏惠珍（青州市图书馆）　新形势下如何做好图书馆工作

张志合（诸城龙源学校）　有效利用学校图书馆　加强中学生课外阅读

薛中文（诸城市图书馆）　论公共图书馆的社区服务

王闫燕（诸城市图书馆）　现代化技术对图书馆传统信息服务的影响

王翠萍（诸城市图书馆）　与时俱进——图书馆事业发展的必然要求

张玉莲（诸城市图书馆）　建立电子阅览室之思考

董红薇（潍坊市图书馆）　　试论图书馆员的再教育

张晓霞（潍坊市图书馆）　　浅谈地方文献对地方文化的作用

付春凤（潍坊市图书馆）　　针对少年儿童特点　做好少儿图书工作

郭益云（潍坊医学院图书馆）　期刊装订琐谈

高华芳（昌乐县图书馆）　　浅析少儿图书馆在少儿教育中的地位和作用

贾春玲（昌乐实验高中）　　新时期图书馆员应具备的素质与培养

于国强（昌乐县图书馆）　　面向 21 世纪县级公共图书馆工作的思考

王丽丽（潍坊市图书馆）　　网络环境下地方文献工作面临的新挑战

黄凤江（潍坊市图书馆）　　论图书馆的创收与分配

钟　兴（潍坊市图书馆）　　图书馆事业在加入世贸组织后的机遇和挑战

程爱霞（安丘市图书馆）　　加强县馆藏书建设的几点思考

吕梅华（安丘市图书馆）　　对公共图书馆老年读者服务的一点看法

王少英（安丘市图书馆）　　送书下乡要有针对性

高　芹（益都卫校图书馆）　　新时期卫校图书馆采访工作探讨

刘子骥（益都卫校图书馆）　　数据库建设的几点体会

王乃萍（潍坊教育学院图书馆）　信息时代成人高校图书馆现代化建设之思考

阎金峰（潍坊教育学院图书馆）　浅谈高校图书馆的创新

田忠昌（潍坊教育学院图书馆）　信息时代我国图书馆的发展趋势

杨树兰（潍坊教育学院图书馆）　浅谈图书馆员在图书馆工作中的作用

刘建坤（潍坊教育学院图书馆）　高校图书馆应配合学校搞好素质教育

辛兴东（潍坊教育学院图书馆）　高校图书馆与大学生素质教育

孙金花（潍坊医学院图书馆）　我国信息服务业的现状及发展思路探讨

郎益华（潍坊市图书馆）　　办好《外载本市信息索引》服务地方建设

郎绪增（潍坊市图书馆）　　略论地方文献之特点

唐光磊（潍坊医学院图书馆）　网络环境下图书馆管理与服务

十三　第十三届学术研讨会

2002 年 11 月 22 日，潍坊市图书馆学会第十三届学术研讨会在本馆召开。此次研讨会的专题是：“计算机与图书馆”；“图书馆网络信息资源开发与作用”；“图书馆读者服务工作”。研讨会共收到论文 75 篇，共评出一等奖 9 篇、二等奖 18 篇、三等奖 31 篇。诸城市图书馆荣获论文撰写组织工作奖。会议对获奖论文作者和单位进行了表彰。

潍坊市图书馆学会第十三届学术研讨会获奖论文名单

（2002 年 11 月 22 日公布）

一等奖（9 篇）：

宫昌利（潍坊市图书馆）　论现代图书馆工作中的知识产权问题

张麦玲（潍坊教育学院图书馆）　浅析 ILAS 系统中出现的几点问题

马维香（潍坊教育学院图书馆）　图书馆自动化系统配置及效益分析

张光德（潍坊市图书馆）　机读数据分类标引与多用途、多角度检索文献的实现

宋桂娟（诸城市图书馆）　县级公共图书馆在乡镇建立分馆之浅见

逄金英（诸城市图书馆）　谈主题标引中自由词的使用

刘学平（潍坊学院图书馆）　非语言沟通在图书馆流通工作中的作用

吴彩凤（潍坊学院图书馆）　复印报刊资料系列光盘的检索

夏惠珍（青州市图书馆）　基层图书馆事业面临的问题及对策

二等奖（18 篇）：

李　靖（潍坊市图书馆）　浅谈对核心期刊的几点认识

冯长美（潍坊市委党校图书馆）　浅议党校图书馆文献信息服务

丁玉娟（山东畜牧兽医职业学院图书馆）　发挥我校优势、努力建设与开发本馆
文献信息资源

刘方山（潍坊教育学院图书馆）　图书馆管理创新探析

李　涛（潍坊教育学院图书馆）　网络环境下的图书馆数据库建设

鲁　松（潍坊市图书馆）　浅谈公共图书馆地方文献征集

王彭兰（潍坊市图书馆）　浅谈我市图书馆如何做好地方文献工作

尹　霞（潍坊市图书馆）　谈谈我市社区图书馆的发展思路

徐　琴（诸城市图书馆）　浅谈县（市）级图书馆开拓多元化服务的探讨

林海清（诸城市图书馆）　学习《迎接知识经济时代的挑战》的体会

杨　青（诸城市图书馆）　市、县公共图书馆信息服务的现状与对策

张　云（诸城市图书馆）　县级公共图书馆发展状况及工作方法探讨

唐　琦（诸城市图书馆）　基层图书馆长谈挑战

靳永春（诸城市图书馆）　浅谈县（市）级公共图书馆古籍管理存在问题及对策

孙在勇（寿光市图书馆）　县级图书馆自动化建设与信息资源共享

张秀玲（潍坊医学院图书馆）　CHOST 管理电子阅览室经验谈

赵洪胜（青州市图书馆）　赵秉忠与香山社

孙丽萍（高密市图书馆）　　借书证的办理及使用之我见

三等奖（31 篇）：

王金孝（高密市图书馆）　　基层图书馆的发展趋势

贾春玲（昌乐实验高中）　　关于如何培养中学图书馆员素质的思考

高华芳（昌乐县图书馆）　　关于强化少儿图书馆娱乐职能的思考

王桂英（山东畜牧兽医职业学院图书馆）　高职图书馆的今后发展

陈文华（寒亭区图书馆）　　谈参考咨询的核心工作

李　伟（寒亭区图书馆）　　做好儿童读者工作浅探

李　红（坊子区图书馆）　　计算机与图书馆

张淑华（坊子区图书馆）　　搞好为读者服务、要不断提高服务质量

任秀花（潍坊教育学院图书馆）　论图书馆信息资源和信息服务在新环境下的特点及要求

阎金峰（潍坊教育学院图书馆）　高职院校图书馆为高职生就业服务的几点思考

孙鸿燕（潍坊教育学院图书馆）　浅谈高校图书馆在素质教育中的地位与作用

杨树兰（潍坊教育学院图书馆）　浅谈网络环境下图书馆的管理

辛兴东（潍坊教育学院图书馆）　高职院校图书馆与高职生素质教育

刘振华（潍坊教育学院图书馆）　高校学生阅读心理探讨及对策

由桂兰（山东畜牧兽医职业学院图书馆）　对高职学生利用图书馆的几点思考

王丽丽（潍坊市图书馆）　　网络环境下公共图书馆信息服务的优势与条件

陈天文（潍坊市图书馆）　　数字图书馆环境下的信息检索技术

李光惠（诸城市图书馆）　　公共图书馆读者阅读倾向浅析

张玉莲（诸城市图书馆）　　浅论 21 世纪乡镇图书馆的定位与发展对策

王翠萍（诸城市图书馆）　　略谈我馆地方文献征集利用工作

高淑英（益都卫校图书馆）　新形势下中专图书馆的强化管理

高　芹（益都卫校图书馆）　中专图书馆网络化发展的障碍及对策

刘子骥（益都卫校图书馆）　医学文献检索课教学改革的思考

高　军（临朐县图书馆）　　谈网络环境下图书馆的信息服务工作

曹素华（潍坊学院图书馆）　试论网络环境下的个性化信息服务

于小艳（潍坊学院图书馆）　浅谈提高图书利用率

王开颜（潍坊学院图书馆）　图书馆数字化变革的若干思考

马东方（青州市图书馆）　　浅谈新世纪的图书馆管理工作

张慎玲（青州市图书馆）　　浅谈新时期图书馆如何提高读者服务质量

王新建（青州市图书馆）　　图书馆意识与图书馆教育

王庆增（临朐县图书馆）　　卷帙浩繁　洵为大观——简述《四库全书存目丛书》

十四　第十四届学术研讨会

2003 年 10 月，潍坊市图书馆学会第十四届学术研讨会召开。此次研讨会的主题是"现代图书馆管理与服务"，分主题是："图书馆管理方法之比较"；"图书馆服务模式与用户需求研究"；"人力资源开发与管理"。研讨会共收到论文 73 篇，共评出一等奖 5 篇、二等奖 13 篇、三等奖 26 篇。

潍坊市图书馆学会第十四届学术研讨会获奖论文名单

（2003 年 10 月公布）

一等奖（5 篇）：

陈天文（潍坊市图书馆）　　图书馆计算机网络系统安全分析

王春玲（潍坊市图书馆）　　浅谈图书馆人文环境的建设

逄金英　宋桂娟（诸城市图书馆）　　清代诸城藏书

王庆增（临朐县图书馆）　　论激励机制在图书馆中的建立和运用

苏永军　王淑秀（潍坊医学院图书馆）　　新时期医学图书馆藏书方式探讨

二等奖（13 篇）：

郑海清（坊子区图书馆）　　当前我国图书馆管理的特点及今后发展趋势

宫昌利（潍坊市图书馆）　　导入 CIS 战略　完善图书馆形象

尹　霞（潍坊市图书馆）　　知识拥军　携手育英

鲁　松（潍坊市图书馆）　　浅谈图书馆的网络信息与知识产权保护

王翠萍（诸城市图书馆）　　我馆少儿读者工作分析

杨　青（诸城市图书馆）　　浅论县（市）级公共图书馆服务模式的转变

靳永春（诸城市图书馆）　　县（市）级公共图书馆评估定级工作出现的问题及解决措施

林海清（诸城市图书馆）　　新时期如何为老年读者服务

李淑云　李琦（高密市图书馆）　　对《中图法》（四版）及使用手册某些类目仿分及某些图书分类问题质疑

冯长美（潍坊市委党校图书馆）　　谈图书馆继续教育

李　涛（潍坊教育学院图书馆）　　数字图书馆重要资源——电子化学位论文的发展分析

马维香（潍坊教育学院图书馆）　　新时期高校图书馆与大学生素质教育

徐砚亮（潍坊医学院图书馆）　　图书馆中知识产权问题的探讨

三等奖（26 篇）：

王瑞霞（坊子区图书馆）　　面向 21 世纪的信息管理创新与发展

郭瑞莲（潍坊市图书馆）　　试谈公共图书馆的评估工作

韩星云（潍坊市图书馆）　　浅谈图书馆工作的藏书建设

钟　兴（潍坊市图书馆）　　我馆自动化网络系统概述

李光惠（诸城市图书馆）　　网络化——新世纪图书馆发展的必由之路

张玉莲（诸城市图书馆）　　搞好采访统计分析　提高图书入藏质量

刘淑英（临朐县图书馆）　　图书馆期刊管理与利用

高　军（临朐县图书馆）　　论县级图书馆的人才培养策略

李炳琴（临朐县图书馆）　　做好图书馆服务工作的思考

许　靖（临朐县图书馆）　　浅议图书馆员素质的提高

王金孝（高密市图书馆）　　21 世纪图书馆的变革与创新

孙　萍（高密市图书馆）　　论图书馆的管理

孙　晶（高密市图书馆）　　现代公共图书馆面临的困境与对策

郭玉云（坊子区图书馆）　　现代图书馆人才资源开发浅析

张淑华（坊子区图书馆）　　补充新鲜血液，为新世纪的竞争提供原动力——浅谈图书馆人力资源的开发与管理

丁玉娟（山东畜牧兽医职业学院图书馆）　　论高职图书馆在学生人文素质教育中的角色

任秀花（潍坊教育学院图书馆）　　科技查新的信息管理

王乃萍（潍坊教育学院图书馆）　　应充分发挥高校图书馆在高职教育中的职能作用

丁国营　李玉红（潍坊教育学院图书馆）　　浅谈高校图书馆新书推荐工作

田忠昌（潍坊教育学院图书馆）　　图书馆与信息化

张麦玲（潍坊教育学院图书馆）　　如何利用 ILAS 系统做好回溯建库工作

张春华（潍坊教育学院图书馆）　　浅谈图书馆借阅环境

王桂英（山东畜牧兽医职业学院图书馆）　　图书馆是开展大学生阅读心理健康教育的一方圣地

李淑云　迟文丽（高密市图书馆）　　也谈图书馆员的继续教育

王　方（诸城市图书馆）　　图书馆期刊开架借阅的优化管理与服务

王　玲（诸城市图书馆）　　浅谈公共图书馆评估定级的收获

十五　第十五届学术研讨会

2004 年 10 月 28 日至 29 日，潍坊市图书馆学会第十五届学术研讨会在潍坊教育学院图书馆召开。此次研讨会的中心议题是"网络环境下的图书馆信息服务"。研讨会共收到论文 71 篇，共评出一等奖 10 篇、二等奖 25 篇、三等奖 36 篇。潍坊市图书馆、青州市图书馆、潍坊教育学院图书馆荣获论文撰写组织工作奖。会议对获奖论文作者和单位进行了表彰。

潍坊市图书馆学会第十五届学术研讨会获奖论文名单
（2004 年 10 月 29 日公布）

一等奖（10 篇）：

张光德（潍坊市图书馆）　王闽榕（寿光市图书馆）　网络环境下图书馆信息资源建设的趋势研究

逄金英　徐　琴（诸城市图书馆）　网络环境下图书馆信息服务的思考

王新建（青州市图书馆）　图书馆教育与服务职能的发挥

宋玉真（潍坊医学院图书馆）　谈高校图书馆信息一体化管理

王志华（潍坊教育学院图书馆）　网络环境下图书馆的馆藏与服务特色

刘满奎（潍坊市图书馆）　馆藏光盘管理中存在的问题与对策浅析

马维香（潍坊教育学院图书馆）　现代化图书馆价值功能及其开发

王庆增（临朐县图书馆）　网络环境下图书馆信息服务之对策

左爱玲（潍坊学院图书馆）　计算机管理系统在图书馆流通服务中出现的问题及对策

娄凤来（山东科技职业学院图书馆）　加强信息服务，搞好创新教育

二等奖（25 篇）：

冯长美（中共潍坊市委党校图书馆）　党校图书馆信息服务的新举措

梁爱民（中共潍坊市委党校图书馆）　中小型图书馆信息服务探讨

鲁　松（潍坊市图书馆）　图书馆网络用户的自助信息服务探讨

丁丽萍（潍坊市图书馆）　网络环境下图书馆资源共享的建设与发展

张玲玲（潍坊市图书馆）　网络环境下图书馆参考咨询服务

王彭兰（潍坊市图书馆）　加强古籍数字化建设——开发馆藏信息资源的新途径

李艳萍（昌乐县图书馆）　网络环境下图书馆用户服务分析

张仲秋（青州市图书馆）　浅析少儿读者的阅读倾向

周　玲（青州市图书馆）　　网络环境下图书馆服务模式的演变

夏惠珍（青州市图书馆）　　网络环境下的图书馆信息咨询服务

尹长虹（潍坊医学院图书馆）　　高等院校建立管理信息系统论述

刘光秀（潍坊医学院图书馆）　　加强医院图书馆质量管理　发挥医院图书馆信息作用

彭宝光（潍坊教育学院图书馆）　　怎样做好高校电子阅览室服务工作

阎金峰（潍坊教育学院图书馆）　　浅谈我院图书馆阅览室的管理创新

任秀花（潍坊教育学院图书馆）　　关于网络信息资源管理人员的思维结构分析

田忠昌（潍坊教育学院图书馆）　　谈大专院校图书馆图书采访工作

刘方山（潍坊教育学院图书馆）　　网络信息资源的服务特点

孙来克　程海星（潍坊医学院图书馆）　　谈《全国报刊索引》的文献报道量

刘淑英（临朐县图书馆）　　网络环境下县级图书馆的服务工作

黄　剑　都　梅（潍坊医学院图书馆）　　改进流通管理　加强信息服务

张　萍　刘文萍　李淑云（高密市图书馆）　　基层图书馆电子阅览室管理初探

郜桂芬　李淑云（高密市图书馆）　　也谈网络环境下图书馆员的继续教育

张丽丽（潍坊学院图书馆）　　网络环境下高校图书馆的信息服务工作

黄　玲（潍坊学院图书馆）　　论图书馆价值观建设

张淑玲　张玉莲（诸城市图书馆）　　浅谈县级图书馆的建设与网络化服务

三等奖（36 篇）：

聂金梅（潍坊市图书馆）　网络环境下图书馆信息服务的特点及对策

韩星云（潍坊市图书馆）　浅议网络环境下图书馆信息服务

杨月辉（潍坊市图书馆）　论信息时代图书馆潜在读者的开发

尹　霞（潍坊市图书馆）　图书馆信息服务的特点及其发展方向

宋兰红（昌乐县图书馆）　少儿图书馆工作之我见

李艳萍（昌乐县图书馆）　浅议提高图书馆员的素质要求

杜长娥（山东科技职业学院图书馆）　对数字图书馆信息服务模式的探讨

李桂萍（山东科技职业学院图书馆）　网络环境下图书馆信息服务工作

王　方　王翠萍（诸城市图书馆）　网络环境下市、县公共图书馆信息服务的创新

林海清（诸城市图书馆）　网络环境下如何做好县级图书馆参考咨询工作

陈晓华（青州市图书馆）　网络环境下图书馆信息服务工作浅议

张慎玲（青州市图书馆）　网络环境下图书馆信息服务的发展趋势

宋桂霞（青州市图书馆）　论以用户需求为导向的信息加工与服务

李雪生（青州市图书馆）　论网络时代图书馆服务发展方向

马东芳（青州市图书馆）　　网络环境下怎样做好信息服务工作

李　涛（潍坊教育学院图书馆）　　高校图书馆虚拟馆藏浅谈

杨树兰（潍坊教育学院图书馆）　　论文献信息人才的成才规律

张春华（潍坊教育学院图书馆）　　网络环境下高校图书馆的信息服务

丁国营　李玉红（潍坊教育学院图书馆）　　图书馆信息服务创新发展趋势与特点

孙鸿燕（潍坊教育学院图书馆）　　谈在网络环境下高校图书馆的信息资源管理

孙燕玲（潍坊教育学院图书馆）　　当代图书馆信息服务浅论

辛兴东（潍坊教育学院图书馆）　　谈网络环境下高校图书馆的信息服务工作

南家莲（潍坊教育学院图书馆）　　数字图书馆技术发展趋势

王乃萍（潍坊教育学院图书馆）　　论现代图书馆的特征与功能

张麦玲（潍坊教育学院图书馆）　　中国数字图书馆建设的几点构想

宫明莹（昌邑市图书馆）　　树立良好形象，提高服务质量

李炳琴（临朐县图书馆）　　在变革中求生存和发展

许　靖（临朐县图书馆）　　网络环境下的信息服务

高　军（临朐县图书馆）　　论网络环境下图书馆工作的内涵扩展与素质重构

张春荣（坊子区图书馆）　　认识网络给图书管理带来的挑战

王金孝　刘文萍（高密市图书馆）　　网络环境下图书馆信息服务谈

孙　萍　郜桂芬（高密市图书馆）　　新时代的图书馆信息服务人员

席玉秋（潍坊学院图书馆）　　高校图书馆信息网络服务兼信息教育

刘莉丽　张玉莲（诸城市图书馆）　　图书馆网络系统的购建与管理

王　玲　张玉莲（诸城市图书馆）　　浅论网络环境下图书馆信息资源建设

张玉莲　王　玲（诸城市图书馆）　　浅谈现代网络与现代图书资料工作

十六　第十六届学术研讨会

2005 年 10 月 27 日至 28 日，潍坊市图书馆学会第十六届学术研讨会在诸城市障日山庄召开。潍坊市文化局助理调研员张宝才、中共诸城市委常委、宣传部长张福秀、诸城市文化局局长李洪波等领导出席大会。此次研讨会主题是"图书馆服务的发展与创新"，分主题是："图书馆信息资源的建设模式与规范"；"图书馆的改革、发展与深化服务"；"图书馆信息资源共建共享的现状和发展"；"图书馆信息分析与咨询服务"；"信息资源建设中的人才培养"。研讨会共收到论文 83 篇，共评出一等奖 14 篇、二等奖 28 篇、三等奖 41 篇。诸城市图书馆、潍坊教育学院图书馆、青州市图书馆荣获优秀组织奖。会议为获奖论文作者和单位进行了表彰。

浪潮（北京）电子信息产业有限公司、潍坊迅捷商贸有限公司、国研网等国内知

名企业到会祝贺。

潍坊市图书馆学会第十六届学术研讨会获奖论文名单
（2005 年 10 月 27 日公布）

一等奖（14 篇）：

张　霞（山东经贸职业学院图书馆）　谈高职图书馆网络信息资源建设

刘学平（潍坊学院图书馆）　浅论学习型社会馆员专业能力的成长模式

董晓慧（潍坊学院图书馆）　音乐媒体管理探讨

张　萍（高密市图书馆）　县级公共图书馆人力资源的开发与管理

王乃萍（潍坊教育学院图书馆）　网络文化与图书馆相关问题的探讨

孙鸿燕（潍坊教育学院图书馆）　高校图书馆与校园文化建设

王　菁　黄凤江（潍坊市图书馆）　充分发挥图书馆资源优势　为振兴潍坊经济服务

袁爱祥（昌乐县图书馆）　略论卢文弨的校勘活动与成就

唐　琦（诸城市图书馆）　发展小型图书馆是当前县级图书馆的战略决策

林海清（诸城市图书馆）　浅谈 21 世纪图书馆人力资源的创新与途径

靳永春（诸城市图书馆）　浅谈图书馆实现文献资源共享的阻碍因素及措施

陈天文（潍坊市图书馆）　网络环境下的图书馆信息资源建设

李修杰（潍坊医学院图书馆）　多因素分析法简化期刊的评估指标体系

宿玉亭（青州市图书馆）　县级公共图书馆应优化服务质量，创新服务模式

二等奖（28 篇）：

高　芹（益都卫校图书馆）　新世纪图书馆创新浅论

聂金梅（潍坊市图书馆）　试论公共图书馆人员的管理

王瑞霞（坊子区图书馆）　网络环境下我国图书馆服务模式的演变

管贻英（潍坊学院图书馆）　书海扬帆　学海导航

刘成先（潍坊学院图书馆）　谈网络信息资源的开发利用

王金孝（高密市图书馆）　图书馆人力资源管理与创新

丁国营　李玉红（潍坊教育学院图书馆）　知识管理与图书馆

马维香（潍坊教育学院图书馆）　新时期高校图书馆人才资源开发初探

孙燕玲（潍坊教育学院图书馆）　网络信息时代图书馆员角色的演变

李　涛（潍坊教育学院图书馆）　也谈随书光盘的处理

王　菁（潍坊市图书馆）　现代图书馆信息服务模式——网络信息营销略论

李艳萍（昌乐县图书馆）　网络环境下的图书馆读者服务工作

杨　青（诸城市图书馆）　知识经济时代图书馆服务模式的演变

李光惠（诸城市图书馆）　加强地方文献资源建设　深化图书馆特色服务

臧　炜（诸城市图书馆）　网络环境下图书馆参考咨询工作的创新

张玉莲（诸城市图书馆）　浅谈图书馆知识服务与参考咨询工作

冯长美（潍坊市委党校图书馆）　社区图书馆建设与探讨

梁爱民（潍坊市委党校图书馆）　中小型图书馆采访工作探讨

高洪臻（潍坊市图书馆）　浅谈图书馆数字化资源的组织与实现

张晓红（潍坊市图书馆）　网络环境下传统图书馆的发展对策

韩星云（潍坊市图书馆）　危机管理与图书馆的核心竞争力

李　军（山东畜牧兽医职业学院图书馆）　用先进意识改革图书馆服务工作

周　玲（青州市图书馆）　图书馆服务模式的变迁

张仲秋（青州市图书馆）　谈少年儿童读书

王新建（青州市图书馆）　图书馆发展离不开读书活动

夏惠珍（青州市图书馆）　浅谈网络时代图书馆服务的发展方向

宋桂霞（青州市图书馆）　与时俱进　改造服务

高　军（临朐县图书馆）　论读者资源的开发

三等奖（41 篇）：

王小青（潍坊市图书馆）　特色图书馆的档案管理

刘子骥（益都卫校图书馆）　中专学校图书馆深化信息服务的思考

钟晓莉（益都卫校图书馆）　知识经济时代的参考咨询服务

张爱娟（诸城市第一中学图书馆）　高中学校图书馆建设与服务发展

张春荣（坊子区图书馆）　图书馆信息资源的建设发展与深化服务

褚军伟（坊子区图书馆）　网络环境下深化图书馆信息咨询服务的思考

李　琦（潍坊学院图书馆）　论图书馆在大学生思想政治工作中应发挥主阵地作用

张　萍（高密市图书馆）　浅谈新世纪图书馆信息服务工作

王金孝（高密市图书馆）　图书馆信息加工与服务

刘文萍（高密市图书馆）　浅谈图书馆读者服务工作

刘文萍（高密市图书馆）　县级图书馆人力资源的现状与发展

孙　萍（高密市图书馆）　图书馆人力资源的管理

南家莲（潍坊教育学院图书馆）　图书馆学习环境与读者工作

杨树兰（潍坊教育学院图书馆）　"以人为本"服务创新　开拓读者工作新局面

张春华（潍坊教育学院图书馆）　网络信息资源的服务特点

任秀花（潍坊教育学院图书馆）　　论新世纪高校图书馆与大学生信息素质教育

阎金峰（潍坊教育学院图书馆）　　了解读者之我见

高春红（潍坊教育学院图书馆）　　高校图书馆虚拟馆藏浅谈

田忠昌（潍坊教育学院图书馆）　　论图书馆的深化服务

张麦玲（潍坊教育学院图书馆）　　发挥图书馆在现代远程开放教育中的作用

彭宝光（潍坊教育学院图书馆）　　随书光盘的管理与利用

王晓丽（昌乐县图书馆）　　浅谈外借服务的几点工作体会

宋兰红（昌乐县图书馆）　　开架书库错乱架现象分析与对策

李艳萍（昌乐县图书馆）　　浅议图书馆创新人才的对策

高守海（诸城市图书馆）　　深化、创新读者服务工作

郭殿涛（诸城市图书馆）　　基层公共图书馆工作特殊性探析

刘莉丽（诸城市图书馆）　　论图书馆资源共享与产权保护

王　玲（诸城市图书馆）　　谈当前基层公共图书馆的读者服务工作

张淑玲（诸城市图书馆）　　公共图书馆文献信息资源共享的思考

徐　琴（诸城市图书馆）　　更新观念　锐意改革　建设新世纪的现代化公共图书馆

王　方（诸城市图书馆）　　浅谈信息时代县（市）级公共图书馆的发展趋势

王增红（潍坊市委党校图书馆）　　谈党校图书馆员的可持续教育

王希荣（潍坊市图书馆）　　知识经济时代的图书馆人力资源管理创新

李炳琴（临朐县图书馆）　　加强基层图书馆建设　为现代化建设服务

李雪生（青州市图书馆）　　新世纪图书馆信息服务的发展趋势

陈晓华（青州市图书馆）　　图书馆人力资源的管理及对策

刘建光（青州市图书馆）　　论现代图书馆读者服务工作的变化

张慎玲（青州市图书馆）　　浅谈网络时代图书馆的信息资源和信息服务

马东芳（青州市图书馆）　　现代图书馆管理的本质在于创新

赵　冰（青州市图书馆）　　知识经济时代下的图书馆员

郭瑞莲（潍坊市图书馆）　　浅论网络环境下的图书馆信息服务

十七　第十七届学术研讨会

2006 年 11 月 2 日至 3 日，"加强行风建设，创新服务品牌"活动研讨会暨潍坊市图书馆学会第十七届学术研讨会在寿光市林海生态园召开。潍坊市文化局助理调研员张宝才、潍坊市社科联副主席张瑞业、寿光市副市长刘建安、寿光市文化局局长张文升等领导出席大会。学会学术委员会副主任、潍坊医学院图书馆馆长张秀玲主持会议并作本届学术研讨会论文收缴、评选、获奖情况说明。此次研讨会主题是"图书馆发展与和

谐社会的构建"。研讨会共收到论文 52 篇，共评出一等奖 6 篇、二等奖 13 篇、三等奖 22 篇。潍坊市图书馆、潍坊学院图书馆、潍坊医学院图书馆、青州市图书馆、诸城市图书馆荣获论文撰写组织奖。会议对获奖论文作者和单位进行了表彰。

潍坊市图书馆学会第十七届学术研讨会获奖论文名单

（2006 年 11 月 3 日公布）

一等奖（6 篇）：

鲁　松（潍坊市图书馆）　议市级公共图书馆的地方文献工作

管贻英（潍坊学院图书馆）　职业精神是构成图书馆核心能力的灵魂

杨树兰（潍坊教育学院图书馆）　论高职院校和谐图书馆的构建

徐　琴（诸城市图书馆）　和谐社会中诸城市图书馆事业展望

袁　敏　孙在勇（寿光市图书馆）　浅谈基层图书馆与网络文化的关系

李淑云　迟文丽　刘文萍（高密市图书馆）　浅谈基层图书馆在城市发展和社会主义新农村建设中的地位和作用

二等奖（13 篇）：

张秀芝（潍坊学院图书馆）　隐性知识在图书馆工作中的运用

黄　鑫（潍坊学院图书馆）　图书馆教育职能与教育改革的整合

孙艳玲（潍坊教育学院图书馆）　高校图书馆在校园文化建设中的作用

高　芹（益都卫校图书馆）　网络环境下职业学校图书馆服务的拓展

王修文（高密市图书馆）　切实加强基层文化建设，搞好信息资源共建共享

赵学云　娄凤来（山东科技职业学院图书馆）　网络环境下高校图书馆网络信息资源的开发和利用

李　梅（潍坊市图书馆）　向青少年开展素质教育，构建学习社会的探讨

高洪臻（潍坊市图书馆）　图书馆专题特色数据库资源的深度开发

聂金梅（潍坊市图书馆）　浅议公共图书馆的特色化建设

张淑玲（诸城市图书馆）　在建设和谐社会中图书馆工作要坚持以人为本

刘子骥（益都卫校图书馆）　试析网络信息资源的特点及开发利用

王增红（潍坊市委党校图书馆）　图书馆在构建和谐社会中的作用

孙在勇　袁敏（寿光市图书馆）　浅谈数字化图书馆的建设与信息资源共享

三等奖（22 篇）：

李雪梅（潍坊市图书馆）　开展社会活动是图书馆工作的首要任务

王小青（潍坊市图书馆）　论图书馆"人文关怀"精神的体现

张志凤（潍坊市图书馆）　　图书馆信息服务新模式建设的探讨

张晓红（潍坊市图书馆）　　社会发展背景下的图书馆发展

刘子骥（益都卫校图书馆）　　试析网络信息资源的特点及开发利用

宋兰红（昌乐县图书馆）　　浅谈县级图书馆阅览服务工作

张爱欣（昌乐县图书馆）　　构建和谐社会与图书馆建设

朱彦慧（山东科技职业学院图书馆）　　浅谈新世纪图书馆创新

张　芳（山东科技职业学院图书馆）　　论 21 世纪图书馆服务模式的创新

娄凤来（山东科技职业学院图书馆）　　高职院校图书馆采访工作探讨

刘文萍　李淑云（高密市图书馆）　　浅谈图书馆员的职业精神与核心能力

王修文（高密市图书馆）　　加强管理　搞好服务

赵慧娟（寿光市文化局）　　县级图书馆与地方文献建设

马　丽（寿光市文化局）　　新农村精神文明建设的管理与领导

钟晓莉（益都卫校图书馆）　　浅议图书馆的文化服务

房金玲（临朐工人文化宫）　　浅谈图书馆服务的发展与创新

彭宝光（潍坊教育学院图书馆）　　高校图书馆如何培训新生模式初探

张春华（潍坊教育学院图书馆）　　高校图书馆与学习型社会

王乃萍（潍坊教育学院图书馆）　　高校图书馆员职业精神与职业能力和探讨

田忠昌（潍坊教育学院图书馆）　　信息环境下图书馆藏书管理的三大走向

孙鸿燕（潍坊教育学院图书馆）　　浅谈数字图书馆对传统图书馆的影响

丁国营（潍坊教育学院图书馆）　　浅谈图书馆员的核心能力是职业精神

十八　第十八届学术研讨会

2007 年 12 月 26 日，潍坊市图书馆学会第十八届学术研讨会召开。此次研讨会的主题是"和谐·服务·共享"，分主题是："图书馆与社会主义新农村建设"、"文化信息资源共享工程"、"图书馆服务模式创新"、"图书馆用户需求研究"、"图书馆用户阅读行为分析"。学术工作委员会对收到的论文进行了认真评选，共评出一等奖 3 篇、二等奖 10 篇、三等奖 23 篇。

潍坊市图书馆学会第十八届学术研讨会获奖论文名单
（2007 年 12 月 26 日公布）

一等奖（3 篇）：

赵学云　娄凤来（山东科技职业学院图书馆）　　和谐发展　服务育人

袁爱祥　王晓丽（昌乐县图书馆）　　县级图书馆古籍文献的管理与开发

张春华（潍坊教育学院图书馆）　　图书馆电子阅览室管理与利用

二等奖（10 篇）：

张秀芝（潍坊学院图书馆）　　高校图书馆服务模式创新

王增红（潍坊市委党校图书馆）　　论信息时代图书馆的参考咨询工作

刘子骥（益都卫校图书馆）　　试论构建和谐社会中的图书馆服务创新

郭焕超（山东交通职业学院图书馆）　　高校图书馆用户信息需求分析与服务研究

李淑云（高密市图书馆）　　浅谈全国文化信息资源共享工程支中心建设

朱彦慧　戴海蓉（山东科技职业学院图书馆）　　以服务创新构建和谐图书馆

王素梅（奎文区图书馆）　　构建和谐社会与图书馆服务创新

陈丽萍（潍坊学院图书馆）　　转变服务理念　创新工作模式

高　军（临朐县图书馆）　　加强共享工程建设　推动图书馆事业发展

王春玲（潍坊市图书馆）　　论网络化图书馆的信息资源建设

三等奖（23 篇）：

李红霞（寒亭区图书馆）　　拓宽思路，创新模式，发展农村图书事业

朱友花（益都卫校图书馆）　　构建和谐的图书馆服务文化

钟晓莉（益都卫校图书馆）　　浅谈读者的阅读习惯

高　芹（益都卫校图书馆）　　以人为本　共建和谐图书馆

张　芳（山东科技职业学院图书馆）　　论高职院校图书馆人力资源的管理

张凤霞　李桂萍（山东科技职业学院图书馆）　　如何发挥图书馆在构建和谐社会中的作用

王晓丽（昌乐县图书馆）　　浅谈图书馆的特色服务

王晓丽（昌乐县图书馆）　　浅谈新形势下如何做好读者服务工作

王国强（潍坊市图书馆）　王素梅（奎文区图书馆）　　公共图书馆服务工作与用户需求

李炳琴（临朐县图书馆）　　浅谈图书馆服务工作

刘淑英（临朐县图书馆）　　论图书馆的创新服务

许　靖（临朐县图书馆）　　论临朐县乡镇图书馆的发展与建设

李　芹（潍坊一中图书馆）　　试论中学图书馆员的职业文化素质及修养

王国梅（临朐县委党校图书馆）　　浅谈党校图书馆的和谐创建

刘蓉晖（潍坊市中医院图书馆）　　医院图书馆整体服务模式探讨

宋君峰（山东畜牧兽医职业学院图书馆）　　强化图书馆员职业道德意识　不断提高服务质量

王淑华（临朐县图书馆）　　浅谈工会图书馆在企业文化建设中的地位和作用

杨树兰（潍坊教育学院图书馆）　　高职院校图书馆读者阅读需求分析

田忠昌（潍坊教育学院图书馆）　　在图书馆工作中体现人文关怀

孙鸿燕（潍坊教育学院图书馆）　　谈图书馆在终身学习的作用

丁国营（潍坊教育学院图书馆）　　知识管理与图书馆

冯传志（潍坊市图书馆）　　论网络时代图书馆信息资源的共建共享

此外，为推动学术研究向高层次发展，学会每年积极推荐会员及提交优秀论文参加省级或全国级的学术研讨和交流活动。主要包括每年一度的中国图书馆学会、全国中小型公共图书馆联合会举办的理论研讨会、山东省图书馆学会组织举办的每年一度的学会年会及专题讨论会、"百县馆长论坛"、"海峡两岸公共图书馆基础建设研讨会"、华东地区少图协年会等，极大程度地提高了会员的学术研究水平，加强了交流与合作。同时，学会每年推荐报送优秀论文参加省、市社科联、科协科学成果评奖活动，成果丰硕。

第三节　业务竞赛

一　首届业务竞赛

1992 年 10 月 26 日至 27 日，潍坊市图书馆学会首届业务竞赛在本馆举行。来自全市各高等院校图书馆、中专图书馆、公共图书馆的 15 支代表队的 55 名优秀选手参加了竞赛。此次竞赛设图书分类理论与实践、图书编目理论与实践两个项目，分预赛、决赛两个阶段进行。预赛采取笔试方式，最后为现场决赛。

根据各队选手预赛成绩，获得图书分类、图书编目的前八个队参加了现场决赛。经过角逐，决出单项集体赛前六名。

此次竞赛得到了山东省图书馆学会、山东省图书馆的大力支持和帮助。山东省图书馆副馆长陈景唐、山东省图书馆研究辅导部主任李福贵及孙爱秀亲临决赛现场担任主裁判工作。山东省图书馆副馆长、省学会秘书长陈景唐，山东省图书馆研究辅导部主任李福贵，潍坊市人大副主任腾司宪，潍坊市政协副主席李在连，市社科联、市科协、市教委、市文化局的领导到会指导工作并为获奖选手和代表队颁奖。

表 13.1　潍坊市图书馆学会首届业务竞赛参赛代表队名单

代表队	领队	分类项目队员	编目项目队员
潍坊市图书馆	栗祥忠	张光德　王希兆	董红薇　林　娟

续表

代表队	领队	分类项目队员	编目项目队员
潍坊高等专科学校图书馆	刘桂珍	李秋之　陈秋萍	管贻英　刘海兰
昌潍师专图书馆	闫冬青	董文勤　李雪梅	李世海　刘红欣
潍坊医学院图书馆	宋玉真	程海星　孙金英	孙莱克　赵　岩
山东省牧校图书馆	张金玺	夏乐仓　刘慧芹	张军臣　马廷发
潍坊教育学院图书馆	王志华	刘建坤　马维香	李　涛　闫金峰
青州市图书馆	唐　杰	张仲秋　潘　新	周　玲　夏会珍
高密县图书馆	于世江	范纬华	李淑云
昌邑县图书馆	王修斌	王凤伟　林　静	姜杰华　于永芝
寿光县图书馆	李德祥	王闽榕　丁培芹	李　梅　亓小玲
寒亭区图书馆	刘吉芳	刘树臻　王　静	季丽琴　张立新
诸城市图书馆	杨汝润	张　云　逄金英	宋淑英　靳永春
昌乐县图书馆	郑在礼	高华芳　袁爱祥	于国强　刘世军
安邱县图书馆	周瑞贞	王维秀	程爱霞　吕梅华
临朐县图书馆	刘兴民	徐　静	王庆增

表 13.2　潍坊市图书馆学会首届业务竞赛团体名次表

项目 名次	图书分类集体赛	图书编目集体赛	团体名次
1	潍坊市图书馆	潍坊市图书馆	潍坊市图书馆
2	潍坊教育学院图书馆	潍坊教育学院图书馆	潍坊教育学院图书馆
3	潍坊高等专科学校图书馆	潍坊医学院图书馆	山东省牧校图书馆 昌乐县图书馆
4	昌乐县图书馆	山东省牧校图书馆	
5	山东省牧校图书馆	昌邑县图书馆	
6	诸城市图书馆	昌乐县图书馆	

表13.3　潍坊市图书馆学会首届业务竞赛个人名次表

名次 \ 姓名 \ 项目	图书分类项目		图书编目项目	
	姓名	单位	姓名	单位
1	张光德	潍坊市图书馆	王庆增	临朐县图书馆
2	王希兆	潍坊市图书馆	于国强	昌乐县图书馆
3	陈秋萍	潍坊高等专科学校图书馆	董红薇	潍坊市图书馆
4	马维香	潍坊教育学院图书馆	林　娟	潍坊市图书馆
5	刘建坤	潍坊教育学院图书馆	阎金峰	潍坊教育学院图书馆
6	王闽榕	寿光市图书馆	李　梅	寿光市图书馆
7	高华芳	昌乐县图书馆	姜杰华	昌邑县图书馆
8	张仲秋	青州市图书馆	张军臣	山东省牧校图书馆

二　第二届业务竞赛

2002年11月21日至22日，由潍坊市文化局、潍坊市图书馆学会共同举办的潍坊市图书馆学会第二届业务竞赛在本馆举行。来自市图书馆学会各会员馆的14支代表队的26名队员参加了本次比赛。此次竞赛主要围绕计算机在图书馆业务中的应用进行。设计算机编目、图书馆读者服务工作两个项目。

此次竞赛分初赛、复赛、决赛三个阶段进行，采用理论笔试、实践操作、口答三种方式。初赛是计算机基础知识和各单项理论测试，复赛是各单项上机实践操作，决赛是口答全部内容。经过理论测试、实践操作、现场决赛三个阶段的激烈角逐，决出团体总分前八名代表队和个人单项前六名。

本次竞赛得到了各级领导的关心和支持，山东省图书馆馆长王运堂带领采编部主任王玉梅、辅导部主任陶嘉今亲临比赛现场指导工作并为获奖选手及单位颁奖。

表13.4　潍坊市图书馆学会第二届业务竞赛参赛队名单

代表队	领队	队员	
潍坊市图书馆	王希兆	王彭兰	陈天文
坊子区图书馆	李庆伟	王瑞霞	郑海清
诸城市图书馆	唐　琦	逢金英	李光惠
昌邑市图书馆	姜杰华	林　静	赵岩峰

代表队	领队	队员
高密市图书馆	王金孝	李淑云　李　琦
青州市图书馆	张树亭	陈晓华　李雪生
寿光市图书馆	孙在勇	李尚君　刘兴臻
昌乐县图书馆	于国强	王晓丽（读者服务工作）
潍坊学院图书馆（一队）	李秋之	陈秋萍　荆有广
潍坊学院图书馆（二队）	李秋之	李世海　吴彩凤
潍坊医学院图书馆	孙晓燕	李纪宾　李修杰
潍坊教育学院图书馆	王志华	李　涛　王乃萍
山东畜牧兽医学院图书馆	李　琴	王桂英　丁玉娟
益都卫校图书馆	高淑英	刘子骥（计算机编目）

表 13.5　潍坊市图书馆学会第二届业务竞赛团体名次表

名次／代表队	名称	团体总分
1	潍坊市图书馆	5280.5 分
2	诸城市图书馆	4594 分
3	潍坊学院图书馆（二队）	3821.5 分
4	潍坊医学院图书馆	3660.5 分
5	山东畜牧兽医学院图书馆	3540 分
6	潍坊学院图书馆（一队）	3400 分
7	高密市图书馆	3303.5 分
8	青州市图书馆	3172 分

表 13.6　潍坊市图书馆学会第二届业务竞赛个人名次表

名次／姓名／项目	计算机编目			读者服务工作		
	姓名	代表队	成绩	姓名	代表队	成绩
1	王彭兰	潍坊市图书馆	1578 分	陈天文	潍坊市图书馆	1802.5 分
2	逄金英	诸城市图书馆	1361 分	李光惠	诸城市图书馆	1533 分

名次 \ 项目 \ 姓名	计算机编目			读者服务工作		
	姓名	代表队	成绩	姓名	代表队	成绩
3	李修杰	诸城市图书馆	1311 分	丁玉娟	潍坊畜牧兽医学院图书馆	1224 分
4	陈晓华	青州市图书馆	1299 分	王晓丽	昌乐县图书馆	1101 分
5	李世海	潍坊学院图书馆	1178 分	李纪宾	潍坊医学院图书馆	1049.5 分
6	陈秋萍	潍坊学院图书馆	1172 分	吴彩凤	潍坊学院图书馆	943.5 分

第四节　编辑出版

一　会刊

《潍坊市图书馆学会会刊》是潍坊市图书馆学会与潍坊市图书馆共同主办的学术性和知识性相结合的图书馆专业刊物，年刊，内部发行，为山东省第一家地方学会会刊。

1989 年 12 月，《潍坊市图书馆学会会刊》一九八九年（总第一期）编辑出版。刊登学会成立大会暨首届学术论文研讨会召开期间的重要文献，全文刊登学会首届学术论文研讨会获奖论文 16 篇，以文摘形式刊登论文 7 篇，刊登简讯 2 条。

1990 年 12 月，《潍坊市图书馆学会会刊》一九九〇年（总第二期）编辑出版。刊登《学会工作一年回顾》，选登学会第二届学术研讨会获奖论文 7 篇，刊登《图书馆为农业服务》专题论文 3 篇；设置《私人藏书家》和《图书馆志》两个专栏，刊登相关文章 3 篇。

1993 年 12 月，《潍坊市图书馆学会会刊》一九九三年（总第三期）编辑出版。刊登学会第二届会员代表大会暨第四届学术研讨会召开期间的重要文献；《论文选登》专栏刊登学会第四届学术研讨会获奖论文 12 篇，以文摘形式刊登获奖论文 19 篇；《学会工作》专栏刊登《潍坊市图书馆学会首届业务竞赛回顾》和《潍坊市图书馆学会九二～九三年工作大事记》等文章。

1994 年 12 月，《潍坊市图书馆学会会刊》一九九四年（总第四期）编辑出版。刊登学会第五届学术研讨会召开期间的重要文献；《论文选登》专栏刊登学会第五届学术研讨会获奖论文 51 篇；《工作信息》专栏刊登《潍坊市公共图书馆评估定级工作圆满结束》和《潍坊市图书馆　寿光钢厂联合举办"寿钢杯"公共图书馆业务竞赛》等消息。

二　论文集

1995 年 12 月，《潍坊市图书馆学会 1995 年论文集》编辑出版，刊登学会第六届学术研讨会获奖论文 50 篇。

1996 年 12 月，《潍坊市图书馆学会 1996 年论文集》编辑出版，刊登学会第七届学术研讨会获奖论文 58 篇。

1998 年 12 月，《潍坊市图书馆学会 1998 年论文集》编辑出版，刊登学会第九届学术研讨会获奖论文 49 篇。

三　情况交流

1990 年，为加强学会会员之间的联系，促进会员馆业务工作的开展，潍坊市图书馆学会秘书处开始编印《潍坊市图书馆学会情况交流》，刊登全市图书馆界的新闻、消息、工作经验及学会的征文通知等。2002 年，除编印纸质文稿外，还通过潍坊市图书馆网站发布每期的内容。截至 2007 年 12 月，共编印《潍坊市图书馆学会情况交流》52 期。

四　其他学术著作

1992 年，在山东省图书馆、山东省图书馆学会的支持帮助下，《山东图书馆季刊》增刊结集出版，刊登几年来学会学术研讨会 23 名会员撰写的优秀论文 18 篇。

2000 年 9 月，《知识与信息的使者》编辑出版，其中刊登学会会员撰写的部分获奖论文。

2002 年 2 月，《历史的重托》编辑出版，其中刊登学会会员撰写的获奖论文 33 篇。

2003 年 5 月，《图书馆建设与发展》编辑出版，其中刊登学会会员撰写的获奖论文 33 篇。

2004 年 6 月，《探索与追求》编辑出版，其中刊登学会会员撰写的部分获奖论文。

第五节　其他活动

一　图书馆服务宣传周

1989 年 5 月 28 日至 6 月 3 日，本馆根据山东省文化厅和潍坊市文化局的部署，组织举办 1989 年度图书馆服务宣传周。在市区东风桥头、东风大街、胜利大街设立三个宣传点，利用图文并茂的版面，宣传建馆四十年来本馆的发展变化和新馆建设，举办服务成果展览，开展阵地期刊阅览，宣传如何利用图书馆，宣传推广工具书，向读者赠送《馆藏百种工具书简介》。此次活动期间，公开办理读者证 112 个，解答咨询 200 余人次。

1990 年 5 月 27 日至 6 月 2 日，本馆根据文化部和山东省文化厅《关于举办 1990 年度图书馆服务宣传周活动的通知》精神，组织举办 1990 年度图书馆服务宣传周。协助潍坊市文化局组织县、市、区公共图书馆和驻潍高校、中专学校、厂矿、企事业单位、乡镇等共 36 家图书馆（室）260 人参加，出动宣传车 26 辆，在市区东风大街、胜利大街及各县、市、区的主要街道进行了宣传。通过有线广播、录音、录像、版面、图片等宣传形式向社会宣传科技书目、图书馆现代化技术、工具书索引、少儿科普读物等，扩大了图书馆的社会影响。

1991 年 5 月 27 日至 6 月 2 日，本馆组织举办 1991 年度图书馆服务宣传周活动。此次活动的主题是"热爱中国共产党，热爱社会主义"。

1992 年 5 月 26 日至 31 日，本馆组织举办 1992 年度图书馆服务宣传周活动。此次活动巩固了上年度宣传周活动的成果，密切了与读者的联系，提高了馆藏图书资料的利用率。

1993 年 5 月 24 日至 30 日，本馆组织举办 1993 年度图书馆服务宣传周活动。此次活动的主题是"图书馆与人"，采取上街宣传和定点宣传两种方式。

1994 年 5 月底，本馆组织举办 1994 年度图书馆服务宣传周活动。本馆印发了《爱国主义·革命传统教育推荐书目》，推介馆藏优秀图书 117 种。

1995 年 5 月 28 日至 6 月 3 日，本馆组织举办 1995 年度图书馆服务宣传周活动。此次活动以宣传 96 国际图联大会和图书馆的重要作用为重点展开。

1996 年 5 月 27 日至 6 月 2 日，为宣传第 62 届国际图联大会，展示各图书馆的服务成果，提高全社会的图书馆意识，由潍坊市文化局、潍坊市图书馆学会联合组织本市各图书馆进行声势浩大的图书馆服务宣传周活动。此次活动以版面为主，配以声像、文字材料等形式开展宣传。山东省文化厅、山东省图书馆学会、潍坊市文化局与市图书馆学会对在此次活动中作出突出贡献的先进集体和个人进行了表彰。

1997 年 5 月 26 日至 6 月 1 日，本馆组织举办 1997 年度图书馆服务宣传周活动。此次活动的主题是："迎香港回归，迎接十五大"；"知识工程"，广泛发动全市各级各类图书馆参加。此次活动期间，本馆购进新书 1000 余册，连同香港石景宜先生捐赠的港台版图书 3700 余册奉献给广大读者，制作了宣传版面、横幅，编印图书馆简介，开展优质服务活动，举办了迎香港回归书画展、迎香港回归乒乓球赛。市委、市政府有关领导参加了活动开幕式。《潍坊日报》、《潍坊晚报》、潍坊市电视台等新闻媒体分别给予宣传报道。

1999 年 5 月 29 日至 6 月 5 日，本馆根据全国"知识工程"领导小组安排，组织举办 1999 年度图书馆服务宣传周活动。此次活动的主题是响应江总书记号召，大兴勤奋学习之风。此次活动大力宣传江泽民总书记 1998 年 12 月 22 日视察国家图书馆时所作的关于"要在全社会倡导人们多读书，大兴勤奋学习之风"的重要指示；宣传读书成才、读书致富、读书再就业等典型事例；宣传实施"知识工程"对贯彻落实江总书记重要指示的意义；宣传"知识工程"提出的"倡导全民读书，建设阅读社会"的建设目标。潍坊市文化局、潍坊市图书馆学会对在此次活动中表现突出的先进集体和个人进行了表彰。

2000 年 5 月 29 日至 6 月 4 日，本馆组织举办 2000 年度图书馆服务宣传周活动。此次活动以科普宣传为重点，主题是"传播科学知识、宣传科学思想、倡导科学方法、弘扬科学精神"。此次活动大力宣传江泽民总书记等中央领导同志关于科普工作的重要指示精神，动员社会各界重视、支持、参与科普工作；宣传马克思主义的唯物论、无神论，增强对愚昧迷信和伪科学的识别和抵制能力；宣传图书馆作为人民的终身学校在全民读书学习活动中的重要作用，号召广大人民积极投身终身学习活动，大兴勤奋学习之风。

2001 年 5 月 28 日至 6 月 3 日，本馆根据全国知识工程领导小组和山东省文化厅有关通知精神，组织举办 2001 年度图书馆服务宣传周活动。此次活动的主题是"纪念中国共产党成立 80 周年"；"让科学走进千家万户，用知识造福社会"。此次活动宣传中国共产党的光辉历史和丰功伟绩；通过传播科学知识，帮助广大人民群众树立科学的世界观，增强对愚昧迷信和伪科学的识别和抵制能力。

2002 年 5 月 27 日至 6 月 2 日，本馆组织举办 2002 年度图书馆服务宣传周活动。此次活动的主题是"传播先进文化、提高全民素质"。此次活动进一步贯彻落实全国知识工程领导小组《2002 年"知识工程"工作要点》，宣传《公民道德建设实施纲要》，扩大图书馆在社会上的影响，把更多的人吸引到图书馆来，提高图书资料的利用率。潍坊市文化局、潍坊市图书馆学会对在此次活动中表现突出的先进集体和个人进行了表彰。

2003 年 5 月 26 日至 6 月 1 日，本馆根据全国"知识工程"领导小组的要求，组织举办 2003 年度图书馆服务宣传周活动。此次活动的主题是"倡导终身学习，全民学习，创建学习型社会"。此次活动以阵地宣传为主，宣传图书馆在创建学习型社会中的重要作用；宣传万众一心、众志成城、依靠科学、战胜"非典"的先进事迹。潍坊市电视台、《潍坊晚报》等大众传播媒体对此次活动进行了跟踪报道。

2004 年 5 月 30 日至 6 月 6 日，本馆根据全国知识工程领导小组和山东省文化厅的安排，组织举办2004年度图书馆服务宣传周活动。此次活动的主题是"营造学习氛围，倡导读书育人"。此次活动积极宣传全国文化信息资源共享工程，开展健康丰富的未成年人教育活动。潍坊市文化局、潍坊市图书馆学会对在此次活动中表现突出的先进集体和个人进行了表彰。

2005年5月30日至6月5日，本馆根据全国"知识工程"领导小组通知精神，组织开展2005年度图书馆服务宣传周活动。此次活动的主题是"共享文化资源，构建和谐社会"。此次活动组织各级各类图书馆开展了全国文化信息资源共享工程、充分发挥图书馆的教育阵地作用、丰富广大未成年人的精神文化生活等宣传活动。潍坊市文化局、潍坊市图书馆学会对此次活动中表现突出的先进单位和个人给予表彰奖励。

2006年5月29日至6月4日，本馆根据全国知识工程领导小组要求，组织开展2006年度图书馆服务宣传周活动。此次活动的主题是"倡导全民阅读，构建学习型社会"。

2007年5月28日至6月3日，本馆根据全国知识工程领导小组的要求，组织开展2007年度图书馆服务宣传周活动。此次活动的主题是"延伸服务、深化服务，提高社会效益"。此次活动的宣传重点是大力宣传图书馆延伸服务工作。采取阵地宣传、网上宣传、深入基层宣传等形式，宣传图书馆公益性和服务性，引导读者利用文化信息资源共享工程服务网络。

二　全民读书月

自2003年起，为认真贯彻中国图书馆学会"关于开展全民读书月活动"的通知及省文化厅"关于开展优质服务年活动"意见，每年12月份组织一年一度的"全民读书月"活动。潍坊市文化局与潍坊市图书馆学会联合下发文件，成立活动领导小组，制定活动实施方案，各地及学会各会员馆结合实际，创新发展思路，强化服务意识，精心组织，措施得力，收到良好社会效果。2004年，潍文字（2004）第5号文件对在2003年度"全民读书月"活动中作出突出贡献的青州市图书馆、寿光市图书馆、昌邑市图书馆、寒亭区图书馆予以通报表彰。2007年，潍文字（2007）39号文件对在2006年度做出突出成绩的单位和个人予以通报表彰。名单如下：

先进集体：

潍坊学院图书馆

潍坊教育学院图书馆

益都卫生学校图书馆

山东科技职业学院图书馆

潍坊市图书馆

诸城市图书馆

安丘市图书馆

临朐县图书馆

昌邑市图书馆

昌乐县图书馆

奎文区图书馆

青州市图书馆

先进个人：

李　琦　孙鸿燕　赵学云　刘子骥　吴长栋　徐　琴　李贵森　李　虎　姜杰华

袁爱祥　王素梅　王希兆　林　娟

三　"加强行风建设，创新服务品牌"活动

为贯彻落实中国图书馆学会提出的《中国图书馆员职业道德准则》、省文化厅和市文化局《关于在全省（市）文化系统开展民主评议行风活动的实施方案》的精神，进一步加强我市图书馆事业发展，提高服务水平和质量，自 2006 年 4 月起，潍坊市文化局和潍坊市图书馆学会联合组织全市各图书馆广泛开展了"加强行风建设、创新服务品牌"活动。各县、市、区文化局及图书馆学会各会员馆紧紧抓住活动主题及宣传重点，精心策划，认真组织，突出服务特色，创新服务品牌，结合各自特点，开展了一系列宣传推广活动和服务工作，并充分利用新闻媒体，全方位、多角度地进行宣传报道，在全市掀起了宣传图书馆的热潮，扩大了图书馆的社会影响。2006 年 11 月 2 日至 3日，在寿光林海生态园召开"加强行风建设，创新服务品牌"总结表彰大会，潍坊市文化局助理调研员张宝才宣读了潍文字（2006）第 102 号文件，对在活动中涌现的先进集体和个人及创新服务示范岗予以通报表彰。名单如下：

先进集体：

潍坊市图书馆

潍坊学院图书馆

潍坊医学院图书馆

青州市图书馆

诸城市图书馆

潍坊教育学院图书馆

寿光市图书馆

高密市图书馆

益都卫生学校图书馆

潍坊畜牧兽医职业学院图书馆

创新服务示范岗：

潍坊市图书馆借书室

青州市图书馆少儿借阅部

诸城市图书馆报刊部

高密市图书馆电子阅览室

昌邑市图书馆借书室

临朐县图书馆借书室

潍坊学院图书馆文献阅览部的报刊阅览室

潍坊医学院图书馆流通部

潍坊教育学院图书馆阅览室

潍坊畜牧兽医职业学院图书馆信息部

山东科技职业学院图书馆流通部

潍坊职业学院图书馆流通部

先进个人：

尹　霞　李秋之　张慎玲　孙来克　袁　敏　徐　琴　袁爱祥　刘文萍　赵岩峰
李　虎　姚李军　崔丽红　王素梅　王丽萍　高　芹　宗伟玲　马奎东　杨树兰

四　"优秀读者"评选活动

为进一步提高全社会图书馆的图书馆意识，展示各图书馆的读者服务成果，表彰重视利用图书馆并取得显著成绩的优秀读者，潍坊市文化局、潍坊市图书馆学会先后于1996年和2006年组织全市"优秀读者"评选活动，并于2005年和2006年向山东省图书馆学会推荐两名读者参加"山东省十佳书香家庭"的评选活动。

1996年7月，潍坊市文化局、潍坊市图书馆学会、潍坊万邦经贸有限公司联合举办了潍坊市"万邦杯"图书馆优秀读者评选活动。此次活动历时三个月，全市各级各类图书馆的广大读者参加了申报评选。市评委会对申报的材料进行了核实、评比，最终评出了21名潍坊市"万邦杯"图书馆优秀读者。名单如下：

赵文禄　唐胜建　朱建平　张维中　丛建国　张统环　董廷宣　高　伟　刘志敏
戚学森　王　埔　杜勋业　董建平　张文阁　贾效孔　冯玉明　康健军　张承仁
齐安俊　明连君　吕春顺

为进一步推动广大群众"爱书、用书、藏书"，努力形成"全民学习、终身学习"的良好氛围，积极创建具有地域特色的文化山东，山东省图书馆学会分别于2006年和2007年组织"山东省十佳读者书香家庭"的评选活动。潍坊市图书馆学会推荐报送的邓华、赵文禄两名同志分别荣获"山东省首届十佳读者书香家庭"和"山东省第二届读书节十佳读者书香家庭"荣誉称号并被通报表彰。

2007 年，潍坊市文化局、潍坊市图书馆学会联合下发文件，在各级各类图书馆之间广泛开展了"优秀读者"的推荐评选活动。在各馆推荐的基础上，经过认真审核评议，有 13 名优秀读者被通报表彰。名单如下：

韩　岗　付　璐　祝惠丽　孙能垒　曹立会　阎敬禹　夏汉志　郑新华　邓　华
杨传良　张德民　马瑞忠　马金周

五　"优质服务项目创评"活动

2007 年，潍坊市图书馆学会以《同享读书　共建和谐》为题，参加了潍坊市科协组织的"关于开展潍坊市市级学会优质服务项目创评活动"并申报立项。之后，学会多次召开理事长会议进行重点部署，对活动的组织领导、目标要求、活动内容、实施步骤等方面提出了具体的要求。随后，认真组织协调，加强督导交流。全市各系统、各类型图书馆以丰富的馆藏信息、知识资源、先进的信息传播技术、良好的学习环境、浓厚的学习氛围并利用自身的资源优势，在积极传播信息知识、广泛开展社会教育方面发挥了积极的作用，取得了"同享读书、共建和谐"的良好社会效果。在潍坊市科学技术五届六次全委会议上，各市级学会报送的 14 个"优质服务项目"被通报表彰，潍坊市图书馆学会申报的"同享读书、共建和谐"榜上有名。

此外，潍坊市图书馆学会积极参加潍坊市社科联、潍坊市科协组织的每年一度的科普宣传推广活动，连年被评为"先进集体"。

大事记

1910 年

是年 清学部颁布《京师及各省图书馆通行章程》，明令："各府、厅、州、县治应各依年限以次设立图书馆，曰：某府、厅、州、县图书馆。"

1915 年

是年 民国政府教育部颁布《图书馆规程》和《通俗图书馆规程》督饬各省县建立图书馆。

1918 年

是年 潍县在城里东门大街旧庠门内设通俗讲演所，后于庠门外设通俗讲演社，备有各种杂志、报章供人阅览。

1929 年

是年 国民党山东省政府教育厅发布《山东市、县立图书馆暂行规程》。
是年 潍县设立第一区图书馆，后改称为潍县县立民众图书馆。

1931 年

是年 潍县成立潍县县立民众教育馆，潍县县立民众图书馆并入潍县县立民众教育馆，称潍县县立民众教育馆阅览部。

1938 年至 1944 年

期间　潍县设立潍县县立民众教育馆阅览部。

1948 年

4 月　潍县解放，成立潍坊特别市，建立潍坊特别市民众教育馆，设有图书室和两处大众阅览室。

6 月　山东省人民政府派李季华、陈秉忱二位同志来我市会同市政府广泛发动本市各文物、古籍收藏家，将个人收藏的文物、古籍捐献给国家。

7 月 16 日　潍坊特别市民众教育馆附设的图书室在《新潍坊报》刊登征购图书启事。

8 月 7 日　潍坊特别市市政府在市府大厅举行仪式，成立潍坊特别市古代文物管理委员会，同时设立潍坊特别市市立图书馆，陈君藻任馆长。

8 月 9 日　潍城丁志萱将其父丁锡田收藏的在潍古籍文献 2896 种、23031 册捐献潍坊特别市政府。同时，郭砥生、陈孝禄、李英麟等 10 余人共捐献古籍文献 3 万余册。

11 月 6 日　潍坊特别市市立图书馆馆址正式设在胡家牌坊街 8 号十笏园内。

11 月　潍坊特别市民众教育馆撤销，民众教育馆附设大众图书馆合并于潍坊特别市市立图书馆，设藏书和阅览两部，于 16 日正式对外开放。

1949 年

4 月 5 日　潍坊特别市市立图书馆举行开馆典礼。

6 月 3 日　潍坊特别市市立图书馆改称为潍坊市市立图书馆。

1950 年

是年　潍坊市市立图书馆馆址迁至胡家牌坊街 33 号。

1952 年

1 月　王振纶任潍坊市市立图书馆馆长。

1 月　陈君藻改任潍坊市市立图书馆副馆长。

4 月　潍坊市市立图书馆改称为潍坊图书馆。

1953 年

8 月 1 日　潍坊图书馆改称为潍坊市图书馆。

1955 年

11 月 28 日　潍坊市文教科、公安局、新华书店、图书馆、第一文化馆等 17 个部门和单位联合成立潍坊市处理反动的、淫秽的、荒诞的书刊图画办公室。

1956 年

11 月　郭子宣任本馆副馆长。

12 月　邓尚清任本馆馆长。

1957 年

6 月　本馆古籍文献 3 万余册被调至山东省图书馆和山东省博物馆。

1958 年

2 月　王仲源任本馆馆长兼潍坊市直文化单位联合党支部书记。

1959 年

是年　本馆停止使用根据《山东省图书馆分类法》编制的"十进分类法"。

1960 年

1 月　本馆开始改用《中小型图书馆图书分类表（草案)》。

1961 年

是年　郎会栋被选为青年积极分子，并出席潍坊市文教卫生青年积极分子大会。

1962 年

4 月　潍坊市博物馆成立。一直由本馆兼管的文物工作正式移交潍坊市博物馆。

1963 年

4 月　高启炎任本馆副馆长。

1964 年

10 月 28 日至 12 月 5 日　本馆与潍坊市第一文化馆组成工作组，到龙甲公社进行农村文化活动试点工作。

1966 至 1976 年 9 月

"文化大革命"期间，本馆与潍坊市博物馆、潍坊市文物商店、潍坊市第一文化馆、潍坊市第二文化馆、曲艺队、少年之家被拼凑成"文化七单位"。本馆为其下属的"图书组"。

1976 年

10 月　本馆迁至东风大街 187 号。

1977 年

是年　本馆开始改用《中国图书馆图书分类法》。

1978 年

8 月　李青云任本馆馆长。

1979 年

1 月　本馆实行收取押金办理借书证的办法。

1981 年

9 月　本馆迁至东风大街 352 号。
10 月　本馆设党支部，张序任专职书记。

1982 年

是年　潍坊地区图书馆专业干部职称评定试点工作在本馆和昌潍师专图书馆进行。

1984 年

1 月　本馆由县（市）级公共图书馆升格为地（市）级公共图书馆。
7 月　本馆迁至潍城区米市街 48 号。
7 月　李珂田任本馆党支部书记。
7 月　张序任本馆副馆长。
7 月 23 日　潍坊市文化局请示潍坊市政府建设潍坊市图书馆新馆馆舍。
8 月 1 日　潍坊市政府原则同意新建潍坊市图书馆馆舍的意见。
8 月　本馆建立团支部。

1985 年

1 月　潍坊市政建设局批复同意本馆扩建新馆舍。
5 月　本馆采用国家标准《文献著录总则》、《普通图书著录规则》、《连续出版物著录规则》等著录文献。

9 月 本馆与山东省广播电视大学潍坊分校举办山东省广播电视大学 85 级图书馆学专业班。

12 月 贾金兰任本馆副馆长。

12 月 王明俊任本馆党支部副书记。

1986 年

9 月 本馆协助潍坊市文化局在临朐县召开全市公共图书馆工作会议。

11 月 本馆协助潍坊市文化局举办首届全市公共图书馆业务技术选拔赛暨首届潍坊市公共图书馆业务竞赛。

12 月 由本馆副馆长贾金兰与本馆栗祥忠、王济众、刘满奎及青州市图书馆张仲秋组成的潍坊市代表队在全省首届（地）市级图书馆业务竞赛中获集体赛第一名，科学管理赛第二名，目录组织赛第四名。

1987 年

10 月 29 日 贾金兰任本馆馆长。

1988 年

1 月 25 日 本馆编印的《决策参考信息》第 1 期正式出版。

4 月 本馆协助潍坊市文化局举办第二届潍坊市公共图书馆业务技术比赛。

6 月 本馆馆长贾金兰参加全省公共图书馆馆长学研班并作典型发言。

7 月 山东省广播电视大学 85 级图书馆学专业班学员毕业。

7 月 15 日 本馆新馆扩建一期工程——综合图书楼工程举行奠基典礼。

8 月 本馆由正科级单位升格为副县级单位。

9 月 本馆举办山东省广播电视大学 88 级图书馆学专业班。

9 月 本馆与济南广播电视中专图书馆职工函授分校举办济南市职工中专 88 级图书馆学专业函授中专班。

10 月 本馆召开优秀读者报告会并编印《潍坊市图书馆读者服务成果选编》。

10 月 9 日至 13 日 本馆协助山东省文化厅在青州市图书馆召开全省第一次评选先进图书馆试点工作会议。13 日，与会领导及全省各地市图书馆馆长到本馆检查指导工作。

1989 年

1 月　本馆被山东省文化厅评为"先进图书馆"；本馆馆长贾金兰被授予"先进工作者"称号。

4 月　本馆馆长贾金兰被文化部授予"图书馆先进工作者"称号。

5 月　本馆实行馆长负责制。

5 月　贾金兰任本馆馆长，职级为副县级。

5 月　张序任本馆工会主席，职级为正科级。

6 月　李珂田任本馆党支部书记，职级为副县级。

6 月　丁洪俊、栗祥忠任本馆副馆长，职级为正科级。

7 月　由旅美华侨刘实先生捐款人民币 5 万元，在潍坊设立念慈文化图书基金，并成立念慈基金委员会。该基金每年产生的利息由本馆和寿光图书馆各分得一半，用于购置图书。

9 月　本馆设立山东省广播电视大学举办的图书资料系列成人高等教育《专业证书》教学点。

10 月 16 日　潍坊市图书馆学会成立。

10 月 17 日　潍坊市图书馆学会组织召开首次会员代表大会暨首届学术论文研讨会。

11 月　本馆组织召开全市公共图书馆馆长会议。

11 月 7 日至 18 日　本馆协助潍坊市文化局组织举办县、市、区公共图书馆馆长培训班。

12 月　潍坊市图书馆学会编辑出版《潍坊市图书馆学会会刊》第一期。

1990 年

9 月 30 日　本馆举行新馆落成典礼。

9 月 30 日至 10 月 10 日　本馆举办潍坊市公共图书馆服务成果展、潍坊地方文献展、山东省图书馆馆藏国外最新科技期刊暨潍坊古籍文献展。

12 月 28 日至 29 日　潍坊市图书馆学会组织召开第二届学术研讨会。

12 月　潍坊市图书馆学会编辑出版《潍坊市图书馆学会会刊》第二期。

1991 年

5 月 13 日至 14 日　本馆举办潍坊市第三届公共图书馆业务竞赛暨赴省参加山东省第二届公共图书馆业务竞赛选拔赛。

6 月 3 日　本馆举行潍坊市少年儿童图书馆成立暨《风筝》一书首发式。

6 月 12 日至 13 日，本馆张光德、董红薇，青州图书馆张仲秋，寒亭图书馆季丽琴组成潍坊市代表队在山东省第二届公共图书馆业务竞赛中获得图书分类集体第四名，类分图书个人第四名。

11 月 5 日至 7 日　潍坊市图书馆学会组织召开第三届学术研讨会。

1992 年

9 月　傅永聚任本馆党支部书记。

10 月 26 日至 27 日　潍坊市图书馆学会组织举办首届业务竞赛。

11 月　山东省副省长宋法棠视察本馆。

12 月 1 日　本馆承办全省首届（地）市公共图书馆馆长例会。

12 月　李维忠任本馆副馆长。

1993 年

4 月 22 日　美国纽约市布鲁克林图书馆馆长布兰登温与夫人莉莎来本馆参观交流。

5 月 8 日　潍坊市市长王大海来本馆视察工作。

5 月 21 日至 6 月 7 日　本馆馆长贾金兰随中共潍坊市委宣传部组织的文化考察团到新加坡、泰国、香港、澳门参观考察。

8 月　本馆与美国纽约市布鲁克林图书馆互赠图书。

10 月 28 日至 29 日　潍坊市图书馆学会组织召开第二次会员代表大会暨第四届学术研讨会。

12 月　潍坊市图书馆学会编辑出版《潍坊市图书馆学会会刊》第三期。

1994 年

2 月　潍坊市图书馆学会被潍坊市人事局、潍坊市科协评为先进集体。

3月　潍坊市人民政府转发潍坊市文化局《关于建立地方文献呈缴本制度的通知》。

4月15至30日　本馆举办地方文献精品展。

5月　本馆与潍坊市艺术馆、潍坊电视台联合成立潍坊市儿童艺术联谊会，下设潍坊市儿童业余剧团。

6月6日至21日　本馆馆长贾金兰到美国纽约市布鲁克林图书馆参观考察。

9月28日至10月4日　本馆承办全市副县级以上领导干部书画展。

10月18日至19日　本馆与寿光钢厂联合举办"寿钢杯"潍坊市公共图书馆读者工作业务竞赛。

12月27日　本馆组织召开潍坊市公共图书馆馆长座谈会。

12月27日至28日　潍坊市图书馆学会组织召开第五届学术研讨会。

12月　潍坊市图书馆学会编辑出版《潍坊市图书馆学会会刊》第四期。

12月　本馆被文化部命名为全国"文明图书馆"和国家"二级图书馆"。

1995 年

4月16日　本馆举行全国"文明图书馆"和国家"二级图书馆"命名揭牌仪式。潍坊市长王大海和潍坊市市人大常委会主任孙嘉炼为荣获的奖牌揭牌。

4月16日　本馆与潍坊市博物馆、潍坊市艺术馆联合承办潍坊市历史文化名人大展。

9月　本馆组织编写的《图书馆学中等专业学习用书》由山东友谊出版社出版。

11月30日至12月1日　潍坊市图书馆学会组织召开第六届学术研讨会。

12月　潍坊市图书馆学会编辑出版《潍坊市图书馆学会一九九五年论文集》。

12月　贾金兰、栗祥忠等主编的《潍坊十二家图书馆报刊联合目录》出版。

1996 年

3月　栗祥忠任本馆馆长。

4月18日至22日　本馆邀请武警文工团在长城礼堂举办文艺晚会。

4月　本馆承办潍坊人文与自然景观摄影展。

5月27日至6月2日　潍坊市文化局、潍坊市图书馆学会联合16家驻潍大中专院校图书馆开展主题为迎接1996年第62届国际图联大会在北京召开的图书馆服务宣传周活动。本馆被山东省文化厅评为先进集体。

7月　高利波任本馆副馆长。

7 月　丁洪俊任本馆工会主席。

7 月　王洁任本馆副馆长。

8 月　本馆馆长栗祥忠参加在北京召开的第 62 届国际图联大会。

10 月 21 日至 23 日　潍坊市图书馆学会组织召开第七届学术研讨会。

10 月　香港汉荣书局董事长、全国政协委员石景宜先生与夫人、秘书一行在文化部图书馆司、山东省图书馆有关领导陪同下参观了本馆和青州市图书馆并确定分别赠送图书。

11 月　本馆馆长栗祥忠参加 8 省市公共图书馆馆长研讨会。

12 月　潍坊市图书馆学会编辑出版《潍坊市图书馆学会一九九六年论文集》。

是年　本馆与潍坊市潍城区、奎文区教委联合在城区中小学开展"爱我中华，迎香港回归"大型读书活动。

1997 年

2 月至 7 月　本馆参加潍坊市精神文明建设委员会主办的"我为风筝城添光彩暨第五届'文明杯'跨行业优质服务竞赛活动"。

4 月 18 日至 22 日　本馆邀请天津歌舞剧院在长城礼堂举办音乐、歌舞晚会。

4 月 19 日至 22 日　本馆举办老将军金秋名人书画展。

4 月 20 日　石景宜夫妇参加第十四届潍坊国际风筝会开幕式并参观本馆。

5 月 26 日至 6 月 1 日　本馆组织开展图书馆服务宣传周活动，同时举办迎香港回归书画展、"鑫利杯"中小学生"爱我中华，迎香港回归"读书演讲比赛、乒乓球比赛等。

5 月 27 至 28 日　本馆组织召开全市公共图书馆馆长会议。

5 月　李世孝任本馆工会主席。

6 月　王英勋任本馆副馆长。

10 月　本馆举办"朗格尔电梯杯"潍坊市第四届公共图书馆业务竞赛暨赴省参加山东省第三届公共图书馆业务竞赛选拔赛。

10 月 28 日　本馆联合潍城区教委、奎文区教委在城区中小学普遍开展"英才杯"跨世纪读书活动。

11 月　本馆馆长栗祥忠参加山东省图书馆学会第四次代表大会并当选山东省图书馆学会第四届理事会理事。

11 月　本馆馆长栗祥忠等应邀赴北京参加《四库全书存目丛书》出版庆典。

12 月 16 日至 17 日　潍坊市图书馆学会组织召开第八届学术研讨会。

12 月   本馆刘满奎、张光德、林娟组成潍坊市代表队在山东省第三届公共图书馆业务竞赛中获团体第三名,图书分类与编目第二名,读者工作第二名。

12 月   本馆馆长栗祥忠参加全省图书馆工作会议并作典型发言。

9 月至 12 月   本馆申请专款 40 万元购置安装图书馆自动化管理系统。

1998 年

1 月 1 日   本馆业务自动化管理系统正式开通,成立多媒体电子阅览室,借书室、少儿部实行开架借阅。

2 月至 6 月   本馆组织开展庆祝建馆五十周年书画征集活动。

4 月 18 日至 22 日   本馆邀请扬州歌舞团在长城礼堂举办音乐、歌舞晚会。

4 月 18 日至 22 日   本馆举办王森、李波画展。

4 月 19 日至 22 日   本馆举办"开放的潍坊"摄影展。

4 月 19 日   山东省图书馆馆长王运堂来本馆检查评估定级工作准备情况。

5 月 20 日   本馆在英才学府召开"英才杯"跨世纪读书活动经验交流座谈会。

5 月 20 日   本馆在炮八师十一团建立拥军分馆。

5 月 30 至 31 日   山东省文化厅、山东省图书馆的领导及图书馆学专家等一行 9 人莅临本馆,对本馆进行了全面的评估定级检查工作。

5 月   潍坊市图书馆学会被潍坊市民政局评为优秀社会团体。

7 月 2 日   本馆在潍坊生建机械厂建立育新分馆。

8 月 7 日   本馆举行建馆五十周年庆典活动。编辑出版《潍坊市公共图书馆史略》、《潍坊市图书馆馆藏地方文献书目》、《图苑文集》;举办馆庆五十周年书画展、馆藏地方文献暨石景宜赠书展、建馆五十周年回顾展。

12 月 22 日至 23 日   潍坊市图书馆学会组织举办第三次会员代表大会暨第九届学术研讨会。

12 月 24 日   本馆组织召开全市公共图书馆馆长联席会议。

12 月 31 日   梁昱任本馆党支部副书记。

1999 年

1 月 1 日   本馆电子阅览室实现了与因特网的连接,并向社会开放。

1 月 13 日至 15 日   中共潍坊市委宣传部、潍坊市社科联、潍坊市图书馆联合在本馆举办全市社会科学优秀成果展览。

1 月，潍坊市图书馆学会被潍坊市科学技术协会评为 1998 年度先进集体。

3 月 19 日　山东省文化厅文化处处长张玉柱等到本馆检查指导工作。

4 月 16 日　本馆在驻潍某部雷达七团建立拥军分馆。

4 月 18 日至 4 月 22 日　本馆邀请沈阳歌舞团、沈阳曲艺团在长城礼堂举办"北国春"大型歌舞、相声、小品综艺晚会。

4 月 20 日至 25 日　本馆举办陈克永山水画邀请展。

4 月 20 日至 5 月 10 日　新疆石油管理局准东勘探开发公司工会图书馆馆长一行 3 人来本馆参观考察。

5 月 4 日至 7 日　本馆组织举办全市各图书馆（室）《中图法》（第四版）培训班。

5 月 5 日至 7 日　本馆副馆长王英勋、工会主席李世孝等一行 12 人到烟台、大连参观学习。

5 月 29 日至 6 月 5 日　本馆联合全市公共图书馆及各大中专院校图书馆举办图书馆服务宣传周活动。

6 月 22 日　本馆组织参加主题为"祖国颂、社会主义颂、改草开放颂"的读书征文活动。

6 月 22 日至 7 月 15 日　本馆进行内部机构人事制度改革。

6 月　潍坊市图书馆学会被潍坊市社科联评为潍坊市先进学会。

7 月 8 日至 13 日　本馆馆长助理王希兆参加在大连举行的中国图书馆学会成立十周年纪念大会及 1999 年年会。

8 月 31 日　本馆被文化部命名为"一级图书馆"。

9 月 15 日至 21 日　潍坊市社科联、潍坊市文化局、潍坊市图书馆联合举办潍坊市大型优秀科研成果展。

9 月 19 日　本馆与潍坊市艺术馆联合承办九九重阳节庆"国庆"迎回归老干部书画作品展。

10 月 11 日至 16 日　本馆举办全市《中图法》（第四版）与图书分类标引培训班。

10 月 26 日　徐义任本馆工会主席。

10 月 27 日至 29 日　潍坊市图书馆学会组织召开学会成立十周年大会暨第十届学术研讨会。

10 月 30 日　本馆组织召开全市公共图书馆馆长会议。

11 月 5 日至 15 日　本馆举办景德镇陶瓷展。

12 月 29 日至 30 日　本馆馆长栗祥忠参加在济南召开的全省地市公共图书馆馆长联席会。

2000 年

2月　本馆馆长栗祥忠被中共潍坊市委、潍坊市政府、潍坊军分区授予"创建双拥模范城工作先进个人"称号。

2月14日至20日　本馆举办首届"外贸食品杯"元宵灯谜会。

3月18日至19日　本馆举办海洋生物标本展。

4月15日　本馆建立潍坊市图书馆网站。

4月18日　本馆组织召开潍坊市公共图书馆馆长座谈会。

4月18日至22日　本馆组织举办第三次地方文献展暨王立家画展。

4月18日至22日　本馆邀请河北小百灵歌舞团、公安蓝盾文工团在长城礼堂联合举办"中国风"大型歌舞、戏曲、相声、杂技综艺晚会。

4月24日　烟台市图书馆馆长等一行10人到本馆参观考察。

5月14日至22日　由本馆党支部副书记梁昱、工会主席徐义带领中层负责人一行13人到无锡、苏州、杭州、上海等地图书馆参观学习。

5月30日至6月4日　本馆联合全市公共图书馆及各大中专院校图书馆举办图书馆服务宣传周活动。

6月5日至9日　本馆宫昌利到杭州参加华东六省一市图书馆学会第三次协作会并作典型发言。

6月10日　中央电视台《新闻联播》报道本馆在部队设立图书馆服务点开展知识拥军活动的新闻。

7月1日　旅台乡人王广健先生向本馆捐赠个人专著。

7月17日至20日　本馆馆长栗祥忠参加在内蒙古自治区海拉尔市召开的中国图书馆学会学术年会。

8月15日至18日　佛山市图书馆曹晓莉馆长一行4人来本馆参观考察。

8月25日　山东省图书馆馆长王运堂带领省馆各部室主任一行13人到本馆检查指导工作。

9月　本馆馆长栗祥忠策划、总编的《知识与信息的使者》由中央编译出版社出版。

10月13日　潍坊市图书馆学会被全国大中城市社科联评为全国先进学会。

10月20日　由中共潍坊市委宣传部、中共潍坊市直机关工委、潍坊市教委、潍坊团市委、潍坊市总工会、潍坊市司法局、潍坊市文化局等七部门共同主办，本馆承办的"救救孩子——全国青少年普法及思想意识教育大型图片展"在潍坊一中开展。

10 月 28 日至 31 日　本馆举办潍坊市第五次人口普查大型书画展。

11 月 1 日　潍坊市图书馆学会组织召开第十一届学术研讨会。

11 月 1 日至 10 日　本馆举办第二期公共图书馆馆长培训班。

11 月 13 日至 16 日　本馆馆长栗祥忠到福建参加全国中小型图书馆馆长联谊会。

11 月 20 日至 24 日　本馆举办全市中文文献编目培训班。

12 月 9 日　本馆在英才学府组织召开"英才杯"跨世纪读书征文活动总结表彰大会。

12 月 16 日　本馆被文化部评为"读者喜爱的图书馆"。

2001 年

2 月 1 日至 8 日　本馆举办"麦当劳杯"潍坊市第二届元宵灯谜会。

3 月 2 日　旅台乡人王广健先生向本馆捐书。

4 月 18 日至 22 日　本馆与潍坊市歌舞团承办的"世纪之春"和"拳王之声"歌舞晚会分别在富华国际会展中心和八一礼堂演出。

4 月 19 日　本馆馆长栗祥忠赴泰安参加全省地市公共图书馆馆长联席会议。

4 月 20 日至 26 日　本馆举办河北衡水田茂怀画展。

4 月 23 日至 27 日　本馆党支部书记傅永聚等一行 13 人赴烟台、大连参观学习。

5 月 1 日　本馆"读者活动月"活动启动。

5 月 28 日至 6 月 3 日　本馆联合全市公共图书馆及各大中专院校图书馆举办图书馆服务宣传周活动。

6 月 5 日至 12 日　本馆举办潍坊市第五届公共图书馆业务竞赛培训班。

6 月 25 日至 7 月 27 日　本馆领导班子成员开展"三讲"学习教育活动。

6 月 29 日　本馆向潍坊市劳教所捐赠图书。

8 月 14 日，潍坊市图书馆学会被全国大中城市社科联评为全国先进学会。

8 月，潍坊市图书馆学会被潍坊市社科联、潍坊市社会科学院评为潍坊市社会科学先进学会。

9 月 10 日　本馆组织举办潍坊市第五届公共图书馆业务竞赛。

9 月 17 日至 10 月 1 日　本馆举办景德镇瓷器展。

9 月 28 日至 29 日　本馆林娟、陈天文、宗淑慧组成潍坊市代表队在山东省第四届公共图书馆业务竞赛中获团体二等奖，文献信息计算机检索服务个人一等奖，图书流通、编目个人三等奖。本馆获组织工作奖。

9 月 30 日至 10 月 5 日　本馆举办庆"国庆"书画名家作品展。

10 月 30 日至 11 月 1 日　潍坊市图书馆学会组织召开第十二届学术研讨会。

11 月 10 日至 14 日　本馆举办著名花鸟画家刘凤仙作品展。

11 月 21 日至 23 日　本馆举办四川美术学院邹昌义、于湘华、吕效书三教授国画作品展。

11 月 24 日至 28 日　本馆举办津门著名画家——于化鲤、张德育、于晋鲤、于锦声作品展。

12 月 4 至 6 日　本馆陈天文与山东省图书馆两名选手组成山东省代表队参加全国公共图书馆计算机知识大赛，获笔试团体第二名，上机实践团体第十名，团体总分第八名。

12 月 14 日至 18 日　本馆举办中国水墨人物画海外第一人——褚大雄画展。

12 月 20 日　本馆与河北大学管理学院联合举办图书馆学专业研究生课程进修班。

2002 年

1 月 10 日至 14 日　本馆举办颜宝臻水墨人物画展。

1 月 14 日　中共潍坊市委书记曹学成，市委常委、市委秘书长鞠法昌到本馆视察工作。

1 月 26 日至 29 日　本馆举办京城五画家作品联展。

2 月 5 日至 28 日　本馆举办迎新春中国当代国画名家作品展。

2 月 20 日至 27 日　本馆举办潍坊市第四届元宵灯谜会。

3 月 30 日至 4 月 4 日　本馆举办杜春艺花鸟画新作展。

4 月 7 日至 12 日　本馆举办张培智彩墨画展暨《张培智画集》首发式。

4 月 9 日至 10 日　本馆馆长栗祥忠参加在枣庄召开的全省地市公共图书馆馆长联席会并作典型发言。

4 月 12 日和 13 日　中央电视台《军事报道》节目播出本馆对雷达团开展知识拥军活动的专题片。

4 月 13 日至 6 月 13 日　本馆在金宝乐园举办华夏剪纸艺术及童话世界花灯展。

4 月 17 日　潍坊市编委批复本馆设 8 个正科级科室，设科长 8 名、副科长 4 名。

4 月 18 日至 4 月 21 日　本馆在富华国际会展中心举办"潍星之声"大型综艺晚会。

4 月 19 日至 22 日　本馆举办中国当代著名画家作品展暨许鸿君书法作品展。

4 月 19 日至 23 日　本馆举办国际残疾人美术作品中国交流展。

4 月 25 日至 28 日　本馆馆长栗祥忠带领一行 17 人赴烟台、大连参观学习。

5月25日至5月30日　本馆举办王润之花鸟画展。

5月27日至6月2日　本馆联合全市公共图书馆及大中专院校图书馆开展图书馆服务宣传周活动。

6月6日至8日　本馆馆长栗祥忠等参加在威海召开的山东省地方文献征集、整理与利用协调协作会并作典型发言。

6月12日　高利波、王英勋、王希兆任本馆副馆长，齐建新任本馆工会主席。

6月13日至14日　本馆组织召开全市公共图书馆馆长工作会议。

6月20日至7月25日　本馆通过竞争上岗、双向选择确定12个正副科级领导职位和39个工作岗位人选。

6月25日　台湾图书馆馆长、汉学研究中心主任庄芳容先生在山东省图书馆副馆长赵炳武的陪同下来本馆进行文化交流。

6月26日至30日　本馆举办潍坊市图书馆学会第二届业务竞赛培训班。

7月31日　潍坊市财政局拨专款购置价值达36万元《四库全书存目丛书》。

8月17日至22日　本馆举办河北大学工艺美院中国画九人展。

8月29日　本馆组织的潍坊市首届图书文化节在潍州剧场开幕。

9月10日　本馆与国家图书馆和中国数字图书馆合作建立"中国数字图书馆潍坊分馆"。

9月16日至20日　本馆举办迎"十六大"奎文区书画摄影作品汇报展。

9月22日　潍坊市图书馆学会被评为全国大中城市社会科学先进学会。

9月26日至10月5日　本馆举办庆"国庆"迎"十六大"潍坊市书画家联谊会会员作品展。

10月14日至10月17日　本馆举办潍坊市市直文化系统老同志书画作品展。

10月22日至24日　本馆馆长栗祥忠参加华东六省一市图书馆学会协作会并作典型发言。

10月23日至10月30日　本馆举办黄官龙书法展暨作品研讨会。

10月31日至11月4日　本馆举办中国百杰画家朱荣华画展。

11月8日至15日　本馆举办庆"十六大"书画名家作品珍藏展。

11月21日　本馆组织召开全市公共图书馆馆长工作会议。

11月21日至22日　潍坊市图书馆学会组织举办第二届业务竞赛。

11月22日　潍坊市图书馆学会组织召开第十三届学术研讨会。

11月30日至12月4日　本馆举办王继东书法作品展。

12月18日至20日　本馆举办王广德书画展。

12月26日　本馆馆长栗祥忠参加山东省图书馆学会第五次代表大会并当选为本届

理事会常务理事。

是年　潍坊市图书馆学会被潍坊市社科联、潍坊市社会科学院评为潍坊市社会科学先进学会。

2003 年

1 月 1 日　本馆图书馆自动化集成系统（ILAS）升级为 ILASII 网络版。

1 月 4 日至 7 日　本馆举办胡抗美、王友谊、曾翔书法联展。

1 月 11 日至 14 日　本馆举办迎新春书画名人作品展。

2 月 10 日至 16 日　本馆举办"新华保险"杯潍坊市第五届元宵灯谜会及迎新春精品图书特价展销会。

2 月 22 日　原潍坊市政协主席刘玉兰陪同香港水饺皇后臧建和到本馆参观。

2 月 27 日至 28 日　本馆馆长栗祥忠参加了山东省文化厅及省图书馆在烟台召开的公共图书馆评估定级工作研讨会并作典型发言。

3 月 3 日　本馆代表潍坊市政府接收韩国京畿道安养市捐赠图书 39 种、40 册。

3 月 8 日　本馆举办"三·八"巾帼书画作品展。

3 月 15 日至 27 日　本馆举办李清江山水画展。

4 月 16 日至 21 日　本馆举办军旅画家张明川画展。

4 月 18 日至 21 日　本馆邀请沈阳歌舞团和沈阳曲艺团在富华国际会展中心举办"万香园之声"大型歌舞、曲艺、综艺晚会。

4 月 20 日至 25 日　本馆举办中国著名书画家精品展。

5 月　本馆馆长栗祥忠策划、总编的《图书馆建设与发展》由中国文联出版社出版。

5 月 7 日　本馆职工为抗击"非典"捐款 1980 元。

5 月 20 日至 6 月 28 日　"潍坊市抗击非典献爱心大型书画义捐义卖"活动在本馆举行。本馆被中共潍坊市委宣传部等部门评为"优秀组织奖"。

5 月 26 日至 31 日　本馆联合全市公共图书馆及各大中专院校图书馆举办图书馆服务宣传周活动。

7 月　本馆编辑出版《潍坊市图书馆馆藏地方文献书目》（第二卷）和《潍坊市图书馆馆藏工具书索引》；录制专题片《走进新世纪　树立新形象——前进中的潍坊市图书馆》。

7 月 1 日至 4 日　本馆举办蔡继伟毛体书法作品展。

7 月 4 日至 15 日　由潍坊市文化局助理调研员张宝才、本馆馆长栗祥忠等一行 7 人组成潍坊市第三次评估定级检查小组，对全市申报定级的 9 个县、市、区的公共图书馆进行评估定级督查。

7月8日　本馆馆徽确定。

8月7日至13日　本馆举办建馆五十五周年书画名家捐赠作品展。

8月8日至10日　本馆馆长栗祥忠参加在德州召开的全省公共图书馆馆长联席会并作典型发言。

8月11日至12日　本馆馆长栗祥忠参加第五次潍坊市科协代表大会并当选为科协委员。

8月21日　台湾大学建筑与城乡研究所博士钟国辉等来本馆调研。

9月1日　本馆代表潍坊市政府回赠韩国京畿道安养市中文图书30种、42册。

9月23日至26日　本馆配合山东省图书馆学会在潍坊举办全省地方文献管理与利用学习班。

9月28日至10月2日　本馆举办辛显令个人书法展。

10月13日至21日　本馆馆长栗祥忠参加中国图书馆学会、全国中小型公共图书馆联合会在敦煌召开的"开发西部手拉手，消除数字鸿沟"研讨会。

10月16日　本馆代表潍坊市文化局参加团市委组织开展的潍坊市青少年学习贯彻"三个代表"重要思想知识竞赛活动，并获优秀组织奖。

11月17日　本馆组织开展"优质服务年"和"全民读书月"活动。

12月17日　全省名人名家书画巡展在本馆展出。

2004 年

1月9日至13日　本馆举办杨晓村、王贵胜迎新春画展。

1月12日　本馆组织召开全市公共图书馆馆长联席会。

1月17日　潍坊市副市长王冰芬来馆视察工作。

2月2日至6日　本馆举办"世纪泰华杯"潍坊市第六届元宵灯谜会。

3月8日至12日　本馆举办潍坊市庆"三·八"第二届"聚福堂杯"妇女书画作品展。

3月27日　本馆组织召开全市公共图书馆馆长联席会。

4月3日至4日　本馆举办大型世界动物百科展览。

4月18日至21日　本馆邀请黑龙江歌舞剧院在富华会展中心举办"阳光之声"音乐、歌舞晚会。

4月20日至5月10日　本馆举办中国书画名家作品展。

5月22日至23日　本馆举办大世界基尼斯之最——世界珍稀昆虫展。

5月30日至6月6日　本馆联合全市公共图书馆及各大中专院校图书馆举办图书

馆服务宣传周活动。

6 月 29 日　潍坊市图书馆新馆建设方案由潍坊市发展计划委员会批复。

7 月 10 日至 12 日　本馆举办田瑞、王征远"故乡情"书画展。

7 月 13 日至 14 日　山东省图书馆副馆长赵炳武、辅导部主任陶嘉今、采编部主任王玉梅对本馆评估定级工作检查验收。

7 月 19 日　本馆组织干部职工赴莱芜战役纪念馆、房干村参观学习。

8 月底　本馆整理重印馆藏乾隆版《潍县志》。

8 月 31 日至 9 月 2 日　本馆举办朝鲜当代油画艺术作品展。

9 月 28 日至 10 月 7 日　本馆举办潍坊市庆"国庆"书画作品展。

10 月 8 日至 11 月 20 日　本馆帮助筹建奎文区图书馆。

10 月 28 日至 29 日　潍坊市图书馆学会组织召开第四次会员代表大会暨第十五届学术研讨会。

11 月 17 日　本馆组织举办"全民读书月"活动。

12 月 16 日至 17 日　山东省文化厅副厅长李宗伟等领导来潍坊检查文化先进县，本馆馆长栗祥忠陪同检查。

12 月 20 日至 24 日　本馆馆长栗祥忠等参与潍坊市文化先进乡镇复查工作。

12 月 29 日　潍坊市副市长刘伟在潍坊市文化局局长王振民陪同下视察本馆。

2005 年

1 月 1 日至 5 日　本馆举办潍坊市庆"元旦"中国书画名家作品展。

2 月 9 日至 15 日　本馆举办微观大世界科普展。

2 月 22 日至 25 日　本馆举办"商业银行杯"潍坊市第七届元宵灯谜会及名家书画作品展。

3 月 29 日　潍坊市文化局局长王振民到本馆作"发展文化产业"专题报告。

4 月 9 日至 11 日　本馆举办陈寿民书法作品展。

4 月 13 日　东营市文化局、东营市图书馆、东营市博物馆等单位领导一行 6 人来本馆参观。

4 月 16 日至 17 日　本馆举办大型世界珍稀蝴蝶昆虫展。

4 月 17 日至 22 日　本馆举办褚大雄新作精品展。

4 月 18 日至 21 日　本馆与潍坊市歌舞剧院等在潍坊市体育馆联合举办"泸河之春"大型文艺晚会。

4 月 23 日至 27 日　本馆举办中国当代书画名家作品展。

4月28日　淄博市图书馆一行4人到本馆参观学习。

4月30日至5月5日　本馆举办程华山水画作品展。

4月30日至5月7日　本馆举办庆"五·一"暨中华全国总工会成立80周年"昊利杯"全市职工书画作品展。

5月12日　郑晓光任本馆党支部书记。

5月16日　本馆组织部分干部职工及潍坊部分县、市、区图书馆馆长赴扬州等地参观考察文化产业。

5月18日至22日　本馆举办武治源书法展。

5月21日至22日　本馆举办活动物展。

5月24日　山东省政府法制局与山东省文化厅有关领导就《山东省公共图书馆管理办法》来馆开展立法调研。

5月30日至6月5日　本馆联合全市公共图书馆及各大中专院校图书馆举办图书馆服务宣传周活动。

6月1日　本馆建立电话局域网，原网通电话改为电信电话。

6月23日　本馆馆长栗祥忠、党支部书记郑晓光赴烟台考察社会各界向公共图书馆捐书事宜。

6月28日至7月2日　本馆举办潍坊市庆"七·一""商业银行杯"书画作品展。

7月5日　本馆召开保持共产党员先进性教育活动动员大会。

7月18日　本馆开展"保持先进性、文化进社区"活动。

7月20日至12月31日　中共潍坊市委宣传部、市直机关党工委、市文化局联合下文，本馆组织在全市开展向公共图书馆捐助书款及征集地方文献活动。

8月16日　本馆举办潍坊市纪念中国人民抗日战争暨世界反法西斯战争胜利60周年书画作品展。

9月1日至4日　本馆举办首届海峡两岸书画作品邀请展。

9月30日至10月6日　本馆举办潍坊市庆"国庆"书画名家作品展。

10月21日至24日　山东京广"读书乐"全国摄影比赛优秀作品山东巡回展在本馆展出。

10月27日至28日　潍坊市图书馆学会组织召开第十六届学术研讨会。

10月29日至30日　本馆举办鸟儿总动员——世界野生鸟类科普展。

11月9日至12日　本馆举办于友国书法作品展。

11月19日至21日　本馆举办刘成俊诗词书法作品展。

12月　本馆组织举办"全民读书月"活动。

是年　潍坊市图书馆学会被潍坊市社科联评为潍坊市级先进学会。

2006 年

1月21日　本馆举办旅美艺术家史浩、李冰奇先生书画展。

1月26日　潍坊市副市长王冰芬来本馆视察。

2月7日至13日　本馆举办"商业银行杯"潍坊市第八届元宵灯谜会及潍坊市庆"元宵"迎新春名家书画作品展。

2月14日　山东省图书馆辅导部主任陶嘉今来本馆检查指导工作。

3月8日　本馆馆长栗祥忠赴日照参加全省地市公共图书馆馆长联席会议。

3月17日至19日　潍坊市书画家联谊会建会十周年会员作品展在本馆展出。

3月21日　本馆组织召开全市县、市、区公共图书馆馆长联席会。

3月25日至26日　本馆举办"活着的龙"——大型爬行动物展。

3月29日　本馆荣获全市民族团结进步模范集体奖。

4月4日　本馆馆长栗祥忠等3人参加在青岛召开的山东省第五届公共图书馆业务竞赛交流座谈会。

4月5日　山东省图书馆副馆长李西宁、馆长助理王玉梅、辅导部主任陶嘉今及济南市图书馆馆长郭秀海等一行9人来馆参观交流。

4月12日　潍坊市文化局、潍坊市图书馆学会联合在全市图书馆开展"加强行风建设、创新服务品牌"活动。

4月16日至21日　本馆举办中国书画名家作品邀请展。

4月18日至21日　本馆与潍坊市艺术馆联合在山东税务培训中心礼堂举办"永安之夜"大型综艺晚会。

4月23日　本馆开展"世界读书日"系列宣传读书活动。

4月23日至27日　本馆举办王其智、马世祥书画作品联展。

5月1日至7日　本馆举办大型古化石、世界珍稀昆虫、蜘蛛标本展。

5月15日　本馆馆长栗祥忠、馆长助理刘满奎赴烟台参加山东省图书馆学会年会。

5月15日　潍坊市图书馆学会荣获山东省图书馆学会2001～2005年度"先进学会"称号。

5月18日至22日　本馆举办巫卫东人物画作品展。

5月29日至6月4日　本馆联合全市公共图书馆及大中专院校图书馆组织举办图书馆服务宣传周活动。

6月8日至9日　本馆举办"移动杯"潍坊市第六届公共图书馆业务竞赛暨赴省参加山东省第五届公共图书馆业务竞赛选拔赛。

6月29日　本馆举办潍坊市"纪念建党85周年，共和国老将军情系环保"书画展。

6月30日至7月5日　本馆举办"潍坊市纪念建党85周年"书画展。

7月16日至19日　本馆馆长栗祥忠参加中国图书馆学会全国中小型公共图书馆联合会举办的2006年"构建和谐社会，促进图书馆事业发展"理论研讨会并作总结发言。

7月20日至24日　本馆举办三人行——杨秀坤、崔晓东、史国良画展。

7月29日　本馆副馆长王希兆等5人专家组参加在潍坊市规划局召开的新馆建设论证座谈会。

8月17日　本馆参加在人民广场举行的文明单位风采展。

8月19日　本馆馆长栗祥忠参加潍坊市政府在世纪泰华召开的现馆改造座谈会，会议决定本馆在新馆建成后整建制搬迁。

8月31日至9月6日　本馆举办"第十二届鲁台经贸洽谈会——中国书画名家作品展"。

9月1日　潍坊市图书馆武警分馆成立。

9月9日　北京市西城区、房山区等图书馆馆长一行13人来本馆参观交流。

9月20日　滨州图书馆馆长高青等来本馆参观交流。

9月22日至24日　本馆举办迎"国庆"福建书画名家精品展。

9月27日至29日　在山东省第五届公共图书馆业务竞赛中潍坊市代表队获团体总分三等奖，王彭兰获信息技术知识项目二等奖、信息技术利用项目三等奖，陈天文获信息技术知识项目三等奖、信息技术利用项目三等奖，本馆荣获组织工作奖。

9月28日至30日　本馆举办庆"国庆"宋陆京国画精品展。

9月　本馆读者邓华荣获山东省图书馆举办的"首届读书节十佳读者书香家庭"称号。

10月17日　潍坊市政协党组副书记、副主席王庆德等一行17人来本馆视察。

10月20日至24日　本馆举办潍坊市纪念中国工农红军长征胜利70周年大型书画展。

11月2日至3日　潍坊市文化局、潍坊市图书馆学会组织召开"加强行风建设，创新服务品牌"活动总结表彰大会暨学会第十七届学术研讨会。

11月24日至27日　本馆举办俞梦彦教授人物画展。

11月　潍坊市图书馆学会被潍坊市科协评为2006年度潍坊市学会工作先进集体。

12月1日　本馆组织举办"全民读书月"活动。

12月1日至3日　本馆举办焦秉义先生画展。

12 月 13 日　本馆荣获潍坊市第四届职工职业道德先进集体。

12 月 22 日至 24 日　本馆举办曾祥熙画展。

12 月 30 日　本馆与潍坊市博物馆合编的《潍坊古籍书目》由北京图书馆出版社出版。

2007 年

1 月 1 日至 10 日　本馆举办潍坊市庆"元旦"中国书画名家作品展。

1 月 13 日至 15 日　本馆举办崔景哲工笔人物画、陈春勇彩墨山水画作品联展。

2 月 5 日　青岛市图书馆馆长冷秀云一行 4 人来本馆参观交流。

3 月 2 日至 7 日　本馆举办"商业银行杯"潍坊市第九届元宵灯谜会及中国书画名家精品展。

3 月 6 日　本馆被中共潍坊市委宣传部评为潍坊市思想政治工作先进单位。

3 月 22 日　泰安市图书馆副馆长肖鲁生一行 5 人来本馆参观学习。

3 月 24 日至 25 日　本馆举办鸟儿总动员——野生鸟类科普展。

3 月 24 日至 29 日　本馆党支部书记郑晓光参加中共潍坊市第十二次代表大会。

3 月 29 日至 31 日　本馆馆长栗祥忠赴青岛参加全省公共图书馆馆长联席会议。

4 月 14 日至 15 日　本馆举办载人航天、飞船、卫星、火箭、尖端武器大型科普展。

4 月 17 日　本馆举办水墨大家——褚大雄画展。

4 月 18 日　潍坊市副市长王冰芬、文化局局长盛兆辉、本馆馆长栗祥忠到青岛图书馆调研文化信息资源共享工程。

4 月 18 日至 21 日　本馆与潍坊市歌舞剧院等单位联合邀请吉林民俗歌舞团在潍坊市体育馆举办"和谐潍坊"大型综艺晚会。

4 月 23 日　本馆举办世界读书日读书活动。

4 月 24 日　广西桂林文化考查团来本馆参观交流。

5 月 24 日　本馆馆长栗祥忠做客潍坊人民广播电台《行风在线》栏目，就文化信息资源共享工程有关问题回答听众提问。

5 月 28 日至 6 月 3 日　本馆联合全市公共图书馆及各大中专院校图书馆举办图书馆服务宣传周活动。

5 月 30 日　潍坊市政协港澳台侨和外事委员会就海外华人华侨对本馆的捐赠情况进行视察。

6 月 16 日至 17 日　本馆举办活动物展。

6月18日　潍坊市文化局助理调研员张宝才、本馆馆长栗祥忠、馆长助理刘满奎到信息产业局对接共享工程有关事宜。

6月18日　本馆采编部主任张光德应邀为东营市文化局、东营市图书馆学会主办的东营市全市图书馆业务知识培训班讲授文献分类标引。

7月1日　潍坊市文化局局长盛兆辉、助理调研员张宝才到本馆就共享工程工作进行调研、部署。

7月4日　本馆组织全体干部职工到潍坊学院图书馆参观学习。

7月6日至20日　本馆帮助奎文区建设社区图书馆并捐赠图书2000册。

7月9日　潍坊市副市长王冰芬、市文化局局长盛兆辉、市财政局副局长夏永波、市文化局助理调研员张宝才来本馆调研文化信息资源共享工程潍坊支中心建设方案。

7月16日　潍坊市信息产业局组织有关部门专家来本馆论证文化信息资源共享工程潍坊支中心建设方案。

7月17日至19日　本馆馆长助理刘满奎等3人参加山东省图书馆举办的文化信息资源共享工程研讨培训班。

7月23日　本馆馆长栗祥忠列席参加市长办公会。此次会议原则同意按标准建设全国文化信息资源共享工程潍坊支中心。

7月30日　本馆馆长栗祥忠、副馆长王希兆等在东方大酒店与新加坡专家针对新馆功能设计研讨对接。

7月30日至8月8日　本馆举办纪念建军八十周年"大雄杯"书画展。

9月28日至30日　本馆举办魏云飞山水画展。

10月1日　文化信息资源共享工程潍坊支中心建成,并向广大市民开放。

10月25日　潍坊市人大调研组在人大副主任程茂仁的率领下,来本馆共享工程支中心检查指导工作。

10月25日至26日　本馆组织举办潍坊市文化信息资源共享工程研讨培训班。

11月11日至15日　本馆馆长助理刘满奎参加在天津召开的全国图书馆学会工作会议并提交"先进典型事例材料"。

12月26日　潍坊市图书馆学会组织召开第十八届学术研讨会。

12月　本馆组织举办"全民读书月"活动。

馆徽说明与释义

图书馆是现代文明城市的重要标志，对于提高公众的科学文化素养、促进社会经济发展和科技进步具有十分重要的意义。馆徽既代表图书馆的外在形象，同时也担负着表达图书馆内涵理念的重要任务。随着对外交往日益增多，潍坊市图书馆迫切需要一枚能体现和涵盖本馆特色的馆徽作为标志。

在纪念建馆五十五周年之际，为进一步加强图书馆创新文化建设，更好地树立图书馆的形象，展示图书馆的精神风貌，加强图书馆与读者的联系，增强视觉识别功能，提高图书馆的知名度与吸引力，潍坊市图书馆面向社会广泛征集潍坊市图书馆馆徽。截至2003 年 7 月 5 日，共收到馆徽图案 50 个。经过初评、复评、修改，最后确定潍坊昌大建设集团二公司孟丽萍设计的图案为潍坊市图书馆馆徽图案。

潍坊市图书馆馆徽由"潍坊"的首写拼音字母"WF"的造型和圆组合而成，具有较强的亲和力和现代感。

馆徽上方红圆指代朝阳，象征着潍坊市图书馆朝阳般蓬勃发展，体现了图书馆传播先进科学文化知识、照亮大众精神世界的社会职能和朝阳般的创新、服务热情。

馆徽下方是翻开的书的近似造型，体现图书馆的基本特征；又是舒展两翼飞翔的鸟的造型，寓示着潍坊市图书馆为大众提供健康的精神食粮，提高大众的科学文化素养。

馆徽蓬勃的朝阳和动感的飞鸟两者叠加，交相辉映，表达了潍坊市图书馆"正确导向、读者满意、改革创新"的宗旨和方向，也昭示着"爱岗敬业、务实创新"的团队精神。飞鸟舒展着双翼，姿势壮观而华美，象征着图书馆站在信息时代的前沿，向未来奋勇前进。

附录：县、市、区公共图书馆概况

青州市图书馆

青州市图书馆成立于1956年10月，此时称益都县图书馆。1986年3月，青州撤县设市，该馆随之更名为青州市图书馆。1982年，在范公亭西路南侧始建新馆。1984年，新馆落成，建筑面积为1538.81平方米。1989年7月，第二期配套工程竣工交付使用。至此，新馆建设全部完成，建筑面积为2676.31平方米。

该馆现有工作人员16人，其中副研究馆员1人，馆员9人，助理馆员3人；大学本科学历以上人员9人，大专学历人员4人。设馆长1人，副馆长2人，现任馆长张庆刚。

该馆下设办公室、采编室、借书室、阅览室、资料室、古籍室、盲文及盲人有声读物阅览室、少儿阅览室、文化信息资源共享工程青州市支中心。

该馆馆藏图书共34万余册。现有持证读者6000余人。

1989年5月，在全国创建文明图书馆活动中被文化部授予"全国文明图书馆"称号；12月，被山东省文化厅授予"先进图书馆"称号。1996年8月，在迎接62届国际图联大会在北京召开举办的图书馆服务宣传周活动中，被山东省文化厅授予组织工作奖。

1994年、1998年、2004年，在全国公共图书馆评估定级中被文化部评定为国家"一级图书馆"。

诸城市图书馆

诸城市图书馆成立于1974年7月，此时称诸城县图书馆。1987年7月1日，诸城撤县设市，该馆随之更名为诸城市图书馆。1996年12月，在和平街南首沧湾公园南侧始建新馆。1999年9月，新馆落成，建筑面积为3822.5平方米。

该馆现有工作人员20人，其中副研究馆员4人，馆员10人，助理馆员3人；大学本科学历以上人员9人，大专学历人员5人。设馆长1人，支部书记1人，副馆长4人，现任馆长宋桂娟。

　　该馆下设办公室、采编部、外借部、报刊部、少儿部、参考咨询部、特藏部、盲人有声读物室、过期期刊查阅室、过期报纸查阅室、资料室、文化信息资源共享工程诸城市支中心。

　　该馆馆藏图书共 17.5 万册，年订阅报刊 620 种，其中少儿报刊 103 种。现有持证读者 6000 余人。年接待读者 16 万人次，年流通图书 12 万册次。

　　1998—1999 年度、2000—2001 年度，被中共诸城市委、市政府授予"文明单位"称号。2001 年，在潍坊市第五届公共图书馆业务竞赛中获得团体总分第一名。2005 年，被中共诸城市委、市政府授予"全市宣传思想工作先进单位"称号。2006 年，在"移动杯"潍坊市第六届公共图书馆业务竞赛中获得团体一等奖。2007 年，被中共潍坊市委宣传部、潍坊市社会科学界联合会评为"潍坊市社会科学普及工作先进集体"。

　　1994 年 12 月，在全国公共图书馆评估定级中被文化部评定为"三级图书馆"；1998 年、2004 年被文化部评定为国家"一级图书馆"。

临朐县图书馆

　　临朐县图书馆成立于 1978 年 3 月。1987 年底，在文化路 5 号新馆落成，建筑面积为 2446.2 平方米。

　　该馆现有工作人员 9 人，其中副研究馆员 1 人，馆员 3 人，助理馆员 3 人，助理会计师 1 人；大学本科学历以上人员 5 人，大专学历人员 3 人，高中 1 人。设馆长 1 人，副馆长 1 人，现任馆长王庆增。

　　该馆下设采编室、借书室、成人阅览室、少儿阅览室、辅导部、财务科、办公室、文化信息资源共享工程临朐县支中心。

　　该馆馆藏图书共 16 万册。现有持证读者 3200 余人。

　　1994 年、1998 年、2004 年，在全国公共图书馆评估定级中被文化部评定为国家"二级图书馆"。

昌邑市图书馆

　　昌邑市图书馆成立于 1956 年 6 月，是潍坊市最早从县文化馆分离、单独建制的县级图书馆。1972 年，迁至解放路 88 号。1983 年，始建新馆。1988 年，新馆落成，建筑面积为 1583 平方米。

　　该馆现有工作人员 14 人，其中研究馆员 1 名，馆员 9 名，助理馆员 3 名；大专以上文化程度 12 人，中专文化程度 2 人。设馆长 1 人，副馆长 1 人，现任馆长宫明莹。

该馆下设采编室、借书室、阅览室、办公室、少儿阅览室、文化信息资源共享工程昌邑市支中心。

该馆馆藏图书共 16 万册。现有持证读者 2000 余人。

1988 年、1990 年，被县委、县政府命名为"文明单位"。1992 年，被市政府评为"工作先进单位"。2000—2001 年度，被市委、市政府命名为"文明单位"。

1994 年、1998 年、2004 年，在全国公共图书馆评估定级中被文化部评定为国家"二级图书馆"。

高密市图书馆

高密市图书馆成立于 1980 年 7 月，此时称高密县图书馆。1994 年 5 月，高密撤县设市，该馆随之更名为高密市图书馆。1996 年 9 月，迁至人民大街中段 272 号，馆舍面积为 600 平方米。新馆预计 2008 年年底竣工，馆舍面积为 4155 平方米。

该馆现有工作人员 19 人，其中副研究员馆员 1 人，馆员 5 人，助理馆员 12 人，管理员 1 人；大学本科学历以上人员 4 人，大专学历人员 9 人，中专、高中学历人员 6 人。设馆长 1 人，支部书记 1 人，副馆长 1 人，现任馆长王修文。

该馆设办公室、图书外借室、报刊阅览室、电子阅览室、儿童阅览室、资料室、特藏室、采编辅导室、期刊书库、报纸书库。

该馆馆藏图书共 7.8 万册。

1994 年、1998 年、2004 年，在全国公共图书馆评估定级中被文化部评定为国家"二级图书馆"。

寿光市图书馆

寿光市图书馆成立于 1984 年，是从寿光市文化馆分离出来的县级图书馆。1991 年，财政拨专款 108 万元在迎宾路南首建图书馆楼，建筑面积为 2412 平方米。1992 年 10 月，图书馆落成并对外开放。2007 年 7 月，启动新馆建设，预计 2008 年 10 月 1 日对外开放，建筑面积为 7400 平方米。

该馆现有工作人员 8 人，其中副研究馆员 1 人，馆员 4 人，助理馆员 3 人；大学本科学历以上人员 2 人，大专学历人员 6 人。设馆长 1 人，副馆长 1 人，现任馆长孙在勇。

该馆下设办公室、采编室、借书室、阅览室、电子阅览室、少儿借阅室、文化信息资源共享工程寿光市支中心。

该馆馆藏图书共 6.7 万册，年订阅报刊 250 种。现有持证读者 3200 余人。

　　1994 年、1998 年、2004 年，在全国公共图书馆评估定级中被文化部评定为国家"二级图书馆"。

安丘市图书馆

　　安丘市图书馆成立于 1978 年 12 月，前身为安丘县文化馆图书室。1978 年，该馆从县文化馆分离、单独建制，此时称安丘县图书馆。1994 年 3 月，安丘撤县建市，该馆随之更名为安丘市图书馆。1988 年 5 月，财政拨专款 80 余万元在永安路中段路西始建新馆。同年 10 月，新馆落成，建筑面积为 2080 平方米。

　　该馆现有工作人员 12 人，其中馆员 2 人，助理馆员 4 人，管理员 1 人；大学本科学历以上人员 4 人，大专学历人员 2 人。设馆长 1 人，副馆长 2 人，现任馆长刘振洪。

　　该馆下设采编室、借书室、阅览室、办公室和少儿阅览室、文化信息资源共享工程安丘市支中心。

　　该馆馆藏图书共 13.37 万册，年订阅报刊 210 种，其中报纸 58 种、期刊 152 种。

　　1994 年、1998 年、2004 年，在全国公共图书馆评估定级中被文化部评定为国家"二级图书馆"。

奎文区图书馆

　　奎文区图书馆成立于 2004 年 8 月，位于潍坊市新华路北首北宫大街与福寿街之间，建筑面积为 2100 平方米，投资 260 万元。

　　该馆现有工作人员 4 人，其中副研究馆员 1 人，助理馆员 2 人，科员 1 人；大学本科学历以上人员 3 人，大专学历 1 人。设馆长 1 人，现任馆长杜伟联。

　　该馆下设馆长办公室、办公室、采编室、借书室、报刊阅览室、少儿借阅室、盲文及盲人有声读物阅览室、资料室和多媒体室、文化信息资源共享工程奎文区支中心。

　　该馆馆藏图书共 11 万册。现拥有持证读者 400 余人。

　　2004 年，在全国公共图书馆评估定级中被文化部评定为国家"二级图书馆"。

寒亭区图书馆

　　寒亭区图书馆成立于 1981 年 4 月，前身为潍县文化馆的一个科室。1981 年，该馆从文化馆分离、单独建制，此时称潍县图书馆，位于寒亭区益新街 286 号。1984 年 1 月，潍县建制撤销，该馆随之改称寒亭区图书馆。2006 年 5 月，在寒亭区体育场北侧投资 300 余万元建成 3300 余平方米的新馆。

该馆现有工作人员 9 人，其中馆员 5 人，助理馆员 4 人；大学本科学历以上人员 1 人，大专学历人员 8 人。设馆长 1 人，副馆长 1 人，现任馆长陈之亮。

该馆下设采编室、借书室、阅览室、资料室、儿童阅览室、书库及文化信息资源共享工程寒亭区支中心。

该馆馆藏图书 10.2 万册，年订阅报纸 20 余种、期刊 163 种。现有持证读者 1200 余人。

1994 年、1998 年、2004 年，在全国公共图书馆评估定级中被文化部评定为国家"三级图书馆"。

昌乐县图书馆

昌乐县图书馆成立于 1978 年 6 月。1979 年，在县城新昌路中心地段建图书馆楼。1979 年 11 月，图书馆竣工，建筑面积为 675 平方米。

该馆现有工作人员 11 人，其中副研究馆员 1 人，馆员 3 人，助理馆员 5 人，管理员 2 人；大学本科学历以上人员 2 人，大专学历人员 6 人。设馆长 1 人，副馆长 2 人，现任馆长于国强。

该馆下设采编部、借书室、阅览室、办公室、儿童阅览室、文化信息资源共享工程昌乐县支中心。

该馆馆藏图书共 11.6 万册。现有持证读者 1000 余人。

1994 年、1998 年、2004 年，在全国公共图书馆评估定级中被文化部评定为国家"三级图书馆"。

坊子区图书馆

坊子区图书馆成立于 1984 年 7 月，前身为原潍坊市第二文化馆图书室。该馆成立时，馆址设在坊子区文化馆院内，馆舍面积为 126 平方米。1995 年 6 月，该馆搬迁至坊子区六马路 68 号，馆舍面积为 180 平方米。2007 年 5 月，坊子区区政府投资 1500 万元建设坊子区图书馆新馆，馆址位于潍坊四中校园东南方，预计 2008 年底投入使用，建筑面积为 8000 平方米。

该馆现有工作人员 13 人，其中馆员 5 人，助理馆员 6 人，管理员 2 人；大学本科学历以上人员 2 人，大专学历人员 11 人。设馆长 1 人，副馆长 2 人，现任馆长戴洪青。

该馆设办公室、采编室、借书室、阅览室、文化信息资源共享工程坊子区支中心。

后　记

　　为展示本馆六十年发展的光辉历程，总结图书馆事业发展的经验，纪念本馆建馆六十周年，2007 年初，经馆务会研究，决定编写《潍坊市图书馆志》（以下简称《馆志》）。

　　2007 年 3 月，本馆成立《馆志》编辑办公室。编纂人员在学习研究有关史志编写方法的同时，制定《馆志》编纂计划，拟订编写体例，制定出凡例和《馆志》编写大纲讨论稿。3 月底，馆领导和各部室主任对编写大纲进行了深入细致地讨论，确立了《馆志》的基本架构。4 月初，对《馆志》所需原始资料按章节分配，由相关部室负责提供。《馆志》办全体编辑人员广泛搜集资料，并对已有的文字材料进行组织提炼与系统编辑。2008 年 1 月，完成《馆志》初稿。此后，分管领导刘满奎、宫昌利与全体编纂人员对《馆志》进行全面修改、有针对性的补充。2008 年 8 月初，完成二稿。9 月 12 日，完成三稿。馆长栗祥忠全面审核《馆志》一、二、三稿，并提出修改意见。9 月中旬，又在全馆范围内广泛征求意见，并对个别章节作了调整，于 2008 年 9 月底定稿。

　　《馆志》各章节有关材料提供情况如下：第一章《历史沿革》由张光德提供。第二章《机构与人员》、第三章第一节《馆舍》和第二节《设备》、第四章《管理工作》、第十章《文化活动》、第十一章《表彰奖励》、《大事记》由谭振利、王春玲、刘典好提供。第三章第三节《经费》由顾永杰提供。第五章第一节《馆藏文献发展》、第二节《馆藏文献编目》、第三节《馆藏文献管理》由张光德提供；第四节《古籍文献建设》由王彭兰提供；第五节《地方文献建设》由郎益华提供；第六节《电子出版物与数字化文献建设》由陈天文提供。第六章第一节《读者服务工作发展》由张光德提供；第二节《图书外借》由尹霞提供；第三节《报刊借阅》由董红薇提供；第四节《少儿读者服务》由鲁松提供；第五节《参考咨询服务》由张玲玲提供；第六节《电子信息服务》由陈天文提供。第七章《图书馆自动化》由陈天文提供。第八章第一节《学术研究与著述》、第四节《公共图书馆业务竞赛》由王彭兰提供；第二节《业务辅导》由林娟提供；第三节《协作与交流》由刘满奎提供。第九章《教育培训》由王彭兰提供。第十三章《潍坊市图书馆学会》由刘满奎、王彭兰、林娟提供。第十二章《人物》由个人提供。本书所用照片由宫昌利、黄凤江等提供。陈天文、丁丽萍、张欣炜和王丽丽对有关材料的文字录入提供了帮助。县、市、区图书馆概况由各县、市、区图书馆提供。

《馆志》编写过程中，得到本馆离、退休老同志的指导和帮助，潍坊市文化局局长盛兆辉同志在百忙中为本志作序，在此一并深表谢忱！

《潍坊市图书馆志》的编辑出版是全馆干部职工共同努力的结果。由于编者水平所限，本志在内容、体例等方面难免存在疏漏和不当之处，敬请各级领导、专家学者及图书馆界同仁不吝赐教，以便今后续修时予以补充订正。

《潍坊市图书馆志》编委会

2008 年 10 月